CB070366

CLASSICAL MYTHOLOGY A TO Z:
AN ENCYCLOPEDIA OF GODS & GODDESSES, HEROES &
HEROINES, NYMPHS, SPIRITS, MONSTERS, AND PLACES
Text copyright © 2020 by Annette Giesecke
Cover copyright © 2020 by Hachette Book Group, Inc.

Cover design by HEADCASE DESIGN
Illustrations by JIM TIERNEY

This edition published by arrangement with
Black Dog & Leventhal, an imprint of Perseus Books,
LLC, a subsidiary of Hachette Book Group, Inc.,
New York, New York, USA.

Todos os direitos reservados.

Tradução para a língua portuguesa
© Letícia Ribeiro Carvalho, 2022

Diretor Editorial
Christiano Menezes

Diretor Comercial
Chico de Assis

Diretor de Novos Negócios
Marcel Souto Maior

Diretor de MKT e Operações
Mike Ribera

Diretora de Estratégia Editorial
Raquel Moritz

Gerente Comercial
Fernando Madeira

Gerente de Marca
Arthur Moraes

Gerentes Editoriais
Bruno Dorigatti
Marcia Heloisa

Adap. Capa e Projeto Gráfico
Retina 78

Coordenador de Arte
Eldon Oliveira

Coordenador de Diagramação
Sergio Chaves

Designer Assistente
Aline Martins

Preparação
Lucio Medeiros

Revisão
Jessica Reinaldo
Retina Conteúdo

Finalização
Sandro Tagliamento

Impressão e Acabamento
Gráfica Santa Marta

DADOS INTERNACIONAIS DE CATALOGAÇÃO NA PUBLICAÇÃO (CIP)
Jéssica de Oliveira Molinari - CRB-8/9852

Giesecke, Annette
  Origens da mitologia / Annette Giesecke ; tradução de Letícia
Ribeiro Carvalho ; ilustrações de Jim Tierney.
  — Rio de Janeiro : DarkSide Books, 2022.
  352 p. : il., color.

  Bibliografia
  ISBN: 978-65-5598-192-6
  Título original: Classical Mythology A to Z: An Encyclopedia
of Gods & Goddesses, Heroes & Heroines, Nymphs, Spirits,
Monsters, and Places

  1. Mitologia clássica – Enciclopédia
  I. Título II. Carvalho, Letícia Ribeiro III. Tierney, Jim

22-2349   CDD 292.1303

Índices para catálogo sistemático:
1. Mitologia clássica – Enciclopédia

[2022, 2024]
Todos os direitos desta edição reservados à
DarkSide® *Entretenimento* LTDA.
Rua General Roca, 935/504 – Tijuca
20521-071 — Rio de Janeiro – RJ – Brasil
www.darksidebooks.com

ORIGENS
DA
MITOLOGIA

❖ ANNETTE GIESECKE ❖

UMA ENCICLOPÉDIA DE
DEUSES E DEUSAS, HERÓIS E
HEROÍNAS, NINFAS, ESPÍRITOS,
MONSTROS E LUGARES

ILUSTRAÇÕES
JIM TIERNEY

TRADUÇÃO
LETÍCIA RIBEIRO CARVALHO

DARKSIDE

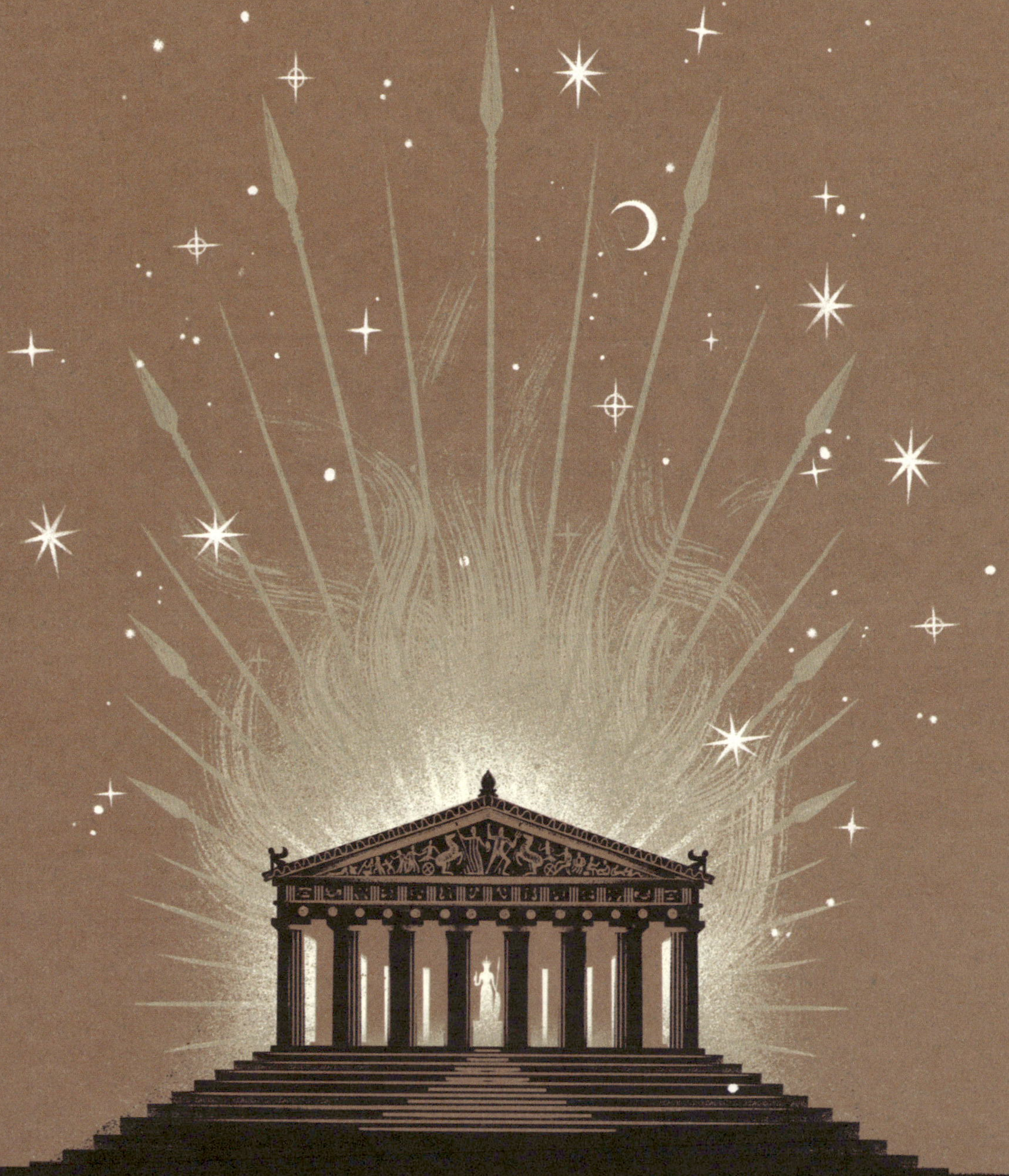

SUMÁRIO

Introdução
7

PARTE I
DEUSES, DEUSAS, ESPÍRITOS E NINFAS
11

PARTE II
HERÓIS, HEROÍNAS E POVOS
103

PARTE III
MONSTROS, PRODÍGIOS E CRIATURAS HÍBRIDAS
257

PARTE IV
LUGARES E MARCOS
285

Correspondências dos Deuses
333

Glossário de Fontes Antigas
334

Índice Remissivo
341

ILUSTRAÇÕES

I. Afrodite: deusa da fertilidade e sensualidade,
nascida da espuma do mar 017

II. Dioniso: deus do vinho,
nascido da coxa de Zeus 040

III. Poseidon: deus do mar,
o castigo de Odisseu 089

IV. Andrômeda: princesa e filha
de Cassiopeia e Cefeu 116

V. Dafne: filha de Peneu,
deus do rio Peneus 153

VI. Rômulo e Remo: gêmeos e fundadores
da cidade de Roma 236

VII. Cérbero: "O cão de Hades" que guarda
os portões do Mundo Inferior 263

VIII. As Sereias: monstros híbridos e femininos
que atraem marinheiros para a morte 280

IX. Os Campos Elísios: o paraíso
da vida após a morte 303

X. O Partenón: templo grego dedicado
à deusa Atena 322

INTRODUÇÃO

Este livro reúne deuses, heróis e monstros que povoam a mitologia clássica, bem como os lugares mencionados nessas histórias. O volume de mitos preservados nas obras de autores antigos é admirável, assim como também é vasto o número de personagens e lugares referidos. Embora a *Orígens da Mitologia* seja uma enciclopédia de mitologia, ela não abrange todos os mitos. Em vez disso, limita-se aos personagens e locais gregos e romanos que aparecem na obra clássica de Edith Hamilton, *Mitología* (Martins Fontes, 1992, tradução de Jefferson Luiz Camargo), em relação a qual foi concebida como complemento. Em suas próprias palavras, Hamilton esperava que, ao ler seu livro, aqueles não familiarizados com o mundo greco-romano "não apenas pudessem compreender os mitos, como também tivessem uma ideia a respeito dos autores dessas histórias — que provaram, por mais de dois mil anos, ser imortais" (Prefácio, Mitologia, 1942). É indiscutível que ela atingiu tal objetivo, e o fez ao narrar os mitos da Antiguidade clássica de uma maneira fiel às fontes originais e, ao mesmo tempo, revigorante, empática e atemporal em termos de linguagem e expressão. Por esta razão, o trabalho de Hamilton continua a servir como uma introdução competente e acessível às complexidades da mitologia clássica, mesmo depois de mais de meio século da publicação original.

Embora a *Mitología* de Hamilton estabeleça o escopo deste livro, seu conteúdo mostra-se útil a todos aqueles que desejam aprofundar-se no mundo dos mitos por interesse nas genealogias de personagens específicos, suas façanhas e lugares que habitaram. A mitologia greco-romana persistirá por milênios, retendo significados antigos e acumulando novos, servindo como base para a memória cultural referida de inúmeras maneiras e em todos os tipos de produções criativas. Por esse motivo, *Orígens da Mitologia* revela-se indispensável para quem busca verificar, entender ou correlacionar personagens e lugares mitológicos a qualquer número de referências literárias, musicais, artísticas ou mesmo da cultura pop. Este livro é um complemento para Hamilton, mas também é muito mais.

Os verbetes desta compilação foram organizados em quatro categorias básicas: divindades, humanos, monstros e lugares. A primeira categoria inclui deuses e deusas imortais, bem como mortais. Por exemplo, acreditava-se que as Ninfas fossem espíritos que habitavam árvores, corpos d'água e outros estratos do mundo natural, embora estivessem sujeitas ao declínio e à morte. A segunda categoria, que se concentra em humanos, abrange heróis e heroínas particulares, bem como grupos de pessoas, como as guerreiras chamadas de Amazonas. Aqui, personagens de tamanho prodigioso e criaturas híbridas são classificadas como monstros, independente de serem benevolentes ou temíveis. Neste caso, "monstro" é concebido no sentido da etimologia latina, *monstrum*, uma coisa ou pessoa estranha, mas não necessariamente má. Pontos de referência, regiões, corpos d'água, montanhas e cidades são naturalmente categorizados como lugares. Um aspecto bastante interessante de personagens e lugares mitológicos é como eles resistem à categorização estrita. E é inevitável que as categorias sobreponham-se, como no caso de um herói humano que se torna divino ou de um rio compreendido tanto como característica geográfica quanto como personificação divina. Hércules e Asclépio são exemplos do primeiro caso; os rios Peneu e Aqueloo são exemplos do segundo. Gaia era a terra e também a deusa da terra. O caçador Oríon era um gigante, portanto, um prodígio ou monstro, nem mortal, nem divino. Sátiros, criaturas híbridas que muitos classificariam como monstros, eram, ao mesmo tempo, espíritos da floresta. E assim por diante. Um sistema de referência cruzada garante que entradas apropriadas às várias categorias possam ser encontradas em todos os verbetes.

Assim como a categorização representa um desafio, o mesmo ocorre com a grafia dos nomes. A grafia empregada nesta obra segue o padrão da obra de Hamilton, embora tenha-se feito um esforço para indicar grafias alternativas. A questão da grafia mostra-se complexa por vários fatores. Um deles diz respeito a como os nomes foram vertidos do original em grego para o latim e posteriormente para o inglês, ao menos em alguns casos. Um exemplo é Úrano, deus grego dos céus. Para os romanos, ele era Uranos, e esta é a grafia com a qual a maioria dos falantes de inglês está familiarizada. Os gregos não tinham a letra "c", e os romanos raramente usavam o "k". Como consequência, o deus grego Kronos tornou-se Cronos em latim. Outro fator que influencia a ortografia é a inconsistência entre os autores antigos, mesmo aqueles que escreveram no mesmo idioma.

As variadas grafias do nome de um determinado personagem relacionam-se às múltiplas e, por vezes, conflitantes versões de suas vidas e façanhas. Os próprios mitos, assim como os personagens, evoluíram ao longo de milênios. Ao depararmo-nos com narrativas variantes ou conflitantes, é importante ter em mente que muitos mitos, se não a maioria, foram, em algum momento, transmitidos oralmente e influenciados por mudanças culturais e fatores como representações artísticas. Um exemplo são os mitos referentes à Guerra de Troia. Há muito sabe-se que essas histórias originaram-se na Idade do Bronze (aproximadamente 1800-1150 a.C.), a época da própria Guerra de Troia — sim, houve uma Guerra de Troia ou, para ser mais exato, diversas Guerras de Troia. Alguns elementos da história de Aquiles,

INTRODUÇÃO

assim como de seus companheiros e adversários, tão familiares devido à *Ilíada* de Homero, já contavam com centenas de anos na época em que a história começou a ser registrada em forma escrita — por volta de 750 a.C. ou posterior. Até então, a narrativa foi transmitida de maneira oral e, nesse processo, foi sem dúvidas alterada em certo grau. Nessas centenas de anos, o mundo grego sofreu mudanças drásticas, testemunhando o florescimento e queda de reinos poderosos, uma Idade das Trevas e o nascimento de cidades-estados não mais governadas por monarcas.

Nem todas as variações dos mitos que envolvem personagens e lugares apresentados neste livro foram documentadas aqui. Os detalhes incluídos derivam do que hoje são as fontes mais conhecidas dos mitos gregos e romanos, entre eles Homero, Hesíodo, Apolônio de Rodes, Virgílio e Ovídio, todos autores de poesia épica; poetas líricos como Safo, Estesícoro, Píndaro e Baquílides; os dramaturgos Ésquilo, Sófocles e Eurípides; o historiador Heródoto; o geógrafo Estrabão; o escritor, geógrafo e etnógrafo Pausânias; o historiador natural Plínio, o Velho; e os mitógrafos Apolodoro de Atenas e Higino. Todas as fontes antigas referenciadas neste livro, acrescidas de detalhes biográficos, estão organizadas em uma bibliografia para consulta rápida. Vários desses autores registraram mais de uma versão de um determinado mito, mesmo quando eles próprios revelavam-se céticos a respeito de algumas. No espírito de Diodoro Sículo (século I a.C.), que descreve diversas versões alternativas sobre a origem das Colunas de Hércules — a saber, que Hércules criou-as para lembrar sua jornada extraordinária aos confins do mundo; para evitar que monstros marinhos vindos do oceano distante penetrassem no Mediterrâneo; ou para criar um canal que permitisse a passagem de navios entre os mares — convido os leitores deste livro a selecionar as versões mais divertidas, verossímeis ou implausíveis.

PARTE I

DEUSES

DEUSAS

ESPÍRITOS

E

NINFAS

OS PRINCIPAIS DEUSES

de acordo com a *Teogonia* de Hesíodo (Origem dos Deuses)

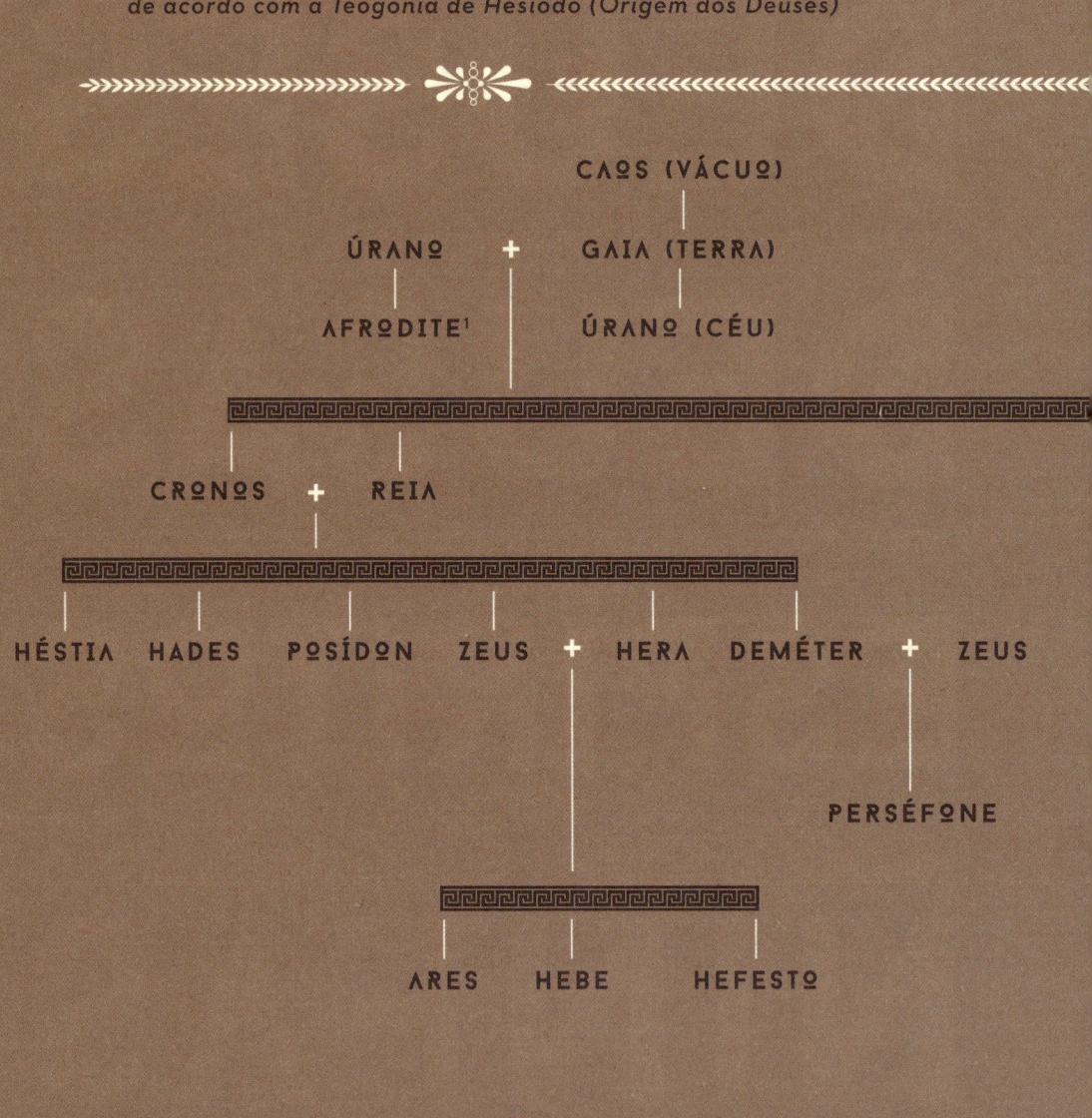

```
                              CAOS (VÁCUO)
                                   |
              ÚRANO    +     GAIA (TERRA)
                                   |
              AFRODITE¹       ÚRANO (CÉU)
              ────────────────────────────────
                        |
                  CRONOS + REIA
              ────────────────────────────────
                |       |        |      |      |       |       |
            HÉSTIA  HADES  POSÍDON  ZEUS + HERA  DEMÉTER + ZEUS
                                                            |
                                                        PERSÉFONE
                              ──────────────
                                |    |    |
                              ARES HEBE HEFESTO
```

1. De acordo com Hesíodo, Afrodite surgiu da espuma do mar gerada com a castração de Úrano.
2. De acordo com Homero, Afrodite era filha de Zeus e Dione.

CEOS + FEBE   OCEANO + TÉTIS

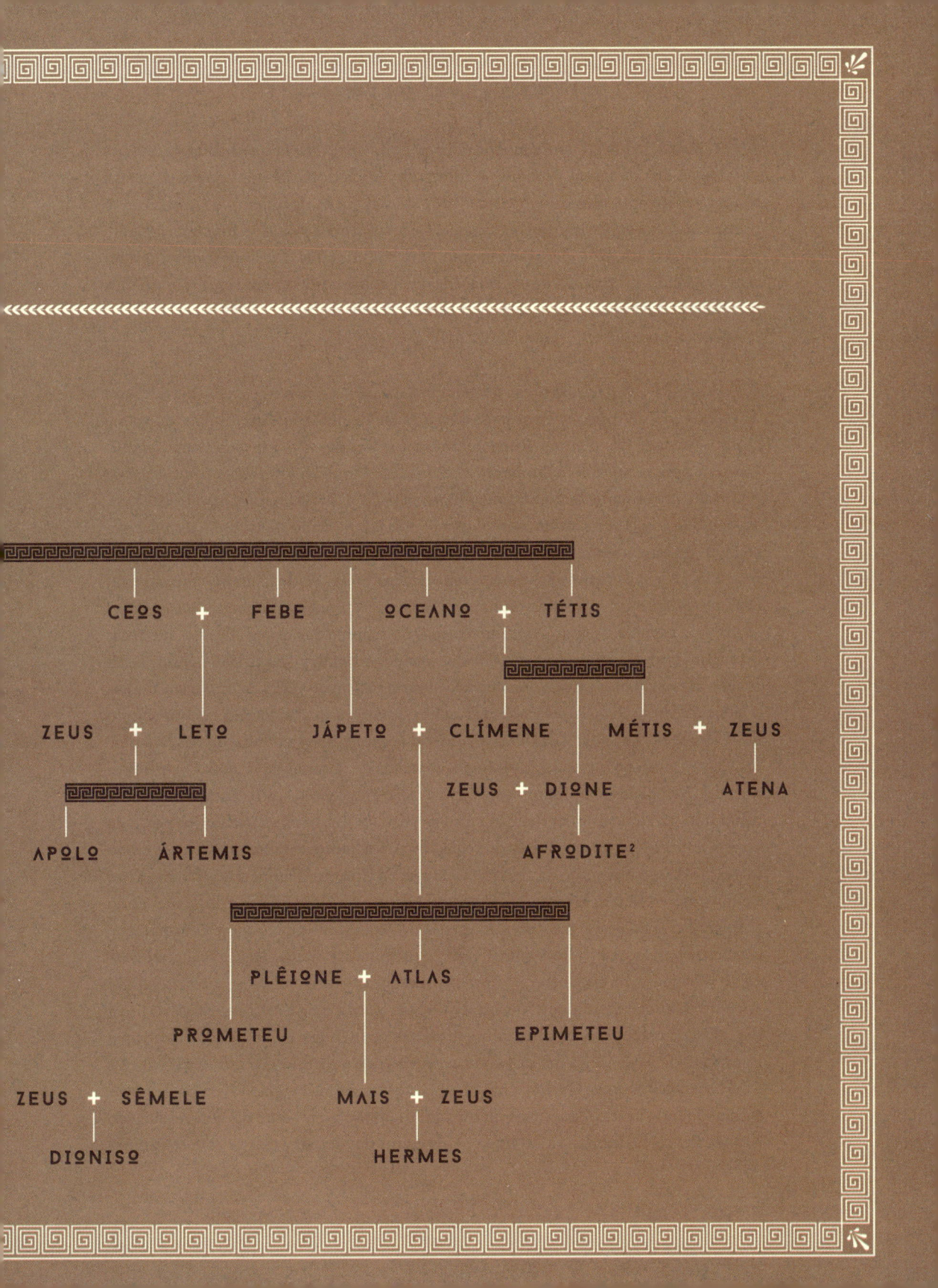

ZEUS + LETO   JÁPETO + CLÍMENE   MÉTIS + ZEUS

ZEUS + DIONE   ATENA

APOLO ÁRTEMIS   AFRODITE²

PLÊIONE + ATLAS

PROMETEU   EPIMETEU

ZEUS + SÊMELE   MAIS + ZEUS

DIONISO   HERMES

ADRASTEIA (também Adasteia ou Adrastea): Ninfa que habita a Caverna Ideana, na ilha de Creta. Segundo o mitógrafo Apolodoro, já que Cronos devorava todos os filhos após o nascimento no intuito de evitar o cumprimento da profecia que previa sua derrocada pela própria progênie, Reia, sua irmã e consorte, fora furtivamente a Creta para dar à luz a Zeus, seu último filho com Cronos. Lá, Reia confiou o filho recém-nascido a Adrasteia e sua irmã, Ida, bem como aos Curetes, seres semidivinos que cantavam e batiam as armas para ocultar o pranto do bebê.

(Ver Cronos, Curetes, Ninfas, Reia, Zeus)

AFRODITE: deusa grega do amor erótico, sexualidade e beleza. Uma das doze divindades do Olimpo, é relacionada à fertilidade de humanos, de animais, do solo e à produtividade das plantas. Entre os romanos, tornou-se conhecida como Vênus. Existem duas versões do nascimento de Afrodite. Homero a descreve como filha da relativamente obscura deusa titânide Dione com Zeus. Na *Teogonia* (*Orígem dos Deuses*), o poeta Hesíodo, por sua vez, conta uma história demasiado diferente e dramática a respeito do nascimento da deusa. Buscando vingar-se do pai, Úrano, por maltratar a mãe, Gaia, Cronos castrou-o, e a genitália decepada de Úrano caiu dos céus no mar, agitando as águas e produzindo espuma. Refletindo a etimologia do nome, que significa "dádiva da espuma do mar", Afrodite surgiu da espuma das ondas. Diz-se que rosas brotaram da areia, cobrindo a terra de cor, quando a deusa pisou pela primeira vez na praia, e as Graças ofereceram-lhe ramos de murta perfumada para esconder sua nudez. Alguns acreditavam que isso aconteceu na ilha de Citera, que concedeu à deusa o título de "Cítere" ou "Cítereia". Entretanto, outros alegaram que seu "local de nascimento" foi Chipre, portanto, a deusa também foi chamada de "Cípris" ou "Cípria". Afrodite é uma das divindades mais importantes do panteão grego e seu culto era extremamente difundido. Evidências materiais do culto à Afrodite foram encontradas no norte da Grécia, especialmente em Tebas; na região da Ática, tanto na cidade de Atenas como no território sob jurisdição da cidade; em Mégara e Corinto. Também há evidências no Peloponeso — Sícion, Hermíone, Epidauro, Argos, Arcádia, Elis; nas ilhas, incluindo Chipre, Creta e Citera; nas colônias gregas na Ásia Menor e em outros lugares que estabeleceram laços estreitos com a Grécia, incluindo a Sicília, Itália, Náucrates, no Egito, e Sagunto, na Espanha. No entanto, mesmo na Antiguidade, suspeitava-se que Afrodite não fosse realmente nativa da Grécia. Ainda que as origens de Afrodite e seu culto não sejam claras, geralmente aceita-se que Chipre desempenhou um papel significativo na gênese da deusa, produto provável de uma fusão de influências gregas e do Oriente Próximo. Devido à migrações e ao comércio, a região foi palco de novas formas de culto à fertilidade provenientes da Anatólia e do Levante durante a Idade do Bronze (há cerca de 2.500 a 1.050 a.C.): os cultos das deusas Ishtar e Astarté, ambas descendentes da deusa mesopotâmica Inana. Afrodite é, provavelmente, fruto da sincretização dessas deusas e, como tal, foi adotada pelos gregos, integrando seu panteão. A relevância inicial dos santuários no Chipre e em Citera com certeza influenciou as histórias sobre o nascimento da deusa. Como deusa do amor e do desejo, Afrodite não foi apenas responsável pelas complicações românticas de vários deuses e mortais, mas também teve vários casos de amor. Casada com Hefesto, deus da forja, quando ele se ausentava, ela lançava-se repetidamente aos braços de Ares, deus da guerra. Com Ares, teve o filho Eros, conhecido pelos romanos como Amor ou Cupido; Deimos ("terror"); Fobos ("medo"); e Harmonia, que mais tarde se casaria com Cadmo, rei de Tebas. Com o deus Hermes, cujas investidas rejeitou por muito tempo, gerou Hermafrodito. Segundo algumas versões, era a mãe da divindade da fertilidade Priapo, fruto de sua relação com o deus Dioniso, e do rei siciliano Erix, filho do deus Posídon. O belo Adônis figura entre seus mais conhecidos amores mortais. O jovem era fruto de uma relação incestuosa entre a princesa Esmirna e seu pai, Cíniras, o rei de Chipre. Curiosamente, o relacionamento foi produto de uma punição imposta por Afrodite à jovem princesa, um dos vários acontecimentos que demonstram que os presentes da deusa nem sempre representavam uma bênção e poderiam, em vez disso, revelar-se uma terrível punição. Incluem-se entre aqueles a quem a deusa auxiliou as investidas amorosas Hipômenes, que se apaixonou pela veloz caçadora Atalanta; Jasão, desesperado pela ajuda da feiticeira Medeia para garantir o velocino de ouro; e o príncipe troiano Páris, para o qual concedeu o pomo de ouro que ele, por sua vez, ofereceu para a bela Helena, transformando-a na causa da Guerra de Troia. Suas vítimas, por outro lado, incluíam Hipólito, filho de Teseu, e sua madrasta Fedra, a quem Afrodite fez apaixonar-se tragicamente pelo enteado; Tíndaro, rei de Argos, cujas filhas traíram os maridos — a mais famosa delas Clitemnestra assassinou o marido Agamêmnon enquanto ele se banhava —; Pasífae, a rainha de Creta, a qual se apaixonou perdidamente por um touro; e as mulheres de Lemnos, que assassinaram os homens da família. Quanto às características e símbolos de Afrodite, incluíam plantas que figuravam em sua mitologia: a rosa e a murta fragrantes; a maçã, a suculenta fruta associada ao amor e à procriação; e a papoula (ou anêmona), flor que brotou do sangue de Adônis. No reino animal, pombas, pardais, andorinhas, gansos, cisnes, lebres, cabras, carneiros, golfinhos e até tartarugas são sagrados para ela, alguns como símbolos de amor ou fertilidade e outros associados ao seu nascimento aquático.

(Ver Adônis, Agamêmnon, Anquises, Arcádia, Argos, Atalanta, Atenas, Chipre, Cíniras, Clitemnestra, Corinto, Creta, Cronos, Cupido, Dione, Dioniso, Eneias, Fedra, Gaia, Graças, Harmonia, Hefesto, Helena, Hermes, Hipólito, Hipômenes, Jasão, Medeia, Mégara, Mirra, Mulheres Lemníades, Olimpo, Páris, Pasífae, Priapo, Tebas, Teseu, Tíndaro, Titãs, Troia, Úrano, Vênus, Zeus)

AGLAIA (ou Aglaiê): seu nome significa "aquela que cintila" ou "aquela que resplandece", é uma das três (ou mais) Cárites ("graças"), geralmente consideradas filhas de Zeus e personificações da beleza, alegria e graça. Aglaia (ou Aglaiê) é a mais jovem das três graças e, segundo os poetas gregos Hesíodo e Píndaro, casada com o deus Hefesto. Esta Aglaia deve ser distinguida da mortal de mesmo nome, mãe dos gêmeos Acrísio e Preto.

(Ver Acrísio, Aglaia [heroína], Cárites, Graças, Hefesto, Zeus)

AIDÓS: a personificação feminina dos Aidós grego, que denota modéstia, vergonha, reverência e respeito pelos outros. O poeta Píndaro menciona que ela é filha do titã da segunda geração Prometeu e fonte de alegria e valentia. Ao descrever a involução da humanidade de uma virtuosa Idade de Ouro para a Idade do Ferro, momento em que a humanidade encontrava-se sujeita a todos os tipos de vícios, o poeta Hesíodo escreve que esse período seria marcado pela fuga de Aidós e Nêmesis da terra para residir com os deuses imortais. Em consequência da fuga, os humanos foram deixados na companhia do sofrimento e da amargura, e não há remédio para o mal.

(Ver Nêmesis, Prometeu, Titãs)

ALETO (ou Allecto): "a implacável" é uma das Erínias, ou Fúrias, como são conhecidas pelos romanos. Desempenha um papel significativo no épico de Virgílio, a *Eneida*, em que é descrita como uma habitante do Mundo Inferior "nascida da noite", uma metamorfa, instigadora de violência e guerras e uma criatura tão terrível que até o pai, Plutão, a odeia. Sob ordens de uma furiosa Juno, ela fez com que a rainha Amata se enfurecesse e incitasse a população da cidade italiana de Laurento à guerra contra Eneias e seu bando de troianos, que havia chegado recentemente à Itália. Amata via-se descontente, pois o marido, Latino, considerava dar a mão da filha Lavínia a Eneias e não a Turno, príncipe dos rútulos italianos; a rainha viu-se ainda mais irritada quando Aleto lançou-lhe uma serpente no peito, atitude semelhante a que adotou em relação à Turno, sobre o qual arremessou uma tocha e ateou fogo. Como consequência, Turno confrontou Latino. Em seguida, Aleto incitou os cães de Ascânio, filho de Eneias, a perseguir freneticamente um cervo demasiado estimado que fora animal de companhia da donzela Silvia. Quando Ascânio o matou, Silvia demandou que fazendeiros se erguessem em armas contra os italianos, e a própria Aleto transmitiu o chamado à guerra.

(Ver Amata, Ascânio, Eneias, Erínias, Fúrias, Juno, Latino, Lavínia, Mundo Inferior, Plutão, Rútulos, Silvia, Turno)

I

Afrodite: deusa da fertilidade e sensualidade, nascida da espuma do mar

ALFEU (ou Alfeios): é, ao mesmo tempo, um rio e a personificação do deus-
-rio. Alfeu, o rio mais extenso e volumoso do Peloponeso, flui através de Arcádia
e Elis. Como personagem mitológico, é mais conhecido por ter perseguido a Ninfa
Aretusa, que fugiu de Arcádia para a Sicília, onde emergiu como uma fonte que
leva seu nome.

(Ver Arcádia, Aretusa, Alfeu [lugar], Sicília)

AMON: o correlato grego de Amun, o principal deus dos egípcios, deus do sol,
deus criador e também da fertilidade. Como rei dos deuses, Amon é equivalente a
Zeus e tornou-se conhecido como Zeus Amon. Foi o oráculo de Amon, na Líbia, que
Cefeu, pai de Andrômeda, consultou antes de oferecê-la em sacrifício ao monstro
marinho que assolava seu reino na Etiópia. O mesmo oráculo supostamente declarou
que Alexandre, o Grande, é filho de Zeus. No que diz respeito à aparência, Zeus
Amon é representado como um homem maduro e barbudo, como Zeus, mas dotado
dos chifres de carneiro.

(Ver Andrômeda, Cefeu, Etiópia, Zeus)

ANFITRITE: deusa do mar, cujo nome, não é raro, usa-se como metoní-
mia para o mar. Diz que é filha de Tétis e do rio Oceano (um Oceânide), ou uma
nereida, filha do deus do mar Nereu e da Oceânide Dóris. O mitógrafo Apolodoro
escreve que Posídon desposou-a e que ela deu à luz o deus do mar, Tritão, e Rode,
a personificação da ilha de Rodes, um importante centro de adoração ao sol. De
acordo com o mitógrafo Higino, Anfitrite não se uniu voluntariamente a Posídon,
mas buscou abrigo com Atlas para escapar das investidas do deus. Posídon enviou
um certo Delfim para pleitear sua causa, uma tarefa realizada com tamanha eficácia
que o deus recompensou-o transformando-o em uma estrela. O geógrafo Pausânias
descreve uma pintura no Thēseîa, ou no santuário de Teseu, em Atenas, que retratava
um episódio da vida do rei ateniense Teseu: o rei Minos, de Creta, desafiou Teseu
a provar que era filho de Posídon e atirou seu anel de sinete no mar na expectativa
de que outro não fosse capaz de recuperá-lo das profundezas salgadas. Mas Teseu
recobrou o anel e emergiu das ondas usando uma coroa de ouro de Anfitrite, mais
uma prova de sua ascendência divina. De acordo com uma fonte pós-clássica tardia,
o escritor greco-bizantino do século XII d.C., John Tzetzes, foi Anfitrite quem
transformou a outrora bela donzela Cila em um monstro por ciúmes de Posídon.

(Ver Atenas, Atlas, Cila, Minos, Nereidas, Nereu,
Oceânides, Oceano, Posídon, Teseu, Tritão)

DEUSES, DEUSAS, ESPÍRITOS E NINFAS

ÂNTEROS: "amor recíproco", é o deus do amor correspondido. Por consequência, também punia aqueles que desprezavam o amor e vingava o amor não correspondido. Ânteros, assim como o irmão e companheiro Cupido (ou Eros), é tido como filho de Vênus ou também de Vênus e Marte.

(Ver Cupido, Marte, Vênus)

APOLO: deus grego da profecia, cura, arco e flecha, música e poesia. A partir do século V a.C., passou a assumir também as funções do deus sol Hélio. Embora fosse um dos deuses mais importantes e bem estabelecidos na época de Homero e Hesíodo, durante o século VIII a.C., suas origens são obscuras. Entre os diversos nomes e títulos de culto estavam Febo, "resplandecente", um nome que não é bem compreendido; Hekebolos, "aquele que dispara de longe", destaca seu papel como deus-arqueiro; Pítio, uma alusão ao fato de ter derrotado a monstruosa Píton; Hiator ("curandeiro"); Mousagetes ("líder das musas"), um título que ressalta seus estreitos vínculos com as Musas; e Dafneforos ("laureado"), uma referência ao louro, planta que lhe é sagrada. Apolo era adorado em toda a Grécia, mas seu santuário em Delfos, onde encontrava-se seu mais importante oráculo, era o mais significativo, assim como o templo da ilha de Delos. Um dos doze deuses olímpicos gregos, Apolo é filho de Zeus e Leto, deusa titânide de segunda geração, e irmão gêmeo de Ártemis, deusa da natureza e da caça. Apolo e Ártemis (segundo algumas versões, apenas Apolo) nasceram na ilha de Delos, a mãe agarrada a uma palmeira para facilitar o parto. Entretanto, não foi Leto quem cuidou dele quando bebê, e sim a deusa Têmis, que o alimentou com ambrosia e néctar. De acordo com o chamado *Hino Homérico* em sua honra, Apolo estabeleceu o oráculo em Delfos após derrotar a serpente Píton que vivia ali. O deus teve incontáveis amores e filhos. Por outro lado, a Ninfa Dafne e a princesa troiana Cassandra rejeitaram seus avanços. Dafne tornou-se um loureiro para escapar da paixão do deus, no entanto, ainda assim ele lhe permaneceu devoto e designou o louro como sua planta mais sagrada. Já Cassandra recebeu o dom da profecia em troca de aceitar o afeto do deus, contudo, ao rejeitá-lo, ele garantiu que, embora ela pudesse prever o futuro, ninguém acreditaria em suas palavras. Seus filhos mais conhecidos foram Asclépio, a quem ensinou a arte da cura, e Orfeu e Lino, os divinos bardos. Comum no mundo grego, Apolo tinha interesses amorosos tanto masculinos quanto femininos. Seus relacionamentos mais notáveis foram com Jacinto, que, por acidente, matou com um disco, e com Ciparisso, que morreu em luto por seu amado cervo. Apolo transformou Ciparisso em um cipreste, a árvore do luto, permitindo-lhe o lamento eterno. Uma flor que mais tarde levaria seu nome brotou onde Jacinto morreu. Entre os que provocaram a ira do deus incluem-se o Sátiro Mársias e Pã, que o desafiaram para um duelo musical. O próprio Mársias sofreu uma punição terrível, mas no caso da disputa com Pã, foi Midas, o juiz, quem foi punido.

Os troianos também foram submetidos à animosidade de Apolo durante a Guerra de Troia, porque seu antigo rei, Laomedonte, não pagou tributo ao deus pela construção das muralhas da cidade. O rei Admeto de Tessália, por outro lado, desfrutava de sua afeição, pois tratou o deus com bondade quando, como punição por matar os ciclopes, Zeus tornou-o servo indelével de Admeto. O culto a Apolo foi introduzido em Roma por volta do século V a.C. devido à incidência de uma praga. Por isso, ele era adorado particularmente como curandeiro. Embora sua mitologia fosse certamente conhecida e explorada por autores e artistas romanos, a cura continuou a ser sua principal função cultual no mundo romano. Apesar de, como curandeiro, ter sido ofuscado por Asclépio, Apolo retinha particular importância durante a época de Augusto, já que o imperador adotou-o como divindade pessoal. Em relação a suas características definidoras, Apolo foi representado jovem, atlético e imberbe. Seus instrumentos favoritos são a lira e a cítara e o arco e a flecha suas armas. O louro e a palmeira, mas também o cipreste, representavam suas principais árvores sagradas.

(Ver Admeto, Ártemis, Asclépio, Cassandra, Ciclopes, Ciparisso, Dafne, Delfos, Delos, Hélio, Jacinto, Laomedonte, Leto, Lino, Mársias, Midas, Musas, Orfeu, Pã, Píton, Roma, Sátiros, Tessália, Titãs, Troia, Zeus)

AQUELOO: tanto o rio quanto o deus desse rio, um dos mais extensos e profundos da Grécia. Embora fosse associado a um rio específico, esse deus poderia ser invocado como referência a rios (e seus deuses) em geral. Em outras palavras, ele poderia ser compreendido como o deus de todos os rios. De acordo com o poeta grego Hesíodo, Aqueloo, assim como uma série de outros rios, é filho dos deuses titãs da primeira geração, Oceano e Tétis. Sua progênie incluía as monstruosas sereias de vozes doces, assim como várias Ninfas que diziam extrair dele suas correntes de água. Entre estas Ninfas, mencionam-se Castália, espírito da Fonte de Castália, próxima a Delfos, uma fonte sagrada para as Musas; e Pirene, espírito da fonte coríntia Pirene, cujas águas Pégaso fez jorrar da terra à golpes de casco. É provável que Aqueloo seja mais conhecido pelo envolvimento com o herói Hércules, com quem digladiou-se pela mão de Dejanira, filha de Eneu, rei de Cálidon. Embora Aqueloo tenha metamorfoseado-se em serpente e depois em touro, Hércules prevaleceu e quebrou um de seus chifres. Este chifre, de acordo com o poeta romano Ovídio, tornou-se a Cornucópia da Abundância, pois as Ninfas Náiades encheram-na de frutas e flores — a fartura da terra, possibilitada pelas águas de Aqueloo. De acordo com uma variação do mito, Hércules lhe devolveu o chifre, recebendo em troca o chifre de Amalteia, uma cabra que fornecera leite para o recém-nascido Zeus, e este teria se tornado a Cornucópia.

(Ver Aqueloo [lugar], Cálidon, Corinto, Dejanira, Delfos, Eneu, Fonte de Castália, Musas, Náiades, Ninfas, Oceano, Pirene, Sereias, Titãs, Zeus)

AQUILÃO: nome romano do deus grego Bóreas, a personificação do vento norte. Suas façanhas mais conhecidas incluem o sequestro da princesa ateniense Oritia e a quase destruição dos navios do troiano Eneias, empreitada realizada a mando de uma furiosa Juno, que subornou o senhor dos ventos, Éolo, para ajudá-la.

(Ver Atenas, Bóreas, Eneias, Éolo, Juno, Oritia, Troia)

ARES: deus grego da guerra e, como tal, é associado à violência da guerra, à sede de sangue, ao terror e ao clamor dos moribundos. Segundo o poeta grego Hesíodo, Fobos ("medo") e Deimos ("terror"), dois de seus filhos, foram seus companheiros de guerra. Atena também é uma divindade da guerra, mas de um tipo diferente. Ela tinha como escopo a guerra justa, travada no interesse de proteger a cidade. Em consequência, Ares é tão temido quanto reverenciado, mas, em comparação aos irmãos, lograva presença limitada em questão de religião e adoração. Um dos doze deuses do Olimpo, filho de Zeus e Hera, teve vários filhos com parceiras distintas. Sua aventura amorosa mais notória foi com a deusa Afrodite, esposa de Hefesto, deus da forja, que usava as habilidades do esposo para prender os amantes na cama. Com Afrodite, Ares supostamente teve não apenas Deimos e Fobos, como também Eros ("amor"), Ânteros ("amor retribuído") e Harmonia ("harmonia"). Seus outros filhos incluíam o guerreiro Cicno, Diomedes da Trácia, o ímpio Tereu, a Amazona Pentesileia e Partenopeu, um dos Sete Contra Tebas. Suas representações artísticas, são relativamente poucas e, logicamente, ele é retratado armado com elmo, escudo e espada ou lança. Ares foi assimilado no mundo romano como o deus italiano da guerra, Marte.

(Ver Afrodite, Amazonas, Ânteros, Atenas, Cicno, Diomedes, Eros, Hera, Marte, Olimpo, Partenopeu, Pentesileia, Sete contra Tebas, Tereu, Zeus)

ARETUSA: Ninfa que deu nome a uma nascente na ilha de Ortígia, no porto siciliano de Siracusa. Ainda que na realidade existissem inúmeras fontes e Ninfas com este nome, o mito da Aretusa siciliana é o mais conhecido. Sua história dramática é narrada em detalhes pelo poeta romano Ovídio. A apaixonante Aretusa nasceu em Arcádia e passava os dias caçando. Em um dia de calor excessivo, enquanto voltava para casa, decidiu refrescar-se às margens do rio Alfeu. Quando o deus-rio avistou-a, foi tomado por um fervoroso desejo. Aretusa saiu da água e correu, mas Alfeu a perseguiu. Por fim, já exausta, ela clamou à deusa Ártemis por ajuda e, compelida, a deusa envolveu-a em névoa. De repente, tornou-se líquida — um riacho — porém o deus-rio encontrou-a mesmo nessa nova forma. Mudando de forma humana para rio, Alfeu tentou unir suas águas às dela. Então Ártemis fez a terra dividir-se e Aretusa mergulhou pela fenda e emergiu na Sicília. No entanto, Alfeu mergulhou sob a superfície em seu encalço e, mesmo na Sicília, foi capaz de encontrá-la.

(Ver Alfeu [deus e lugar], Ártemis, Ninfas, Sicília)

ARISTEU: divindade campestre cuja função consiste em instruir humanos quanto às atividades agrícolas. O poeta grego Apolônio de Rodes escreve que ele é filho da pastora Cirene, que fora raptada e engravidada por Apolo. A recompensa do deus é transformá-la em Ninfa, tornando-a imortal. Então Apolo levou o bebê Aristeu para ser criado pelo sábio centauro Quirão. Quando cresceu, as Musas agraciaram-lhe com uma noiva, ensinaram-lhe as artes paternas da cura e da profecia e tornaram-no pastor de seus vastos rebanhos. Nas *Geórgicas* de Virgílio, é apresentado como agricultor, viticultor e apicultor cujas abelhas morreram repentina e inexplicavelmente. Quando isso ocorreu, Aristeu procurou a fonte de sua mãe para pedir ajuda — a fonte Cirene que alimentava o rio Peneu. Ela instrui-o a procurar Proteu, uma divindade mutável do mar, que esclareceu que a morte das abelhas fora causada por Orfeu e as irmãs Dríades da Ninfa Eurídice, cuja morte ele inadvertidamente causara. Cirene orientou o filho a fazer uma sacrifício às Ninfas, a Orfeu e a Eurídice como expiação. Após o sacrifício, abelhas emergiram das carcaças dos bois abatidos e repovoaram as colmeias de Aristeu. A filha do rei tebano Cadmo, Autônoe, também comenta que Aristeu é pai de Actéon. De acordo com o poeta Píndaro, foram as Horai ("as Horas") e Gaia que o tornaram imortal.

(Ver Actéon, Apolo, Autônoe, Cadmo, Centauros, Cirene [heroína],
Dríades, Eurídice, Gaia, Musas, Orfeu, Peneu, Proteu, Quirão, Tebas.)

ÁRTEMIS: deusa grega da natureza e residia nas montanhas e vales na companhia das Ninfas. É caçadora, protetora dos animais e dos caçadores com plena consciência que tiravam as vidas de outras criaturas para garantir sustento. Assim, suas atividades demandavam gratidão aos animais e à deusa. Ela é uma das doze divindades do Olimpo, e presidia o parto de animais e humanos, protegendo as mães e a progênie. Por outro lado, ela poderia causar uma morte repentina durante o parto, com suas flechas de ouro. Embora fosse virgem, é a deusa das transições e presidia os ritos de passagem para a idade adulta tanto para moças quanto para rapazes. Conforme seus poderes e interesses se sobrepunham, especialmente no que diz respeito ao parto, as deusas gregas Ilítia, Hécate e Selene passaram a ser associadas a ela, assim como a deusa romana Diana, que adotou a mitologia de Ártemis. Ela é filha de Zeus e Leto, deusa titânide de segunda geração, cuja gravidez Hera cruelmente prolongou por ciúme do caso que Zeus tivera com ela. Segundo algumas versões, tanto Ártemis quanto o irmão gêmeo, Apolo, nasceram na ilha de Delos, onde Leto agarrou-se a uma palmeira durante o parto. No entanto, de acordo com o historiador romano Tácito, Ártemis nasceu em um bosque de ciprestes em Ortígia, perto de Éfeso, que se tornaria um importante local de adoração. Ali existira um templo construído em sua homenagem, considerado uma das Sete Maravilhas do Mundo Antigo. Outros autores, entretanto, mencionam que seu local de nascimento foi Creta. Ainda assim, a origem histórica dessa deusa não é clara. Algumas evidências sugerem que a Grécia poderia tê-la importado da Anatólia, mas em todo caso ela fora conhecida desde a Idade do Bronze, um período que se estendeu de meados de 3000 a 1150 a.C. Os santuários de Ártemis podiam ser encontrados em todo o mundo grego. Alguns dos mais proeminentes localizavam-se em Brauron, no território de Atenas, e em Esparta. O primeiro era o local das cerimônias de iniciação para meninas, que se vestiam de urso. O segundo estava ligado ao processo ritualístico para tornar os meninos espartanos guerreiros e cidadãos. Há inúmeras narrativas míticas envolvendo os múltiplos aspectos de sua personalidade complexa. Ela e o irmão Apolo, armados de arco e flecha, vingaram a mãe depois que a princesa Níobe, sob o pretexto de ter mais filhos do que Leto, alegara ser mais merecedora de adoração do que aquela deusa. Outras vítimas de Ártemis incluíam o caçador Actéon, cujos cães de caça ela incitou contra o próprio caçador por ele vislumbrá-la nua. Segundo Higino, não foi Hera, mas Ártemis quem transformou sua acompanhante Calisto em ursa como punição por engravidar de Zeus, embora a gravidez tenha sido resultado de estupro. Ela matou o caçador Oríon por desafiá-la em um concurso de lançamento de discos (*quoits*) e, ao lado de Apolo, digladiou com Tício devido a perseguição indesejada que ele infligira contra sua mãe. Seu devoto mais conhecido era o casto, porém tragicamente falho Hipólito, filho da rainha amazona Hipólita. Ártemis também exigiu o sacrifício da filha de Agamêmnon, Ifigênia, para compensar o fato de o rei ter matado um cervo sagrado. De acordo com algumas versões, Ifigênia encontrou seu fim no altar de Ártemis, mas, segundo outros, a deusa salvou-a e conduziu-a para a terra bárbara dos tauridanos, onde tornou-se sacerdotisa de Ártemis, sendo incumbida de preparar as vítimas para sacrifício humano. Quanto aos atributos distintivos, Ártemis é representada na arte grega armada de arco, aljava e flechas. Às vezes, assim como Hécate e Ilítia, carregava uma ou mais tochas. Todos os animais eram sagrados para ela, em especial veados, ursos e javalis. Como no caso do irmão Apolo, a palmeira e o cipreste estavam entre suas plantas mais sagradas.

(Ver Actéon, Agamêmnon, Amazonas, Apolo, Atenas, Calisto, Delos, Diana, Esparta, Hécate, Hera, Hipólita, Hipólito, Ifigênia, Ilítia, Leto, Níobe, Olimpo, Oríon, Ortígia, Selene, Tauridanos, Titãs, Tício, Zeus.)

ASCLÉPIO (ou Esculápio): filho de Apolo e herói curandeiro que se tornou divino. Por isso, passou a ser conhecido como deus da cura e da medicina. De acordo com o poeta grego Hesíodo, sua mãe foi uma mortal chamada Arsínoe, filha de Leucipo. No entanto, na história mais comum sobre suas origens, sua mãe chama-se Corônis, a filha do rei Flégias, da Tessália. Também existem várias versões de seu nascimento.

Em uma versão, Corônis deu à luz Asclépio enquanto estava em Epidauro com o pai, que não sabia da gravidez e abandonou o bebê em regiões ermas. Lá, foi amamentado por cabras e protegido pelo cão de um pastor que mais tarde o encontrou. Quando o homem aproximou-se, a criança disparou relâmpagos, o que afugentou o sujeito, fazendo-o deixar o local sem levá-la. De acordo com outra versão, a grávida Corônis teve um amante mortal, e Apolo (ou a irmã Ártemis) enfureceu-se e a matou. No entanto, Hermes foi instruído a arrancar o bebê do ventre da mãe enquanto o corpo jazia na pira funerária. Asclépio foi entregue ao nobre centauro Quirão para ser criado e educado nas artes da cura. Na *Biblioteca*, Apolodoro escreve que Asclépio tornou-se tão hábil na profissão que não só salvou vidas, como também reviveu os mortos pelo emprego do sangue de górgona que recebeu de Atena. Higino oferece um relato diferente a respeito de sua habilidade de ressurreição, uma história semelhante a que se conta sobre o advinho Poliído. Asclépio foi ordenado a trazer Glauco, filho de Minos, de volta à vida. Enquanto considerava como proceder, uma serpente lhe tomou o cajado que segurava. Ele então matou a cobra, contudo logo surgiu outra, agora trazendo um ramo de erva na boca, depositado sobre a cabeça da cobra morta. As criaturas fugiram e Asclépio usou a mesma erva para trazer Glauco de volta à vida. Temendo que a distinção entre os deuses imortais e os humanos mortais fosse para sempre comprometida, Zeus atingiu Asclépio com um raio, e um furioso Apolo dizimou os ciclopes, criadores dos raios. Por tal crime vingativo Apolo foi obrigado a servir um mortal, Admeto, por um ano. Por sua vez, a pedido de Apolo, Zeus alocou Asclépio entre as estrelas. Embora Epidauro, no nordeste do Peloponeso, fosse o local de adoração mais importante de Asclépio, seus santuários — os chamados Asclepíades, precursores dos hospitais modernos, para onde as pessoas peregrinavam em busca de cura — podiam ser encontrados em todo o mundo grego e além; em Roma, a adoração de Asclépio foi introduzida a partir de Epidauro, em 293 a.C., a fim de afastar a praga. Havia algo único nele e em seu culto: a uniformidade da organização e disposição do santuários, assim como das práticas e rituais dos adeptos. Os santuários, que compreendiam um templo, um altar e um dormitório, geralmente localizavam-se fora dos povoados e perto de fontes de água. Seus animais sagrados, cobras e cães, eram mantidos em Asclépeia, e cabras, sagradas ao deus por terem-no amamentado quando infante, não deveriam ser sacrificadas e sua carne não poderia ser consumida nas imediações dos santuários. A verdadeira "cura" ocorria durante a incubação, enquanto os pacientes dormiam. Asclépio, ou um emissário do deus, aparecia em sonho aos pacientes para curá-los ou ensinar-lhes sobre os remédios para seu malefício. Quanto às suas representações, é geralmente retratado em um manto longo, segurando um cajado entrelaçado por uma cobra.

(Ver Admeto, Apolo, Arsínoe, Atena, Centauros, Ciclopes, Corônis, Górgonas, Hermes, Leucipo, Minos, Poliído, Quirão, Tessália, Zeus)

ASTÉROPE: uma das Plêiades, sete Ninfas filhas de Atlas e Plêione, uma das filhas de Oceano. Apolodoro escreve que ela foi mãe das mulheres-pássaros conhecidas como sereias. Com Ares, o deus da guerra, teve Enômao, um rei de Pisa que se apaixonou pela própria filha e encontrou uma maneira de matar todos os seus pretendentes, exceto um, Pélops.

(Ver Ares, Atlas, Enômao, Oceano [deus], Pélops, Plêiades, Sereias)

ASTREIA (ou Astrea): personificação da Justiça. De acordo com o *Phaenomena* (Fenômenos) de Arato e outros autores romanos influenciados por seu trabalho sobre as constelações, ela tornou-se a constelação de Virgem. É reconhecida como Virgem e Dice ("justiça"). Geralmente considerada filha de Astreu, deus titã de segunda geração, com Eos, deusa do amanhecer, ou também filha de Zeus com Têmis ("lei sagrada"). Para os autores romanos Ovídio, Higino e outros, Astreia partiu da terra para os céus horrorizada quando os humanos decaíram à Idade do Ferro, tornando-se uma raça perversa — um processo que compreendia sua involução da Idade do Ouro à Idade da Prata e, por consequência, à Idade do Bronze.

(Ver Dice, Eos, Têmis, Zeus)

ATE: personificação feminina da imprudência e fatalidade. Segundo o poeta Hesíodo, é filha de Éris ("discórdia"), e Homero comenta que é filha de Zeus. A deusa não possui uma narrativa mítica particular, mas aparece em diversas sagas como a causa das ações imprudentes, insensatas ou desastrosas de determinados personagens. Esses personagens incluem o rei micênico Agamêmnon, que a culpou por sua decisão de tirar a bela Briseida de Aquiles, o que fez com que Aquiles se retirasse da Guerra de Troia em um momento crítico; a esposa de Agamêmnon, Clitemnestra, que considerou a imprudência uma das razões para assassinar o marido; e Orestes e Electra, que imprudentemente mataram a mãe para vingar a morte do pai.

(Ver Agamêmnon, Aquiles, Briseida, Clitemnestra, Electra
[heroína], Éris, Micenas, Orestes, Zeus)

ATENA: deusa grega da guerra, sabedoria e artesanato; é a protetora das cidades, especialmente Atenas. Como deusa da guerra, possuía um caráter demasiado distinto de Ares, que representava a agressão e a violência da guerra. Atena, ao contrário, é a deusa das guerras justas, necessárias e jamais urgidas por impulso. Como patrona dos ofícios e artesãos, é fortemente associada às artes femininas da tecelagem, mas seu escopo estendia-se à carpintaria e à metalurgia, sobrepondo-se a Hefesto neste quesito, com quem seu culto é associado. Entre seus inúmeros títulos, eram proeminentes Ergane ("artesã" ou "criadora"), Nice ("vitoriosa"),

Prómakhos ("aquela que luta nas linhas de frente"), Polias ou Polioukhos ("protetora das cidades"), e Párteno ("donzela"), como foi acolhida no Partenón ateniense. Com frequência é chamada de "Palas Atena" ou simplesmente "Palas", nome que os autores antigos derivaram de uma companheira próxima de Atena, morta acidentalmente pela deusa, ou de um gigante também morto (propositalmente) por ela. Quanto às origens do nome e da deusa, não há consenso, embora exista indícios que uma forma inicial era conhecida na Grécia na Idade do Bronze, período que se estendeu aproximadamente entre 3.000 e 1150 a.C. Também não se sabe se o nome de Atenas, a cidade mais sagrada para ela, é anterior ao da deusa. Quanto à mitologia, ela é filha de Zeus e de sua primeira esposa, Métis, a personificação da sabedoria. Como narra o poeta grego Hesíodo, Zeus engoliu Métis que estava prestes a dar à luz, pois soubera, pelos deuses Gaia e Úrano, que ela estava destinada a ter filhos que ameaçariam sua posição como rei dos deuses — primeiro Métis teria uma filha sábia e poderosa, depois um filho ousado e forte. Com o passar do tempo, Zeus desenvolveu uma terrível dor de cabeça e pediu a ajuda de Hefesto, que golpeou-lhe a cabeça com um machado. Atena surgiu da fenda em seu crânio, já crescida, armada e de amadura completa. Atena permaneceu solteira e virgem, mas tornou-se mãe adotiva do lendário rei ateniense Erictônio, o homem-cobra, nascido do sêmen derramado na terra quando Hefesto tentou estuprá-la. Inúmeros heróis desfrutaram de seu apoio e proteção, entre eles Perseu, a quem deu um escudo polido com o qual foi capaz de localizar Medusa sem ter de encará-la. Em agradecimento, Perseu deu-lhe a cabeça de Medusa, que Atena fixou na couraça da armadura. O astuto Odisseu também estava entre seus favoritos, pois, como Homero narra, de todos os humanos, era o mais próximo dela em questão de perspicácia. De igual modo foi defensora do príncipe micênico Orestes, absolvendo-o de matricídio. Entre os que sentiram a intensidade da ira da deusa encontravam-se Aracne, a hábil, mas arrogante, tecelã que afirmava ser mais talentosa que a deusa, sua professora. Embora a cidade contasse com um santuário dedicado a ela, Atena odiava os troianos, pois ela, assim como Hera, guardava rancores devido ao fato de o príncipe troiano Páris ter escolhido Afrodite a mais bela das três deusas. O mito mais importante a seu respeito, além da história do miraculoso nascimento, é a história da competição com Posídon pela administração de Atenas. Posídon atingiu a Acrópole com o tridente para gerar uma fonte de água salgada, um símbolo do poder naval, e Atena gerou uma oliveira. A deusa venceu a disputa, pois a azeitona, que se tornou uma das bases da economia ateniense, foi considerada o presente mais valioso. Quanto aos seus atributos, é retratada de armadura e elmo, uma couraça com franjas de couro de cobra, a chamada égide ("pele de cabra"), onde fora fixada a cabeça de Medusa, além de portar um escudo e uma lança ou

DEUSES, DEUSAS, ESPÍRITOS E NINFAS

alabarda. Seus animais sagrados compreendiam a cobra e a coruja, um símbolo de sabedoria, e a oliveira é a planta mais sagrada. Os romanos estabelecem uma equivalência da deusa Minerva com Atena.

(Ver Acrópole, Afrodite, Aracne, Atenas, Erictônio, Gaia, Hefesto, Medusa, Métis, Minerva, Micenas, Odisseu, Orestes, Palas, Páris, Perseu, Posídon, Troia, Úrano, Zeus)

ATLAS: De uma perspectiva patrilinear, é um deus titã de segunda geração. É filho do titã de primeira geração Jápeto com Clímene, a filha de seu irmão Oceano (uma Oceânide). Com sua tia Oceânide Plêione, concebeu as Plêiades, as Híades (cuja mãe também chamava-se Etra, outra Oceânide) e Calipso. Com Hespéris, filha da Estrela Vespertina Héspero, gerou as Hespérides. É irmão de Prometeu, Epimeteu e Menécio. O mitógrafo Higino relata que, em consequência do papel de liderança na disputa entre deuses olímpicos e titãs, Zeus puniu-o alocando-lhe os céus sobre os ombros. Dizia-se que Atlas vivia no Jardim das Hespérides, nas margens ocidentais do rio Oceano, na Líbia, ou no distante norte (ou leste), onde os hiperbóreos residiam. Hércules pediu o auxílio de Atlas na busca pelos pomos das Hespérides, pois desejava recuperá-los. Em troca, propôs-se a sustentar os céus, oferecendo uma pausa ao fardo do titã. Contudo, com os pomos em mãos, Atlas tentou protelar o adiamento de sua tarefa onerosa oferecendo-se para entregar os pomos a Euristeu, no interesse de quem Hércules realizava a tarefa. Ele enganou-o para devolver-lhe os céus, pedindo-lhe que segurasse o fardo por um momento enquanto procurava um suporte para apoiar nos ombros. Desnecessário dizer que Hércules não retomou o fardo. Atlas também desempenhou um papel na saga do herói Perseu. Como retaliação por não ter lhe oferecido hospitalidade, Perseu, em posse da cabeça decepada de Medusa, o transformou nas montanhas que ainda levam seu nome.

(Ver Calipso, Clímene, Epimeteu, Euristeu, Hércules, Hespérides, Héspero, Híades, Hiperbóreos, Oceânides, Oceano [lugar], Perseu, Plêiades, Prometeu, Titãs)

ÁTROPOS: "a inflexível" é uma das três Parcas, ou Moiras, deusas que mediam ou determinavam o destino das pessoas. Como o nome de Átropos sugere, considera-se que, uma vez que as Parcas tenham fiado e cortado o fio da vida de um indivíduo, sua decisão é inalterável.

(Ver Moiras, Parcas)

AURORA: nome romano de Eos, deusa do amanhecer.
(Ver Eos)

AUSTRO: o equivalente romano de Notus (ou Noto), o vento sul.
(Ver Noto)

BACO: outro nome para o deus Dioniso, que foi originalmente empregado como um título ou uma forma de descrever Dioniso, em referência ao fato do deus ser capaz de induzir a um estado de êxtase frenético. O nome Baco também pode ser usado para designar um adorador de Dioniso embevecido no mencionado estado de êxtase ou um iniciado nos mistérios do deus. Da mesma forma, as Bacantes eram sacerdotisas do deus.
(Ver Bacantes, Dioniso)

BÉLONA: nome derivado de *bellum*, latim para guerra, é a deusa romana equivalente da deusa grega da guerra, Enio. Na arte, é representada com elmo. As demais características incluem escudo, espada ou lança e trombeta, para soar o chamado à batalha, assim como um cabelo serpentino, semelhante ao de uma górgona. Como personificava os aspectos destrutivos da guerra, seu templo em Roma localizava-se, na verdade, fora do *pomerium* da cidade, sua fronteira religiosa e legal.
(Ver Enio, Górgonas)

BÓREAS: personificação do vento norte e a divindade desse vento. É, assim como Noto, o vento sul, e Zéfiro, o vento oeste, filho de Eos, deusa do amanhecer, e Astreu, um titã de segunda geração. Seu lar, segundo o poeta grego Píndaro, localizava-se além da terra dos hiperbóreos, intocados por seu hálito gelado e invernal. A noiva de Bóreas, raptada enquanto colhia flores no rio Ilisso, chamava-se Oritia, filha do lendário rei ateniense Erecteu. Com ela, teve os gêmeos Zetes e Calais, que acompanharam Jasão e os Argonautas na busca pelo velocino de ouro, e duas filhas, Quíone e Cleópatra. Seus filhos eram conhecidos coletivamente como boréades. Bóreas e os irmãos eram descritos como alados e às vezes até como cavalos. Na verdade, havia lendas de que Bóreas e os irmãos geraram cavalos particularmente velozes. Entre o quais, potros nascidos das éguas do rei troiano Erictônio. Os romanos assimilaram Bóreas como Aquilão.
(Ver Aquilão, Argonautas, Atenas, Erecteu, Erictônio, Hiperbóreos, Ilisso, Jasão, Noto, Oritia, Troia, Zéfiro, Zetes)

DEUSES, DEUSAS, ESPÍRITOS E NINFAS

BRÓMIO (ou Bromius): nome para Dioniso. Pode ser traduzido como "aquele que faz trovejar" ou "efusivo/tempestuoso". O nome descreve a natureza expansiva e turbulenta da adoração ao deus, que envolvia danças eufóricas e brados ritualísticos. O título remete ao trovejante Zeus, seu pai, e também ao fato de Dioniso ser capaz de alterar a própria forma ao bel prazer, transformando-se em uma besta rugiente, entre outras.

(Ver Dioniso, Zeus)

CALÍOPE: deusa da "bela voz", é uma das Musas, às vezes descrita como a líder. Ela ficou conhecida como a Musa da poesia épica, porém também é considerada patrona da poesia em geral. De acordo com Apolodoro, Calíope deu à luz dois filhos do rei da Trácia, Eagro (ou de Apolo): o famoso músico Lino, cujo pupilo foi morto por Hércules, e Orfeu, cuja música podia emocionar árvores e pedras. Até mesmo Homero era considerado seu filho, ainda que provavelmente em um sentido simbólico.

(Ver Apolo, Hércules, Lino, Musas, Orfeu, Trácia)

CALIPSO ("aquela que tenta esconder"): de acordo com a *Odisseia* de Homero, uma deusa e filha de Atlas, titã de segunda geração. Calipso é uma deusa da natureza ou da terra, que vivia em uma caverna cercada por uma vegetação luxuriante: árvores, vinhas florescentes e prados densos. Odisseu chegou sozinho na ilha de Ogígia, pois seus navios haviam sido destruídos e todos os seus companheiros, mortos. A deusa o amou, cuidou dele por sete anos e ofereceu-lhe a imortalidade, mas Odisseu sentia falta da esposa e do lar. Apesar de acolhedora, ela representava uma ameaça para o retorno de Odisseu ao lar, algo sugerido pela presença de determinadas espécies de plantas e animais ao redor da caverna: álamos pretos, amieiros, ciprestes, violetas, corujas, gaivotas e falcões, todos simbolicamente associados à morte. Sabendo da ameaça que Calipso representava, a deusa Atena persuadiu Zeus a enviar Hermes para convencê-la a libertar Odisseu. Assim ela o fez e, com seu conhecimento tecnológico deveras surpreendente, ajudou-o a fazer uma jangada.

(Ver Atena, Atlas, Hermes, Odisseu, Titãs, Zeus)

CAMENAS: quatro (ou três) deusas romanas identificadas com as Musas gregas. Tratam-se de deusas que presidiam as ciências, a poesia e as artes. A Ninfa, ou deusa, Egéria é às vezes considerada uma delas. De acordo com o antigo biógrafo Plutarco, o lendário segundo rei de Roma, Numa Pompílio, concedeu-lhes um bosque sagrado em Roma e declarou sagrada a nascente que fluía do local, designando que as Virgens Vestais (sacerdotisas de Vesta) utilizassem essas águas para purificar seu templo.

(Ver Egéria, Musas, Ninfas, Numa, Vesta)

CAOS: na *Teogonia* (*Origem dos Deuses*), a mais antiga narrativa reminiscente sobre a origem dos deuses gregos, o poeta Hesíodo escreve que o Caos, um grande Vácuo, foi o primeiro a surgir, seguido por Gaia, a terra; Tártaro, o abismo mais profundo da terra; e Eros, o desejo. Posteriormente, a Escuridão de Érebo e a Nix ("noite") passaram a existir a partir do Caos elemental, e Nix deu origem ao Éter, a cintilante atmosfera superior, e ao Dia, ambos concebidos ao deitar-se enamorada de Érebo. Gaia, por sua vez, deu à luz primeiro Úrano (ou Uranos), os céus, e depois as montanhas (Óreas) e o mar (Ponto) que a "moldaram" fisicamente. Então Gaia e Úrano geraram diversos grupos de filhos, e assim por diante. Essa teogonia pode ser considerada uma cosmogonia, um relato das origens do universo e tudo aquilo que o constitui. As primeiras divindades surgidas eram elementares, mas também, até certo ponto, personificadas, e a personificação contribuía aos avanços narrativos.

(Ver Érebo, Eros, Gaia, Tártaro, Úrano)

CÁRITES: as Graças, deusas que personificavam a beleza, a alegria e a graça, são chamadas de Cárites ("graças") pelos gregos. Segundo o poeta Hesíodo, são filhas de Zeus e da bela Eurínome, filha de Oceano, e chamavam-se Aglaia ("aquela que resplandece"), Eufrosina ("bom ânimo") e Talia ("aquela que floresce").

(Ver Graças, Oceano [deus], Zeus)

CARONTE: na mitologia greco-romana, o barqueiro dos mortos. Em um esquife, ele transportava quem recebia um sepultamento adequado para a outra margem do rio Aqueronte (ou Estige), ou seja, do mundo dos vivos para o Mundo Inferior. O deus Hermes é responsável por conduzir as almas dos mortos às margens do Aqueronte, onde são recebidos por Caronte. A tarifa de um óbolo (uma moeda da Grécia antiga que pesava 0,5 grama) garantia a passagem pelo rio, e por isso os mortos eram enterrados com uma moeda na boca. Poucos foram capazes de persuadi-lo a levá-los para a terra dos mortos ainda vivos: os heróis Teseu, Pirítoo, Hércules e Eneias. Na *Eneida*, o poeta Virgílio traça a descrição mais vívida do barqueiro dos mortos, comentando que se trata de uma figura sombria, envelhecida, temível e esquálida, dotada de uma barba emaranhada, um manto imundo e olhos que refulgem como fogo. Acredita-se que Caronte, uma divindade menor, fosse originalmente uma personificação da morte. Por outro lado, de acordo com o geógrafo Estrabão, ele era curiosamente cultuado como uma divindade associada à cura.

(Ver Aqueronte [lugar], Eneias, Estige [lugar], Hércules, Hermes, Mundo Inferior, Pirítoo, Teseu)

CASTOR (ou Kastor): ele e seu irmão Pólux (ou Polydeuces) são conhecidos como os Dióscuros, gêmeos "Filhos de Zeus". De acordo com algumas fontes clássicas, o pai de Castor seria, na verdade, o rei espartano Tíndaro, ao passo que o de Pólux seria Zeus, já que ambos deitaram-se com Leda, rainha de Esparta, no mesmo dia. Os irmãos são associados a cavalos e Castor foi chamado de cavaleiro experiente e domador de cavalos pelo poeta grego Álcman. Seu irmão, por outro lado, é um excelente lutador. Após uma série de aventuras, foram transformados nas principais estrelas da constelação de Gêmeos.

(Ver Dióscuros, Esparta, Gêmeos, Leda, Pólux, Tíndaro, Zeus)

CEFISO: nome de vários rios da Grécia e dos deuses desses rios, um na Beócia, dois no território de Atenas e um no território de Argos. Dizia-se que a divindade que personificava o Cefiso da Beócia é o pai do belo jovem Narciso, que padeceu por amor a si mesmo. A divindade do Cefiso de Argos, por sua vez, fora supostamente um dos juízes da disputa entre Hera e Posídon pelo patronado de Argos, uma disputa que Hera venceu.

(Ver Argos, Atenas, Beócia, Cefiso [lugar], Hera, Narciso, Posídon.)

CEOS: titã. Fazia parte do grupo de doze deuses nascidos de Gaia ("terra") e Úrano ("céu"). Ficou conhecido por ter se deitado com a irmã Febe e gerado as deusas titãs de segunda geração Astéria ("a estrelada"), futura mãe de Hécate e Leto, que por sua vez se tornaria mãe dos gêmeos divinos Apolo e Ártemis.

(Ver Apolo, Ártemis, Febe, Gaia, Hécate, Leto, Úrano)

CERES: seu nome poderia ser empregado como palavra para grão ou pão. É uma antiga deusa italiana da agricultura de quem dependia o cultivo das plantações. Suas origens são obscuras, mas ela foi inicialmente associada à deusa grega Deméter, a quem se assemelha e cuja mitologia, adotou. No culto romano, Ceres é equiparada a Liber, o antigo deus italiano da fertilidade e do vinho (a contraparte romana de Dioniso) e a Telo, a deusa romana terra.

(Ver Deméter, Dioniso, Liber)

CÍBELE: também chamada de Grande Mãe (*Meter Megale* em grego e *Magna Mater* em latim), é deusa da fertilidade da Ásia Ocidental cujos amplos poderes e escopo incluíam cura, profecia e proteção de povoados e cidades. Reconhecida pelos gregos e romanos como divindade estrangeira, ela foi introduzida na Grécia a partir da Frígia por volta do século VI a.C., mas suas raízes estendem-se mais profundamente, até a Mesopotâmia. Na Grécia, Cíbele foi equiparada à deusa Reia, mãe de Zeus,

Hera, Posídon, Hades, Deméter e Héstia. Ela também tinha laços estreitos com as deusas Deméter, Ártemis e Afrodite, conforme suas características se sobrepunham. O culto de Cíbele é de natureza extasiante e orgiástica, embalado por dança e canto ao som de flauta, címbalo e tambor. Os sacerdotes de Cíbele são chamados de *galli* ("galos") e alguns eram eunucos, tendo submetido-se à castração voluntária seguindo o modelo do "consorte" mitológico, ou interesse amoroso, de Cíbele, Átis, que realizara a autocastração. Quanto aos romanos, importaram a Grande Deusa na forma de sua imagem de culto: uma grande pedra meteorítica, no ano 205/204 a.C., momento em que mais sentiam a pressão da guerra contra o general cartaginês Aníbal. A decisão de trazer a deusa da Frígia foi tomada com base em enunciados codificados feitos pela profética Sibila de Cumas e, segundo a lenda romana, foi graças aos esforços da nobre matrona Cláudia Quinta que a pedra entrou em Roma. O casco da barcaça que carregava a pedra ficou preso no fundo do Tibre, na foz do rio. Como registra o poeta romano Ovídio, Claudia desencalhou a barcaça com extrema facilidade, içando-a gentilmente com uma corda. O ato serviu como prova de sua castidade, que um rumor vicioso havia posto à prova. O mito mais conhecido envolvendo Cíbele refere-se à descrição de seu nascimento e amor por Átis. De acordo com Pausânias, em dada ocasião, uma gota do sêmen de Zeus caiu no solo e, depois de certo tempo, a terra gerou uma divindade chamada Agdístis, que tinha órgãos reprodutivos masculinos e femininos. Temerosos desse *daemon* mais afortunado e poderoso, os deuses cortaram o órgão masculino, tornando a vítima uma deusa feminina, Cíbele. Uma amendoeira cresceu do pênis decepado. O fruto da árvore caiu no colo de Nana, filha de um deus-rio local, e desse contato, Nana deu à luz um lindo menino chamado Átis. Ele cresceu e Cíbele apaixonou-se por ele, mas seu afeto não foi correspondido. No dia do casamento de Átis, ela compareceu à cerimônia no lugar da noiva, então um ensandecido Átis castrou a si mesmo. A pedido de Cíbele, Átis tornou-se imortal e foi transformado em um pinheiro. Claro que outras lendas lhe foram associadas. Ela desempenhou um papel relevante na história dos jovens amantes Hipômenes e Atalanta, que de maneira irrefletida violaram seu templo, o que fez com que ela os transformasse nos leões que puxavam sua carruagem. Em outra versão de seu mito, é a mãe do afortunado rei Midas, conhecido pelo toque de ouro. Os navios do herói Eneias, que viajou de uma Troia arruinada à Itália para fundar a nação romana, eram supostamente feitos de um pinheiral no monte Ida, sagrado para a Grande Mãe. Dada a natureza orgiástica de seu culto, ela passou a ser associada a Dioniso e sua comitiva. Em contrapartida à deusa grega Reia, que convocou os Curetes para cuidar do infante Zeus, os celebrantes míticos de Cíbele incluíam os guerreiros Coribantes, com quem os Curetes foram confundidos. No que diz respeito à sua aparência e aos seus atributos, em geral, era representada sentada em um trono flanqueado por leões ou em carruagem puxada por eles. Sobre a cabeça, usava um cesto ou coroa em forma de muralha torreada e segurava um vasilhame em que derramavam-se oferendas líquidas ou posicionava-se um tambor ritualístico.

(Ver também Afrodite, Ártemis, Atalanta, Cartago, Coribantes, Curetes, Dioniso, Frígia, Hades, Hera, Héstia, Hipômenes, Ida, Midas, Posídon, Reia, Roma, Sibila de Cumas, Troia, Zeus)

CÍNTIA:
significa literalmente "vinda ou relacionada ao monte Cinto", é um epíteto e um nome para Ártemis, a deusa da natureza, que se dizia ter nascido na ilha de Delos, onde localiza-se o monte Cinto. No entanto, durante o culto, até mesmo a deusa Hera poderia ser chamada de "Cíntia", especificamente em relação ao culto realizado em seu templo naquela montanha.

(Ver Ártemis, Cinto, Delos, Hera)

CÍPRIS:
a deusa Afrodite é às vezes chamada de "Cípris" ou "Cípria". Tais nomes, ou epítetos, fazem alusão à ilha de Chipre e à afirmação de que foi naquelas terras onde a deusa emergiu pela primeira vez depois do nascimento aquático. A mesma reivindicação também foi feita pela ilha de Citera, entre outros lugares.

(Ver Afrodite, Chipre, Citera)

CIRCE:
deusa com poderes de feiticeira. Homero a descreve como irmã de Eetes, rei do povo bárbaro de Cólquida, e filha do deus sol Hélio e Perseis, filha de Oceano. Circe vivia na ilha de Eeia em uma casa de pedra polida. Ninfas, lobos e leões que ela encantara serviam-lhe de companhia. Ela entreteve os homens que Odisseu enviou para explorar a ilha, oferecendo-lhes vinho adulterado. Então, quando os atingiu com um cajado, eles foram transformados em porcos, ato que Odisseu mais tarde foi capaz de convencê-la a reverter. O próprio Odisseu escapou da transformação apenas porque o deus Hermes havia lhe dado uma erva, móli, que servia como antídoto para a poção que ele também havia bebido. Odisseu e seus homens ficaram com Circe por um ano, então ela instruiu o herói a

viajar para a terra dos mortos, nos confins da terra, para consultar o vidente Tirésias a respeito de seu regresso ao lar. De Odisseu, Circe tornou-se a mãe de Telégono (ou Nausítoo, Ágrio e Latino), de acordo com as versões pós-homéricas. Outros heróis ou figuras mitológicas cujos caminhos cruzaram os da deusa incluíam o deus do mar, Glauco, que desejava obter uma poção do amor, mas cujo interesse amoroso, Cila, Circe transformou em monstro por ciúme. Ela também aparece nos mitos sobre a sobrinha, Medeia, que, acompanhada pelo herói Jasão, visitou-a na esperança (jamais concretizada) de ser purificada do assassinato de Apsirto, irmão de Medeia.

(Ver Apsirto, Cila, Cólquida, Eeia, Eetes, Glauco, Hélio, Hermes, Jasão, Medeia, Oceano [deus], Odisseu, Tirésias)

CITEREIA: nomeada em homenagem a Afrodite, em referência direta à afirmação de que fora na ilha de Citera onde a deusa pisara pela primeira vez após ter nascido das ondas do mar.

(Ver Afrodite, Citera)

CLÍMENE: mais conhecida no panteão sobrevivente da mitologia clássica, é uma Oceânide (filha de Oceano) e titã de segunda geração, nascida de Oceano e Tétis, deuses titãs de primeira geração. O poeta grego Hesíodo afirma que é mãe de Atlas, Epimeteu e Prometeu. De acordo com o poeta romano Ovídio, ela é a mãe da trágica figura Featonte, de Hélio (Apolo disfarçado de deus sol).

(Ver Apolo, Atlas, Epimeteu, Featonte, Hélio, Oceânides, Oceano, Prometeu, Tétis, Titãs)

CLIO (ou Cleio): "a proclamadora", é uma das nove Musas, deusas patronas da literatura e das artes. O domínio particular de Clio é a retórica e a história, especialmente as obras que relatavam feitos notáveis, conquistas ou a prosperidade de cidades. O mitógrafo Apolodoro registra um episódio perturbador em que Clio zombou de Afrodite por sua paixão por Adônis. Afrodite a puniu fazendo com que ela se apaixonasse por Píero, pai de seu filho, o belo Jacinto, que por sua vez foi amado pelo bardo Tâmiris e por Apolo, tendo um fim trágico.

(Ver Adônis, Afrodite, Jacinto, Musas, Píero, Tâmiris)

CLOTO: "a fiandeira" é uma das três Moiras ou Parcas. Cloto fiava o "fio da vida" que ela e as irmãs mediam e cortavam em um determinado comprimento.

(Ver Moiras, Parcas)

CORE (ou Kore): traduzido como "donzela", é um nome ou título usado para Perséfone, filha da deusa da colheita, Deméter.

(Ver Deméter, Perséfone)

CORIBANTES: seres divinos confundidos e amalgamados com os Curetes. De acordo com o poeta grego Hesíodo, diz-se que são filhos da Musa Talia e de Apolo; de Hélio e Atena; de Zeus e da Musa Calíope; ou de Cronos e Reia. Eles são sacerdotes e servos da Grande Deusa Mãe do Reino da Frígia, Cíbele, a quem adoravam em danças extasiadas. Devido ao fato de Cíbele ter sido identificada como Reia, eles, por sua vez, foram associados aos Curetes. Como os Curetes foram tutores do infante Zeus, também dizia-se que os Coribantes foram tutores do infante Dioniso.

(Ver Apolo, Atena, Calíope, Cíbele, Cronos, Curetes, Dioniso, Hélio, Musas, Reia, Talia, Zeus)

CRONOS (ou Kronos): filho das divindades elementares e primitivas Gaia ("terra") e Úrano ("céu"), cujos filhos são os doze deuses titãs, entre os quais Cronos é o mais jovem, assim como os monstruosos hecatonquiros ("de cem mãos") e ciclopes. Úrano abominou sua prole deformada e tentou forçá-la de volta para dentro da mãe, causando-lhe sofrimento exorbitante. De acordo com a narrativa do poeta grego Hesíodo sobre as origens dos deuses, Gaia pediu ajuda aos filhos remanescentes, mas apenas Cronos dispôs-se a auxiliá-la. Gaia entregou-lhe uma arma, uma foice de adamantino, e, ao cair da noite, quando Úrano tentou deitar-se com Gaia, Cronos emboscou-o e castrou-o. Os órgãos genitais decepados de Úrano conceberam Afrodite e as Erínias, espíritos da vingança. Ele destronou o pai e tornou-se o rei dos deuses. Baseado principalmente em Hesíodo, Apolodoro escreve que depois de libertar os ciclopes e hecatonquiros, Cronos aprisionou-os novamente na terra, nas profundezas do Tártaro, e tomou a irmã Reia como esposa. Por meio dos pais, soube que, por sua vez, seria destronado por um de seus filhos e, como consequência, passou a devorá-los assim que nasciam. Zeus foi a única exceção. Reia salvou-o com um engodo: deu a Cronos uma pedra envolta em um manto para ser devorada em vez do filho. Uma batalha de uma década foi travada entre os deuses titãs da geração mais velha e Zeus e seus irmãos, os chamados deuses olímpicos. Então Zeus, com a ajuda dos ciclopes e hecatonquiros, se impôs. Os titãs foram presos no Tártaro e Zeus tornou-se o rei dos deuses. De acordo com um poema atribuído a Hesíodo, *Os Trabalhos e Os Dias*, durante o reinado de Cronos como rei dos deuses, a terra viveu uma Idade de Ouro, habitada por uma raça humana imortal. Essa "raça de ouro" seria mais tarde substituída pela "raça de prata", em seguida pelas raças de bronze e de ferro — a pecaminosa raça atual. O reinado de Cronos, portanto, passou a ser visto como a Idade de Ouro, noção que também aparece nos mitos romanos de Saturno, o equivalente romano de Cronos. Platão acrescenta um detalhe sobre Cronos, representando o destituído Cronos como o rei posterior do Elísio.

(Ver Afrodite, Campos Elísios, Ciclopes, Erínias, Gaia, Hecatonquiros, Olimpo, Reia, Saturno, Tártaro, Titãs, Úrano, Zeus)

CUPIDO: nome romano do deus grego do amor, Eros. Como no caso de Eros, é uma personificação do desejo, que em latim é *cupído*.

(Ver Eros)

CURETES: Segundo o historiador grego Diodoro Sículo, os Curetes, seres divinos, são nove no total. Segundo algumas versões, eles nasceram da terra e viviam em lugares montanhosos e densamente arborizados que lhes ofereciam um bom abrigo. Eles ensinaram à humanidade a criação de animais, a apicultura, a caça e a vida em comunidade — todas essas artes foram descobertas por eles. Diz-se também que inventaram espadas e elmos, usadas em danças e para fazer barulho depois que Reia confiou-lhes o cuidado do infante Zeus, no monte Ida ou no monte Díctis, em Creta. Os Curetes foram confundidos e amalgamados com os Coribantes, que serviam à deusa Cíbele. Esses divinos Curetes devem ser distinguidos das pessoas de mesmo nome que se envolveram com o herói Meléagro durante a caça ao javali de Cálidon.

(Ver Cíbele, Coribantes, Creta, Ida, Meléagro, Reia, Zeus)

DEMÉTER: deusa grega dos grãos, da colheita e da agricultura em geral. A fertilidade da terra dependia de sua boa vontade, assim como da de sua filha, Perséfone, com quem seu culto estava intimamente ligado. Não há concordância sobre as origens da deusa Deméter ou a derivação linguística de seu nome, que se reporta a combinação da palavra mãe (*metro*) com, talvez, a palavra terra ou cevada. Deméter é uma das deusas do Olimpo e, de acordo com o poeta grego Hesíodo, filha dos deuses titã Reia e Cronos, irmã de Héstia, Hera, Posídon, Hades e Zeus. O mito mais significativo relacionado à Deméter é o do rapto da filha, Perséfone, por Hades, que desejava tomá-la como noiva e torná-la rainha do Mundo Inferior. Conforme narrado no *Hino Homérico a Deméter*, quando foi levada, Deméter vagou pela terra por nove dias em busca da filha, então descobriu que Hades a havia raptado. Furiosa com Zeus e os deuses do Olimpo, ela mudou sua forma para a de uma velha e foi acolhida pelo Rei de Elêusis, Céleo, em cujo palácio tornou-se ama de seu filho, Demofonte. A mãe da criança, Metanira, exclamou de horror ao perceber que Deméter depositara o filho sobre as brasas de uma fogueira, ignorante de que a ama era uma deusa e de que se tratava de um método para torná-lo imortal. Deméter largou o menino e retirou o disfarce, revelando-se em plena divindade.

Ela ordenou que Céleo e o povo de Elêusis construíssem um templo e um altar em sua honra, o que eles fizeram. No entanto, a raiva e o desespero que Deméter sentia em relação ao rapto de Perséfone jamais se abrandaram e ela recusava todos os tipos de presentes dos deuses. Em vez disso, permaneceu de luto por um ano inteiro, durante o qual nenhuma colheita vingou. As pessoas morreram de fome e os deuses deixaram de receber sacrifícios. A essa altura, Zeus interveio e persuadiu Hades a libertar Perséfone. Hades concordou, mas ludibriou a noiva para que comesse sementes de romã e, assim, garantiu que fosse obrigada a passar pelo menos parte do ano — os meses de inverno — em sua companhia no Mundo Inferior. A mitologia de Deméter estava intimamente ligada aos rituais associados a ela. Entre os mais famosos estava Os Mistérios de Elêusis, um ritual de iniciação que prometia um pós-vida aprazível e prosperidade no presente. Ainda que muito dos Mistérios seja inevitavelmente desconhecido, sabe-se que os envolvidos faziam banhos ritualísticos, sacrifícios de leitões, uma procissão em que objetos sagrados eram transportados de Atenas para Elêusis e uma reencenação do rapto e busca por Perséfone. Outro dos festivais de Deméter eram as Tesmofórias, um festival de outono celebrado por mulheres para garantir a fartura agrícola, mas também relacionava-se ao estabelecimento de leis e à introdução da agricultura. Quanto a seus atributos, ela é representada de maneiras variadas: segurando cápsulas de papoula, que contavam com imensa quantidade de sementes e são consideradas símbolos de fertilidade; feixes de grãos; uma vasilha para derramar libações; e tochas, à luz das quais ela procurava a filha. Na cabeça, ela poderia usar uma coroa de hastes de grãos ou murta. Os romanos associaram Demeter à deusa da agricultura Ceres.

(Ver Atenas, Céleo, Ceres, Cronos, Demofonte, Elêusis, Hades, Hera, Héstia, Metanira, Olimpo, Perséfone, Posídon, Reia, Titãs, Zeus)

DIANA: deusa romana, "a resplandecente", foi desde muito cedo considerada equivalente à deusa grega da caça e dos lugares selvagens, Ártemis, cuja mitologia e atributos ela adotou.

(Ver Ártemis)

DICE: personificação da justiça e mantenedora dos direitos garantidos pelos costumes e pela lei na esfera humana. O poeta Hesíodo a descreve como filha de Zeus e Têmis, deusa titânide que personificava a lei e a ordem divinamente estabelecidas. Considerando Zeus como um deus cívico, ela julgava os mortais. Suas irmãs são Eunômia, "boa ordem", e Irene, "paz". Por convenção, é associada também às Erínias, deusas que garantiam a retaliação de crimes contra o próprio sangue e a própria família, e Nêmesis, a retaliação colérica.

(Ver Erínias, Nêmesis, Têmis, Titãs, Zeus)

DIONE: não se sabe muito sobre essa deusa, embora pareça ter sido uma divindade importante. Há indícios de que fosse a consorte original de Zeus, já que Homero e outras fontes a descrevem como mãe de Afrodite. Além disso, ela era adorada ao lado de Zeus no famoso santuário oracular de Dodona, no noroeste da Grécia. Segundo Homero, depois de ter sido ferida pelo herói Diomedes em Troia, Afrodite visitou Dione, que confortou e curou a filha, limpando o sangue divino (*íchor*) derramado e restaurando o braço ferido.

(Ver Afrodite, Diomedes, Dodona, Troia, Zeus)

DIONISO: também chamado de Baco. Como deus do vinho, é tido na mais alta estima e equiparado a Deméter como um dos provedores do sustento básico da humanidade. Ainda que Dioniso seja conhecido principalmente como o deus do vinho, ele é muito mais do que isso. É um dos deuses gregos mais antigos, seu nome foi identificado em inscrições que datam da Idade do Bronze, por volta de 1250 a.C. A peça do dramaturgo Eurípedes, *As Bacantes*, oferece informações mais abrangentes sobre Dioniso e a natureza de seu culto, especialmente no período mais remoto da Grécia. Embora figurasse entre as deidades mais antigas e identificáveis da Grécia, ele não era originalmente grego. É provável que seja uma divindade do Oriente Próximo, da Lídia ou Frígia, que chegou na Grécia via Trácia e Macedônia, ou pelas ilhas gregas. Ele é, em primeiro lugar, o deus da vida líquida, em particular dos fluidos de sustentação da vida nas plantas. Por ser o responsável pelo crescimento da vegetação, foi denominado Dendrites ("deus árvore"), Anto ("produtor de flores") e Carpo ("portador das frutas"). Por extensão, tornou-se o deus dos líquidos feitos de plantas e também provenientes de outras fontes da natureza, incluindo vinho, leite e mel. Dioniso gozava de grande popularidade na Grécia, seu culto espalhava-se como um incêndio — o que não é de se estranhar, pois é, entre todos, o deus mais democrático. Ele é o deus da percepção imprecisa e um metamorfo efeminado, o que sem dúvida, em algum grau, tratava-se de um efeito de seu vinho sagrado. Assim, Dioniso é o oposto do meio-irmão, Apolo, o deus da ordem, embora compartilhassem a montanha sagrada de Parnasso. Todos são iguais aos olhos de Dioniso: homens e mulheres, jovens e velhos, escravos e livres, até mesmo humanos e animais. Seu culto era mais popular entre as mulheres, frequentemente destinadas à vida doméstica, cujo ir e vir era demasiado restrito na sociedade grega. A adoração a Dioniso era considerada uma liberação necessária da rotina diária e, no caso das mulheres, que constituíam a maior parte dos devotos, proporcionava uma oportunidade bem-vinda para deixar para trás a lançadeira e o tear. Em parte consumindo-o na forma de vinho, em parte por meio de danças extasiantes, as celebrantes de Dioniso alcançariam a comunhão com o deus, tornando-se enlevadas Bacantes e mênades ("maníacas"), tendo literalmente o deus dentro delas, *en-theos* em grego. Os celebrantes dirigiam-se para o deserto montanhoso, para se tornar "unos" com a natureza. Jovens ou pequenos animais seriam capturados, dilacerados e consumidos crus, pois o sangue era compreendido como uma das representações materiais da divindade. Ao passo que tais rituais persistiram durante tempos históricos, especialmente em áreas rurais, a cidade de Atenas transformou o culto a Dioniso em apresentações de teatro encenadas em sua homenagem. Assim, Dioniso também tornou-se o deus patrono do teatro. No que diz respeito à mitologia, é filho do mulherengo Zeus e da princesa tebana Sêmele. Como tantas vezes acontecia, Hera tinha ciúmes dos olhares errantes do marido, então fez Sêmele duvidar de que de fato se deitava com um deus. Na visita seguinte de Zeus, Sêmele pediu um favor, que Zeus deveria conceder; lhe pediu que se revelasse em toda a sua divindade e, como resultado, foi incinerada. Zeus resgatou o Dioniso não nascido e alojou-o na própria coxa. Nove meses depois, Dioniso emergiu e foi entregue às Ninfas de Nisa para que fosse criado. De acordo com um mito alternativo, Dioniso foi criado pela irmã da mãe, Ino. Quando crescido, fez uma viagem marítima desejando chegar a Naxos, mas foi capturado por piratas, que erroneamente acreditaram que sua carga principesca renderia um belo resgate. Apenas o capitão dos piratas, Acetes, reconheceu que estavam na presença de uma divindade e tratou-o com respeito. Dioniso fez com que o navio ficasse imóvel, coberto de videiras, e uma misteriosa música de flauta pairava no ar. Tigres, linces e panteras fantasmas surgiram próximas a Dioniso, o que fez com que os piratas, a exceção de Acetes, saltassem aterrorizados do navio. O deus e seus acompanhantes enfrentaram mais desafios quando ele chegou à Trácia, onde foi atacado por Licurgo, que foi devidamente punido. Quando chegou a Tebas, sua "cidade natal", Dioniso deparou-se com a obstinada resistência do primo, Penteu, o jovem governante, que se recusava a reconhecer sua divindade. Como consequência por sua arrogância, Penteu foi despedaçado pela própria mãe e irmãs durante um transe báquico no monte Citerão — elas o confundiram com um jovem leão. No entanto, nem todas as façanhas de Dioniso foram violentas: sua noiva é filha do rei Minos, de Creta, Ariadne, que ele resgatou de Naxos, onde fora abandonada, tornando-a imortal. Quanto aos atributos e símbolos de Dioniso, a videira e a hera, uma planta emblemática da vida eterna, são especialmente sagradas para ele. Tinha Sátiros e Silenos, criaturas híbridas e luxuriosas, por companheiros típicos, além das Mênades, suas seguidoras femininas. O deus e seus seguidores aparecem com frequência na arte grega, especialmente em copos e jarros de vinho, em que Dioniso é com frequência retratado com cabelo comprido, barba, coberto de hera, vestindo a pele de um cervo e segurando uma taça de vinho. Os romanos assimilavam Dioniso com o deus do vinho, Liber.

(Ver Acetes, Apolo, Ariadne, Atenas, Bacantes, Baco, Citerão, Creta, Frígia, Hera, Ino, Liber, Licurgo, Lídia, Mênades, Minos, Naxos, Ninfas de Nisa, Parnasso, Penteu, Sátiros, Sêmele, Silenos, Tebas, Trácia, Zeus)

11

Dioniso: deus do vinho, nascido da coxa de Zeus

DIÓSCUROS: havia dois grupos principais de Dióscuros, gêmeos "Filhos de Zeus", no mito e pensamento clássicos: Castor e Pólux, de Esparta, e Zeto e Anfião, de Tebas. Os mais importantes são Castor e Pólux (ou Polideuce), tipicamente conhecidos como "os" Dióscuros. Castor e Pólux são descritos como filhos de Tíndaro, rei de Esparta (por Homero, por exemplo), e, frequentemente, como de ascendência mista. Sua mãe, Leda, deitara-se com o deus Zeus e o marido no mesmo dia. Como resultado, os filhos foram gerados por pais diferentes: Castor e a irmã, Clitemnestra, são filhos de Tíndaro e, portanto, são mortais; Pólux e a bela Helena são filhos de Zeus e, assim, são imortais. Eles viveram numerosas aventuras, tais como o resgate da irmã Helena quando foi sequestrada pelo herói ateniense Teseu. Os Dióscuros supostamente participaram da caça ao javali de Cálidon e uniram-se a Jasão e aos Argonautas na busca pelo velocino de ouro. No decorrer dessa segunda empreitada, Pólux, valendo-se de suas habilidades como lutador, derrotou e matou o hostil Âmico, rei de Bébrice, uma tribo que vivia próxima à extremidade oriental do mar de Mármara. Castor e Pólux compareceram ao casamento dos primos, Idas e Lince, com as filhas de Leucipo (as Leucípides), que também são suas primas. Na ocasião, sequestraram as noivas. Esse episódio hediondo ficou conhecido como "o estupro das Leucípides". Os Dióscuros foram perseguidos pelos noivos e uma luta foi travada, que culminou na morte de Castor e Linceu. Já Idas foi morto por um raio de Zeus. De acordo com Apolodoro, Zeus intentou transportar Pólux aos céus, mas ele recusou-se a aceitar a imortalidade se o irmão Castor permanecesse morto. Assim, Zeus permitiu que vivessem entre os deuses e entre os mortais dia sim, dia não. Segundo algumas versões, isso significava que os irmãos se revezariam no Olimpo e entre os humanos (na terra ou no Hades, para onde normalmente iam os mortais falecidos). Há uma versão alternativa segundo a qual Castor e Pólux confrontaram os primos devido a um saque conjunto de gado, pois os irmãos consideraram que não receberam o que lhes era devido. Enquanto divindades, os Dióscuros Castor e Pólux eram frequentemente representados como cavaleiros. Quando foram transportados aos céus, tornaram-se estrelas, especificamente da constelação de Gêmeos. Eles eram invocados em auxílio àqueles que corriam perigo no mar e apareciam como estrelas ou como o fenômeno atmosférico conhecido como Fogo de Santelmo. A representação de seu poder como salvadores estendia-se além do mar e também compreendia batalhas travadas em terra.

(Ver Anfíon, Cálidon, Castor, Clitemnestra, Esparta, Gêmeos, Hades [lugar], Helena, Leda, Leucipo, Olimpo, Pólux, Tebas, Tíndaro, Zeto, Zeus)

DIS PATER: equivalente romano ao deus grego do Mundo Inferior, Hades, também chamado de Plutão. Como no caso de Plutão, o nome deriva da palavra "riqueza" (*divitiae*), ou da forma adjetiva, "rico" (*dives*). O senhor do Mundo Inferior é considerado abastado, pois, no fim das contas, todos os seres e todas as coisas acabariam em seu reino. Além disso, e talvez mais o importante, porque a terra era considerada uma fonte de abundância, especialmente agrícola. Como era o caso da contraparte grega de Dis, seu nome tornou-se um topônimo, sinônimo do próprio Mundo Inferior.

(Ver Hades [deus e lugar], Mundo Inferior, Plutão)

DÓRIS: Ninfa do mar e uma das Oceânides, filhas do deus titã Oceano com sua irmã Tétis. Com o deus do mar Nereu ela teve as cinquenta Ninfas nereidas, as mais conhecidas são Galateia, a quem o ciclope Polifemo amava; Tétis, a mãe do herói Aquiles; e, segundo algumas versões, Anfitrite, que foi perseguida pelo deus Posídon e deu à luz aos filhos Tritão e Rode.

(Ver Anfitrite, Aquiles, Ciclopes, Galateia, Nereidas, Nereu, Oceânides, Oceano [deus], Polifemo, Posídon, Rode, Tétis, Titãs, Tritão)

DRÍADES: tipo específico de Ninfa. São deidades femininas da natureza, ou "espíritos, e se acreditava que habitassem e animassem diversas partes ou estratos do mundo natural, incluindo corpos d'água (Náiades), montanhas (Oréadas) e árvores. As Ninfas podiam ter poderes proféticos e, algo incomum entre deidades, são mortais. Dríades são Ninfas das árvores, associadas particularmente a carvalhos, embora a palavra grega *drys* fosse usada para designar árvores em geral, não apenas carvalhos. As Dríades distinguem-se das Hamadríades, que também eram Ninfas das árvores, mas, no último caso, a vida das Ninfas estava conectada, e é "una" com a vida das respectivas árvores.

(Ver Hamadríades, Náiades, Ninfas, Oréadas)

ECO: Ninfa que tornou-se apenas uma voz sem corpo, destinada a repetir as últimas palavras ditas por alguém. O poeta romano Ovídio explica como isso ocorreu em *As Metamorfoses*. Eco recebeu a tarefa de conversar com Juno para desviar-lhe a atenção enquanto Júpiter flertava com várias Ninfas da montanha. Por isso, Juno a puniu, limitando sua capacidade e locução à repetição. Ela teve o posterior infortúnio de apaixonar-se por Narciso, que a rejeitou, assim como rejeitara todos os demais. Como resultado dessa paixão arrebatadora, seguida de indiferença, Eco definhou até que dela restasse apenas a voz.

(Ver Juno, Júpiter, Narciso, Ninfas)

EGÉRIA: Ninfa ou deusa das fontes associada tanto à profecia quanto ao parto. Na mitologia romana, é mais conhecida como amante, esposa e/ou conselheira de Numa Pompílio, o lendário segundo rei de Roma, cujo governo ocorreu entre 715 a 673 a.C., ao que se estima. O historiador romano Lívio relata que, ao assumir a coroa, Numa propôs que Roma adotasse um conjunto de leis e convenções no intuito de dominar e civilizar seu povo belicoso. É importante ressaltar que esse esforço envolveu a imposição de cultos, sacerdócios e ritos religiosos. No intuito de validar as instituições religiosas e incutir o temor aos deuses na população, Numa espalhou o rumor que vinha se encontrando com a Ninfa Egéria à noite e tomava decisões baseadas nos seus conselhos. O poeta Ovídio narra que, aflita devido à morte de Numa, Egéria fugiu desesperada da cidade para as florestas de Arícia, onde dissolveu-se em uma torrente de lágrimas. Compadecendo-se dela, a deusa Diana transformou-a em nascente, próxima ao seu santuário perto de Arícia, no Lácio. Nos cultos, Egéria é associada tanto à Diana quanto às Camenas. Era adorada no bosque das Camenas na cidade de Roma.

(Ver Camenas, Diana, Lácio, Ninfas, Numa, Roma)

EGINA: filha do deus-rio Asopo e Metope, filha do rio Ládon, que juntos tiveram dois filhos e vinte filhas. A bela Egina foi levada por Zeus para a ilha Enone, onde deitou-se com ela. Quando Asopo partiu em busca de sua filha, ele foi a Corinto e soube por Sísifo, que foi terrivelmente punido por compartilhar a informação: o raptor de Egina era Zeus. Asopo partiu em busca do deus, que fustigou-o com raios, conduzindo-o de volta ao curso original. Entretanto, Egina deu à luz um filho chamado Éaco, e Zeus rebatizou a ilha de Enone — agora chamada de Egina — em sua homenagem.

(Ver Éaco, Egina [lugar], Corinto, Ninfas, Sísifo, Zeus)

ELECTRA: duas divindades menores tem este nome. Uma é filha das deidades do mar Oceano e Tétis. Com Taumas, um filho de Ponto e Gaia, ela tornou-se mãe de Íris, deusa do arco-íris, e das temíveis harpias. Outra Electra é uma das Plêiades. Foi perseguida por Zeus, que conseguiu alcançá-la, embora ela tivesse se refugiado em uma estátua de Atenas. Grávida do deus, deu à luz Dárdano, um ancestral dos troianos, e Iásion, por quem a deusa Deméter se apaixonaria. Essas Electras devem ser distinguidas da filha homônima do rei micênico Agamêmnon.

(Ver Agamêmnon, Atena, Dárdano, Deméter, Electra [heroína], Gaia, Harpias, Íris, Oceano [deus], Plêiades, Tétis, Taumas, Troia, Zeus)

ENIO: personificação e a deusa grega da guerra, em particular do combate corpo a corpo. Na *Ilíada* de Homero, ela acompanha Ares, deus da guerra e seus horrores, e Atena, deusa da guerra justa. Na obra de autores posteriores, é citada como mãe, ama e até irmã de Ares. É descrita coberta de sangue, sombria, portando uma tocha e, como as Erínias, seus cabelos são serpentes. Os romanos confundiam-na e identificavam-na com sua deusa da guerra, Bélona.

(Ver Ares, Atena, Bélona, Erínias)

ÉOLO: na primeira aparição do "senhor dos ventos" na tradição literária, ele era um mortal favorecido pelos deuses e vivia na ilha de Eólia com a família. Segundo Homero, foi lá que o herói Odisseu o encontrou. Entretanto, com o passar do tempo, Éolo passou a ser visto como um deus que controlava todos os ventos.

(Ver também Éolo [herói], Odisseu)

EOS: deusa do amanhecer e, por extensão, da luz do dia. Entre os romanos, era conhecida como Aurora. Homero descreve-a como "a de dedos róseos", "túnica cor de açafrão", "ungida em ouro" e "temporã". De acordo com o poeta grego Hesíodo, é uma titã de segunda geração, filha dos deuses titãs Teia e Hiperíon. Irmã de Hélio ("o sol") e Selene ("a lua"), seu consorte original, Astreu, é considerado outro deus de segunda geração, com quem concebeu os deuses do vento Zéfiro, Bóreas e Noto, assim como as outras estrelas dos céus, incluindo Eósforo (Lúcifer), a Estrela da Manhã. Eos também tinha amantes humanos. Costumava raptar os mortais que lhe agradavam, como Céfalo, um recém-casado que orava para ser libertado e devolvido à jovem esposa, Prócris. Irritada, ela desencadeou os trágicos eventos que culminaram na morte de Prócris nas mãos de Céfalo. O caçador Oríon foi outro de seus amantes. Um terceiro foi o belo Titono, filho do rei troiano Laomedonte e irmão do futuro rei de Troia, Príamo. De acordo com o chamado *Hino Homérico a Afrodite*, Eos pediu a Zeus que tornasse Titono imortal, um pedido que o deus prontamente atendeu. No entanto, ela esqueceu-se de pedir que Titono também permanecesse eternamente jovem. Assim, enquanto mantinha-se jovem, Eos e o amado viveram felizes às margens do rio Oceano, mas logo que ele passou a envelhecer, deixou de aceitá-lo em seu leito. Todavia, ela ainda o nutria com ambrosia, o alimento dos deuses, e presenteava-o com belas vestimentas. Com o passar do tempo, seu amado tornou-se tão fraco que não era mais capaz de se mover, apenas balbuciar de forma infinda, então ela o encarcerou. De acordo com um relato pós-clássico do século X, ele tornou-se uma cigarra. Os filhos de Eos e Titono eram Emátion, um rei da Arábia morto por Hércules, e Mêmnon, morto por Aquiles em Troia. Diante da morte do filho, diz-se que Eos permitiu que a terra mergulhasse em trevas por um dia.

(Ver Aquiles, Bóreas, Céfalo, Hélio, Hércules, Laomedonte, Noto, Oceano [lugar], Oríon, Príamo, Prócris, Selene, Titãs, Titono, Troia, Zéfiro)

DEUSES, DEUSAS, ESPÍRITOS E NINFAS

ÉRATO: Musa e, como o nome "a amável" (aquela que é portanto desejada) sugere, sua esfera de influência é a poesia lírica centrada no tema do amor. Considerando tal área de ação, é surpreendente que, lá pela metade do épico *Eneida*, o poeta Virgílio invoque-a por inspiração. A segunda parte do poema é dedicada à guerra incitada por amor e por amantes injustiçados. A rainha cartaginesa Dido, o príncipe rutuliano Turno e a princesa italiana Lavínia são figuras centrais dessa seção da obra.

(Ver Cartago, Dido, Lavínia, Musas, Rútulos, Turno)

ERÍNIAS: espíritos da vingança relacionados particularmente à crimes capitais cometidos contra a própria família. Em sua narrativa sobre a origem dos deuses, Hesíodo escreve que as Erínias, assim como os gigantes, foram geradas por Gaia ("a terra") quando sangue proveniente da castração de Úrano caiu sobre ela. Considerando que a origem de Afrodite também está relacionada a esse ato de violência contra Úrano, ela é irmã das Erínias. De acordo com a *Biblioteca* de Apolodoro, as Erínias chamavam-se Megera ("a rancorosa"), Tisífone ("a vingadora de assassinatos") e Aleto ("a implacável"). As Erínias desempenham papel importante nos mitos de Édipo e do matricida Orestes, filho do rei Agamêmnon e Clitemnestra. Orestes assassinou a mãe em vingança pela morte do pai, e as Erínias perseguiram-no até que Apolo e Atena absolvessem-no do crime. O dramaturgo Ésquilo menciona que, em aparência, são semelhantes às górgonas e harpias, tendo serpentes por cabelos, mas sem asas. Sangue escorria-lhes dos olhos, trajavam mantos esquálidos e seu pigarrear exalava um hálito fétido. No ponto culminante das tribulações de Orestes, a deusa Atena transformou as temíveis Erínias em Eumênides ("as benevolentes"), espíritos que promovem a fertilidade dos rebanhos, campos e humanos, então elas passaram a viver sob o Areópago ("sagrada Colina de Ares"), em Atenas. Édipo, cego e exilado de Tebas por seus crimes, adentrara por acidente em um de seus locais sagrados em Colono, no território de Atenas, e foi na forma das Eumênides que as encontrou. A transgressão agravara o delito de Édipo, mas o crime foi perdoado pelo rei ateniense Teseu. Como recompensa pela absolvição, Édipo prometeu olhar por Atenas mesmo depois da morte, de seu túmulo em Colono. Entre os romanos, as Erínias eram conhecidas como Fúrias.

(Ver Afrodite, Agamêmnon, Aleto, Apolo, Atenas, Clitemnestra, Colono, Édipo, Eumênides, Fúrias, Gaia, Gigantes, Górgonas, Harpias, Orestes, Tebas, Teseu, Úrano)

ÉRIS: personificação da discórdia, é uma deusa conhecida principalmente por seu papel na Guerra de Troia. Na verdade, ela foi a causadora da guerra. Todos os deuses foram convidados para o casamento do herói Peleu e da deusa do mar Tétis, exceto a desagradável Éris. Por ter sido desprezada, decidiu se vingar. Assim, apareceu no casamento para entregar um presente: um pomo de ouro em que se lia "para a mais bela". Três deusas reivindicaram o título: Atena, Hera e Afrodite. O indivíduo considerado mais qualificado para julgar esse concurso de beleza foi Páris, o príncipe de Troia, o mais belo dos homens, que pastoreava um rebanho de ovelhas no monte Ida. As deusas não deixaram que ele decidisse ao acaso, cada uma ofereceu-lhe um suborno. Hera prometeu-lhe amplos poderes políticos; Atena, sucesso na guerra; Afrodite, conhecendo-o melhor, a mulher mais bela do mundo. Páris escolheu Afrodite e partiu para Esparta para reivindicar seu prêmio, Helena, esposa do rei espartano, Menelau. Segundo certas versões, Helena fugiu com Páris para Troia de boa vontade, mas outras versões diferem. De qualquer forma, Menelau e o irmão, Agamêmnon, rei de Micenas, reuniram uma frota de mil navios tripulados pelos melhores guerreiros da Grécia e partiram para Troia, onde lutaram por Helena por uma década.

(Ver Afrodite, Agamêmnon, Atena, Esparta, Hera, Ida, Menelau, Micenas, Peleu, Tétis, Troia)

EROS: também conhecido como Cupido e Amor pelos romanos, é a personificação grega do desejo sexual. Foi originalmente concebido como uma força primeva, material e elementar absolutamente necessária para a gênese dos deuses e dos múltiplos estratos do universo. Na *Teogonia*, relato do poeta grego Hesíodo sobre a origem dos deuses, Eros surgiu do grande Vácuo ("caos"), ao lado de Gaia ("a terra") e Tártaro ("as profundezas da terra"). É caracterizado como o mais belo dos deuses, possuidor da habilidade de subjugar tanto humanos quanto deuses. Os poetas líricos gregos o retratavam como belo, jovem, de cabelos e asas de ouro, coroado de flores, mas, armado de arco e flecha para induzir o amor, poderia ser caprichoso e, às vezes, cruel. A compreensão de Eros como uma divindade antropomórfica da fertilidade prevaleceu sobre o aspecto de "força cósmica da natureza". Assim, ele passou a ser considerado filho de Ares e da deusa do amor Afrodite, que ele acompanhava, ao lado de Potos ("desejar algo ausente e distante"), Hímero ("personificação do desejo amoroso"), as Cárites ("graça, dom") e Pito ("persuasão"). Eros aparece em diversos mitos, fazendo com que uma personagem se apaixonasse por outro: a feiticeira Medeia por Jasão, o deus Apolo por Dafne e o soturno Hades por Perséfone. Mas também era capaz de se apaixonar, como ocorreu-lhe com a bela Psiqué.

(Ver também Afrodite, Ares, Caos, Cárites, Cupido, Dafne, Gaia, Hades [deus], Hímero, Jasão, Medeia, Perséfone, Psiqué, Tártaro)

ESCULÁPIO: variação de grafia para Asclépio, nome do deus grego da cura.
(Ver Asclépio)

EUFROSINA: seu nome significa "alegria" ou "bom ânimo" e é uma das três Graças, ou Cárites, como eram conhecidas na Grécia as deusas que personificavam a beleza, a alegria e a graça.

(Ver Graças)

EUMÊNIDES: seu nome significa "benevolentes" e são as equivalentes benignas das Erínias, espíritos da vingança. As Eumênides, responsáveis pela fertilidade dos rebanhos, campos e humanos, eram adoradas em vários locais na Grécia, entre eles o santuário ateniense em Colono. Esse local ficou famoso por causa de Édipo, que, antes de ser absolvido de seus pecados, adentrou acidentalmente no solo sagrado das Eumênides, contaminando-o.

(Ver Atenas, Colono, Édipo, Erínias)

EURÍDICE: a mais conhecida foi uma Ninfa Dríade casada com Orfeu, o bardo trácio. Sua história é contada de forma mais vívida pelos poetas romanos Virgílio e Ovídio. Ao ser perseguida pelo conhecido pastor e apicultor Aristeu, fugiu e, enquanto corria, foi picada por uma serpente venenosa. Angustiado, Orfeu cantou seu amor por ela dia e noite, então partiu para o Mundo Inferior em sua busca. Lá, até mesmo as sombras dos mortos foram hipnotizadas por sua música, e Prosérpina, a rainha de Hades, libertou Eurídice para que ela retornasse ao Mundo Superior, mas sob a condição de que, enquanto a conduzisse de volta, Orfeu não olhasse para trás. Porém, tomado pela preocupação de que sua amada não o estivesse seguindo, ele olhou para trás, e Eurídice desaparece de vista, retornando ao Mundo dos Mortos. Orfeu vagou por nove meses, absorto em lamentações. Ele cruzou o caminho de Bacantes da Trácia, que o desejaram, porém suas investidas foram menosprezadas, e elas o esquartejaram. Os restos mortais de Orfeu foram levados pelas correntes do rio Hebro e, nesse processo, a cabeça decepada continua a lamentar Eurídice. A Ninfa Eurídice deve ser distinguida da esposa do rei tebano Creonte, que cometeu suicídio após a morte de Antígona e do filho Hêmon.

(Ver Antígona, Aristeu, Bacantes, Creonte, Dríades, Eurídice [heroína],
Hades, Hêmon, Orfeu, Prosérpina, Hebro, Tebas, Trácia)

EURÍNOME: "bom ânimo" é a mãe das três (ou mais) Graças, deusas que personificavam a beleza, a alegria e a graça.

(Ver Graças)

EURO: ou Euros em grego, é a personificação e divindade do vento leste. No relato sobre a origem dos deuses, em que descreve o nascimento dos ventos Bóreas, Noto e Zéfiro, Hesíodo não faz menção a Euro. O arquiteto romano Vitrúvio escreve que o nome Euro deriva do fato de que ele se desenvolve a partir das brisas matinais. Para o enciclopedista Plínio, o Velho, as propriedades secas e mornas de Euro são propícias à produtividade das colmeias e vinhedos.

(Ver Bóreas, Noto, Zéfiro)

EUTERPE: "a doadora de prazeres" é uma das Musas, filhas de Zeus e Mnemósina. O domínio particular de Euterpe tornou-se a música de flauta. Ela e as irmãs Calíope e Clio foram citadas como mães do rei trácio Reso.

(Ver Calíope, Mnemósina, Musas, Reso, Trácia, Zeus)

FAUNO: divindade italiana da natureza associada às florestas e lugares selvagens, além de ser responsável pela fertilidade dos rebanhos e campos. Foi confundido ou equiparado ao deus grego Pã e, como consequência, adquiriu as características físicas de bode por conta dele. Além de ser uma divindade da natureza e da fertilidade, Fauno possui poderes proféticos. Na epopeia de Virgílio, *A Eneida*, por exemplo, Latino, o rei do Lácio, na Itália, consulta o oráculo de Fauno, localizado em um bosque sagrado. Ele deseja saber o verdadeiro significado por trás da repentina presença de um enxame de abelhas no loureiro sagrado de sua cidadela e da combustão espontânea do cabelo da filha. O oráculo revelou-lhe que a filha não estava destinada a se casar com Turno, o príncipe rutuliano, mas com alguém de longe. Esse estrangeiro foi o herói Eneias. Para Virgílio, Fauno é filho do deus da agricultura, Pico, e neto de Saturno.

(Ver Eneias, Lácio, Latim, Pã, Pico, Rútulos, Saturno, Turno)

FAUNOS: espíritos da floresta de forma híbrida e predominantemente antropomórficos, embora possuíssem rabo, orelhas e chifres de cabra.

(Ver Faunos [Criaturas Híbridas])

FAVÔNIO: para os romanos, a personificação e a divindade do vento oeste, também conhecido como Zéfiro. Favônio, vento morno e suave, é considerado o deus da primavera, responsável pelo renascimento da vida vegetal adormecida.

(Ver Zéfiro)

FEBE: essa deusa titânide, "a iluminada" ou "a profética", é conhecida principalmente por ser esposa do irmão, Ceos, e mãe das deusas titãs de segunda geração Astéria e Leto. Os netos de Febe são as divindades Hécate, Apolo e Ártemis. Por ser uma divindade com poderes proféticos, o dramaturgo grego Ésquilo menciona que Febe controlou o famoso oráculo de Delfos depois que a mãe, Gaia, e a irmã, Têmis, também o haviam controlado. Febe mais tarde daria o oráculo ao neto, Apolo.

(Ver também Apolo, Ártemis, Ceos, Delfos, Gaia, Hécate, Leto, Têmis)

FEBO: um dos nomes de Apolo, usado sozinho ou como prenome para o deus: Febo ou Febo Apolo; significa "o brilhante", mas não está claro se foi atribuído a Apolo como referência à sua aparência, divindade, pureza ou associação com o sol.

(Ver Apolo)

FLORA: deusa das colheitas e da floração e, portanto, uma deusa da fertilidade. Parece ter sido uma divindade italiana nativa, não uma importação da Grécia. Estava intimamente ligada a Ceres, deusa da colheita, e à filha de Ceres, Prosérpina (Perséfone), com quem, às vezes, é associada. O Floralia, um festival em sua homenagem, era celebrado anualmente entre 28 de abril e o início de maio. Nos *Fastos* do poeta romano Ovídio, a própria Flora descreve os poderes divinos que lhe foram concedidos e o porquê. Antes uma Ninfa chamada Clóris ("verde"), fora perseguida e raptada pelo deus do vento oeste, Zéfiro. Então ele tomou-a como noiva e ela tornou-se Flora, "a senhora das flores", que vivia numa primavera perpétua, rodeada de jardins repletos de todos os tipos de flores. As Horas vinham colher suas flores, com as quais as Graças trançavam guirlandas para seus cabelos. Ela conta que a terra tinha apenas uma cor antes que Flora semeasse uma variedade de sementes. Segundo o relato, foi ela quem transformou os jovens Jacinto, Narciso, Átis, Croco e Adônis nas flores que, além da violeta (antes chamada Átis) e da anêmona (Adônis), ainda levam seus nomes "humanos". Do mesmo modo foi responsável por gerar, com Hera, o deus Marte, um antigo deus da agricultura. Flora conclui o relato com um sumário das plantas floridas em que exerce poder: grãos, uvas, azeitonas, feijões, lentilhas, trevos, violetas e tomilho — todos encontram-se sob seu escopo.

(Ver Adônis, Ceres, Graças, Hera, Jacinto, Marte,
Narciso, Perséfone, Prosérpina, Zéfiro)

FÓRCIS: deus do mar, nasceu das divindades primevas Ponto ("mar") e Gaia ("terra"). Na *Odisseia* de Homero é conhecido como o "velho do mar", e há um porto seguro na ilha de Ítaca com seu nome. É o porto de Fórcis, com sua oliveira e gruta sagrada, que recebe em casa um Odisseu cansado da guerra e das viagens após uma ausência de vinte anos. Com sua irmã, Ceto, Fórcis teve as monstruosas greias e górgonas. Segundo algumas versões, os dois também geraram a donzela-serpente Équidna e Ládon, a serpente que guardava os pomos de ouro das Hespérides. Também menciona-se que ele é avô do ciclope Polifemo e que gerara as sereias e Cila — todos monstros.

(Ver também Ciclopes, Cila, Équidna, Gaia, Górgonas, Greias,
Hespérides, Ítaca, Ládon, Odisseu, Polifemo, Sereias)

FÚRIAS: deidades romanas também conhecidas como *Dirae*, "as terríveis", equiparadas às Erínias gregas. O nome das Fúrias, *Furiae,* em latim, refletia sua natureza assustadora. Os antigos autores conceberam o nome a partir de *furere* ("furor") e *furia* ("fúria, raiva"). Como as Erínias, as Fúrias são espíritos da vingança. Na literatura e na arte, são semelhantes às Górgonas, tendo serpentes como cabelo ou enrodilhadas nos braços e corpos. Também podem ser representadas como seres alados portando tochas e chicotes. Das três Fúrias, Tisífone e Aleto são as mais conhecidas. Tisífone guardava os portais do Tártaro, a região do Mundo Inferior onde os pecadores residiam. Aleto desempenhou um papel significativo garantindo que houvesse conflito armado entre o povo da Itália e o troiano Eneias assim que chegasse de Troia.

(Ver Aleto, Eneias, Erínias, Górgonas, Tártaro, Tisífone, Troia)

GAEA: também escrito como Gaia ou Ge, é a deusa da terra e a personificação do planeta Terra.

(Ver Gaia)

GAIA (também chamada de Ge e Gaea): deusa da terra, uma divindade primeva e elementar personificada de muitas maneiras. Para os romanos, ficou conhecida como Telo. Nunca é demais ressaltar a antiguidade de Gaia, assim como sua importância no pensamento religioso greco-romano. Ela é a personificação grega de uma deusa-mãe da terra que já havia sido amplamente adorada na Grécia, no Oriente Próximo e em outros lugares por milênios antes de aparecer, com sua mitologia completa, nas obras de Homero e Hesíodo. No chamado *Hino Homérico* em sua homenagem, Gaia é representada como a mãe de todas as coisas vivas e a mais velha de todos os deuses. Ela também é fonte de sustento a todas as criaturas e, portanto, é o baluarte da civilização e prosperidade humana. A maioria das deusas, se não todas, são derivadas dela em sua onipotência. Ela foi a primeira deusa, e cada uma das que vieram depois recebeu uma porção de seus poderes. Considerando sua importância, não é de se surpreender que Gaia fosse honrada em cultos por todo o mundo grego. O geógrafo Pausânias menciona um santuário de Gaia na Acaia e um altar de carvalho dedicado à deusa onde antes houvera um oráculo de Gaia, no interior do recinto sagrado de Olímpia. Com relação ao oráculo, deve-se notar que os poderes de Gaia se estendiam ao âmbito da profecia. Acreditava-se que suas profecias eram emitidas de dentro da terra por meio de fendas nas rochas ou algo similar. Embora existam diversas narrativas a respeito de como o deus Apolo ganhou, ou tomou, o controle do famoso oráculo de Delfos, essas histórias concordam que primeiro o oráculo pertencera a Gaia única ou parcialmente. Foi ela quem estabeleceu o dragão Píton como o guardião do oráculo. Quanto às origens e descendentes de Gaia, a *Teogonia* de Hesíodo, que descreve o nascimento do universo, oferece o relato mais antigo: no início, o Caos, um grande Vazio, foi o primeiro a surgir, seguido de Gaia, a terra; Tártaro, o recanto mais profundo da terra; e Eros, o desejo. Depois disso, a Escuridão de Érebo e Nix, a noite, surgiram do Caos elemental, e Nix gerou Éter, a atmosfera superior e cintilante, e Hêmera, a luz do dia, ambos concebidos com Érebo. Gaia, por sua vez, primeiro gerou Úrano (ou Uranus), os céus, para cercá-la e protegê-la e, então, criou as montanhas (Óreas) e Ponto, o mar, que a "moldaram" fisicamente. Gaia e Úrano tornaram-se os pais dos doze deuses titãs, dentre os quais estavam Oceano, Ceos, Hiperíon, Jápeto, Reia, Têmis, Mnemósina, Febe, Tétis e Cronos, o mais jovem. Os filhos subsequentes de Gaia com Úrano foram dois grupos de monstros. Os ciclopes, gigantes com um único olho na testa. Eles receberam os nomes de Brontes ("o trovejante"), Estérope ("o relâmpago") e Arges ("o reluzente") e, mais tarde, quando Zeus tornou-se o rei dos deuses, eles forjaram-lhe relâmpagos e trovões. O segundo grupo de irmãos-monstros são os três hecatonquiros ("de cem mãos"), cada um com cem braços e cinquenta cabeças. Eles são Coto, Briaréu e Giges, todos arrogantes, violentos e extramamente fortes. Esses seis monstros eram tão detestados pelo pai, Úrano, que, após o nascimento, forçou-os de volta para dentro da mãe, causando-lhe dor excruciante — o que ela não toleraria. Gaia forjou uma foice e pediu a seus filhos titãs que a vingassem pela violência sofrida. Apenas Cronos, o mais jovem, se dispôs. Armado com a foice, esperou até que o pai fosse deitar-se com Gaia à noite e, emboscando Úrano, o castrou. Gotas de sangue caíram na terra e delas nasceram as Erínias, espíritos de vingança; os Gigantes, totalmente armados; e as Ninfas Melíades. Da espuma surgida de onde a genitália decepada de Úrano caiu no mar nasceu Afrodite, deusa da sexualidade e do desejo. Agora, uma vez que o pai fora emasculado, Cronos tornou-se o rei dos deuses, uma posição da qual desfrutou até ser mais tarde deposto pelo próprio filho, Zeus.

(Ver Afrodite, Apolo, Caos, Ciclopes, Cronos, Delfos, Érebo, Erínias, Eros, Febe, Gigantes, Hecatonquiros, Hiperíon, Jápeto, Mnemósina, Oceano, Olímpia, Píton, Reia, Tártaro, Telo, Tétis, Têmis, Titãs, Úrano, Zeus)

GALATEIA:
Ninfa do mar e uma das Nereidas, as cinquenta filhas da Oceânide Dóris e do deus do mar Nereu. Sua principal história envolve o ciclope Polifemo, que se apaixonou perdidamente por ela e cortejou-a com melodias tocadas em uma flauta grande o suficiente para suas mãos gigantescas e desajeitadas. Ele lhe prometeu uma abundância de deleites idílicos: sua caverna, um rebanho de ovelhas e profusas colheitas de deliciosos pomos, uvas e frutas silvestres. Ele entoava com orgulho que Posídon seria seu sogro. Mas nada disso comoveu Galateia, que estava apaixonada pelo jovem Ácis, filho do deus campestre Fauno. Além disso, o ciclope a repugnava. Em um surto de ciúmes perante os galanteios trocados pelos amantes, Polifemo golpeou e matou o

jovem com a pedra arrancada de uma montanha. Segundo o poeta Ovídio, em resposta às orações de Galateia, no local onde Ácis morrera, a terra abriu-se, revelando-o renascido na forma de um deus-rio, maior agora do que na vida anterior, dotado de chifres recém-nascidos, o corpo em tons de azul esverdeado. A Ninfa Galateia não deve ser confundida com Galateia, a estátua "animada" esculpida por Pigmalião.

(Ver Ácis, Ciclopes, Dóris, Fauno, Nereidas, Nereu,
Oceânides, Pigmalião, Polifemo, Posídon)

GE: outro nome para Gaia, a deusa da terra.

(Ver Gaia)

GÊMEOS: constelação em que os gêmeos divinos ou Dióscuros, Castor e Pólux, foram transformados. Castor e Pólux eram irmãos de Helena de Troia e da desleal Clitemnestra.

(Ver Clitemnestra, Dióscuros, Helena, Troia)

GLAUCO: pescador mortal antes de comer uma porção da grama que causou sua transformação em deidade do mar com cauda de peixe em lugar de pernas. Como deus, foi patrono dos marinheiros. Perseguiu Cila e, inadvertidamente, fez com que Circe a transformasse em monstro.

(Ver Cila [monstro], Circe)

GRAÇAS: ou Cárites, como ficaram conhecidas na Grécia, são deusas que personificavam a beleza, a alegria e a graça. De acordo com o poeta grego Hesíodo, elas nasceram de Zeus e da bela Eurínome, filha de Oceano (portanto, uma Oceânide), e seus nomes são Aglaia ("aquela que resplandece"), Eufrosina ("bom ânimo") e Talia ("aquela que floresce"). Talia, a Graça, é diferente da Musa de mesmo nome. Hesíodo menciona que amor e beleza vertiam-lhe dos olhos. Hesíodo também conta que elas viveram com Hímero ("personificação do desejo amoroso") ao lado das Musas no monte Olimpo e participaram da criação da primeira mulher mortal, Pandora. Por vezes, nas obras de autores posteriores, são mais numerosas com mais uma chamada Cáris ("Graça"). Nesses casos, menciona-se que seus pais são Zeus e Eunômia ("deusa das boas leis"); Hélio, o deus do sol e a Ninfa Náiade Egle; Hera e Dioniso. As Graças são consideradas subordinadas a outras deusas femininas, especialmente Afrodite. Dizem que vestiram Afrodite com ramos de murta assim que a deusa pisou em terra pela primeira vez, após ter nascido da espuma do mar.

(Ver Afrodite, Dioniso, Hélio, Hera, Musas, Náiades, Oceano,
Oceânides, Olimpo, Pandora, Talia, Zeus)

HADES: deus do Mundo Inferior, Senhor dos Mortos, o deus da morte, e até mesmo a morte personificada. Por vezes, o Mundo Inferior era chamado de o Reino de Hades, mas o próprio nome do deus também se tornou sinônimo de Mundo Inferior e foi usado como topônimo. Ainda que o encontro com Hades fosse inevitável, sua simples menção já era em si mesma assustadora. Por isso, seu nome era evitado e recorria-se a circunlóquios como "Zeus Ctônia" ou "deus do Mundo Inferior". A etimologia do nome Hades não é certa, embora possa significar "o invisível". Homero chama-o de "detestável" e "implacável", e não havia orações ou adoração nos cultos para Hades. Entretanto, ele também possuía uma faceta mais benigna e, por isso, é conhecido como Plutão, "o abastado", a fonte de todas as coisas boas que surgem da terra. Na forma de Plutão, foi adorado ao lado da esposa, Perséfone, rainha dos mortos, e da mãe, a deusa Deméter. Na mitologia, Hades é filho dos deuses titãs Cronos e Reia. Seus irmãos são Zeus, Posídon, Héstia, Hera e Deméter. Quando os filhos de Cronos o derrotaram, ainda não havia sido decidido que parte do mundo cada um dos deuses tomaria para si. Afim de definirem a questão, os irmãos tiraram a sorte usando um elmo, e foi dessa forma que o Mundo Inferior foi concedido a Hades, tornando-se sua esfera de influência. Dada a natureza do deus e seu reino, não é de surpreender que tenha tomado a noiva, Perséfone, à força, raptando-a enquanto colhia flores em um prado. Como Deméter estava deprimida pela perda da filha, Hades cedeu e permitiu que Perséfone voltasse ao mundo superior, mas por tempo limitado; ele enganou-a para que comesse as sementes de uma romã e, assim, obrigou Perséfone a retornar ao Mundo Inferior durante parte do ano. O rapto da noiva é seu mito mais conhecido. Sendo uma divindade temida, havia poucas representações de Hades na arte. Em afresco em uma tumba real macedônia, ele é representado como homem de meia-idade, de barba cheia e conduzindo uma biga. Perséfone agita-se e lamenta-se em seus braços. Hades/Plutão também pode ser representado com cornucópia, romã ou cetro.

(Ver Cronos, Deméter, Hades [lugar], Hera, Héstia, Mundo Inferior, Perséfone, Plutão, Posídon, Reia, Titãs, Zeus)

HAMADRÍADAS: Ninfas de árvores específicas, cujas vidas estavam entrelaçadas às vidas das árvores que habitavam. Embora pareçam um subconjunto das Dríades, Ninfas de todas as espécies de árvores, por vezes são indissociáveis delas.

(Ver Dríades, Ninfas)

HARMONIA: personificação da harmonia, é geralmente considerada filha de Afrodite e Ares, com quem Afrodite, a esposa de Hefesto, teve um caso. Foi desejo de Zeus que Harmonia se casasse com o herói Cadmo, e o historiador Diodoro Sículo escreve que a união de Harmonia e Cadmo, que se tornaria o fundador da cidade de Tebas, foi a primeira que os deuses providenciaram uma festa de casamento. Nessa festa, as Musas cantaram e Apolo tocou a lira. Os presentes de Cadmo à noiva foram um manto esplêndido e um colar feito por Hefesto. Ainda que fosse lindo, Hefesto criara o colar enfurecido pela infidelidade da esposa, Afrodite, e seria uma fonte de desgraça para a família de Cadmo. O casal teve um filho, Polidoro, e quatro filhas, Ino, Autônoe, Sêmele e Agave — todos notórios. Quanto ao colar, o filho de Édipo, Polinice, que o herdara, ofereceu-o a Erifila como suborno para ela persuadir o marido, Anfiarau, a se unir a ele em marcha contra o irmão, Etéocles, o então rei de Tebas. Etéocles recusou-se a honrar o acordo do que deveria ter sido uma regência conjunta e alternada. Tanto Etéocles quanto Polinice foram mortos na batalha que se seguiu, assim como Anfiarau e cinco dos outros que haviam acompanhado Polinice (os Sete Contra Tebas). O colar (ou, segundo algumas versões, o manto) foi novamente colocado em jogo quando Anfiarau foi subornada pelo filho de Polinice para que persuadisse o filho, Alcméon, a liderar os filhos das forças de Polinice contra Tebas a fim de vingar a morte dos pais. Alcméon foi instruído pelo oráculo de Delfos a matar a mãe, pois ela causara a morte do pai. Ele obedeceu e, como consequência pelo matricídio, foi punido por Tisífone, uma das Erínias. Para complicar sua vida ainda mais, Alcméon casou-se com Arsínoe (ou Alfesibeia), filha do rei de Psófis, e deu-lhe o colar de Harmonia como presente de casamento. Mais tarde, Alcméon casou-se com Calírroe, filha de Aqueloo, que desejava o colar. Alcméon tentou recuperar o colar, em posse da antiga esposa, através de um ardil, mas foi descoberto e morto. Os filhos de Alcméon e Calírroe vingaram sua morte matando os assassinos do pai e usaram o colar como oferenda em Delfos. Harmonia e Cadmo, por sua vez, trocaram Tebas por Ilíria em consequência das tragédias que se abateram sobre os filhos. Segundo o dramaturgo Eurípides, ambos foram transformados em serpentes, comandaram exércitos de bárbaros e, no fim da vida, foram viver na Ilha dos Bem-aventurados. Diferentes versões da narrativa mencionam que Zeus e Electra, uma filha do deus titã de segunda geração, Atlas, são os pais de Harmonia e afirmam que o fatídico colar foi um presente de Atena ou Afrodite.

(Ver Afrodite, Agave, Alcméon, Anfiarau, Ares, Arsínoe, Atena, Atlas, Autônoe, Cadmo, Delfos, Édipo, Electra [Ninfa], Erifila, Etéocles, Hefesto, Ino, Polinice, Sêmele, Sete Contra Tebas, Tebas, Titãs, Zeus)

HARPIAS: seu nome significa "raptoras" ou "aquelas que capturam", são duas ou (de acordo com algumas fontes) três monstruosas *daemones* femininos, ou espíritos — tecnicamente deidades — que personificavam as forças demoníacas, imprevisíveis e avassaladoras dos ventos tempestuosos. As primeiras fontes não descrevem suas características físicas, mas elas passaram a ser representadas como monstros híbridos com cabeça de mulher e corpo de pássaro.

(Ver Harpias [monstros])

DEUSES, DEUSAS, ESPÍRITOS E NINFAS

HEBE ("juventude"): personificação da beleza e do vigor juvenil. Ela é descrita pelo poeta grego Hesíodo como filha de Zeus e Hera e, de acordo com Homero, uma serva dos deuses do Olimpo, cujas tarefas incluíam encher os copos com néctar, banhar e vestir Ares e atrelar os cavalos de Hera à carruagem. Diz-se que Hebe casou-se com Hércules depois que ele se uniu aos deuses. Foi companheira de várias divindades ligadas a casamentos: Hera, Afrodite, as Cárites ("graças") e Harmonia. Até certo ponto, os romanos associaram Hebe a Juventus, a deusa da juventude deles.

(Ver Afrodite, Ares, Graças, Harmonia, Hera, Hércules, Juventus, Zeus)

HÉCATE (ou Hekate): filha de Astéria e Perses, deuses titãs de segunda geração. Para o poeta Hesíodo, trata-se de uma deusa benevolente, que Zeus honrava acima de todas as outras, dando-lhe ampla autoridade na terra, no mar e nos céus. Ela é responsável pela riqueza e boa fortuna, vitória na batalha e nas competições atléticas, pescas abundantes, fertilidade dos rebanhos, crescimento e saúde dos jovens, decisões sensatas dos reis e boas deliberações nas assembleias. Como consequência, é relacionada a praticamente todas as facetas da vida familiar e política. Apesar de tudo isso, Hécate é geralmente lembrada pelas ligações com magia, necromancia e reuniões de bruxas, uma vez que seus aspectos mais sombrios foram enfatizados por autores clássicos posteriores. Além disso ficou conhecida como a deusa das encruzilhadas e das transições. Em suas várias versões, Hécate é associada a Ártemis, Deméter, Hermes, Selene e Perséfone, cujo rapto por Hades teria testemunhado. No mundo romano, poderia ser conhecida como Trivia, "deusa dos três caminhos", uma referência à Hécate como deusa das encruzilhadas. Na maioria das vezes é representada na arte portando tochas, acompanhada de um cão e até mesmo com três corpos. Na mitologia, essa deusa desempenhou um papel crucial na expedição de Jasão. O sucesso na busca pelo velocino de ouro deve-se especificamente à ajuda que recebeu de Medeia, uma sacerdotisa dessa deusa. Medeia recebera lições de Hécate sobre bruxaria e o manuseio de ervas mágicas; com essas ervas podia apagar incêndios e mudar o curso dos rios, assim como das estrelas e da lua. Medeia presenteou Jasão com um unguento que o tornava invulnerável à espada e ao fogo, uma solução preparada a partir da raiz de uma planta cor de açafrão nascida do sangue derramado pela águia que se alimentava do coração de Prometeu, um coração em contínua regeneração. Para colher a planta, Medeia precisou cortar a raiz à noite e somente depois de praticar um ritual para se purificar.

(Ver Ártemis, Deméter, Hades, Hermes, Jasão,
Medeia, Perséfone, Prometeu, Selene)

HEFESTO: deus grego do fogo vulcânico e também da forja. Portanto, patrono dos ferreiros e artesãos em geral, em especial dos escultores e oleiros que dependiam do uso do fogo para seus ofícios. Ele é um dos doze deuses olímpicos e, segundo Homero, filho de Zeus e Hera. Embora fosse um dos principais deuses, ele diferia dos demais na medida em que se envolvia em trabalho físico e, portanto, suava. Além disso, apresenta uma deficiência física que se nota com facilidade. Por isso, na *Ilíada* de Homero, é descrito como "o deus dos passos arrastados", e foi devido à essa enfermidade que Hera o lançou dos céus. Hefesto caiu nas águas de Oceano, de onde foi resgatado pelas deusas do mar Tétis e Eurínome, com quem permaneceu por nove anos. Durante esse período, lhes forjou broches, colares, cálices e outras coisas belas. Depois que lhe fora permitido retornar ao monte Olimpo, foi novamente exilado dos céus, desta vez por Zeus, que se enfurecera pelo fato de Hefesto ter auxiliado Hera durante uma contenda entre o pai dos deuses e a esposa. Hefesto agora aterrissou em Lemnos. Os habitantes da ilha tomaram conta dele até o momento em que Dioniso o levou de volta ao Olimpo. Na *Ilíada*, Hefesto é casado com Cáris, uma das Graças. No entanto, na *Odisséia*, sua esposa é Afrodite, embora ela tivesse tido um caso com Ares e, para deleite dos outros deuses, os amantes houvessem sido apanhados em uma armadilha planejada por seu hábil e astuto marido. Por sua vez, Hefesto empreendeu investidas indesejadas sobre Atena, e seu sêmen desperdiçado deu origem a Erictônio, que nasceu da terra. Entre as maravilhosas criações de Hefesto estavam os palácios de todos os deuses do monte Olimpo. O seu próprio é feito de bronze e decorado com elaborados tripés de bronze, tudo obra de suas mãos. A pedido de Zeus, moldou Pandora, a primeira mulher, e a pedido de Tétis, forjou uma armadura divina para Aquiles. O palácio do rei dos feaces, Alcínoo, amado pelos deuses, é guardado por cães de ouro criados por ele, que também forjou o esplêndido mas amaldiçoado colar que o rei tebano Cadmo deu de presente à nova esposa, Harmonia. Segundo alguns autores, a forja em que tais esplendores foram criados localizava-se no monte Olimpo. Porém, outros afirmam que ficava abaixo da superfície da terra. No mitologia romana, é comparado ao deus italiano Vulcano, que apresentava as mesmas características físicas e mitológicas de Hefesto. Nas obras de autores romanos, também é comum que a oficina de Hefesto não seja representada no monte Olimpo, e sim sob uma ilha vulcânica chamada Vulcanal, onde ele é auxiliado pelos ciclopes. Quanto à representação em obras de arte, é apresentado dotado de barba, usando um barrete, portando uma tenaz e um martelo, e às vezes com os pés deformados.

(Ver Afrodite, Alcínoo, Aquiles, Ares, Atena, Cadmo, Ciclopes, Dioniso, Erictônio, Feaces, Graças, Harmonia, Hera, Lemnos, Oceano [lugar], Olimpo, Pandora, Tebas, Tétis, Vulcano, Zeus)

DEUSES, DEUSAS, ESPÍRITOS E NINFAS

HELÍADES: Ninfas e filhas de Hélio, deus do Sol, com a deusa titânide de segunda geração Clímene. Seu destino é bem conhecido, narrado nas *Metamorfoses* de Ovídio: em luto pela morte do irmão mais novo, Featonte, cujo empréstimo da carruagem de Hélio resultou em tragédia, as Helíades foram transformadas em álamos e alocadas ao longo do rio Erídano (possivelmente o rio Pó). Suas lágrimas, caindo eternamente, escorrem dos galhos das árvores e, após secar ao sol, tornam-se âmbar.

(Ver Clímene, Featonte, Hélio, Erídano, Titãs)

HÉLIO (ou Helius): deus grego do sol que, assim como Selene ("a lua") e Eos ("a aurora"), nasceu dos titãs Hiperíon e Teia. Teve numerosos filhos, resultado de aventuras amorosas com várias parceiras diferentes. Por exemplo, com Perse, uma filha de Oceano, teve Eetes, o pai da feiticeira Medeia; Circe, a deusa feiticeira que transformou os homens de Odisseu em porcos; e Pasífae, esposa do Rei Minos de Creta, que, como resultado de sua união com um touro, deu à luz o terrível Minotauro. As Helíades são filhas de Hélio com Clímene, também mãe do trágico Featonte, que pôs em perigo o universo ao tomar as rédeas da carruagem do pai. Após a morte de Featonte, as irmãs, tomadas por tristeza, transformaram-se milagrosamente. Menos relevantes ao mito foram os sete filhos que resultaram da união de Hélio com Rode, uma filha de Posídon e homônima da ilha de Rodes; os descendentes desses filhos se tornariam governantes da ilha e construiriam a estátua de Hélio conhecida como Colosso de Rodes, uma das Sete Maravilhas do Mundo Antigo. Quanto à aparência e escopo de Hélio, uma de suas primeiras descrições aparece no chamado *Hino Homérico a Hélio*. Nele, o deus conduz uma biga puxada por uma cavalaria de quatro esplêndidos garanhões, na qual refulge em raios brilhantes e deslumbrantes tanto sobre os humanos quanto sobre os deuses imortais. Seus olhos que tudo veem chispam como fogo e seus cachos dourados oscilam graciosamente ao redor do rosto. Usa elmo de ouro e vestimenta esmeralda e bem tecida que cintila e tremula ao vento. Fontes posteriores oferecem detalhes adicionais. De um lago ou brejo de Oceano, no leste — ou, de acordo com Ovídio e outros poetas, de um palácio ornamentado e exuberante — Hélio conduz sua biga para o céu, alçando o ponto mais alto ao meio-dia e, em seguida, descendo em um arco para o Oeste. À noite, ele faz sua jornada nas marés de Oceano, do Oeste para o leste, em um esquife de ouro, ou "cálice", feito por Hefesto. Visto que durante a jornada pelos céus podia ver tudo o que acontecia na terra, ele testemunhou uma série de eventos, cujo curso poderia, em virtude de tal conhecimento, influenciar. Viu Ares e Afrodite juntos no leito e informou Hefesto, esposo de Afrodite, sobre o escandaloso caso. Hélio também testemunhou Hades sequestrar Perséfone. Odisseu encontrava-se entre os que sentiram a ira do deus, pois seus homens devoraram as 350 cabeças de gado sagrado de Hélio assim que desembarcaram na ilha de Trinácria. Já Hércules estava entre aqueles a quem Hélio ofereceu auxílio, ainda que o herói tenha disparado uma flecha conta ele quando atormentado pelo calor excessivo. Hélio foi confundido ou equiparado ao pai, Hiperíon, e também a Apolo, no que se referia ao papel como deus do sol, mesmo na Antiguidade. Seu equivalente romano era o Sol, do latim "sol".

(Ver Afrodite, Ares, Circe, Clímene, Creta, Eetes, Eos, Featonte, Hades, Helíades, Hefesto, Hiperíon, Medeia, Minos, Oceano [lugar], Odisseu, Pasífae, Perséfone, Posídon, Selene, Titãs, Trinácria)

HERA: rainha dos deuses e esposa de Zeus, o rei. Hera, assim como Zeus, Posídon, Hades, Héstia e Deméter, é filha dos deuses titãs primitivos Cronos e Reia, e como todos os irmãos, exceto Zeus, foi devorada pelo pai ao nascer e, depois, regurgitada. Embora possuísse um escopo amplo, ela tinha a incumbência particular de atuar como protetora das mulheres como esposas e mães, retendo laços estreitos com cerimônias de casamento, vida conjugal e parto. Como tal, o casamento com Zeus foi o protótipo divino para o casamento entre humanos. No entanto, Hera também é protetora de cidades, assentamentos e seus habitantes. Embora suas origens precisas e o significado de seu nome não sejam claros, é provável que tenha evoluído de uma deusa-mãe da terra prototípica do Egeu, sendo associada a Zeus já na Idade do Bronze (há cerca de 3.000 a 1150 a.C.). Os santuários de Hera estão entre os mais antigos da Grécia e, embora fosse adorada em todo o mundo grego, os centros mais importantes de culto localizavam-se em Argos, na ilha de Samos, em Peracora e Olímpia, e também em Pesto, Metaponto e Crotona, colônias gregas no sul da Itália. Tanto Argos quanto Samos reivindicavam ser o local de nascimento da deusa ou, mais propriamente, de onde emergira do ventre de Cronos. Ela e Posídon teriam competido pelo patronato de Argos. Hera prevalecera. O geógrafo Pausânias narra que o casamento com Zeus ocorrera após ele seduzi-la na forma de um cuco domesticado que ela tomara no colo. Como presente de casamento, a deusa Gaia ("terra") deu a Hera uma árvore de pomos de ouro, que mais tarde foi plantada nos confins da terra e assistida pelas Hespérides em seu jardim. Os filhos de Hera e Zeus são os deuses Hebe ("juventude"); Ilítia, deusa do parto; Ares, deus da guerra; e Hefesto, deus da forja, embora houvesse um relato alternativo segundo o qual Hera gerou Hefesto sozinha, sem pai, para exibir-se a Zeus, que dera à luz a deusa Atena, nascida de sua cabeça. Hera sempre se preocupara com os inúmeros casos de amor do marido com deusas, Ninfas e mortais, e muitos dos mitos relacionados a ela narram sua perseguição às amantes de Zeus. Entre essas estava a deusa Leto, cuja gravidez ela cruelmente prolongou; a Ninfa Eco, que com sua tagarelice desviara a atenção

DEUSES, DEUSAS, ESPÍRITOS E NINFAS

de Hera em momentos oportunos; Calisto, a quem transformou em urso; Sêmele, mãe de Dioniso, enganada para que causasse a própria morte pelo fogo; e Io, uma donzela em forma de novilha, a quem enviou um moscardo para a atormentar e picar. Hera perseguiu Hércules durante toda a vida do herói, do berço à pira funerária. Foi ela quem arquitetou as situações que propiciaram seus famosos trabalhos, pois Zeus deitara-se com a mãe de Hércules, Alcmena. Os troianos também estavam sujeitos aos seus tormentos, pois ela não perdoara o príncipe troiano Páris por não lhe ter concedido o pomo de ouro em que se lia "para a mais bela", dado a Afrodite. No entanto, a deusa também demonstrava devoção feroz aos seus favoritos, como os guerreiros gregos que lutaram em Troia. Pela gentileza que o herói Jasão demonstrou ao lhe oferecer ajuda quando estava disfarçada de velha, Hera zelou por ele durante toda a jornada em busca do velocino de ouro, garantindo, entre outras coisas, que a feiticeira Medeia se apaixonasse por ele. Os símbolos da deusa incluíam animais e plantas sagrados para ela. A famosa estátua de culto feita de marfim e ouro, localizada no santuário (Heraion), em Argos, conforme descrita por Pausânias, retratava a deusa portando, em uma das mãos, um cetro encimado por um cuco, o pássaro que representa a conquista de Zeus, e na outra uma romã, fruto de muitas sementes que simboliza a fertilidade. Outras plantas sagradas incluíam a murta, símbolo do casamento; a papoula, outra planta de muitas sementes; e o perfumado lírio-madona branco, que se dizia ter surgido do leite de seu seio — essas plantas também eram sagradas para a deusa do amor, Afrodite. Além do cuco, os animais sagrados de Hera incluíam pavões, cavalos e gado. Os romanos associavam Hera a deusa italiana Juno, que adotou sua mitologia.

(Ver Alcmena, Afrodite, Ares, Argos, Calisto, Cronos, Deméter, Dioniso, Eco, Gaia, Hades, Hebe, Hefesto, Hércules, Héstia, Ilítia, Io, Jasão, Juno, Leto, Medeia, Olímpia, Páris, Posídon, Reia, Sêmele, Titãs, Troia, Zeus)

HERMES: conhecido como Mercúrio pelos romanos, é um deus mensageiro que media as relações entre o céu e a terra, responsável por entregar as mensagens que os deuses enviam aos humanos. É importante ressaltar que esse deus, conhecido na Grécia desde a Idade do Bronze (por volta de 3000 a 1150 a.C.), tinha ampla gama de poderes e espectros de influência e, embora tivesse laços especiais com Arcádia, Hermes era adorado em toda a Grécia. É o deus protetor dos pastores e rebanhos, cuja fertilidade assegurava. Além disso é o protetor dos viajantes, mercadores, arautos e ladrões. Como Psicopompo ("guia de almas") guiava as almas dos mortos da Terra para o Mundo Inferior. É o deus das fronteiras, personificado nos hermas (pilares encimados por seu busto) que demarcavam os limites da cidade, as fronteiras das propriedades privadas e as entradas das casas. Como provedor da cultura, era visto como o inventor do fogo e da lira, mas também um malandro travesso, e muitos desses aspectos podem ser identificados no chamado *Hino Homérico* em sua honra. De acordo com o hino, Hermes nasceu em uma caverna de Arcádia e é filho de Zeus e da Ninfa Maia. No próprio dia do nascimento, saltou do berço e, aventurando-se caverna afora, encontrou uma tartaruga que, sem demora, esquartejou, utilizando o casco para criar uma lira, que começou a tocar. No mesmo dia partiu para Piéria, onde roubou cinco bois do meio-irmão Apolo, afugentando-os em diversas direções para dificultar o rastreio dos animais. Percorrendo grande distância com o gado, inventou as sandálias para proteger os pés e também descobriu como fazer fogo. Quando foi finalmente obrigado a devolver o gado, Apolo fez dele o guardião de seus rebanhos em troca da lira, que então se tornou seu instrumento. Como mensageiro dos deuses e intermediário entre eles e os humanos, está envolvido em uma série de mitos, por exemplo: ter conduzido as deusas Hera, Atena e Afrodite ao príncipe troiano Páris, que tomaria a decisão fatal a respeito de qual delas era a mais bela; acompanhar Zeus quando ele visitou a humilde casa dos generosos camponeses Báucis e Filêmon. Mensageiro de Zeus, Hermes viajou à ilha de Calipso para convencê-la a deixar Odisseu voltar para casa e entregou ao herói a erva móli, por meio da qual ele conseguiu resistir à feitiçaria da deusa Circe. Hércules e Perséfone foram ambos guiados por ele para fora do Mundo Inferior. Hermes também é o famoso Argifontes, assassino do monstro Argos que guardava Io, a amada de Zeus, quando ela fora transformada em vaca. Foi ele quem deu ao herói Perseu a foice para cortar a cabeça da górgona Medusa. Quanto aos seus atributos, Hermes distinguia-se devido ao caduceu ou cajado (báculo de arauto) que carregava, chapéu de viajante de abas largas e sandálias aladas, que possibilitavam viagens rápidas.

(Ver também Afrodite, Apolo, Arcádia, Argos, Atenas, Báucis, Calipso, Circe, Górgonas, Hércules, Hermes, Ida, Io, Maia, Medusa, Mercúrio, Mundo Inferior, Odisseu, Páris, Perséfone, Perseu, Piéria, Zeus)

HESPÉRIDES:

Ninfas encarregadas de cuidar das árvores que produziam os pomos de ouro tão famosos na mitologia clássica. As árvores das Hespérides são guardadas pela serpente ou dragão de cem cabeças, Ládon. Havia entre quatro a sete Hespérides, e seus nomes divergem entre Egle, Eritia, Héstia, Aretusa, Hespéris, Hesperaretusa e Hespéria. Os relatos sobre seu nascimento e a localização de seu jardim, o Jardim das Hespérides, são diversos. O poeta Hesíodo, uma fonte antiga, menciona que as divindades elementais Nix ("noite") e Érebo ("escuridão") são seus pais, mas narrativas posteriores afirmam que seus pais são o deus do mar Fórcis e sua irmã Ceto, ou Zeus, rei dos deuses do Olimpo, e Têmis, a personificação da justiça; ou o deus titã de segunda geração Atlas, que sustentava os céus nos ombros, e Hespéris, filha de Héspero, a estrela vespertina. Dizia-se que o Jardim das Hespérides, cuja localização é igualmente difícil de definir, ficasse na Líbia (na Antiguidade, norte da África), perto das montanhas Atlas (atual Marrocos); no Mediterrâneo ocidental, às margens do rio Oceano; ou nas terras dos hiperbóreos, no extremo oriente ou no extremo norte, e todos esses locais encontram-se nos "confins da terra", como então era concebida. Quanto aos pomos de ouro, as árvores que os produziam haviam sido presente da deusa da terra, Gaia, a Hera, rainha dos deuses, por ocasião de seu casamento com Zeus. Os pomos eram fontes de imortalidade e, portanto, altamente valorizadas. Um desses pomos aparentemente causou a Guerra de Troia: as deusas Hera, Afrodite e Atena desejavam um pomo de ouro com a inscrição "para a mais bela". O príncipe troiano Páris foi escolhido para decidir — uma escolha impossível de ser feita de maneira objetiva. Acabou escolhendo Afrodite, que também lhe ofereceu o suborno mais desejável. Ou seja, Helena, a mulher mais bela do mundo. A questão é que Helena era casada com Menelau, rei espartano. Quando Páris fugiu com ela para Troia, mil navios gregos partiram em hostil perseguição. Os pomos de ouro que Afrodite dera a Hipômenes para ajudá-lo a ganhar a mão de Atalanta também seriam provenientes das árvores das Hespérides. Como seu décimo primeiro trabalho (ou décimo segundo, de acordo com Diodoro Sículo), Hércules foi instruído por Euristeu a trazer-lhe pomos do Jardim das Hespérides. Sem saber a localização do jardim, primeiro consultou as Ninfas do rio Erídano, que por sua vez o encaminharam ao deus do mar Nereu, que possuía poderes proféticos. Hércules imobilizou-o enquanto dormia, segurando-o com firmeza enquanto ele mudava constantemente de forma. Nereu profetizava apenas sob coação. Instruído por Nereu, Hércules iniciou sua jornada e, no caminho, encontrou o deus titã Prometeu, a quem libertou do tormento de ter o fígado eternamente devorado por abutres. De Prometeu, Hércules recebeu mais conselhos para realização de seu trabalho: deveria pedir a Atlas, vizinho das Hespérides, para buscar os pomos em seu lugar. Hércules seguiu as instruções e pediu que Atlas buscasse os pomos em troca de aliviá-lo temporariamente do fardo de sustentar o céu. Não surpreende que Atlas não tivesse interesse em retomar a tarefa onerosa de apoiar os céus nos ombros, mas Hércules enganou-o, pedindo uma pausa para apoiar um descanso nos ombros para aliviar o atrito. De acordo com outra versão da história, Hércules matou a serpente guardiã, Ládon, e apanhou os pomos por si mesmo. Euristeu, por fim, acabou devolvendo os pomos sagrados para Hércules, que por sua vez deu-os a Atena para que fossem retornados às Hespérides. Elas também figuram na história de outro herói: Jasão e os Argonautas, a tripulação do navio Argo. De acordo com o poeta épico Apolônio de Rodes, os Argonautas, depois de obterem o velocino de ouro — e acompanhados por Medeia — foram desviados de seu trajeto por uma tempestade e lançados à costa da Líbia. Depois de transportar o navio pelo deserto da Líbia, os Argonautas, desesperados de sede, encontraram as Hespérides, que lamentavam o assassinato de Ládon e o roubo dos pomos de ouro. Por medo dos homens, as Hespérides transformaram-se em pó, mas Orfeu, membro da tripulação de Jasão, pleiteou-lhes auxílio, prometendo-lhes honras e oferendas de agradecimento. Como ficaram comovidas com o sofrimento dos homens, por meio de seus poderes divinos, fizeram brotar um belo prado em que as três encontravam-se enraizadas na forma de árvores: um álamo, um olmo e um salgueiro. Milagrosamente, a árvore que "encarnava" Egle falou e apontou para uma fonte criada pelo próprio Hércules quando, esgotado devido à empreitada, golpeou o solo rochoso próximo ao lago de Tritão, fazendo surgir uma nascente. Foi um presságio duplamente bom, uma vez que Hércules já velejara com os marinheiros do Argo.

(Ver Afrodite, Argonautas, Atalanta, Atena, Atlas, Erídano, Esparta, Euristeu, Fórcis, Gaia, Helena, Hera, Hércules, Hipômenes, Hiperbóreos, Jasão, Ládon, Medeia, Menelau, Nereu, Oceano [lugar], Orfeu, Páris, Prometeu, Têmis, Titãs, Tritão, Troia, Zeus)

HÉSPERO (ou Héspero): personificação da estrela vespertina, o planeta Vênus ao anoitecer. Como tal, é a contraparte da estrela da manhã, Lúcifer, o planeta Vênus pela manhã. Héspero foi considerado pai das Hespérides e do rei Cêix, transformado em ave marinha após a morte.

(Ver Cêix, Hespérides, Lúcifer)

HÉSTIA: personificação e deusa da lareira no mundo grego. Retém importância central para a civilização e cultura grega, algo que se reflete na história de seu nascimento: na narrativa do poeta Hesíodo sobre as origens dos deuses, Héstia é a filha primogênita dos deuses titãs Reia e Cronos. Em fontes clássicas, é representada como uma deusa virgem, embora Posídon e Apolo tenham-na perseguido sem sucesso, uma vez que ela os recusara. Visto que a decisão de não escolher nenhum dos pretendentes foi fundamental para preservar a paz entre os deuses do monte Olimpo, Zeus concedeu-lhe a maior das honras: um lugar no centro de cada casa e a melhor parcela dos sacrifícios feitos ali. Além disso, receberia sacrifícios nos templos de todos os deuses e seria considerada a mais importante de todas as deusas. Para os gregos, a lareira representava e garantia a segurança física, a continuidade da família e, por extensão, de qualquer união "política" entre famílias. A lareira mantinha e sustentava a vida, era uma fonte de calor, de comida cozida, armamento e ferramentas. Como um local de sacrifício, a lareira também servia como elo necessário entre humanos vulneráveis e divindades invulneráveis e onipotentes. A lareira era o centro simbólico da casa e dos agrupamentos familiares que constituíam a população de uma cidade. Por isso, uma lareira com o fogo de Héstia era mantida tanto em casas particulares quanto no pritaneu, uma construção oficial que constituía o centro sagrado das cidades gregas.

(Ver Apolo, Cronos, Olimpo, Posídon, Reia, Zeus)

HÍADES: sete Ninfas que, assim como as irmãs, as Plêiades, foram transformadas em estrelas, compondo um aglomerado estelar que leva seu nome até hoje. Os pais das Híades podem ser considerados Oceano e sua irmã Tétis, ou Atlas e Plêione, ou Atlas e Etra, ambas filhas de Oceano. Como no caso de sua descendência, existiam mitos divergentes sobre sua metamorfose em estrelas. Higino conta que as Híades foram transportadas para os céus devido à dor sentida pela perda prematura do irmão, Hias, morto por javali ou leão. O irmão e as irmãs tornaram-se parte da constelação de Touro — as Híades formaram a face do touro. Higino e Apolodoro, na esteira do filósofo pré-socrático Ferecides, oferecem outra explicação para a transfiguração das Híades, uma versão ligada ao deus Dioniso, que nasceu de Sêmele, uma princesa tebana e amante mortal de Zeus. Como Sêmele teve um fim trágico, consumida pelo fogo enquanto ainda estava grávida, Zeus resgatou a criança não nascida e enviou-a às Ninfas que viviam em Nisa para que a criança escapasse da ira de Hera, sua esposa ciumenta. Essas Ninfas de Nisa eram as Híades e, como recompensa pela tarefa prestada, Zeus as transformou em estrelas. O nome das Híades ("as chuvosas") está relacionado tanto ao seu irmão, Hias, quanto ao fato de seu "aparecimento" estelar coincidir com a estação das chuvas.

(Ver Atlas, Dioniso, Ninfas, Nisa, Oceano [deus],
Plêiades, Sêmele, Tétis, Tebas, Zeus)

HÍGIA (ou Hygeia): filha de Asclépio e a personificação da boa saúde. No entanto, de acordo com algumas versões, é a consorte de Asclépio. Por ser personificação da saúde, costuma ser honrada em culto ao lado de Asclépio, e Pausânias observa que as estátuas do deus eram frequentemente acompanhadas por estátuas de Hígia.

(Ver Asclépio)

HIMENEU (também Himeneaios ou Himenaius): deus dos casamentos, especificamente a personificação da própria canção nupcial. Para o poeta romano Catulo, é filho de Urânia, uma das Musas. Na literatura, é representado envolto em mantos e portando tochas nupciais. Já na arte clássica é comum que figure ao lado de Eros ou Erotes (múltiplas divindades do amor).

(Ver Eros, Musas)

HÍMERO (ou Himerus): personificação do desejo amoroso. O poeta grego Hesíodo menciona que ele, assim como Eros, presenciara ao nascimento de Afrodite e que a acompanhara quando ela unira-se ao restante dos deuses.

(Ver Afrodite, Eros)

HIPERÍON: "aquele no alto" ou "aquele que anda acima" é um dos doze deuses titãs nascidos das divindades elementais Gaia ("a terra") e Úrano ("o céu"). Sua irmã Teia, "aquela que vê" (também chamada de Eurifessa, "brilho distante"), era sua esposa, e juntos eles tiveram Eos ("aurora"), Hélio ("sol") e Selene ("lua"). Quanto à identidade e aos poderes de Hiperíon, trata-se de um deus do sol e, portanto, foi equiparado a Hélio e, mais tarde, também a Apolo devido à sua condição de divindade solar. Pode ser que a função original de Hiperíon fosse determinar os ciclos dos "filhos", o sol, a lua e o amanhecer, estabelecendo assim o ritmo cíclico de dias, noites e meses.

(Ver Apolo, Eos, Gaia, Hélio, Selene, Titãs, Úrano)

HIPNO (ou Hypnos): o deus grego do sono, assim como a personificação do sono. Para o poeta grego Hesíodo, é filho de Nix e, portanto, um dos deuses mais antigos. Algumas das histórias mais memoráveis envolvendo Hipno aparecem na *Ilíada* de Homero. Lá, a deusa Hera suborna Hipno para ajudá-la a garantir que Zeus adormecesse por tempo suficiente para que a Guerra de Troia se voltasse em favor dos gregos. Em agradecimento pela ajuda, promete-lhe uma das Graças como noiva. Com o irmão Tânatos ("morte"), Hipno aparece para clamar o cadáver de Sarpédon, filho de Zeus, do campo de batalha fora das muralhas de Troia e devolve-o a terra natal, Lícia. O poeta romano Ovídio relata que Hipno teve mil filhos, entre eles Morfeu, deus dos sonhos. O equivalente romano de Hipno é o deus Somno.

(Ver Graças, Hera, Lícia, Morfeu, Sarpédon, Somno, Tânatos, Troia, Zeus)

IACO: mesmo na Antiguidade, o nome Iaco era usado para designar Dioniso, o deus do vinho e da vida líquida. No entanto, Iaco era originalmente uma divindade distinta. Talvez fosse a personificação da exclamação ritual "*Iaco, ó Iaco*", que integrava as atividades de culto realizadas durante os Mistérios de Elêusis, ritos centrados na adoração das deusas Deméter e Perséfone. De acordo com outra versão, talvez fosse uma divindade agrícola. No contexto dos Mistérios, Iaco passou a ser visto como filho de Deméter ou Perséfone.

(Ver Deméter, Dioniso, Elêusis, Perséfone)

IDA: de acordo com o mitógrafo Apolodoro, a deusa Reia entregou o filho recém-nascido, Zeus, aos Curetes e às Ninfas Adrasteia e Ida, filhas de Melisseu, para que fosse cuidado em uma caverna em Díctis, na ilha de Creta. Uma versão alternativa, narrada pelos poetas Calímaco e Ovídio, sugere que Zeus foi criado em uma caverna no monte Ida, em Creta, e somente pelos Curetes.

(Ver Adrasteia, Creta, Curetes, Ida, Reia, Zeus)

ILITHYIA: grafia diferente para Ilítia, a deusa grega que auxiliava mulheres durante o parto.

(Ver Ilítia)

ILÍTIA (em grego *Eileithyia*: "aquela que vem em auxílio"): deusa grega que ampara as mulheres durante o parto. Ela é descrita pelo poeta Hesíodo como filha de Zeus e Hera. No entanto, em outras fontes, há menções de dois, ou mesmo múltiplos, aspectos distintos da deusa: um deles proporcionava alívio e apressava o parto, outro o atrasava, causando desconforto e dor. Essas duas instâncias (ou atribuições) da deusa, assim com a estreita relação de Ilítia com Hera, a deusa patrona das mulheres como esposas, são ilustradas pela conhecida história do nascimento de Hércules, em que ela teria adiantado o parto de Euristeu, filho de Nicipe, uma das filhas de Pélops, e atrasado o de Hércules, filho de Alcmena. Ilítia agiu por ordem de Hera, pois fora profetizado que um descendente da linhagem de Zeus logo nasceria e se tornaria o governante de todo o território de Argos. Hércules era filho do esposo de Hera, Zeus, ao passo que Euristeu era um parente distante, por isso, a enciumada Hera desejava evitar que essa dádiva recaísse sob Hércules. Ilítia era por vezes invocada como uma faceta das deusas Ártemis e Hera, algo relacionado aos seus papéis como deusas do parto. Sua equivalente romana é Lucina.

(Ver Argos, Ártemis, Euristeu, Hera, Hércules, Lucina, Pélops, Zeus)

ÍNACO: deus do principal rio da Argólida — a região leste do Peloponeso. Ele é filho dos deuses titãs Tétis e Oceano, razão pela qual foi chamado de Oceânide ("filho de Oceano"). Com a Ninfa Mélia gerou a bela Io, que mais tarde foi perseguida por Zeus e, em razão disso, a ciumenta Hera transformou-a em uma novilha branca. O escritor Pausânias, entre outros, discorre a respeito do papel desempenhado por Ínaco na disputa entre os deuses Posídon e Hera pelo controle da Argólida. Ínaco e dois outros deuses do rio local, Cefiso e Astério, foram encarregados de julgar o vencedor. Eles escolhem Hera e, como consequência, Posídon secou-lhe as águas, que daí em diante fluíam apenas depois da chuva. Pausânias também narra uma versão diferente que representava Ínaco não como deus, mas como um rei de Argos que batizara o rio com o próprio nome.

(Ver Argos, Cefiso [deus], Hera, Io, Oceânides, Oceano, Posídon, Tétis, Titãs, Zeus)

INO: também conhecida como Leucoteia ("a deusa branca"), é a protetora dos marinheiros. Originalmente, era uma mortal que se tornara divina por meio da providência dos deuses. Nos mitos, desempenha um papel importante na preservação da vida do herói Odisseu.

(Ver Ino [heroína], Leucoteia, Odisseu)

ÍRIS: deusa do arco-íris e a mensageira dos deuses, encarregada de transmitir mensagens entre os mortais na terra e os deuses nos céus. Entretanto, para autores que escreveram depois de Homero, essa função é realizada principalmente por Hermes, e a Íris de pés velozes, às vezes descrita com asas de ouro, tornou-se a mensageira da deusa Hera. Segundo Hesíodo, ela é filha de Taumas ("maravilha") e Electra, uma das filhas de Oceano. É irmã das Harpias, monstros com aparência de pássaros e de voo tão veloz quanto o vento encontrados pelos heróis Jasão e Eneias. Segundo algumas versões, Íris levou a deusa Potos ("desejar algo ausente e distante") a Zéfiro, o vento oeste personificado. Por florescer em uma variedade de cores, a deusa deu o nome à íris, que pertence a um gênero de cerca de 260 a 300 espécies de plantas herbáceas perenes.

(Ver Electra [Ninfa], Eneias, Harpias, Hermes, Jasão, Oceano [deus], Zéfiro)

JANO: o mais exato é Ianus, já que os romanos não tinham a letra "j". Seu nome é derivado da palavra latina *ianŭa* (porta), é o deus das portas e portais e, portanto, uma divindade de "passagens" e começos em um sentido físico, temporal e metafórico. Fontes antigas revelam que ele recebia oferendas sempre que se faziam sacrifícios e que lhe consagravam o primeiro mês do ano. Como uma divindade de passagem, capaz de olhar adiante e à retaguarda ao mesmo tempo (ou para dentro e para fora, conforme o caso), é representado com duas faces orientadas em direções opostas. Sua mais importante edificação de culto era um portão duplo no Fórum Romano, convertido em santuário, que apresentava uma porta que se abria para o leste e outra para o oeste, de modo que a estátua do deus — presente do lendário rei Numa, segundo o enciclopedista Plínio, o Velho — podia olhar em ambas as direções. Esse Portão de Janus era fechado em tempos de paz e aberto em tempos de guerra. Em termos de mito, segundo outra versão, Jano fora um dos primeiros reis da Itália a governar os povos originários. Como rei, recebeu o deus Saturno, que trouxe consigo o conhecimento da agricultura, e portanto também da civilização, para a Itália primitiva.

(Ver Numa, Saturno)

JÁPETO (ou Iápeto): deus titã que supostamente ajudou o irmão, Cronos, na castração do pai, Úrano. Jápeto casou-se com Clímene, filha do irmão, Oceano, e, segundo o poeta grego Hesíodo, geraram Prometeu ("presciência"), o ousado benfeitor da humanidade; o tolo Epimeteu, que recebeu Pandora como esposa; Atlas, que sustentava os céus nos ombros; e Menécio, atingido por Zeus com um raio por participar da batalha entre os titãs e os deuses olímpicos. Devido ao papel desempenhado na batalha, Jápeto, Menécio e Cronos encontravam-se entre os titãs aprisionados por Zeus no Tártaro.

(Ver Atlas, Clímene, Cronos, Epimeteu, Oceano [deus], Olimpo, Pandora, Prometeu, Tártaro, Titãs, Úrano, Zeus)

DEUSES, DEUSAS, ESPÍRITOS E NINFAS

JOVE: forma anglicizada do latim Iovis. Nome alternativo para Júpiter, divindade suprema dos romanos.

(Ver Júpiter, Roma)

JUNO: para os romanos, a rainha dos deuses, companheira de Júpiter e filha de Saturno. Embora ela tenha sido considerada a equivalente romana da deusa grega Hera e assumido sua mitologia, Juno é uma deusa italiana nativa importante e tinha os próprios méritos. Semelhante à Hera, é uma divindade cívica, protetora das mulheres como esposas e mães. Em seu papel de deusa do nascimento, foi chamada de Juno Lucina, e no culto do estado, Juno Regina ("rainha"). Como protetora de jovens em idade militar, era chamada de Juno Curitis ("deusa da lança"), Sóspita ("protetora") e Moneta ("aquela que acautela"). Sendo a contraparte romana e mitológica de Hera, Juno nutria um ódio profundo pelos troianos, por vários motivos: por Júpiter ter raptado o belo príncipe Ganimedes de Troia para servir-lhe de copeiro; e pela decisão de Páris de que Afrodite receberia o pomo de ouro destinado "para a mais bela". Seu ódio pelos troianos estendeu-se a Eneias, que fugiu de Troia para a Itália, cuja missão de fundar uma nova cidade ela tentou arduamente arruinar. Embora quisesse favorecer Dido, a nobre fundadora de Cartago, a quem Eneias amou e abandonou, Juno não pôde salvá-la de um destino terrível.

(Ver Cartago, Dido, Eneias, Hera, Júpiter, Lucina, Páris, Saturno, Troia)

JÚPITER (também Júppiter ou Jove): o principal deus dos romanos e, como Zeus, é o deus do céu e dos fenômenos atmosféricos, assim como o deus cívico e político supremo, garantindo a ordem política e social. Além disso, como no caso de Zeus, o nome Júpiter ("pai celestial") é derivado da palavra indo-europeia para "brilho", designando o brilho do céu; a palavra para pai, *pater*, no caso de Júpiter, foi acrescentada a "céu". Como deus do estado romano, Júpiter era adorado como Júpiter *Optimus Maximus* ("o melhor e o maior"), seu templo mais importante localizava-se no monte Capitolino de Roma e era compartilhado com Juno e Minerva, a chamada Tríade de deidades Capitolinas. Embora Júpiter fosse uma divindade distinta do pai dos deuses, em representações artísticas, ele assumia a mitologia e os atributos de Zeus.

(Ver Capitolino, Juno, Minerva, Roma, Zeus)

JUTURNA: Ninfa d'água romana associada a fontes, nascentes e outros cursos d'água. De acordo com a *Eneida* de Virgílio, é a senhora dos poços e rios e recebera a dádiva da imortalidade, assim como seu "escopo", de Júpiter, como compensação por este ter-lhe tirado a virgindade. Seu nome é uma combinação da palavra latina para ajuda, *iuvāre*, com o nome Turno, o herói rútulo. Segundo o poeta Virgílio, Juturna é irmã (e ajudante) de Turno. Sob às ordens de Juno, causou o fim da trégua entre troianos e latinos. Além disso, em vão, em um esforço para salvá-lo, tomou o lugar do cocheiro de seu irmão, que seria morto pelo troiano Eneias, cujo destino era casar com a amada princesa de Turno, Lavínia. Havia um poço sagrado para Juturna no Fórum Romano, próximo ao Templo de Castor e Pólux, onde, como o historiador Dioniso de Halicarnasso registrou, os gêmeos divinos apareceram para dar de beber a seus cavalos depois de ajudar os romanos na lendária batalha do Lago Regilo (que supostamente ocorreu por volta de 496 a.C.) contra os latinos.

(Ver Castor, Eneias, Juno, Júpiter, Latinos, Lavínia, Pólux, Roma, Rútulos, Troia, Turno)

JUVENTUS (também Iuventus ou Juventa/Iuventas): deusa romana e personificação da juventude. Embora detivesse seu escopo religioso italiano original, com o tempo, acumulou características de Hebe, a deusa grega da juventude. Como confirmação da importância que retinha na religião romana, Juventus era adorada em vários locais de destaque dentro da cidade de Roma, entre eles o sagrado monte Capitolino, onde havia um templo a Júpiter e um templo construído em sua honra no Circo Máximo. Seu domínio, ou espectro de atuação, dizia respeito ao rito de passagem de um menino que, ao atingir a idade adulta, era considerado apto para o serviço militar e recebia a *toga virilis* ("toga viril") branca.

(Ver Capitolino, Hebe, Júpiter, Roma)

KORE (ou Core): "a donzela" é um nome ou epíteto para Perséfone, filha de Deméter, deusa da colheita. Foi a donzela que Hades, deus do Mundo Inferior, raptou para ser sua rainha.

(Ver Deméter, Hades, Mundo Inferior, Perséfone)

KRONUS: grafia alternativa de Cronos, titã e pai dos deuses do Olimpo.

(Ver Cronos, Olimpo, Titãs)

LÁQUESIS: "aquela que lança a sorte" é uma das três Parcas, ou Moiras, como os gregos as chamavam. De diversas maneiras, as Moiras determinavam a "sina" de cada pessoa, tecendo o fio da vida, cantando o destino ou inscrevendo o destino em uma tabuleta ou outro objeto.

(Ver Moiras, Parcas)

LARES: de origem incerta, essas divindades romanas nativas que talvez tenham se desenvolvido a partir de ancestrais deificados ou guardiões de terras agrícolas. Seu domínio estendia-se da casa à cidade e da esfera privada à pública. O Lar *familiaris* ("o lar da família") tornou-se sinônimo da casa que protegiam. Cada casa romana tinha um santuário chamado *lararium* em que oferendas eram colocadas diariamente e que continha estatuetas de seu Lar e dos Penates, outro conjunto de divindades protetoras, com as quais os Lares eram por vezes identificados (dessa forma, chamados coletivamente de Lares ou Penates). Os Lares públicos eram responsáveis pela proteção dos distritos da cidade, vilas, estradas, encruzilhadas e expedições militares. Em termos de mitologia, os Lares e Penates do herói Eneias são mais conhecidos, uma vez que ele os levou consigo, ao lado do pai idoso, Anquises, quando partiu de uma Troia em chamas e velejou para a Itália.

(Ver Anquises, Eneias, Penates, Troia)

LATONA: nome romano da deusa Leto, mãe de Apolo e Ártemis.
(Ver Leto)

LETO: Latona para os romanos, é mais conhecida por ser mãe de Apolo e Ártemis. Ela é uma titã de segunda geração nascida da união entre Ceos e Febe e tornou-se esposa ou consorte de Zeus, o pai de seus filhos. O *Hino Homérico a Apolo* detalha os desafios enfrentados por Leto durante a gravidez: quando o momento do parto estava próximo, foi forçada a vagar extensivamente, de ilha a ilha, já que ninguém permitia sua estadia, pois temiam a realização de uma profecia que previa que seu filho teria grande poder. Quando finalmente chegou a Delos, prometeu que a ilha se tornaria o local mais sagrado para o filho. Então Delos (que também era conhecida como Ortígia) a acolheu, mas as dores do parto de Leto estenderam-se por nove dias e nove noites antes que Ilítia, deusa do parto, viesse, pois havia sido detida pela ciumenta Hera. Por fim, Ilítia teve de ser subornada pelas outras deusas com um lindo colar para que atendesse Leto naquele momento de dificuldade. Leto deu à luz Apolo e Ártemis agarrada ao tronco de uma palmeira, que desde então tornou-se uma planta sagrada para Apolo. Levando consigo os recém-nascidos, Leto dirigiu-se à Lícia, onde sucumbiu ao calor e pediu a alguns camponeses, que trabalhavam nas margens de um lago, que lhe trouxessem água. Mas os camponeses negaram água a ela e aos bebês, então os malfeitores foram transformados em sapos, para que pudessem "desfrutar" para sempre daquela água. Em outro momento, Níobe, filha do rei lídio Tântalo, vangloriou-se de ser superior a Leto porque tinha mais filhos do que a deusa: sete filhos e sete filhas. Por esta bravata arrogante, Leto ordenou que Apolo e Ártemis matassem a flechadas todos os filhos de Níobe, os chamados Nióbidas. Em outra história associada a Leto, o gigante Tício tentou estuprá-la e, por tal crime, foi punido com a morte e condenado à tortura eterna na pós-vida: seu coração (ou fígado) era eternamente devorado por abutres, embora se regenerasse constantemente.

(Ver Apolo, Ártemis, Ceos, Delos, Febe, Ilítia, Níobe, Ortígia, Tântalo, Tício, Zeus)

LEUCOTEIA ("deusa branca"): deusa amplamente adorada na Grécia, de acordo com o geógrafo Pausânias. Porém, é difícil determinar o motivo. Parece ter sido associada a rituais de amadurecimento, e o mitógrafo Apolodoro afirma que ela auxiliava marinheiros sitiados por tempestades marítimas. Nos mitos, Leucoteia talvez seja mais conhecida por ter resgatado o herói Odisseu quando uma grande tempestade, provocada por um colérico Posídon, lançara-o da jangada que construíra durante a estadia na ilha da deusa Calipso. Leucoteia, uma deusa do mar, emergiu das ondas como uma ave marinha e, de acordo com Homero, instruiu Odisseu a abandonar a jangada e a nadar, guiado por seu véu, até a ilha dos bondosos feaces. Leucoteia nem sempre foi uma deusa, ela era uma mortal que se tornara imortal. Nasceu como Ino, filha de Cadmo, rei de Tebas. Há várias versões sobre a dramática vida mortal e metamorfose de Ino, versões em parte conflitantes. Em resumo, ela criou o deus Dioniso; participou do esquartejamento do sobrinho Penteu; conspirou, por ciúme, para que os enteados, Frixo e Hele, fossem sacrificados; e escapou da fúria assassina do marido, Átamas, saltando de um penhasco para o mar, momento em que foi transformada em uma deusa por Dioniso ou Posídon.

(Ver Cadmo, Dioniso, Feaces, Frixo, Hele, Ino [heroína], Odisseu, Penteu, Posídon, Tebas)

LIBER: deus italiano da natureza, fertilidade e vinho. Liber, cujo nome talvez seja derivado de "derramar libações" ou "liberdade" — na medida em que o vinho servia como um libertador das inibições comuns das pessoas —, foi equiparado ao grego Dioniso. Como uma divindade da fertilidade, possuía estreitas e naturais ligações com Ceres, deusa dos grãos e da agricultura.

(Ver Ceres, Dioniso)

LIEU ("livrador" ou "libertador"): epíteto do deus Dioniso. Uma das bênçãos que o deus oferecia à humanidade é a merecida libertação das preocupações e das dificuldades da vida cotidiana. Ele também erradicava distinções "normativas". Todas as pessoas eram iguais aos seus olhos: jovens e velhos, homens e mulheres, escravos e livres.

(Ver Dioniso)

LÓTIS: Náiade, uma Ninfa das nascentes, riachos e fontes. De acordo com o poeta romano Ovídio, nas *Metamorfoses*, Lótis foi perseguida pelo luxurioso deus campestre Priapo e transformara-se em uma lótus para escapar. Ovídio não conta como isso ocorreu, nem fica claro qual planta, exatamente, era o lótus que ele cita. Ovídio descreve flores carmesim, frutos e era chamado de "aquático". Há muito estudiosos consideram que o *Ziziphus lotus* poderia ser a planta de Lótis, mas ela não é aquática nem tem flores vermelhas. Há razões para acreditar que o lótus em questão seja, de fato, uma ninfeia (*Nymphaea spp.*), mas essa associação não corresponde à sugestão de Ovídio de que era uma árvore. Em outra obra, *Fastos*, Ovídio narra uma variação da história: Priapo, embriagado e libertino, perseguiu a Ninfa e estava prestes a estuprá-la durante o sono, mas, ao vê-lo, o burro do idoso Sileno zurrou para alertá-la. Lótis acordou e escapou ilesa, sem tornar-se uma planta.

(Ver Náiades, Priapo, Sileno)

LÚCIFER: personificação da estrela da manhã, o planeta Vênus pela manhã, e também era chamado de Fósforo ("portador da luz"), ou Eósforo ("portador da luz da manhã"). De acordo com o poeta grego Hesíodo, Lúcifer (Eósforo) e o irmão Héspero eram filhos de Eos, deusa do amanhecer, e de Astreu, titã de segunda geração. Na mitologia romana, Lúcifer era considerado a estrela que Júlio César se tornou após a deificação e, na Antiguidade Tardia, Lúcifer passou a ser equiparado a Satã.

(Ver Eos, Héspero, Titãs)

LUCINA ("aquela que traz a luz"): deusa romana do parto que, como o nome sugere, trazia vidas novas do útero escuro à luz do dia. Ela não é uma divindade por si só, e sim um aspecto da deusa Juno, relacionado ao seu papel de deidade protetora das mulheres como esposas. Diana, deusa da caça e dos animais selvagens, é também chamada de Lucina, pois oferecia proteção às mães em trabalho de parto, fossem elas humanas ou animais. Ilítia é a contraparte grega de Lucina, mas ela é uma divindade em si, ainda que reflita aspectos das deusas Hera e Ártemis, sendo elas próprias homólogas das romanas Juno e Diana, respectivamente. Entre a miríade de nascimentos assistidos por Lucina há vários notáveis mencionados pelo poeta romano Ovídio: o nascimento das nove filhas de Evipe, esposa de Píero, que mais tarde desafiariam as nove Musas, e o nascimento de Adônis, filho de Mirra, que, durante a gravidez, tornara-se uma árvore de mirra.

(Ver Adônis, Ártemis, Diana, Hera, Ilítia, Juno, Mirra, Musas, Píero)

LUNA: "lua" em latim, é a equivalente romana a deusa grega da lua, Selene. Embora seu culto tenha provavelmente chegado à Itália via Grécia, havia uma lenda local de que o primeiro rei sabino, Tito Tácio, que, ao lado de Rômulo, cogovernara a recém-fundada cidade de Roma, o instituíra.

(Ver Roma, Rômulo, Sabinos, Selene)

MAGNA MATER ("grande mãe"): nome latino para a mãe frígia e deusa da fertilidade, Cíbele.

(Ver Cíbele, Frígia)

MAIA: Ninfa, uma Plêiade, filha do titã de segunda geração Atlas e Plêione, por sua vez, filha de Oceano. Ela é conhecida principalmente como a mãe do deus Hermes. O *Hino Homérico a Hermes* caracteriza-a como tímida e, portanto, dada a despender os dias em uma caverna na Arcádia, escondida dos deuses e humanos. No decorrer de suas visitas noturnas a ela, Zeus gerou o deus Hermes, que foi precoce desde o nascimento: mostrou-se instantaneamente ardiloso, perspicaz e travesso, mas também talentoso musicalmente, tornando-se o inventor da lira. Hermes valeu-se de todas essas características para roubar o gado de Apolo, mesmo ainda recém-nascido. Em vão, Maia tentou encobrir a culpa do filho, segurando o aparentemente indefeso bebê Hermes para que Apolo o inspecionasse, argumentando que um mero bebê não poderia ser o responsável pelo roubo. De acordo com o mitógrafo Apolodoro, Maia mais tarde ajudou Zeus na complicada questão de Calisto, uma de suas amantes mortais, transformada em urso ou morta em consequência do caso. Arcas, o filho de Calisto, então órfão de mãe, foi levado a Maia para que o criasse. No mundo romano, Maia parece ter sido amalgamada com uma divindade italiana da fertilidade e considerada a equivalente grega de Bona Dea ("deusa divina"). Autores latinos comentam a celebração de um festim em sua honra no templo de Mercúrio (o equivalente romano a Hermes), no Circo Máximo. Essa celebração acontecia anualmente em maio — mês que, segundo alguns autores, ela deu nome. Maia também tinha laços com o culto do deus Vulcano.
(Ver Apolo, Arcádia, Arcas, Atlas, Bona Dea, Calisto, Hermes, Mercúrio, Oceano [deus], Plêiades, Titãs, Vulcano)

MANES: Na religião e no pensamento romanos, Manes, ou, mais propriamente Di Manes ("espíritos ancestrais"), são as almas deificadas dos mortos. Acreditava-se que os Manes residiam no Mundo Inferior, mas mantinham uma relação próxima com os vivos, a quem protegiam se recebessem reverência e as devidas oferendas — que incluíam coroas de louro, sal, pão e frutas. Os Di Parentes, "almas ancestrais deificadas", estavam entre os Manes. Um festival conhecido como Parentalia, a celebração de luto público, era comemorado anualmente em fevereiro, ocasião em que os romanos exaltavam os pais e outros parentes falecidos, o que também acontecia nos aniversários de morte. Segundo os poetas romanos Virgílio e Ovídio, o herói Eneias serviu de modelo para a Parentalia, pois honrara com oferendas o aniversário da morte do pai, Anquises.
(Ver Anquises, Eneias, Mundo Inferior)

MARTE: das mais antigas e, ao lado de Júpiter, das mais importantes deidades romanas. Como deus da guerra e deus guerreiro, era o representante adequado do poderio e esforços militares romanos, mas também parece ter sido um deus da agricultura, considerado protetor dos campos e rebanhos. Entre outros ritos, uma série de

DEUSES, DEUSAS, ESPÍRITOS E NINFAS

festivais era celebrada em sua honra no início da temporada de campanhas militares, em março, mês que leva seu nome. Por exemplo, antes de deixar a cidade de Roma, os comandantes tocavam na Lança de Marte, mantida em um prédio chamado Regia, como forma de despertar o deus. Os imperadores romanos também invocavam-no em prol da vitória militar, fosse depois de conquista ou em sua iminência. Na mitologia, Marte foi equiparado ao deus grego da guerra, Ares, e, como tal, sua consorte é Vênus, equivalente romana de Afrodite. Contudo, Marte também contava com uma mitologia distinta. Ele é conhecido como o pai de Rômulo e Remo, filhos de uma das Virgens Vestais, Reia Silvia e, portanto, o ancestral lendário do povo romano. Assim como Ares, Marte é representado de armadura, elmo e empunhando armas.

(Ver Afrodite, Ares, Reia Silvia, Remo, Roma, Rômulo, Vênus, Vesta)

MEGERA: "a invejosa" ou "a rancorosa" é um dos temíveis espíritos da vingança conhecidos como Erínias no mundo grego e como Fúrias entre os romanos. Possui cabelos de serpente e é irmã de Aleto e Tisífone.

(Ver Aleto, Erínias, Fúrias, Tisífone)

MELPÔMENE: "a melodiosa" é uma Musa. Tornou-se conhecida como a divindade patrona da tragédia e, portanto, é muitas vezes retratada com a máscara trágica. Para Apolodoro, é a mãe das sereias.

(Ver Musas, Sereias)

MERCÚRIO: deus romano cujas origens não são concenso. Antes de ser considerado equivalente ao deus grego Hermes, Mercúrio consolidou-se como divindade de importantes funções comerciais, intimamente ligado a comerciantes e mercadores. No entanto, por volta do século II a.C., Mercúrio passou a assumir cada vez mais a persona e a mitologia de Hermes, o deus mensageiro cujos serviços incluíam a proteção de viajantes e a condução das almas dos mortos para o Mundo Inferior.

(Ver Hermes, Mundo Inferior)

MÉROPE: Ninfa, é uma das sete filhas do deus titã de segunda geração Atlas e Plêione, uma filha de Oceano. Coletivamente, as sete irmãs são chamadas de Plêiades. Mérope, que deve ser distinguida das várias heroínas lendárias humanas de mesmo nome, tornou-se esposa de Sísifo, que tentou enganar a Morte e foi condenado à tortura eterna no pós-vida, recebendo a tarefa de empurrar uma pedra morro acima apenas para que ela, repetidas vezes, voltasse a rolar morro abaixo. Esta Mérope era avó do herói Belerofonte, famoso por domar o cavalo alado Pégaso e matar o monstro híbrido conhecido como Quimera.

(Ver Atlas, Belerofonte, Mérope [heroína], Oceano, Pégaso, Plêiades, Quimera, Sísifo, Titãs)

MÉTIS ("sabedoria" ou "astúcia"): deusa titânide de segunda geração e uma das Oceânides, filhas de Oceano e sua irmã Tétis. De acordo com a *Biblioteca* de Apolodoro, Zeus perseguiu Métis, e ela tentou evitar seu abraço assumindo várias formas. No entanto, engravidou. Quando Zeus mais tarde ouviu de Gaia que seu filho seria mais poderoso do que ele, sua solução foi engolir Métis com a criança ainda no ventre. Porém, após um período de gestação, Zeus teve uma terrível dor de cabeça e pediu a Hefesto (em outro relato, Prometeu) que o aliviasse da dor. Para cumprir a tarefa, o deus golpeou-lhe a cabeça com um machado, e da cabeça fendida surgiu a deusa Atena, crescida e armada. O nascimento de Atena foi vividamente retratado no frontão oriental do Partenón, em Atenas. Uma história menos conhecida sobre Métis também é narrada por Apolodoro: foi ela, com sua inteligência, que entregou a Zeus um tônico que fez com que Cronos vomitasse seus irmãos.

(Ver Atena, Atenas, Cronos, Gaia, Hefesto, Oceânides, Oceano, Partenón, Prometeu, Tétis, Zeus)

MINERVA: deusa italiana da arte e do artesanato que, desde muito cedo, assumiu as funções de deusa da guerra e protetora do Estado por meio da fusão das versões italianas e gregas. Como resultado, tornou-se o equivalente romano a deusa grega Atena, com quem foi associada. As origens de Minerva permanecem em disputa: ela pode ter sido uma divindade italiana nativa ou importação da Grécia, via Etrúria. Na cidade de Roma, Minerva compartilhava um templo no monte Capitolino — o templo mais importante da religião do estado romano — com Júpiter e Juno, e, como tal, foi considerada uma das principais divindades de Roma. Em termos de mitologia, aparência física e características, ela confunde-se com Atena.

(Ver também Atena, Capitolino, Juno, Júpiter, Roma)

MNEMÓSINA ("memória"): personifica a qualidade e, ao mesmo tempo, é a deusa da memória. É filha dos deuses elementais Gaia ("a terra") e Úrano ("o céu") e fazia parte da geração mais velha de divindades chamadas coletivamente de titânides. Dizia-se que Mnemósina dera à luz as nove Musas, deusas patronas das artes, todas filhas de Zeus, com quem passou nove noites em Piéria.

(Ver Gaia, Musas, Piéria, Úrano, Zeus)

MOIRAS (ou Moirai): deusas gregas do destino. As Moiras e suas equivalentes romanas, as Parcas, são referidas como *The Fates* em inglês — o nome tem como origem *fatum*, que significa "destino" e deriva da palavra latina "falar": *for, fari, fatum* (eu falo, falar, foi falado). Assim, o discurso, considerado como forma de determinar ou predizer o que acontecerá, revela-se central ao conceito de destino. Segundo o poeta grego Hesíodo, as Moiras, cujo nome significa "porções" ou "frações" da vida, eram filhas de Nix e deusas de grande antiguidade. Segundo Hesíodo, chamavam-se Cloto, Láquesis e Átropos e eram responsáveis por atribuir frações de bem e mal a um indivíduo durante o nascimento. Em outra fonte, contradizendo essa afirmação, Hesíodo chama as Moiras de filhas de Zeus e da deusa titânide Têmis. Os nomes individuais das Moiras estão relacionados a maneira como a noção de destino era concebida: Cloto era "a fiandeira", em referência a tecer o "fio da vida" que as irmãs mediam e, em sequência, cortavam em um determinado comprimento; Láquesis, "aquela que lança a sorte", lançava a sorte que determinava o destino de uma pessoa; e Átropos, "a inflexível", cuidava para que o destino de uma pessoa não fosse alterado. Como deusas relacionadas à morte, tinham laços estreitos com as Erínias, espíritos da vingança, e com as Queres, espíritos de morte. Muitas vezes, ainda que nem sempre, era possível que os deuses influenciassem as Moiras, algo fora do alcance humano. Alguns episódios de seus trabalhos incluem a determinação da duração e do curso da vida do herói Meléagro. De acordo com o mitógrafo Higino, elas professaram o destino do recém-nascido Meléagro da seguinte maneira: Cloto disse que ele seria nobre, Láquesis que seria corajoso, mas Átropos, contemplando uma acha ardendo na lareira, disse: "Ele viverá enquanto essa tora queimar". Ao ouvir isso, sua mãe correu para o fogo, tomou a lenha e manteve-a escondida para preservar a vida do filho. No entanto, foi ela, em um acesso de raiva, quem recuperou a acha fatal. Nesse caso, as Moiras não poderiam ser contrariadas. Em compensação, o deus Apolo interveio em nome do nobre Admeto e possibilitou que ele encontrasse alguém para morrer em seu lugar. Infelizmente para ele, foi sua esposa, Alceste, quem se ofereceu.

(Ver Admeto, Alceste, Erínias, Meléagro, Parcas, Têmis, Titãs, Zeus)

MORFEU: personificação do sonho, é considerado um dos mil filhos de Hipno (o Somno romano), o deus do sono. Ele é associado a um tipo particular de sonho: o normal é que aparecesse em forma humana, uma vez que era o melhor em imitar o andar, a fala e os gestos das pessoas. De acordo com o poeta romano Ovídio, seu irmão, Fobetor (ou Ícelo), ao contrário, assumia a forma de animais, e Fântaso assumia a forma de rochas, árvores, água e todas as outras coisas inanimadas. Entre as notáveis aparições de Morfeu na mitologia destaca-se a história de Cêix e Alcíone, marido e mulher devotados. Quando Cêix, um rei da cidade de Traquínia, encontrou a morte no mar, a deusa Hera, desejando pôr fim às orações incessantes que Alcíone empreendia em prol da segurança do marido, fez com que Morfeu aparecesse para ela na forma de Cêix para narrar a própria morte. Reconhecendo a realidade do sonho, Alcíone correu desesperada para a praia e, ao avistar o cadáver do marido boiando no mar, lançou-se às ondas. Por pena, os deuses transformaram-na, assim como o falecido Cêix, em pássaros marinhos, para que pudessem passar o resto de seus dias juntos nessa nova encarnação.

(Ver Alcíone, Cêix, Hera, Hipno, Somno)

MORTE: deus romano da morte, representava o estado de ausência de vida, bem como a força que causa a morte. É equivalente ao deus grego Tânatos.

(Ver Tânatos)

MUSAS: inspiravam a atividade artística humana e, por isso, são consideradas deusas patronas da literatura e das artes. Diz-se que são nove, todas filhas de Zeus e da deusa titânide Mnemósina ("memória"). No relato da origem dos deuses, Hesíodo menciona-as por nome: Clio (ou Cleio), "proclamadora"; Euterpe, "aquela que provoca deleite"; Talia (uma divindade distinta da Graça homônima), "a abundante"; Melpômene, "a melodiosa"; Terpsícore, "deleite na dança"; Érato, "a amável"; Polímnia, "aquela dos muitos hinos"; Urânia (ou Ourania), "a celestial"; e Calíope, "aquela da bela voz". Elas foram coletivamente descritas como Piéria (ou Piérides) e heliconian em referência a sua aparição em Piéria, no sopé do monte Olimpo, e no monte Hélicon, na Beócia. Elas reuniam-se ou eram "lideradas" pelo deus Apolo, uma vez que ele é o deus da música e poesia. Embora as Musas não fossem originalmente relacionadas a espectros de influência específicos, ao longo do tempo cada uma delas passou a ser associada a uma forma de arte distinta: Clio, história; Euterpe, flauta; Talia, comédia; Melpômene, tragédia; Terpsícore, dança; Érato, poesia lírica e de amor; Polímnia, cânticos sagrados; Urânia, astronomia; e Calíope, poesia épica. São poucos os mitos em que as Musas têm protagonismo, centrando-se nos desafios de vários personagens, sempre com resultados trágicos. Tâmiris, um bardo trácio habilidoso, gabou-se de que poderia superar as Musas. Como punição pelo orgulho, as Musas cegaram-no e fizeram-no esquecer as habilidades artísticas. Da mesma forma, as nove filhas de Píero, chamadas piérides em homenagem ao pai (e, portanto, podiam ser confundidas com as Musas), alegaram poder superar as irmãs celestiais. Por tal afronta, foram transformadas em aves tagarelas chamadas pegas. Segundo Pausânias, persuadidas por Hera, até mesmo as sereias competiram com as Musas em matéria de canto. Como sempre, as Musas venceram e arrancaram as penas das sereias, que utilizaram para tecer coroas para si. De acordo com o mitógrafo Higino, as Musas julgaram o terrível concurso de flauta entre os sátiro Mársias e Apolo. Algumas Musas tinham mitologias individuais, conforme eram perseguidas por várias divindades ou heróis masculinos e pariam-lhes filhos: Clio teve Jacinto com o Rei Ébalo (ou Píero); Calíope teve os músicos Orfeu e Lino com Apolo; Calíope ou Euterpe deu à luz Reso, que se tornaria rei da Trácia, filho do deus-rio Estrimon; e Melpômene, ou Terpsícore, teve as sereias, filhas do deus-rio Aqueloo.

(Ver Apolo, Aqueloo [deus e lugar], Argifontes, Calíope, Clio, Érato, Euterpe, Hélicon, Jacinto, Lino, Mársias, Melpômene, Mnemósina, Olimpo, Orfeu, Piéria, Piérides, Píero, Polímnia, Reso, Sereias, Tâmiris, Terpsícore, Urânia, Zeus)

NÁIADES: Ninfas, especificamente espíritos aquáticos que habitavam nascentes, fontes, rios, lagos e riachos. Elas não costumam ser individualmente nomeadas nos mitos, mas representadas em grupo. Por outro lado, havia notáveis exceções, como Lótis, que foi perseguida pelo deus campestre Priapo, e Siringe, perseguida por Pã. Ambas se transformaram em plantas para escapar dos perseguidores.

(Ver Lótis, Ninfas, Pan, Priapo, Siringe)

NÉFELE ("nuvem"): se trata literalmente de uma nuvem à qual Zeus deu a forma da esposa Hera. Ele fez isso com um propósito específico: verificar a afirmação de Hera de que Íxion, um rei da Tessália, estava tentando seduzi-la. Zeus criou Néfele à semelhança da esposa. Íxion dormiu com ela, gerando os monstruosos centauros, criaturas híbridas que tinham torsos de homens e corpos de cavalos, ou, como afirma o poeta Píndaro, *Centaurus*, que geraram os centauros. Íxion, por sua vez, foi punido e preso aos raios de uma roda em chamas que giraria por toda a eternidade. Há dissenso entre os autores clássicos sobre se esta Néfele e a mulher que se tornou a primeira esposa de Átamas, um rei da Beócia, são a mesma pessoa. Nesse caso, ela seria a mãe de Frixo e Hele. A segunda esposa de Átamas, Ino, conspirarara a morte de seus filhos, mas Néfele conseguiu salvá-los do sacrifício colocando-os nas costas de um carneiro alado e de lã dourada.

(Ver Átamas, Beócia, Centauros, Dioniso, Frixo, Hele, Hera, Ino, Íxion, Leucoteia, Néfele [heroína], Tessália, Zeus)

NÊMESIS: deusa da vingança. Segundo o poeta Hesíodo, é filha de Nix e irmã de Moro ("ruína"), da Quer da escuridão ("morte violenta"), Tânatos ("morte"), Hipno ("sono"), Oniro ("sonhos"), Momos ("culpa"), Oizus ("miséria"), Moiras ("destino"), Apáte ("engano") e Éris ("discórdia"). Nêmesis possui um amplo escopo de atuação. Ela vinga-se dos arrogantes (os que não reconheciam seus limites humanos) e atua como repressora de ações merecedoras de vingança, sendo assim a contraparte de Aidós (reverência ou vergonha). Nêmesis aparece com frequência na literatura clássica, que é repleta de narrativas envolvendo arrogância, e desempenha um papel importante em um mito específico: a história da Guerra de Troia. De acordo com os mitógrafos

Higino e Apolodoro, assim como fragmentos de um poema épico perdido intitulado *Cípria*, Nêmesis foi perseguida por Zeus, que tomou-a a força na forma de um cisne. O resultado dessa união foram os gêmeos divinos, Castor e Pólux, e um ovo que, dado a Leda, chocou a bela Helena. Como alegoria de Nêmesis, Helena se tornaria a causa da Guerra de Troia, que Zeus iniciou para livrar a terra da superpopulação e punir os humanos pela falta de piedade.

(Ver Castor, Éris, Helena, Hipno, Leda, Moiras, Pólux, Tânatos, Troia, Zeus)

NEPTUNO: antiga deidade italiana da água equiparada e confundida com o deus grego do mar, Posídon, assumindo sua mitologia.

(Ver Posídon)

NEREIDAS: Ninfas do mar, havia cerca de cinquenta delas. São filhas do deus do mar, Nereu, e Dóris, uma das filhas de Oceano. Entre seus feitos notáveis estão guiar o navio de Jasão, o Argo, através das Simplégades durante o retorno do herói da busca pelo velocino de ouro. De acordo com Apolônio de Rodes, uma delas, Tétis, assumiu a liderança durante a empreitada. Apolodoro narra uma história menos feliz. A mãe de Andrômeda, Cassiopeia, rainha da Etiópia, alegou ser mais bela do que as Nereidas e, então, Posídon, sentindo-se ofendido, enviou uma enchente e um monstro marinho para assolar aquela terra, uma vingança pelo insulto da rainha. Júpiter Amon profetizou que o monstro só poderia ser apaziguado se Andrômeda fosse sacrificada a ele, e foi assim que o herói Perseu encontrou a princesa amarrada a um rochedo e, em posse da cabeça da górgona, a resgatou. Algumas das Nereidas possuíam mitos individuais. Tétis, por exemplo, é mais conhecida por ser mãe de Aquiles. Galateia, entretanto, ganhou o coração do ciclope Polifemo, e Anfitrite tornou-se mãe da divindade do mar Tritão, filho do deus Posídon.

(Ver Amon, Andrômeda, Anfitrite, Aquiles, Argonautas,
Cassiopeia, Ciclopes, Etiópia, Galateia, Górgonas, Jasão, Medusa,
Perseu, Polifemo, Posídon, Simplégades, Tétis, Tritão)

NEREU: antigo deus do mar frequentemente caracterizado, assim como o irmão, Fórcis, como o "velho do mar". Ele é capaz de mudar de forma e possui poderes proféticos. Os pais de Nereu e Fórcis chamavam-se Ponto ("mar") e Gaia ("terra"). De acordo com Hesíodo, Nereu teve cinquenta filhas com Dóris, filha de Oceano, conhecidas coletivamente como as Nereidas. Nereu desempenhou um papel relevante na conclusão do décimo primeiro trabalho de Hércules, obtendo os pomos de ouro das Hespérides. Foi Nereu que, imobilizado por Hércules, revelou a localização do Jardim das Hespérides.

(Ver Dóris, Fórcis, Gaia, Hércules, Hespérides, Nereidas, Oceano, Ponto)

NICE: personificação da vitória. É representada alada, com um ramo de palmeira, guirlanda ou outro símbolo de vitória. No relato da origem dos deuses, Hesíodo escreve que Estige, uma filha de Oceano, deitou-se com o deus titã Palas e deu à luz Nice "de tornozelo esguio", assim como um grupo de outras qualidades personificadas que, em geral, seriam necessárias para a vitória: Zelo ("rivalidade"), Cratos ("poder") e Bia ("força"). Hesíodo acrescenta que essas deidades integravam o séquito de Zeus. É certo que Nice também era conhecida como companheira de Atena, a julgar pelos monumentos da acrópole ateniense, especialmente o Templo de Atena Nice, localizado próximo ao Partenón, e a pequena Nice alada representada na mão da imensa estátua de Atena no Partenón.

(Ver Acrópole, Atena, Atenas, Estige [lugar], Oceano [deus], Titãs, Zeus)

NINFAS: classe de divindades ou espíritos menores que habitam elementos e lugares do mundo natural. Concebidas como mulheres jovens, a palavra "Ninfa" é usada em grego para designar tanto donzelas humanas quanto esses espíritos. Há diferentes tipos de Ninfa, entre elas as Náiades, Ninfas de nascentes, rios e outras fontes de água doce; oréadas, Ninfas da montanha; Dríades, Ninfas das árvores; e Hamadríades, Ninfas de árvores cujas vidas estão ligadas de modo íntimo às plantas que habitam. As Oceânides, filhas do rio deificado Oceano, e as Nereidas, filhas da divindade do mar Nereu, aparecem com destaque na mitologia. Embora as Ninfas fossem divindades menores, não eram imortais.

(Ver também Dríades, Hamadríades, Náiades, Nereidas, Nereu, Oceânides, Oceano, Oréadas)

NINFAS DO MONTE NISA: residem na montanha mítica chamada Nisa, são sete irmãs, também conhecidas como as Híades que amamentaram o bebê Dioniso após seu segundo "nascimento" milagroso da coxa de Zeus.

(Ver Dioniso, Híades, Nisa, Zeus)

NOTO (ou Notos): vento sul personificado, e não há muita mitologia relacionada a ele. Junto dos deuses do vento Bóreas e Zéfiro, o poeta grego Hesíodo comenta que é filho da deusa Eos e de seu parceiro Astreu. De acordo com Virgílio, Noto, Bóreas, Zéfiro, Euro (o vento leste) e Africus (o vento sudoeste) estão sujeitos ao controle de Éolo, Senhor dos Ventos. Em um sentido meteorológico, Noto foi descrito como provedor de chuva e tempestades no final do outono e do inverno.

(Ver Bóreas, Éolo, Eos, Euro, Zéfiro)

ORIGENS DA MITOLOGIA

OCEÂNIDES: Ninfas do mar e filhas — cerca de três mil — do deus titã Oceano e sua irmã Tétis. Apenas algumas delas possuem mitologias próprias: Dóris, que, com Nereu, teve cinquenta Ninfas Nereidas; Anfitrite, que segundo algumas narrativas desposou o deus Posídon; e Métis, que teve, com Zeus, a deusa Atena.

(Ver Anfitrite, Atena, Dóris, Métis, Nereidas, Nereu,
Oceano [deus], Posídon, Tétis, Titan, Zeus)

OCEANO: filho de Gaia ("a terra") e Úrano ("o céu"), este titã é uma divindade elemental concebida tanto como elemento geográfico, o rio Oceano, quanto como personificação desse elemento, tendo pais, esposa e filhos. Com a irmã Tétis, teve as Ninfas Oceânides, que contabilizavam três mil, das quais se destacam Dóris, Anfitrite e Métis. Oceano e Tétis também geraram todos os rios do mundo. Com exceção do rio Estige, são todos do gênero masculino. Na maioria das vezes, Oceano é retratado como homem maduro, barbado e, às vezes, com chifres e cauda de peixe. De origem elementar, Oceano é visto como um rio que circundava e limitava as fronteiras do mundo, concebido como forma plana e achatada. É desse modo, por exemplo, que é representado no Escudo de Aquiles na *Ilíada* de Homero. Muitos o consideram a origem de todos os rios. Achava-se que Hélio ("sol") e Eos ("aurora") emergiam das margens orientais de Oceano e, em seguida, tendo completado a jornada diária, mergulhavam de volta na margem ocidental do rio. Para Homero, os Campos Elísios e o Hades estavam além de Oceano e, portanto, além dos limites do mundo. Visto que ele é, de certo modo, limítrofe e, ao mesmo tempo, um lugar de transição entre o conhecido e o desconhecido, o real e o irreal, diz-se que uma série de monstros e tribos humanas "exóticas" vivem em seus limites. Por exemplo, Hespérides, górgonas, Gerião, hecatonquiros e etíopes. Conforme a exploração geográfica progredira, a concepção de Oceano como rio foi questionada e, assim, ele passou a ser compreendido como um grande mar além do Estreito de Gibraltar, ou como um "mar mundial" que abrangia todas as águas oceânicas.

(Ver Anfitrite, Campos Elísios, Eos, Etiópia, Gaia, Gerião, Górgonas, Hades,
Hecatonquiros, Hélio, Hespérides, Métis, Oceânides, Oceano [lugar], Tétis, Titãs, Úrano)

OPS ("ajuda" ou "recurso"): deusa romana da colheita e da abundância que, além de garantir a fertilidade da terra, auxilia as empreitadas militares e os partos. Ela possui uma conexão religiosa estreita com Conso, deus do armazenamento de grãos, e também é conhecida como a consorte de Saturno. É possível que na origem tenha sido uma deusa da semeadura, mas foi considerada pelos romanos como equivalente a Cronos, divindade primeva, pai dos deuses do Olimpo. Como parceira de Saturno, Ops é por vezes comparada a deusa grega Reia, a esposa de Cronos.

(Ver Cronos, Olimpo, Reia, Saturno)

ORCO: deus da morte e, ao mesmo tempo, o senhor do reino dos mortos. Equivalente romano aos deuses gregos Tânatos ("morte") e Hades ("rei dos mortos"), também chamado de Plutão. Assim como Hades, o nome Orco pode ser usado para designar o próprio Mundo Inferior.

(Ver Hades [deus], Mundo Inferior, Plutão, Tânatos)

ORÉADAS: Ninfas da montanha. Seu nome é derivado da palavra grega montanha ("oros") e do adjetivo oreios ("morada na montanha"). Variações: Oreias/Odeion.

(Ver Ninfas)

PÃ: deus dos pastores. Vive nas regiões montanhosas, florestas e pastagens de Arcádia. Seu nome deriva da raiz *pa-*, que designa a tutela de rebanhos, uma raiz também evidente na palavra latina "pastor". Originalmente uma divindade arcadiana, seu culto espalhou-se por outras regiões da Grécia. Locais de adoração dedicados a Pã podiam ser encontrados em Delfos e Atenas, por exemplo. Há diversas narrativas sobre suas origens. Diz-se que esse deus campestre é filho do deus Hermes com Dríope, ou de Zeus com Penélope, esposa de Odisseu, entre outros. Pã é representado com aparência híbrida, tinha corpo e braços de humano, mas cabeça, pernas e rabo de bode. No chamado *Hino Homérico* em sua honra, no qual menciona-se que é filho de Dríope e Hermes, é descrito como uma maravilha de se ver, com chifres e cascos fendidos, além de ser espalhafatoso e de riso fácil. Sua mãe teria fugido de medo ao ver seu rosto barbado, então Hermes levara-o ao monte Olimpo envolto em peles de coelho. Todos os deuses, principalmente Dioniso, maravilharam-se, chamando-o de "Pã", que aqui é de modo equivocado associado à palavra "todos" (*pantes*). Nos redutos rurais, geralmente é acompanhado por Ninfas e sátiros, criaturas híbridas como ele, e assim acabou assimilado pela comitiva do deus Dioniso. O instrumento escolhido por ele foi a flauta de junco, que o poeta romano Ovídio descreve como sua invenção. Pã apaixonou-se por uma Ninfa chamada Siringe e, para escapar de suas investidas, ela tornou-se uma moita de juncos, da qual ele confeccionou uma flauta. De instrumento em punho, em uma ocasião posterior, Pã desafiou o deus Apolo para uma competição musical. O rei da Frígia, Midas, declarou-o vencedor e Apolo puniu-o, adicionando-lhe orelhas de asno.

(Ver também Apolo, Arcádia, Atenas, Delfos, Dioniso, Hermes, Midas, Ninfas, Odisseu, Olimpo, Penélope, Sátiros, Siringe, Zeus)

PALAS: um dos nomes de Atena, usado sozinho ou como epíteto. Ou seja, Atena poderia ser chamada de "Palas" ou "Palas Atena". Do mesmo modo, a antiga estátua de madeira de Atena localizada no templo de Troia e roubada por Odisseu e Diomedes é chamada de Paládio. As origens do nome Palas são incertas, embora existam possíveis ligações etimológicas com palavras que designam uma jovem (em grego) ou uma governante (em semita). O mitógrafo Apolodoro menciona duas fontes para o nome: um parceiro de jogos de Atena, que a deusa teria matado por acidente enquanto praticavam luta, ou um gigante com esse nome, morto por ela deliberadamente. A deusa Palas não deve ser confundida com o jovem herói homônimo, aliado de Eneias e filho do rei de Arcádia, Evandro.

(Ver Arcádia, Atena, Diomedes, Eneias, Evandro, Odisseu, Palas [herói], Troia)

PALES: divindade romana que protegia pastores e ovelhas, garantindo fertilidade. Às vezes, é mencionado no feminino e, outras, no masculino, além de ser associado às divindades campestres Pã e Fauno. Embora haja incerteza quanto à natureza de Pales e seu culto, parece que o festival dos pastores, Palilia (ou Parilia), celebrada em 21 de abril, no campo e na cidade de Roma, era dedicada a esta divindade.

(Ver Fauno, Pã)

PARCAS: conhecidas em língua inglesa como The Fates (do latim Fata), são as três deusas romanas do destino ou destino profético e, como tal, equivalentes às Moiras gregas. Seus nomes são Nona ("nono"), Décima ("décimo") e Parca ("parteira"), e todos os nomes indicam fortemente que, em sua versão originária, talvez houvessem sido deidades do parto que, por extensão, determinavam o curso da vida do recém-nascido. Parcas são representadas de várias maneiras: tecendo os fios do destino, recitando ou cantando a canção do destino e inscrevendo o destino de alguém em uma tabuleta. Seus objetos de trabalho eram o fuso e a roca.

(Ver Moiras)

PÁRTENO ("donzela"): epíteto de Atena, mas também usado com outras deusas virgens, em particular Héstia e Ártemis.

(Ver Ártemis, Atena, Atenas, Héstia)

PENATES: divindades romanas que protegem o lar e a pátria. Assim como os Lares, a quem são ligados, os Penates operam tanto na esfera privada quanto na pública. Na esfera doméstica, a responsabilidade particular dos Penates é o interior da casa, provisões e depósitos. Na esfera pública, protegem o estado romano.

(Ver Lares)

PENEU (também Peneius ou Peneios): deus-rio que flui pelo vale de Tempe, na região norte da Grécia conhecida como Tessália. Filho dos deuses titãs elementais Oceano e Tétis, é mais conhecido por ser pai da bela donzela Dafne, implacavelmente perseguida pelo deus Apolo, embora ela desejasse com ardor permanecer caçadora e virgem. Cansada de correr para escapar dos avanços do deus, Dafne implorou ao pai por ajuda. A oração foi atendida e, diante dos olhos de Apolo, tornou-se um loureiro.

(Ver também Apolo, Dafne, Oceano [deus], Peneu
[lugar], Tempe, Tétis, Tessália, Titãs)

PERSÉFONE: também conhecida como Core ("Donzela"), é esposa de Hades e rainha do Mundo Inferior. É filha de Zeus e Deméter, deusa dos grãos e da colheita. Conforme o chamado Hino Homérico a Deméter, Hades apaixonou-se pela bela Perséfone e desejou casar-se com ela. Baseado em um plano arquitetado por Zeus e executado com a ajuda de Gaia ("terra"), Hades tomou a noiva à força; Gaia fez um prado no vale de Nisa florescer irresistivelmente com rosas, açafrões, violetas, íris, jacintos e narcisos. Enquanto Perséfone ocupava-se colhendo flores, Hades tomou-a em sua carruagem, então mergulhou às profundezas da terra. A melancólica Deméter vagou pela terra e deixou de preocupar-se com o plantio e a colheita. Dessa forma, as sementes não germinaram, as pessoas morreram de fome e os deuses não receberam os sacrifícios habituais. Zeus e todos os deuses tentaram consolar Deméter, oferecendo-lhe todos os tipos de presentes maravilhosos para convencê-la a retornar ao monte Olimpo. Mas ela estava inconsolável e insistiu em ter a filha de volta. Hades acabou concordando, não sem antes enganar Perséfone para que comesse algumas sementes de romã, o que a obrigava a passar parte do ano — um terço (ou, segundo algumas versões, metade) — na companhia dele. Os meses em que Perséfone permanece no Hades são os meses de luto de Deméter e correspondem ao fim do outono e aos meses de inverno, quando as sementes ficam dormentes no solo. Quando Perséfone ressurge na primavera, a mãe se alegra e as sementes plantadas começaram a brotar. Perséfone é adorada em conjunto com a mãe, Deméter, como uma divindade responsável pela fertilidade e cultivo da terra. Além disso, ela pode garantir um pós-vida venturoso. Seus festivais mais importantes são as Tesmofórias e os Mistérios de Elêusis, ambos exigem sigilo por parte dos celebrantes. Na arte, Perséfone, chamada Prosérpina pelos romanos, é representada como uma jovem com tochas ou fachos de trigo.

(Ver Deméter, Elêusis, Gaia, Hades [deus e lugar],
Mundo Inferior, Nisa, Olimpo, Zeus)

PIÉRIDES: deusas que personificam a inspiração artística, as Musas são por vezes chamadas de Piérides (e também Piéria) em honra à sua cidade natal, Piéria, no sopé do monte Olimpo. A rigor, trata-se de é um patronímico e significa "filhas de Píero". Segundo uma lenda registrada pelo escritor Pausânias, considerando que Píero, um rei da Macedônia, estabelecera o culto às Musas, elas poderiam, em um sentido metafórico, ser vistas como suas filhas. De acordo com o poeta romano Ovídio, Píero, por acaso, tinha nove filhas com lindas vozes. Elas cometeram o erro fatal de desafiar as Musas para uma disputa de canto e, após a inevitável derrota, foram transformadas em pegas tagarelas.

(Ver Macedônia, Musas, Olimpo, Piéria, Píero)

PÍTIO: epíteto de Apolo, o deus da profecia, música, arco e flecha, cura e luz. De acordo com o chamado *Hino Homérico a Apolo*, este nome está diretamente relacionado ao fato de Apolo ter matado a enorme serpente Píton, que residira em Delfos. A derrota de Píton permitiu que Apolo assumisse o controle do oráculo de Delfos. A sacerdotisa de Apolo em Delfos, que servia como porta-voz do deus quando era consultada por aqueles em busca de profecias, é chamada de Pítia. Pito é outro nome para Delfos.

(Ver Apolo, Delfos, Píton)

PLÊIADES: também conhecidas como Sete Irmãs, são Ninfas filhas de Atlas e Plêione, filha de Oceano. São irmãs das Híades, que também eram Ninfas, e Hias, seu único irmão. Os nomes das Plêiades são Alcíone, Celeno, Electra, Maia, Mérope, Astérope e Taígete. Quase todas elas tiveram filhos com diversos deuses. Os mais importantes são: Enômao, filho de Astérope e Ares; Dárdano, filho de Electra e Zeus; e Hermes, filho de Maia e Zeus. Por outro lado, Mérope engravidou do mortal Sísifo e, assim, deu à luz Glauco (o herói, não o deus de mesmo nome). As Plêiades tornaram-se um aglomerado de estrelas que Zeus alocou nos céus, talvez para salvá-las da perseguição do gigante Oríon, ou para compensar a dor da morte das irmãs, as Híades. Das sete, apenas seis são visíveis. Dizia-se que uma das irmãs se escondera de vergonha ou tristeza. Se a Plêiade em questão fosse uma Electra enlutada, essa tristeza seria produto da queda de Troia, que seu filho Laomedonte havia fundado. Se, por outro lado, fosse Mérope, ela teria vergonha de ter dado à luz o filho de um mortal. O nome "Plêiades" tem várias explicações e é derivado da palavra grega "navegar" e "prantear". Seja como for, o surgimento das Plêiades corresponde ao início da época das navegações e à semeadura da primavera. O momento em que elas se retiram, por sua vez, coincide com a colheita.

(Ver Atlas, Dárdano, Electra [Ninfa], Glauco [herói], Híades, Laomedonte, Maia, Mérope [Ninfa], Oceano, Oríon)

DEUSES, DEUSAS, ESPÍRITOS E NINFAS

PLUTÃO: outro nome de Hades, deus do Mundo Inferior. Derivado da palavra grega "riqueza", *ploutos*, esta personificação do deus enfatiza um aspecto diferente de sua associação com o Mundo Inferior, a saber, as profundezas da terra como fonte de abundância.

(Ver Hades, Mundo Inferior)

POLÍMNIA ("aquela dos muitos hinos"): Musa e deusa das muitas canções e das canções executadas por muitas vozes. Seu escopo inclui canto coral e pantomima e estende-se à historiografia e retórica, assim sobrepondo-se ao de Clio. Há lendas obscuras de que ela seria mãe do herói Triptólemo; do cantor Orfeu, também conhecido como filho da Musa Calíope; e até mesmo, de acordo com Platão, de Eros.

(Ver também Calíope, Clio, Eros, Musas, Triptólemo)

PÓLUX (Polideuce em grego): um gêmeo divino, o Dióscuros, que junto do irmão tornaram-se a constelação de Gêmeos. Pólux e o irmão, Castor, são filhos da rainha espartana Leda, e irmãos de Helena de Troia e Clitemnestra, a esposa infiel do rei Agamêmnon de Micenas. Embora os irmãos sejam representados como cavaleiros, a habilidade particular de Pólux é a luta, arte em que se destacou quando na jornada de Jasão em busca do velocino de ouro.

(Ver Agamêmnon, Clitemnestra, Dióscuros, Esparta,
Gêmeos, Helena, Jasão, Leda, Micenas, Troia)

POMONA: deusa romana das frutas (do latim, *pomum*). Segundo o poeta romano Ovídio, a bela Pomona dedica-se a jardins e pomares, cuidando, regando e podando as plantas. Ela não tem interesse no mundo fora do jardim, nem no amor, embora possua muitos pretendentes, especialmente entre as divindades e espíritos campestres: Priapo, Sileno e Sátiros. Quando o deus Vertumno a viu, ficou instantaneamente apaixonado e tentou aproximar-se dela de várias maneiras: como segador, pastor, vinicultor, apanhador de maçãs, pescador e soldado. Por fim, disfarçou-se de mulher idosa e gesticulou na direção de um olmo com uma videira em floração enrosacada. Ele afirmou que a videira definharia caso fosse separada da árvore. Assim como a videira, argumentou, Pomona não devia estar sozinha. Também contou-lhe a história de Ífis e Anaxárete — uma história de amor trágico. Por fim, conquistou seu coração e ela tornou-se sua companheira.

(Ver Anaxárete, Ífis, Priapo, Sátiros, Sileno, Vertumno)

POSÍDON: deus grego do mar e, portanto, divindade protetora das navegações e das batalhas marítimas. Devido à sua capacidade de acalmar e agitar os mares, é tanto o salvador quanto o potencial inimigo de marinheiros e pescadores. Posídon é também o deus dos terremotos, descrito por Homero como o "aquele que faz a terra tremer" ao atingi-la com o tridente. Além disso, é o deus dos cavalos. Acredita-se que os tenha criado, assim, Posídon está intimamente associado à criação e corrida de equinos. Embora o significado de seu nome seja incerto, Posídon é um deus muito antigo na Grécia. Menções ao seu nome datam da Idade do Bronze, um período compreendido aproximadamente entre 3.000 e 1.050 a.C. Considerando o espectro de influência de Posídon, muitos de seus templos e santuários localizavam-se em locais costeiros, como em Súnio, no território de Atenas, e no istmo de Corinto, local dos Jogos Ístmicos Pan-Helênicos celebrados em sua honra. No entanto, espaços destinados a ele também podiam ser encontrados no interior, onde havia ravinas ou nascentes. Em termos de mitologia, Posídon é filho dos deuses titãs Cronos e Reia. Seus irmãos são Zeus, Hades, Héstia, Deméter e Hera, todos, exceto Zeus, foram devorados pelo pai ao nascer e depois regurgitados. Quando os filhos de Cronos prevaleceram sobre os titãs mais velhos e apoderaram-se do mundo, ainda não se sabia que Zeus seria o rei dos deuses, nem havia predeterminação de qual parte do mundo cada um dos irmãos controlaria. Hades, Posídon e Zeus tiraram a sorte em um elmo. Hades tornou-se o senhor do Mundo Inferior, Zeus o senhor dos céus e Posídon, o senhor do mar, com um palácio subaquático perto de Egas, na ilha de Eubeia. Posteriormente, Posídon envolveu-se em uma série de disputas com outros deuses do Olimpo a respeito de territórios na Grécia. Ele disputou com Atena o patronato de Atenas, envolvendo-se em uma disputa para ganhar a terra. A deusa fez crescer uma oliveira e Posídon, golpeando a rocha da Acrópole com o tridente, gerou uma nascente de água salgada, um símbolo do poder naval. O presente de Atena foi considerado mais valioso e ela tornou-se a divindade patrona da cidade. Como resultado da disputa com o deus Hélio sobre Corinto, Posídon foi designado para o istmo enquanto Hélio recebeu a região do Acrocorinto. Posídon perdeu Argos para a deusa Hera. A deusa do mar Anfitrite é considerada sua consorte, assim como mãe de Tritão. Porém, Posídon teve vários encontros amorosos extraconjugais. Dentre os notórios destaca-se a perseguição à aflita Deméter, a quem perseguiu enquanto ela procurava a filha, Perséfone. Para escapar dele, Deméter transformou-se em égua, mas Posídon não se deixou enganar e, por sua vez, tornou-se um garanhão, gerando assim o cavalo imortal Aríon, que acabaria por passar à posse de Hércules e, posteriormente, ao herói Adrasto. Posídon salvou a bela Danaide Amimone do ataque de um Sátiro, perseguindo-o com o tridente, mas apaixonou-se por ela no processo e, tomando-a à força, tornou-se pai de Náuplio. Posídon também engravidou Medusa, com quem teve Pégaso e Crisaor. Ambos nasceram de seu pescoço quando Belerofonte a decapitou. Na mesma noite em que Egeu dormiu com Etra, Posídon também deitou-se com ela, tornando-se assim o segundo pai do herói ateniense Teseu. Com a Ninfa Toosa, filha da divindade do mar Fórcis, teve o ciclope Polifemo. Entre aqueles que sentiram a ira de Posídon estão os troianos e Odisseu. O ódio do deus por Troia derivou do período de servidão ao rei troiano Laomedonte, que se recusou a pagar a ele e a Apolo pela construção da muralha da cidade. Quanto a Odisseu, a ira de Posídon foi despertada quando o rei de Ítaca cegou o monstruoso Polifemo e, como consequência, o deus garantiu que sua viagem, de Troia para casa, fosse longa e difícil, cheia de perigos no mar. Minos, rei de Creta, também causou o descontentamento do deus. Ele pediu que Posídon ratificasse sua reivindicação ao trono, gerando um touro do mar. Posídon atendeu ao pedido, mas Minos posteriormente quebrou a promessa de que sacrificaria o animal ao deus. Como resultado, Posídon fez com que a esposa de Minos, Pasífae, desenvolvesse uma paixão pelo touro, o que resultou no nascimento do Minotauro. Quanto aos atributos e características distintivas de Posídon, é representado como homem barbado e maduro, com um tridente. Os animais sagrados para ele incluem touros, cavalos e golfinhos. No que diz respeito às plantas, possui uma ligação especial com o pinheiro, particularmente adequado para a produção de mastros de navios. Os romanos associam seu deus do mar, Netuno, a Posídon.

(Ver Adrasto, Amimone, Apolo, Argos, Atena, Atenas, Corinto, Creta, Crisaor, Cronos, Danaides, Deméter, Etra, Fórcis, Hades, Hélio, Hera, Hércules, Héstia, Laomedonte, Medusa, Minos, Minotauro, Netuno, Odisseu, Pasífae, Pégaso, Perséfone, Polifemo, Reia, Sátiros, Teseu, Titãs, Troia, Zeus)

PRIAPO: deus da fertilidade de origem frígia e, portanto, importação do noroeste da Ásia Menor, onde permaneceu mais popular do que na Grécia e na Itália. Ele é responsável por promover a fertilidade dos animais e das plantas, assim como a dos humanos. Por isso, é importante às atividades de pecuária e agricultura. Sendo um deus da fertilidade, é também um fiador da boa fortuna. Acredita-se que suas estátuas promoviam uma colheita abundante e, ao mesmo tempo, protegiam ovelhas, cabras, abelhas, vinhas e hortas de ladrões e também do mau-olhado e da inveja. É um deus luxurioso, distingue-se fisicamente por um grande falo ereto e faz parte da comitiva do deus Dioniso, acompanhado por Ninfas, sátiros e silenos. Refletindo sua "natureza", geralmente diz-se que os pais de Priapo são a deusa Afrodite e Dioniso, embora os deuses Hermes, Zeus e Pã também sejam mencionados como possíveis pais e uma Ninfa como mãe.

(Ver também Afrodite, Dioniso, Frígia, Hermes, Ninfas, Pã, Sátiros, Silenos, Zeus)

PROMETEU: de uma perspectiva patrilinear, Prometeu é um deus titã de segunda geração. De acordo com o poeta grego Hesíodo, é filho do titã Jápeto e de Clímene, filha do irmão de Jápeto, Oceano. Seus irmãos são Atlas, que foi compelido a carregar os céus; o pecador de vida breve, Menécio; e o imprudente Epimeteu. Prometeu, cujo nome significa "presciência", é conhecido tanto pela astúcia quanto pela bondade para com os humanos. Na ocasião em que os deuses e os mortais estavam em conflito, Prometeu preparou uma refeição conjunta para todos, e pediu a Zeus que escolhesse a própria porção. O bocado que Prometeu suspeitou, com razão, que Zeus escolheria, na verdade, consistia apenas dos ossos de um animal envoltos em gordura brilhante, mas que parecia maior e mais saboroso do que o pedaço apenas de carne. Irritado por ter sido enganado e pelos humanos terem se beneficiado de sua escolha, Zeus decidiu tomar o fogo dos humanos. Na ocasião, Prometeu voltou a enganá-lo e roubou fogo, escondendo algumas chamas em um caule oco de erva-doce. Por essa transgressão, Zeus concebeu uma punição duradoura: pediu que Hefesto criasse uma mulher, a primeira de seu gênero, como presente não para Prometeu, que suspeitaria que o presente seria uma ameaça disfarçada, mas para o irmão de Prometeu, Epimeteu. A mulher era Pandora, que trouxe consigo bênçãos de todos os tipos, mas também todo tipo de mal. Quanto a Prometeu, Zeus acorrentou-o e transpassou-lhe o corpo com uma haste para prendê-lo a um penhasco rochoso enquanto uma águia (ou abutre) alimentava-se de seu fígado em regeneração eterna. Prometeu foi libertado do tormento por Zeus e Hércules. Aliás, Hércules consultou Prometeu nas montanhas do Cáucaso quando buscava o Jardim das Hespérides, e como recompensa pela orientação oferecida, Hércules matou a águia que o atormentava. Zeus, por sua vez, libertou Prometeu dos grilhões como recompensa pelo conselho recebido, pois Prometeu aconselhara-o a não perseguir a deusa Tétis, uma vez que fora profetizado que ela teria um filho mais poderoso do que o pai. Como narra o mitógrafo Higino, Zeus obrigou Prometeu a usar um anel de ferro contendo um fragmento da pedra à qual ele fora acorrentado, um lembrete de sua imprudência. Dada a importância do fogo para o avanço da civilização e da cultura humanas, não é de se estranhar que Prometeu tenha sido apresentado não apenas como benfeitor da humanidade, mas também como um herói civilizador que, de acordo com o dramaturgo Ésquilo, ensinara aos humanos as artes da construção de abrigos, agricultura, matemática, escrita, domesticação de animais e navegação. Também há um mito de que foi Prometeu quem realmente criou os humanos, moldando-os da terra e da água.

(Ver Atlas, Cáucaso, Clímene, Epimeteu, Hefesto, Hércules, Hespérides, Jápeto, Oceano [deus], Pandora, Titãs, Zeus)

III

Posídon: deus do mar, o castigo de Odisseu

PROSÉRPINA: nome romano de Perséfone, que, para horror da mãe, Deméter, foi raptada por Hades, rei dos mortos, tornando-se sua rainha.
(Ver Hades [deus], Mundo Inferior, Perséfone)

PROTEU: divindade do mar que, é lógico, possuí laços estreitos com o deus do mar Posídon. Diz-se que ele é pastor do rebanho de focas de Posídon, e o mitógrafo Apolodoro comenta que o deus do mar é seu pai. Ele é caracterizado como idoso, pode mudar de forma e prever o futuro, atributos que possui em comum com os deuses do mar Nereu e Fórcis. As pessoas que desejam ouvi-lo predizer o futuro são obrigadas a agarrá-lo e imobilizá-lo enquanto ele assume todas as formas possíveis a fim de escapar da necessidade de profetizar. Se imobilizado, retoma sua aparência normal e conta a verdade. Entre aqueles que consultaram Proteu com sucesso, inclui-se o rei espartano Menelau, que, após chegar à ilha Faros, voltando para casa da guerra de Troia, seguiu as orientações oferecidas pela filha de Proteu, Idoteia. Menelau, com a ajuda de três companheiros, todos disfarçados de focas, deveria atacar o deus ao meio-dia enquanto ele cochilava na caverna, acompanhado do rebanho de focas. Proteu mudou de forma, de leão para serpente, depois para leopardo, javali, água e uma árvore enorme, mas os homens seguraram-no com firmeza. O deus então revelou a Menelau que ele precisaria fazer uma oferenda de cem cabeças de gado aos deuses para que lhe garantissem uma viagem segura para casa, e lhe revelou o destino dos ex-companheiros em Troia, entre eles o irmão, Agamêmnon, e Odisseu. Outro herói que consultou Proteu foi o apicultor Aristeu, que se valeu do deus para saber por que suas abelhas haviam morrido. Há também um rei egípcio chamado Proteu, que aparece na mitologia, e que pode ter sido confundido com o deus e, como resultado, chamado pelo mesmo nome. O rei Proteu é conhecido por ter dado refúgio a Helena quando o deus Hermes, de acordo com outra versão da narrativa de Helena em Troia, levou-a até ele durante a Guerra de Troia.
(Ver Agamêmnon, Aristeu, Esparta, Fórcis, Helena, Hermes, Menelau, Nereu, Odisseu, Posídon, Troia)

PSICOPOMPO ("acompanhante de almas"): termo aplicado a Hermes, pois ele faz esta função. É o deus quem conduz as almas dos mortos ao Mundo Inferior.
(Ver Hermes, Mundo Inferior)

DEUSES, DEUSAS, ESPÍRITOS E NINFAS

QUIRINO: deus romano identificado ao deificado Rômulo, o lendário fundador de Roma. Ele pode ter sido originalmente um deus da guerra sabino. Depois de integrado à religião do estado romano, foi concebido como protetor do corpo de cidadãos romanos.

(Ver também Roma, Rômulo, Sabinos)

REIA: deusa titânide filha de Gaia ("terra") e Úrano ("céu"). Companheira de seu irmão Cronos, de acordo com o poeta grego Hesíodo, juntos geraram Héstia, Deméter, Hera, Hades, Posídon e Zeus. Tendo sido alertado pelos pais que estava destinado a ser destronado pelo próprio filho, Cronos passou a devorá-los assim que emergiam do ventre da mãe. A única exceção foi Zeus. A essa altura, Reia questionou os pais sobre o que poderia fazer para enganar Cronos e salvar o filho mais novo. Eles aconselharam-na a ir para Creta, onde escondeu o filho recém-nascido em uma caverna. Reia deu uma pedra embrulhada em um manto para Cronos, que a devorou sem suspeitar que havia sido enganado. Crescido, Zeus, com a ajuda de Reia (ou, segundo algumas versões, de sua primeira esposa, Métis), enganou Cronos para que regurgitasse tanto a pedra quanto o irmão. Então ele travou uma guerra contra o pai e os outros deuses titãs, guerra que venceu. O mitógrafo Apolodoro fornece detalhes adicionais sobre a história do nascimento de Zeus: foi na caverna de Díctis que Reia escondeu Zeus. Ela deu-o aos Curetes e às Ninfas Adrasteia e Ida para que o nutrissem e criassem. Naquela caverna, as Ninfas alimentavam a criança com o leite de uma cabra chamada Amalteia, e os Curetes dançavam e batiam as lanças nos escudos para que Cronos não ouvisse o choro do bebê. Na religião e na cultura gregas de forma mais ampla, Reia é uma deusa-mãe da terra, de quem Hera, Deméter e Afrodite também são, pelo menos até certo ponto, personificações ou variações. Como Grande Mãe, Reia é considerada uma deusa da vida e da fertilidade, mas também relacionada à morte. Como sua mitologia sugere, ela parece ter desfrutado de destaque particular na ilha de Creta. Ela é associada à deusa frígia da fertilidade, Cíbele, cujo culto possui natureza orgiástica e extática, o que ressalta a ideia de que ambas têm uma origem comum, a saber, a Anatólia (Sudoeste Asiático). Na religião romana, Reia é identificada como a deusa Ops.

(Ver Adrasteia, Afrodite, Cíbele, Creta, Cronos, Curetes, Deméter, Frígia, Gaia, Hades, Hera, Héstia, Ida [Ninfa], Métis, Ops, Posídon, Titãs, Úrano, Zeus)

SÁTIROS: espíritos da floresta originalmente concebidos como parte cavalo, parte humanos. Com o tempo, assumiram as feições de um bode.

(Ver Sátiros [Criaturas Híbridas])

ORIGENS DA MITOLOGIA

SATURNO: deus italiano da fertilidade, possivelmente de origem etrusca ou sabina. Como seu nome indica, que os autores romanos derivaram da palavra *sator* ("aquele que semeia"), seu domínio particular é a fertilidade dos campos, portanto, a agricultura. Ao mesmo tempo, ele é visto como um herói civilizador que estabeleceu práticas de plantio e outros pilares da ordem social, como leis, escrita e cunhagem monetária. Por isso, o templo construído em sua honra no sopé do monte Capitolino servia como arquivo de leis e sede do tesouro romano. Saturno é o equivalente ao deus grego Cronos, pai de Zeus e dos outros deuses do Olimpo. Assim, sua companheira é Ops ("riqueza" ou "recursos"), é vista como a equivalente romana de Reia, a deusa-mãe grega. Em parte devido ao modelo de sucessão entre Cronos e Zeus, acredita-se que Saturno tornou-se governante dos italianos depois de ter sido expulso dos céus pelo filho. Seu governo estabeleceu uma Era de Ouro de paz e abundância. O filho de Saturno, de acordo com o poeta romano Virgílio, é Pico, avô do rei laurentino Latino, cuja filha Lavínia casou-se com o herói troiano Eneias. A Saturnalia, um festival com duração de sete dias celebrado em dezembro em honra a este deus, marcava o fim do trabalho no campo e, em alguns aspectos, serviu de modelo para a celebração cristã do Natal.

(Ver Capitolino, Cronos, Latino, Lavínia, Olimpo, Ops, Pico, Reia, Zeus)

SELENE: O poeta grego Hesíodo comenta que Selene, deusa e personificação da lua, é filha do titã Hiperíon, uma divindade do sol, e irmã de Hélio ("sol") e Eos ("aurora"). Segundo o mitógrafo Apolodoro, ela apaixonou-se pelo belo Endímion, filho de Étlio (fundador de Elis) ou de Zeus. Os deuses concederam a Endímion um desejo, e sua escolha foi dormir para sempre, permanecendo jovem e imortal.

(Ver Endímion, Hélio, Hiperíon, Titãs, Zeus)

SILVANO (ou Sylvanus): espírito italiano dos bosques, mas também deus da agricultura, campos cultivados e rebanhos errantes, além de representar um tipo de mediação entre natureza e cultura. Suas origens são controversas e ele tem sido considerado uma manifestação do deus Marte disfarçado de divindade dos campos e da agricultura; ou de Fauno, algo sugerido pela derivação de seu nome: *silva* em latim significa "floresta". Por vezes, foi associado ao deus campestre Pã, e imagens antigas o retratam como um idoso barbado, vestido em pele de animal e segurando pinhas, frutas, galhos de pinheiro ou uma foice.

(Ver Fauno, Marte, Pã)

SIRINGE: Náiade (Ninfa da água), foi quem deu origem e nome à flauta de junco tocada pelo deus da natureza, Pã. Segundo o poeta romano Ovídio, um dia, Siringe, que vivia nas montanhas de Arcádia, foi avistada por Pã, que a desejava. Siringe, que almejava permanecer virgem como a deusa Ártemis, fugiu das investidas do deus e, ao chegar ao rio Ládon, pediu às Ninfas aquáticas, suas irmãs, que a ajudassem. Seu desejo foi atendido. No momento em que o deus pôs as mãos em seu corpo, ela transformou-se em um punhado de juncos. Quando o deus soprou sobre eles, os juncos farfalharam docemente em resposta. Cativado pelo som e desejando continuar a se comunicar com ela, Pã amarrou juncos de comprimento variado, prendendo-os com cera. Desse modo surgiu a flauta de Pã, chamada de *syrínx* em grego.

(Ver Arcádia, Ártemis, Náiades, Pã)

SOL: do latim *Sol*, é a contraparte romana do deus grego solar Hélio. No pensamento religioso e cultural do mundo romano, Sol é um juiz e paladino da lei, mas também uma divindade do sol, do fogo e da luz, responsável pela chuva que promove o crescimento das plantas.

(Ver Apolo, Hélio)

SOMNO: personificação e deus romano do sono. É equiparado ao deus grego Hipno.

(Ver Hipno)

TALIA: Há várias divindades chamadas Talia (ou Thaleia), "aquela que floresce". A mais proeminente é a musa que se tornou a divindade patrona da comédia e outros gêneros literários leves (em comparação à tragédia e épico, por exemplo). Seu símbolo é a máscara cômica. As outras Talias são uma Ninfa Nereida, uma das três Graças e uma Ninfa que gerou os deuses sicilianos chamados Palicos.

(Ver Graças, Musas, Nereidas)

TÂNATOS: personificação da morte na mitologia grega. É filho de Nix ("noite") e irmão de Hipno ("sono"). No início, foi descrito como um jovem alado, mas, com o tempo, passou a ser considerado um homem idoso e grisalho.

(Ver Hipno)

TÁRTARO: nome dado às profundezas mais sombrias e tristes da terra, a parte do Mundo Inferior reservada aos pecadores. Embora o Tártaro fosse conhecido principalmente como um "lugar", ele é (ao menos em certo grau) uma deidade primordial personificada, isto segundo o relato do poeta Hesíodo sobre as origens do mundo e dos deuses. De acordo com Hesíodo, Tártaro e Gaia ("terra") foram os primeiros elementos a surgir do Caos ("vácuo"). Com Gaia, a personificação do Tártaro teve o monstruoso Tifão e Équidna. De acordo com autores posteriores, ele também é o pai da águia sagrada de Zeus, bem como de Tânatos ("morte") e até mesmo da deusa-feiticeira Hécate.

(Ver Caos, Équidna, Gaia, Hécate, Mundo Inferior, Tânatos, Tifão, Zeus)

TÊMIS ("costume" ou "lei sagrada"): personificação dos costumes e da lei conforme estabelecida pela natureza ou pelos deuses, em contraste à lei humana criada por meio de procedimentos legais. Ela é uma das titânides descendentes de Gaia ("terra") e Úrano ("céu"). De acordo com o poeta grego Hesíodo, Têmis tornou-se a segunda esposa de Zeus, posterior a Métis, com quem gerou as Horas ("estações"), Eunômia ("boa ordem"), Dice ("justiça"), Irene ("paz") e as Moiras ("destino"), que determinam as coisas boas e os infortúnios que aconteciam aos humanos durante a vida. Todas as filhas refletem princípios ou estruturas que garantem uma existência ordeira. De acordo com o poeta e dramaturgo Ésquilo, Têmis recebeu o controle do famoso oráculo de Delfos de Gaia, sua patrona original. Têmis passou-o a Febe, que por sua vez o transferiu a Apolo. Têmis mantém laços estreitos com Zeus, uma vez que possui a função de atuar para manter a probidade e o bom governo. O poeta Píndaro escreve que ela se senta em um trono ao lado do pai dos deuses. Têmis também possui relação de proximidade com a mãe, Gaia, por isso é considerada uma deusa da terra ou da fertilidade, além de ser uma divindade com poderes proféticos. Entre os personagens mitológicos que auxiliou (através do dom da profecia) estão Deucalião e Pirra, os únicos sobreviventes do Grande Dilúvio; Atlas, que foi alertado que haveria uma tentativa de roubo dos pomos das Hespérides; e Zeus, que parou de perseguir Tétis quando soube que o filho seria mais poderoso que o pai. Com seu irmão titã, Jápeto, Têmis é tida como mãe do titã de segunda geração Prometeu, o benfeitor da humanidade.

(Ver Atlas, Delfos, Deucalião, Dice, Febe, Gaia, Hespérides, Métis, Moiras, Pirra, Prometeu, Tétis, Titãs, Úrano, Zeus)

TÉRMINO: personificação dos marcos de fronteira (fossem pedras ou troncos enterrados) e a tenaz divindade romana dos limites de propriedade, estabelecidos e salvaguardados não apenas por lei, como também por esse deus. De acordo com o saber romano, Término não cedeu seu lugar no monte Capitolino, em Roma, nem mesmo a Júpiter quando o templo do líder dos deuses estava sendo construído no local. Por isso o templo contém a pedra sagrada das fronteiras de Término. O lendário rei romano Numa (ou Tito Tácio) foi creditado por ter estabelecido o culto de Término, cujo festival, a Terminalia, era celebrado em 23 de fevereiro.

(Ver Capitolino, Júpiter, Numa, Roma)

TERPSÍCORE

("aquela que se deleita na dança"): uma das nove Musas. É vista como a deusa patrona dos coros, grupos que cantavam e dançavam, e da música coral. Suas marcas características são a flauta e a lira. Ao lado das irmãs Calíope, Euterpe e Urânia, é mencionada como a mãe do famoso bardo Lino, e tanto ela quanto Urânia são identificadas como mães do deus do casamento, Himeneu. Diz-se que ela ou sua irmã Melpômene deu à luz as sereias.

(Ver Calíope, Euterpe, Himeneu, Lino, Melpômene, Musas, Sereias, Urânia)

TÉTIS:

uma titânide, o primeiro grupo de filhos nascidos de Gaia e Úrano. Com o irmão Oceano, ela teve as três mil Ninfas Oceânide e os deuses-rios, todos do gênero masculino. Às vezes é descrita como uma deusa do mar, apesar de ser conhecida como a fonte das águas doces de Oceano. Ela e seu companheiro, Oceano, acolheram a deusa Hera quando Zeus estava em guerra com o pai, Cronos.

(Ver Cronos, Gaia, Hera, Oceânides, Oceano [deus], Tétis, Titãs, Úrano, Zeus)

TISÍFONE

("vingadora de assassinato"): uma das Erínias (ou Fúrias, em latim), os temíveis espíritos da vingança dotados de cabelos de serpentes. Suas irmãs são Megera ("a rancorosa") e Aleto ("a implacável"). Para o poeta romano Virgílio, Tisífone é a guardiã dos portões do Tártaro, uma região do Mundo Inferior reservada aos pecadores. Ao lado das irmãs, era encarregada de executar as punições atribuídas pelo juiz do Mundo Inferior, Radamanto.

(Ver Aleto, Erínias, Fúrias, Mundo Inferior, Radamanto, Tártaro)

TITÃS:

quando o universo e os deuses nasceram, Gaia ("terra") gerou Úrano ("céu") para cobri-la por todos os lados. Com essa divindade masculina elementar ela teve vários grupos de filhos, entre eles três ciclopes, os hecatonquiros ("de cem mãos") e os doze titãs e titânides, seis homens e seis mulheres: os irmãos Oceano, Ceos, Crio, Hiperíon, Jápeto e Cronos, e as irmãs Teia, Reia, Têmis, Mnemósina, Febe e Tétis. Os titãs mais conhecidos são o rio-mundo Oceano; Reia, que se casou com o irmão Cronos e deu à luz Zeus e seus irmãos; Têmis ("lei divina"); Mnemósina ("memória"), que se tornou mãe das Musas; Tétis, que se casou com Oceano e deu à luz as Oceânides; e Jápeto, que se tornou pai de Atlas, Prometeu e Epimeteu. As origens e disputas de poder dos titãs foram relatadas em detalhes pelo poeta grego Hesíodo. À primeira vista, Úrano abominou os hecatonquiros e ciclopes e forçou os monstros recém-nascidos de volta para dentro da mãe, Gaia, causando-lhe enorme sofrimento. Gaia clamou aos titãs por ajuda, mas apenas Cronos, o mais jovem do grupo, revelou-se destemido o suficiente para se voluntariar. Ele escondeu-se e esperou até que Úrano fosse deitar-se com Gaia à noite, então o castrou. Disso resultou não apenas o nascimento de Afrodite e das temíveis Erínias, como também fez com que Cronos se tornasse rei dos deuses. Cronos então casou-se com a irmã Reia e com ela gerou Zeus e seus irmãos, que se tornaram conhecidos como os deuses olímpicos. Depois de tomar conhecimento que um de seus rebentos estava destinado a destituí-lo, Cronos devorou cada um dos filhos logo após o nascimento. Zeus foi a única exceção, pois Reia o salvou, entregando a Cronos uma pedra enrolada em um manto. Então os titãs e os deuses olímpicos travaram uma guerra de dez anos pelo poder, um conflito chamado Titanomaquia (mesmo na Antiguidade, foi confundido com a Gigantomaquia, "batalha entre deuses e gigantes"). A luta foi tão intensa que o céu, a terra e o mar foram abalados. Zeus recrutou a ajuda dos hecatonquiros e prevaleceu sobre os titãs, que acabaram aprisionados no Tártaro, vigiados pelos hecatonquiros. Fontes posteriores especificam que nem todos os titãs estavam envolvidos na Titanomaquia e, por isso, nem todos foram presos. Os filhos e netos dos titãs também são frequentemente chamados de "titãs", embora sejam tecnicamente uma segunda ou, em alguns casos, terceira geração deles.

(Ver Afrodite, Atlas, Ceos, Ciclopes, Cronos, Epimeteu, Erínias, Febe, Gaia, Gigantes, Hecatonquiros, Hiperíon, Jápeto, Mnemósina, Musas, Oceânides, Oceano, Olimpo, Prometeu, Reia, Tétis, Têmis, Úrano, Zeus)

TRITÃO: deus do mar, filho do deus Posídon e da Oceânide Anfitrite e vive nas profundezas do mar. Ele também é conhecido por visitar o Lago Tritônis (daí o nome do lago), na Líbia, onde Jasão e os Argonautas o encontraram. Tritão possui forma híbrida: torso humano e cauda de peixe. O poeta romano Ovídio descreve o barbado Tritão como de cor azul esverdeada e ombros cobertos de cracas. Ele possui uma concha, que soprara para fazer com que as águas do Grande Dilúvio retrocedessem depois que o mundo, devido ao mal da humanidade, tornara-se um grande oceano. O geógrafo Pausânias menciona não um, mas vários Tritões, e reproduz duas histórias curiosas ouvidas na Beócia. Um Tritão teria roubado gado e atacado pequenos navios na região até que a população local o embebedara com vinho e, adormecido, o decapitara. Este Tritão decapitado, Pausânias comenta, parece ter inspirado a construção de uma estátua local da criatura sem cabeça, que, é claro, já não poderia ser considerada imortal. A segunda história envolve mulheres locais que desejavam purificar-se no mar em preparação para a adoração a Dioniso. Um Tritão as atacou, e a criatura foi expulsa pelo próprio Dioniso assim que as mulheres pediram ajuda. Em Roma, acrescenta Pausânias, ele viu um Tritão de cabelos verdes e emaranhados com aspecto de sapo do pântano. Seu corpo, terminando em uma cauda de golfinho, era coberto por escamas, como as de um peixe. Ele tinha guelras sob as orelhas, mas o nariz era humano. A boca era larga e bestial, os olhos eram azuis, as mãos, dedos e unhas eram como conchas de múrex.

(Ver Anfitrite, Argonautas, Beócia, Dioniso, Jasão, Oceânides, Posídon, Roma)

URÂNIA (ou Ourânia): "a celestial" é uma Musa, as divindades que inspiravam a expressão artística. Considerada a patrona da astronomia e da astrologia, por isso, passou a ser relacionada às ciências naturais e à filosofia. Menciona-se que é mãe do famoso cantor Lino (como, a propósito, também a irmã Calíope) e de Himeneu, a personificação dos hinos de casamento. Há distintas Urânias na mitologia clássica. Uma delas é uma Ninfa Oceânide, filha de Oceano e Tétis. As deusas Hera, Hécate, Hebe, Ártemis e Nêmesis também são chamadas de Urânia no sentido de serem "celestiais" e residirem no monte Olimpo. O termo "Urânia" também é empregado como um título de culto à Afrodite, possivelmente referência ao seu papel como deusa da fertilidade e descendente de Úrano.

(Ver Afrodite, Ártemis, Hebe, Hécate, Hera, Nêmesis,
Oceânides, Oceano [deus], Olimpo, Tétis, Úrano)

ÚRANO (Uranus em grego): personificação da abóbada celeste, ou *céus*, assim como do próprio céu. De acordo com o relato do poeta Hesíodo sobre a origem dos deuses e do universo, Gaia, a deusa elemental da terra, gerou Úrano para cobri-la por todos os lados e para ser o local de residência dos deuses (que ainda não haviam nascido). Gaia e Úrano tiveram vários grupos de filhos: os doze deuses titãs, os três ciclopes e os três hecatonquiros ("de cem mãos"). Úrano considerou os seis monstros recém-nascidos tão medonhos que os forçou de volta para dentro da mãe, causando-lhe dor excruciante. Por esse ultraje, ela buscou vingança e convenceu Cronos, o mais jovem dos titãs, a executar seu plano. Quando Úrano estava prestes a deitar-se com ela à noite, Cronos saiu do esconderijo e castrou o pai, fazendo com que Úrano deixasse de ser a divindade masculina mais poderosa. Os órgãos genitais decepados de Úrano caíram no mar, e da espuma surgiu Afrodite. Do sangue que caiu na terra surgiram os gigantes e as Erínias, espíritos de vingança. Cronos, por sua vez, seria destituído pelo próprio filho, Zeus, que então se tornaria o rei dos deuses. Esse mito de sucessão (Úrano-Cronos-Zeus) possui paralelos no Oriente Próximo, que apontam para uma origem comum dessas histórias.

(Ver Afrodite, Ciclopes, Cronos, Erínias, Gaia, Gigantes, Hecatonquiros, Titãs, Zeus)

URANUS: nome grego do deus dos céus, também conhecido como Úrano. Uranus era o companheiro da deusa da terra Gaia e com ela gerou os ciclopes, os hecatonquiros e os titãs, cujo o mais jovem, Cronos, castrou-o em vingança pelo mal que ele infligira a Gaia.

(Ver Ciclopes, Gaia, Hecatonquiros, Titãs, Úrano)

VESTA: contraparte romana da Héstia grega, deusa da lareira. Não existem mitos associados a Vesta *per se*. No mundo romano, Vesta preside tanto o lar da família como o centro da cidade e do estado. Portanto, é considerada o coração simbólico da família e dos grupos familiares colaborativos. Na cidade de Roma, as seis sacerdotisas de Vesta atendiam ao fogo sagrado, mantido sempre aceso em um templo circular no Fórum Romano. Essas sacerdotisas eram designadas entre as idades de seis e dez anos e serviam à deusa por um período de trinta anos. Depois disso, viam-se livres para casar. Se uma das Virgens Vestais rompesse seus votos de castidade, uma ocorrência rara, era enterrada viva.

(Ver Héstia, Roma)

VULCANO (ou Volcānus): deus romano do fogo, especialmente dos aspectos destrutivos. Outro de seus nomes são Mulciber ("mitigador"), Quietus ("pacífico") e Mitis ("gentil") devido à suas habilidades no controle de conflagrações e surtos de incêndios. Vulcano é um deus muito antigo em Roma, mas suas origens são desconhecidas. Acredita-se que seja uma divindade de origem etrusca que chegara à Itália pelo Mediterrâneo Oriental. Sua companheira é uma deusa chamada Maia, não a filha de Atlas ou mãe de Hermes. Sendo uma divindade importante para os romanos, Vulcano tinha um santuário, o Vulcanal, na base do monte Capitolino, no Fórum Romano, e um templo no Campo de Marte, construído posteriormente. A Vulcanalia era um festival celebrado anualmente (23 de agosto) em sua honra que envolvia o sacrifício de peixes do Tibre, que eram jogados nas chamas do deus. Vulcano passou a ser equiparado a Hefesto, o deus grego da forja, vulcões e fogos subterrâneos, já no século IV a.C. Assim, assumiu as características e mitologia do deus grego. Como um equivalente a Hefesto, Vulcano era representado com chapéu cônico de trabalho e portando tenaz, bigorna e martelo.

(Ver Atlas, Capitolino, Hefesto, Hermes, Maia, Roma, Tibre)

ZÉFIRO (também Zephyr ou Zephyrus): personificação e deus do vento oeste, morno e gentil, prenúncio da bem-vinda primavera e do renascimento da vegetação. Os romanos o equiparam a Favônio. Assim como os ventos Bóreas e Noto, o poeta grego Hesíodo comenta que é filho de Eos, deusa do amanhecer, e de seu companheiro, Astreu. Homero narra que Zéfiro deitou-se com a tempestuosa Podarge, "aquela de pés velozes", enquanto pastava às margens do rio Oceano. A união resultou no nascimento dos cavalos imortais de Aquiles, Xanto e Bálio. Podarge, deve-se notar, é identificada por outras fontes como uma das harpias, mulheres-pássaros que pareciam, ao menos originalmente, personificar a natureza repentina e avassaladora das rajadas de vento. Por vezes, os ventos são representados como cavalos, logo faz sentido que ela e Zéfiro, ambos em forma equina, gerassem cavalos velozes e imortais. Uma história diferente envolvendo Zéfiro é narrada pelo mitógrafo Apolodoro. Zéfiro e Apolo competiam pelo afeto do belo jovem espartano Jacinto. Sentindo que Jacinto preferia Apolo, o ciumento Zéfiro fez com que o disco lançado pelo rival acertasse a cabeça de Jacinto, matando-o. Em sua homenagem, a flor de jacinto com palavras de luto inscritas nas pétalas brotou do solo onde o mortal sucumbira. Outra história relacionada à flores menciona a perseguição de Zéfiro pela Ninfa Clóris ("verdejante"), com quem se casou, tornando-a deusa das flores — posteriormente ficou conhecida como Flora. Na verdade, ela, segundo o poeta Ovídio, em *Fastos*, teria criado o jacinto.

(Ver Aquiles, Apolo, Bóreas, Esparta, Favônio, Flora, Jacinto, Noto, Oceano [lugar])

ZEUS: deus supremo dos gregos tanto em questão religiosa quanto mitológica, tendo primazia sobre os deuses que viviam ao seu lado no monte Olimpo, assim como sobre todos os outros. Ele é o "Hipatos" (o "altíssimo") e, como descrito por Homero, o onipotente "pai dos deuses e dos homens". É indiscutível que as origens de Zeus são indo-europeias, o nome deriva da raiz *dieu*, "cintilar". Ele é, em primeiro lugar, o refulgente deus dos céus e dos fenômenos atmosféricos, incluindo chuva, trovão e relâmpago. Como as montanhas são os elementos geológicos da terra mais próximos do céu, eram consagradas a ele, especialmente o elevado monte Olimpo. É importante ressaltar que Zeus é também um deus cívico, profundamente preocupado com a fundação e manutenção da cidade como uma comunidade organizada, assim como com a ordem das casas familiares e seus membros. Sendo a divindade que sustenta as relações interpessoais, é o protetor dos suplicantes, garantindo a integridade dos juramentos e da hospitalidade. Como um reflexo de suas inúmeras funções, possui muitos epítetos e epicleses (nomes pelos quais era chamado em oração e culto), entre o quais Ómbrios ("aquele que faz chover"), Nephelegeretes ("aquele que reúne as nuvens"), Keraunos ("aquele que faz trovejar"), Olímpio ("do monte Olimpo"), Agoreu ("deus das assembleias"), Xenio ("deus da hospitalidade"), Hikesios ("deus dos suplicantes") e Órquio ("deus dos juramentos"). Zeus era adorado em toda a Grécia e protegia todas as cidades igualmente. Não sendo, portanto, o patrono de nenhuma cidade em particular. Seu festival de culto mais importante, que contavam com os jogos Pan-Helênicos, era realizado em Olímpia, no Peloponeso. Lá, o templo construído em sua honra continha a estátua de culto mais conhecida, a colossal criação em ouro e marfim do famoso escultor Fídias. Além de ser o deus supremo cívico e climático, Zeus possuía poderes proféticos, seu oráculo era o mais antigo e proeminente localizado em Dodona, no Epiro. Acreditava-se que as predições fossem transmitidas pelo farfalhar das folhas de seu carvalho sagrado e pelo voo ou o piar dos pombos pousados nessa árvore. Na mitologia, Zeus é filho dos deuses titãs Cronos e Reia e irmão de Posídon, Hades, Héstia, Hera e Deméter. Ao saber que seria destronado por um de seus filhos, Cronos passou a devorá-los assim que nasciam. Zeus foi exceção, pois Reia o salvou, dando a Cronos uma pedra envolta em um manto para que fosse devorada no lugar do filho. O infante Zeus, por sua vez, foi levado ao monte Ida (ou Díctis), na ilha de Creta, onde foi cuidado pelas Ninfas Adrasteia e Ida enquanto os Curetes batiam as armas para ocultar seu pranto. Quando atingiu a maturidade, Zeus e os irmãos, os chamados deuses olímpicos, travaram a batalha de uma década contra os deuses titãs da geração mais velha. Com a ajuda dos ciclopes e hecatonquiros, Zeus prevaleceu. Os titãs foram presos no Tártaro e coube a Zeus e aos irmãos partilhar o mundo. Assim, tiraram a sorte. Zeus tornou-se senhor dos céus, Hades, o guardião do Mundo Inferior e Posídon, o senhor do mar. Zeus casou-se com a irmã, Hera, e com ela teve Ares, deus da guerra, Ilítia, deusa do parto, e Hebe, deusa da juventude. Zeus também teve muitos outros companheiros e amantes divinos e mortais, entre eles a deusa Métis, que ele devorou durante a gravidez e com quem teve Atena. Os deuses gêmeos Apolo e Ártemis são seus filhos com a deusa titânide de segunda geração Leto. Ele também teve Hermes com a Ninfa Maia, Dioniso com a princesa tebana Sêmele, Perséfone com Deméter e as nove Musas com Mnemósina. Segundo alguns mitos, Zeus seria o pai de Afrodite, nesse caso, filha de Dione. Seu filho mortal mais conhecido, Hércules, é simultaneamente filho de Anfitrião, já que o deus e o mortal haviam dormido com Alcmena, mãe de Hércules, na mesma noite. Em dois casos espetaculares, o próprio Zeus deu à luz Atena, que brotou de sua cabeça, e Dioniso, cuja mãe grávida, Sêmele, Zeus assassinou com um raio. Depois de um período de gestação, Dioniso emergiu-lhe da coxa. Zeus é conhecido por recorrer a meios não ortodoxos de sedução, por exemplo, transformando-se em chuva de ouro para ter acesso a uma Dânae aprisionada, com quem teve Perseu. Na forma de um belo touro branco domesticado, raptou a princesa Europa. Além disso, assumiu a aparência da deusa Ártemis para se aproximar de Calisto, uma virgem devota da deusa. Para seduzir Leda, com quem teve Helena de Troia, Zeus disfarçou-se de cisne. No entanto, foi a águia sagrada

DEUSES, DEUSAS, ESPÍRITOS E NINFAS

do deus, e não o próprio deus, que raptou o belo príncipe troiano Ganimedes. Entre aqueles que sofreram sua ira estão o titã de segunda geração Prometeu, Licáon e toda a humanidade da Era do Ferro — como a atual e perversa raça de mortais era conhecida. Zeus considerava Prometeu um importante benfeitor da humanidade e, por isso, ele foi acorrentado, para que o fígado fosse devorado por abutres pela eternidade. O maléfico rei Licáon foi transformado em lobo devido ao comportamento bestial e a humanidade, que Zeus considerava de modo convicto como má, foi extinta por uma grande inundação, com exceção dos devotos Deucalião e Pirra. As características distintivas de Zeus são o cetro, relâmpagos e seu pássaro sagrado, a águia. Entre as plantas, o carvalho régio lhe é o mais sagrado. Os romanos estabelecem uma equivalência entre seu deus supremo, Júpiter, e Zeus.

(Ver Afrodite, Alcmena, Anfitrião, Apolo, Ares, Ártemis, Atena, Calisto, Ciclopes, Creta, Cronos, Curetes, Dânae, Deméter, Deucalião, Dione, Dioniso, Dodona, Europa, Ganimedes, Hades, Hebe, Hecatonquiros, Helena, Hera, Hércules, Hermes, Héstia, Ida, Ilítia, Júpiter, Leda, Leto, Licáon, Maia, Métis, Mnemósina, Mundo Inferior, Musas, Olímpia, Olimpo, Perséfone, Perseu, Pirra, Posídon, Prometeu, Reia, Roma, Sêmele, Titãs, Troia)

PARTE II

HERÓIS

HEROÍNAS

E

POVOS

LINHAGEM DE ATREU

```
                    ? + PITEU
                        │
POSÍDON + ETRA + EGEU
         │                          │
         │                   HELENA + MENELAU
         │                          │
HIPÓLITA + TESEU + FEDRA            │
         │                          │
    HIPPOLYTUS                  HERMÍONE
         │
   DEMOFONTE   ÁCAMAS
```

1. Pelopia também era filha de Tiestes.

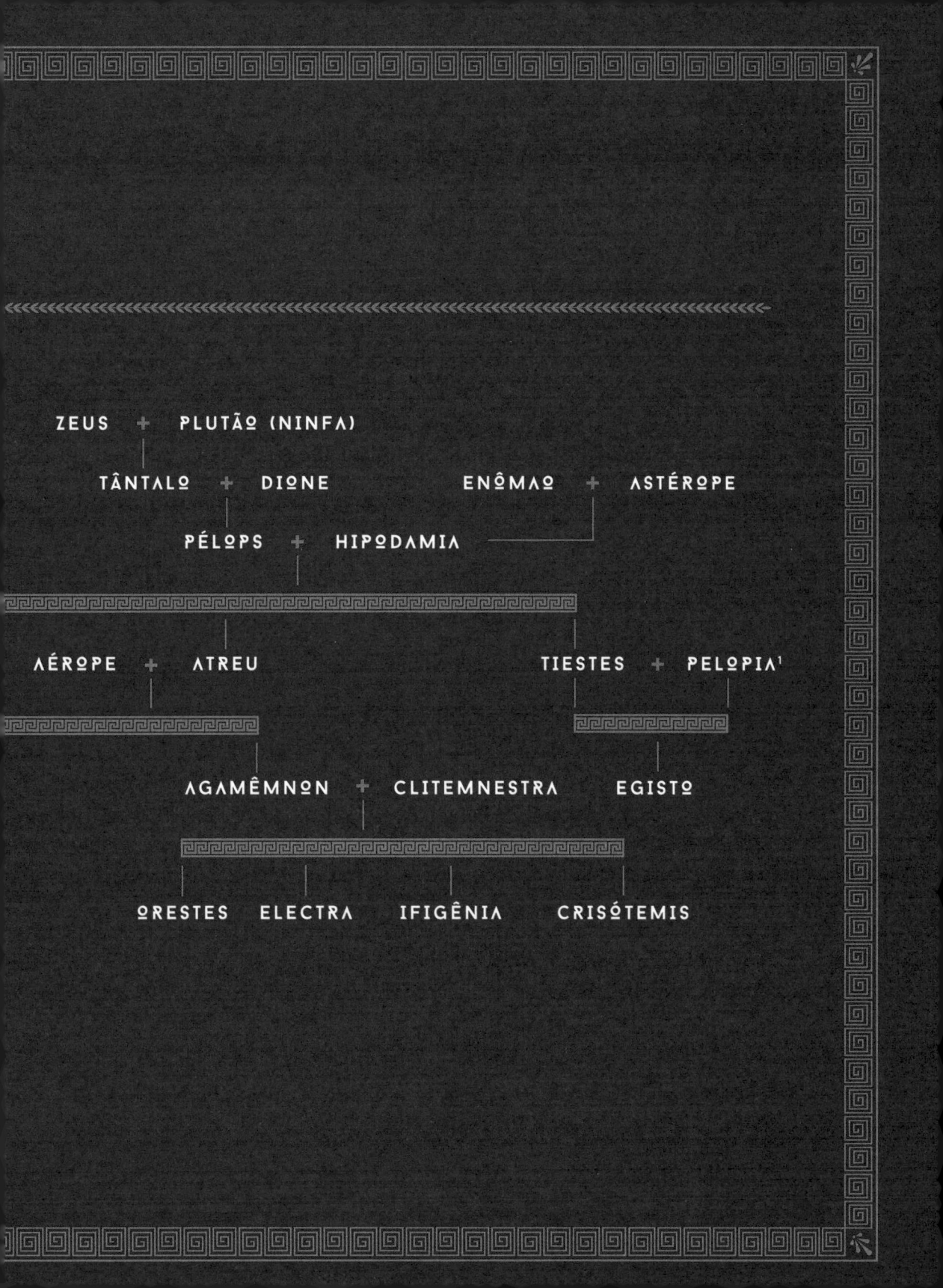

```
ZEUS  +  PLUTÃO (NINFA)
        │
   TÂNTALO  +  DIONE              ENÔMAO  +  ASTÉROPE
            │                            │
         PÉLOPS  +  HIPODAMIA
                 │
    ┌────────────┴────────────┐
AÉROPE + ATREU           TIESTES + PELOPIA¹
       │                         │
   AGAMÊMNON  +  CLITEMNESTRA   EGISTO
             │
   ┌─────┬───┴───┬─────┐
ORESTES ELECTRA IFIGÊNIA CRISÓTEMIS
```

ABAS: rei de Argos e pai dos futuros reis dessa cidade e território. De acordo com o mitógrafo Apolodoro, ele é filho do rei Lince e da esposa Hipermnestra, uma das danaides. Abas, por sua vez, teve filhos gêmeos, Acrísio e Preto, com Aglaia, filha de Mantineu. Diz-se que os gêmeos brigavam desde o útero. Mais tarde, travaram uma guerra pelo reino do pai e, durante o conflito, inventaram os escudos. Acrísio venceu e expulsou Preto de Argos. Então ele foi para a corte do rei lícioIóbates e casou com sua filha, Anteia (ou Estenebeia). Com o apoio de Ióbates, Preto retornou a Argos e os irmãos dividiram o território da cidade: Acrísio reinava sobre Argos e Preto sobre Tirinto, cidade que fundou.

(Ver Acrísio, Aglaia [heroína], Argos, Danaides, Hipermnestra, Lícia, Linceu, Preto, Tirinto)

ACATES: aparece na epopeia do poeta romano Virgílio, a *Eneida*, como o companheiro mais leal de Eneias no curso de suas viagens de Troia à Itália.

(Ver Eneias, Troia)

ACESTES (ou Egestes): de ascendência troiana, foi rei da cidade siciliana de Erix. De acordo com o poeta romano Virgílio, seu pai é o deus siciliano do rio Crimiso e a mãe troiana, embora outra lenda indicasse que fosse filho da Ninfa troiana Egesta. Acestes acolheu Eneias e seu grupo de refugiados troianos quando eles pararam na Sicília a caminho da Itália, após a queda de Troia. Por fim, Eneias deixou aqueles cansados de viajar com Acestes na Sicília.

(Ver Eneias, Ninfas, Sicília, Troia)

ACETES (ou Acoetes): capitão de um navio tirreno cuja tripulação, segundo o poeta romano Ovídio, levou um sonolento Dioniso como cativo. Aparentemente, o jovem deus havia pedido aos marinheiros que o levassem à ilha de Naxos, e eles fingiram atender ao pedido. Como o jovem tinha aparência principesca, os marinheiros nutriram grandes esperanças de resgate ou outro ganho. Apenas o capitão do navio, Acetes, percebeu que estava na presença de uma divindade, então proferiu uma prece e fez tudo o que pôde para impedir que a tripulação zarpasse com o jovem deus. O navio, de repente, foi refreado e tornou-se imóvel, sendo coberto por ramos de hera vicejante. Espectros de tigres, linces e panteras surgiram aos pés do deus. A tripulação do navio viu-se apavorada e saltou ao mar, transformando-se em golfinhos. No entanto, Dioniso pediu ao capitão que não tivesse medo. Acetes levou o deus a Naxos, seu destino, e tornou-se seu seguidor e sacerdote.

(Ver Dioniso, Naxos)

HERÓIS, HEROÍNAS E POVOS

ÁCIS: o belo filho de Fauno, uma divindade da floresta, e de Simetis, uma Ninfa marinha desconhecida, foi perseguido pela Ninfa nereida Galateia quando tinha apenas dezesseis anos de idade. Ao mesmo tempo, Galateia foi perseguida pelo ciclope Polifemo, que ela detestava na mesma medida que amava Ácis. Enfurecido de ciúme, Polifemo esmagou o filho de Fauno com uma pedra enorme. Galateia orou para que ele fosse salvo e, em resposta, a terra se abriu e revelou Ácis mais encorpado do que antes, reencarnado como um deus-rio verde-azulado cujas águas até hoje levam seu nome.

(Ver Ciclopes, Fauno, Galateia, Nereidas, Polifemo)

ACRÍSIO: ele e Preto são os filhos gêmeos de Aglaia e Abas, rei de Argos e dono de um escudo assustador capaz de dissuadir inimigos potenciais. Acrísio e seu irmão gêmeo são bisnetos de Dânao, pai das danaides, notórias pelo assassinato dos maridos. Os gêmeos tinham relação conflituosa desde, supostamente, o útero. Seu pai desejava que os filhos governassem em alternância após sua morte, mas Acrísio recusou e uma batalha foi travada. Na sequência, Acrísio governou Argos e Preto comandou Tirinto, que ele havia fundado. Com Eurídice (ou Aganipe), Acrísio gerou Dânae, que ele confinou em um quarto impenetrável (ou, segundo algumas versões, uma torre) para evitar que a previsão do oráculo que predizera sua morte nas mãos do neto se concretizasse. Essas medidas não impediram que Zeus visitasse Dânae na forma de chuva de ouro, gerando Perseu. Desejando evitar o homicídio previsto pelo oráculo, Acrísio colocou mãe e filho em um baú e os lançou à deriva no mar. Na ilha de Sérifo, foram salvos por um pescador, com quem Dânae casou. Perseu cresceu e, após cumprir a tarefa que lhe fora confiada — decapitar a górgona Medusa —, retornou a Argos. No entanto, Acrísio deixara o reino para residir na cidade de Larissa, na Tessália. Ao saber que o neto ainda vivia, voltou a temer o oráculo. Em Larissa, Perseu, que participava dos jogos fúnebres do governante local, causou a morte acidental de Acrísio com um disco mal lançado.

(Ver Aglaia, Argos, Dânae, Danaides, Dânao, Eurídice [heroína], Górgonas, Larissa, Medusa, Perseu, Sérifo, Tessália, Tirinto, Zeus)

ACTÉON: filho de Autônoe, filha do rei tebano Cadmo, e de Aristeu, um hábil agricultor filho do deus Apolo. Ele é também primo do deus Dioniso e de Penteu, que se tornaria governante de Tebas e se mostraria hostil à adoração de Dioniso. Caçador, Actéon aprendeu essa arte com o sábio centauro Quirão. O poeta romano Ovídio narra sua morte horrível em detalhes. Enquanto caçava com os cães e buscava proteção do calor do meio-dia, ele deparou-se com um lago onde Diana (a equivalente romana a Ártemis) e suas Ninfas companheiras se banhavam. Embora as tenha visto nuas por mero acidente, Diana, enfurecida, jogou-lhe água e transformou-o em cervo. Seus cães, atiçados ao frenesi, não reconheceram o dono e o dilaceraram. Diante do desfecho, a raiva de Diana foi apaziguada. Uma explicação menos comum à punição é registrada pelo mitógrafo Apolodoro. De acordo com o autor, Zeus poderia ter sido o culpado, pois via-se enciumado da atenção que Actéon despertava em Sêmele, com quem o maior dos deuses teria Dioniso.

(Ver Apolo, Aristeu, Ártemis, Autônoe, Cadmo, Quirão, Diana, Dioniso, Penteu, Sêmele, Tebas e Zeus)

ADMETA (ou Admete): filha de Euristeu, o rei de Argos (e/ou Micenas e Tirinto), para quem Hércules realizou seus doze trabalhos. Um desses trabalhos era trazer o cinturão da rainha amazona, Hipólita, para Admeta.

(Ver Amazonas, Argos, Euristeu, Hércules, Hipólita)

ADMETO: filho de Feres, rei e fundador de Feras, na Tessália, e Periclímene, filha de Mínias, ancestral epônimo do povo conhecido como mínios. Quando ele sucedeu o pai como governante, Zeus enviou-lhe Apolo como seu servo, visando punir o deus do sol por ele ter matado os ciclopes. A morte dos ciclopes, por sua vez, foi um ato de vingança de Apolo contra Zeus, em razão de o maior dos deuses ter assassinado seu filho, Asclépio. Ocorre que Admeto fora um mestre tão bom que Apolo sempre vinha em seu auxílio. Segundo o mitógrafo Apolodoro, Admeto pediu a mão de Alceste, filha do rei Pélias de Iolco, mas só cederia a mão da filha ao homem que pudesse atrelar um leão e um javali a uma carruagem. Apolo completou a tarefa em nome de seu mestre, que, assim, ganhou a mão de Alceste. O deus também conseguiu um favor especial com as Parcas: caso Admeto confrontasse a morte, outra pessoa poderia se apresentar como substituta. Ainda jovem, Admeto ficou gravemente doente e perguntou aos pais se o salvariam, mas eles negaram. No entanto, Alceste, sua devotada esposa, voluntariou-se. Quando Tânatos ("a morte") foi buscá-la, o rei de Feras viu-se arrasado. Por sorte, Hércules passava por Feras no momento e, em gratidão pela hospitalidade com que fora recebido pelo rei, lutou contra Tânatos e foi capaz de devolver a esposa ao marido. A história de Admeto e a esposa, Alceste, é o tema da tragédia de Eurípides, *Alceste*.

(Ver Alceste, Apolo, Asclépio, Feras, Hércules, Iolco, Mínios, Mínias, Pélias, Tânatos, Tessália, Zeus)

ADÔNIS: A mitologia e o culto deste herói grego estão ligados a Afrodite, que o amava. Assim como a deusa, suas origens parecem remeter ao Oriente Próximo. Em grande medida, Adônis é considerado a adaptação grega de uma divindade oriental da natureza, que é consorte de uma deusa da terra e incorpora o ciclo sazonal de nascimento, morte e renascimento do reino das plantas. De acordo com o mitógrafo Apolodoro, Adônis é filho de Esmirna, a bela filha do rei da Assíria, Teias. Esmirna recusou todos os seus muitos pretendentes, desonrando Afrodite. Ela pagou um preço alto pela ofensa: a deusa fez com que Esmirna se apaixonasse pelo próprio pai. O poeta romano Ovídio também narra essa história, mas chama Esmirna de "Mirra", o que a torna uma princesa de Chipre. Nessa versão, não foi Afrodite, mas uma das Parcas quem fez com que a menina se apaixonasse pelo próprio pai, o rei Cíniras. Sem saber que era com a filha que se deitava, Cíniras engravidou Mirra, que fugiu do reino — e da fúria assassina do pai — por vergonha quando seu pecado foi descoberto. Acreditando ser fonte de impudores tanto aos mortos quanto aos vivos, ela clamou aos deuses por salvação. Em resposta, foi transformada na árvore de mirra, que derramaria lágrimas resinosas pela eternidade — a fonte da preciosa mirra. Com a ajuda da deusa Lucina, Mirra pariu o filho Adônis de seu ventre coberto de cascas de árvore. Existem vários relatos da atração de Afrodite por Adônis. Fosse por arrependimento pela dura punição de Mirra ou por paixão instântanea, Afrodite levou o bebê para Perséfone, rainha do Mundo Inferior, para protegê-lo. Mas Perséfone também se apaixonou por Adônis e, quando solicitada, recusou-se a abrir mão do jovem. Zeus, ou a Musa Calíope, resolveu a disputa pela custódia, julgando que Adônis deveria passar um terço de seu tempo com cada deusa e um terço sozinho. A versão mais conhecida, narrada por Ovídio, é diferente: atingida por uma flecha do Cupido, Afrodite viu-se tão apaixonada pelo jovem que abandonou a habitual comodidade e, assim como a caçadora Ártemis, seguiu-o à selva onde ele caçava. Em vão, alertou-o sobre os perigos da caça. Adônis acabou ferido por um javali que ele próprio havia flechado. O mito de Adônis forneceu a base para mitos sobre a origem de várias plantas e flores. Isso inclui não apenas a mirra, como também a rosa vermelha e a anêmona-papoula. Originalmente brancas, as rosas foram tingidas de vermelho pelo sangue dos pés de Afrodite, que se ferira nos espinhos ao lançar-se em socorro ao amado. Depois disso, enlutada, a deusa aspergiu o sangue de Adônis com néctar perfumado e divino e, dele, brotou uma anêmona-papoula vermelho-sangue, uma flor bela, mas de vida curta. Rosas vermelhas também surgiram das lágrimas de Afrodite. Embora, de acordo com o mito, Adônis fosse mortal, os gregos o veneravam como deus e celebravam-no no festival de verão Adoneia. No decorrer das festividades, pequenas imagens de Adônis eram carregadas em procissão e pequenos vasos ou cestos eram espargidos com sementes de grãos de rápida floração, de hortaliças e de ervas. Esses chamados "jardins de Adônis" eram carregados para telhados e terraços, onde as mudas brotavam e murchavam rapidamente, representado o ciclo simbólico do luto.

(Ver Afrodite, Ártemis, Calíope, Chipre, Cíniras, Cupido, Lucina, Mirra, Mundo Inferior, Musas, Perséfone, Zeus)

ADRASTO: rei de Argos. Ficou conhecido como uma figura central no destino da cidade de Tebas. Polinice, filho de Édipo, e Tideu, filho de Eneu, haviam sido exilados para Argos. Quando chegaram, começaram a lutar. Adrasto aproximou-se deles e, lembrando-se das palavras de um profeta que lhe instruíra a unir as filhas em casamento a um javali e a um leão, ofereceu-lhes as filhas como noivas. A decisão foi motivada por Adrasto notar que o escudo de um dos jovens tinha um emblema de javali e o do outro, leão. Adrasto então prometeu que lhes restituiria as terras natais. Para auxiliar Polinice a tomar o trono de Tebas do irmão, Etéocles, que devia ter renunciado depois de um ano, Adrasto organizou um contingente de sete capitães, os chamados Sete Contra Tebas, e marchou sobre a cidade; uma atitude que ele tomou mesmo sabendo que o advinho Anfiarau previra um desfecho desastroso. Dos Sete, somente Adrasto sobreviveu. Quando os filhos dos Sete derrotados posteriormente atacaram Tebas para vingar a morte dos pais, seu filho foi o único dos líderes da campanha a perecer.

(Ver Anfiarau, Argos, Édipo, Etéocles, Polinice, Tebas, Tideu)

AERO: mais conhecida como Mérope, filha de Enópion, rei de Corinto, e da esposa, Hélice, também é chamada de Aero. Ficou conhecida principalmente por ter sido perseguida pelo caçador Oríon, que desejava casar-se com ela. Como resultado, Oríon foi cegado.

(Ver Corinto, Mérope [heroína], Oríon)

AÉROPE: filha do rei cretense Catreu, que tomara conhecimento da profecia que previa sua morte nas mãos da própria filha ou, de acordo com outra versão, de um dos próprios rebentos, Aérope ou da irmã. Por isso, Catreu enviou Aérope para longe, para Náuplio, rei de Náuplia, para que fosse morta ou vendida. Escapando da escravidão e da morte, ela casou com Atreu, rei de Micenas, a quem deu à luz os heróis Agamêmnon e Menelau.

(Ver Agamêmnon, Atreu, Creta, Menelau, Micenas)

HERÓIS, HEROÍNAS E POVOS

AGAMÊMNON: filho de Atreu, foi rei de Micenas na época da Guerra de Troia. Como governava o reino mais populoso e, presumivelmente, o mais poderoso da Grécia, serviu como comandante-chefe dos reis gregos e dos numerosos exércitos que navegaram para Troia, tão grandes que foram necessários mil navios para transportá-los. É importante ressaltar que Agamêmnon é irmão do rei espartano Menelau, marido de Helena, a quem o príncipe de Troia, Páris, havia sequestrado, o que causara as hostilidades. Como descendente de Pélops, filho de Tântalo, Agamêmnon não conseguiu escapar da maldição da família. Ele ficou conhecido pelo papel desempenhado na Guerra de Troia, assim como pelas consequências. Quando os gregos reuniram-se no porto de Áulis, Agamêmnon, sem saber, matou uma corça sagrada da deusa Ártemis, um pecado pelo qual os gregos e o próprio rei pagaram caro. Enfurecida, a deusa tornou os ventos desfavoráveis a navegação, e os gregos viram-se inquietos e famintos. Eles solicitaram um conselho ao profeta Calcas, e a solução prescrita foi o sacrifício da filha do rei, Ifigênia, à deusa. Agamêmnon ficou dividido, mas, pondo a pátria acima da família, enganou a esposa, Clitemnestra, para que enviasse Ifigênia a Áulis sob o pretexto se casar com o jovem Aquiles. O terrível ato foi realizado e os gregos zarparam. Mas Clitemnestra jamais perdoaria o marido e, no decorrer dos longos anos de ausência, tomou-se amante do primo do rei, Egisto, com quem planejou sua vingança. Enquanto isso, no décimo ano da Guerra de Troia, Agamêmnon provocou a retirada de Aquiles da guerra, pois insistira em receber seu prêmio de guerra, Briseida como compensação pela perda da própria serva, Criseida. Devolver Criseida ao pai fora a única maneira de acabar com a praga que Apolo lançara sobre os gregos. O desprezo de Agamêmnon por Aquiles causou aos gregos demasiado sofrimento e a perda de inúmeras vidas, entre elas, Pátroclo, o amado companheiro de Aquiles. Foi apenas a perda de Pátroclo que instigou Aquiles a lutar outra vez, agora motivado pelo desejo de vingança. Após a queda de Troia, em que o herói Odisseu e sua armadilha com o Cavalo de Troia foram fundamentais, Agamêmnon voltou para casa apenas para ser morto a facadas pela esposa enquanto estava na banheira. Clitemnestra ainda encontrava-se enfurecida pela morte da filha, mas também porque o rei retornara a Micenas trazendo uma concubina de Troia, a sacerdotisa Cassandra, cuja morte a rainha planejou. A morte de Agamêmnon seria mais tarde vingada pelo filho, Orestes.

(Ver Aquiles, Ártemis, Atreu, Áulis, Briseida, Calcas, Cassandra, Criseida, Clitemnestra, Egisto, Esparta, Helena, Ifigênia, Menelau, Micenas, Odisseu, Orestes, Pátroclo, Páris, Troia)

AGAVE: filha de Cadmo, fundador de Tebas, e de Harmonia. Casada com Equíon, um dos guerreiros nascidos dos dentes de dragão que Cadmo plantara, é mãe de Penteu, que, como governante de Tebas, cometeu o erro fatal de não reconhecer o deus Dioniso. Agave e as irmãs, Ino e Autônoe, difamaram sua outra irmã, Sêmele, quando ela engravidara de Dioniso, filho de Zeus. Por essa razão, foram punidas por Dioniso, que as tornou cúmplices da morte de Penteu: inebriadas em transe báquico, elas o despedaçaram. Sem saber o que tinha feito e acreditando ter matado um filhote de leão, Agave levou a cabeça de Penteu para mostrar a Cadmo. Pelo crime, ela e as irmãs foram exiladas.

(Ver Autônoe, Cadmo, Dioniso, Equíon, Harmonia, Ino, Penteu, Sêmele, Tebas, Zeus)

AGENOR: segundo o mitógrafo Apolodoro, é filho do deus Posídon e de Líbia, filha de Mênfis e de Nilo. Seu irmão gêmeo é Belo, que se tornou rei do Egito, ao passo que Agenor se tornou rei de Sídon ou de Tiro, na Fenícia. Com Telefassa, Agenor teve uma filha, Europa, e três filhos, Fênix, Cílix e Cadmo, o futuro fundador de Tebas. Quando Europa foi sequestrada por Zeus, Agenor enviou os filhos em sua busca, instruindo-os a não voltar de mãos vazias. Nenhum deles a encontrou, de modo que todos se estabeleceram em outro lugar.

(Ver Belo, Cadmo, Europa, Posídon, Sídon, Zeus)

AGLAIA: filha de Mantineu e esposa do rei Abas, de Argos, com quem teve gêmeos, Acrísio e Preto. Acrísio se tornaria pai de Dânae, cuja prisão Zeus adentrara depois de assumir a forma de chuva de ouro. Quanto a Preto, sua esposa, Estenebeia, desenvolveu uma atração fatal pelo herói Belerofonte.

(Ver Abas, Acrísio, Argos, Belerofonte, Dânae, Preto, Zeus)

AGLAURO: filha de Cécrops, homem-serpente e primeiro rei da Ática (território de Atenas). De acordo com o mitógrafo Higino, quando o mítico infante Erictônio nasceu da terra, Minerva depositou-o em um baú, confiado a Aglauro e às irmãs, Pandroso e Herse, instruindo-as a não abri-lo sob nenhuma circunstância. A curiosidade levou a melhor e, como punição, Minerva as fez enlouquecer. Em consequência do estado alterado, elas se lançaram no mar.

(Ver Atenas, Ática, Cécrops, Erictônio, Minerva.)

ÁJAX Menor: na *Ilíada* de Homero, o chamado Ájax Menor (ou Aias) lutou bravamente em Troia ao lado de Ájax, filho de Télamon, ambos conhecidos como Ájaxes (ou Aiantes). O Ájax Menor é filho de Oileu, rei da Lócrida, na Grécia Central, e foi para Troia liderando um contingente locrense. Quanto à mitologia, talvez seja mais conhecido pelos erros e consequente punição do que pelo heroísmo. Após a queda de Troia, a filha do rei Príamo, Cassandra, refugiou-se no templo de Atena, então Ájax arrastou-a para fora, cometendo sacrilégio ao violar os direitos dos suplicantes aos deuses. Existem várias lendas sobre a punição. De acordo com *As Troianas*, de Eurípides, a pedido de Atena, Zeus e Posídon causaram a destruição quase completa do contingente grego no mar, impedindo a maioria dos homens de retornar à terra natal, de forma que todo o exército sofreu devido ao pecado do filho de Oileu. Homero acrescenta que Posídon lançou Ájax e seu navio contra as rochas, embora tenha salvo o herói do afogamento. Ele teria escapado com vida se não tivesse alardeado a própria sobrevivência em face à raiva dos deuses. Furioso com essa nova afronta, Posídon golpeou com o tridente a grande rocha em que seu desafeto se encontrava, fazendo com que o cume caísse no mar, arrastando Ájax consigo.

(Ver Ájax Telamônio, Atenas, Cassandra, Posídon, Príamo, Télamon, Troia, Zeus)

ÁJAX TELAMÔNIO

(também chamado Ájax, o Grande): filho do rei Télamon, de Salamina, e de Peribeia (ou Eribeia). De acordo com a *Biblioteca* de Apolodoro, ele recebeu o nome da águia (*aíetos* em grego) surgida como presságio depois que Hércules orou para que Télamon fosse abençoado com um filho, uma recompensa pela ajuda no ataque ao rei troiano Laomedonte. Tendo sido um dos pretendentes de Helena, foi obrigado a liderar um contingente de doze navios de Salamina a Troia. À exceção de Aquiles, era o melhor e o mais alto guerreiro grego em Troia. Na *Ilíada* de Homero, Ájax é representado como um habilidoso guerreiro equipado com um escudo no formato de "torre", lutando bravamente, muitas vezes ao lado do Ájax Menor, filho de Oileu. No decorrer da guerra, confrontou Heitor em combate individual e o feriu, mas se separaram ao anoitecer, convocando uma trégua e trocando presentes de amizade, como era o desejo dos deuses. Mais tarde, Ájax protegeu o corpo do companheiro de Aquiles, Pátroclo, da depredação dos troianos. Posteriormente, retirou o corpo do grande amigo Aquiles do campo de batalha. Sendo os melhores guerreiros sobreviventes entre os gregos, tanto Ájax quanto Odisseu eram merecedores da armadura de Aquiles. Odisseu venceu, seja por ter tirado na sorte ou por ter sido considerado a pessoa que mais contribuiu para a derrota troiana. Como consequência, e enlouquecido por Atena, Ájax atacou o gado tomado como espólio de Troia pensando que os animais eram gregos. Quando sua sanidade foi restaurada, a vergonha foi tão grande que se atirou sobre a própria espada.

(Ver Ájax Menor, Aquiles, Atena, Heitor, Helena, Hércules, Laomedonte, Odisseu, Pátroclo, Sálamis, Troia)

ALCESTE: filha mais velha do rei Pélias, de Iolco, na Tessália, e tornou-se esposa de Admeto, um rei de Feras. Seu pai exigiu que o pretendente de sua filha realizasse o que ele acreditava ser uma tarefa impossível para que ganhasse a mão da filha. Contudo, com a ajuda de Apolo, ele conseguiu. Posteriormente, quando Admeto teve morte prematura, a fiel Alceste ofereceu-se para morrer em seu lugar. A possibilidade de encontrar um substituto para sua morte era outro favor que Apolo havia lhe prometido. Para horror de Admeto, Alceste morreu. Porém, Hércules lutou com Tânatos para devolvê-la ao marido.

(Ver Admeto, Apolo, Feras, Hércules, Iolco, Pélias, Tânatos, Tessália)

ALCEU: filho do herói Perseu e da princesa Andrômeda, que Perseu resgatou de um monstro marinho. A esposa de Alceu era Astidamia, filha de Pélops. Entre seus filhos estava Anfitrião, que se casou com Alcmena, a mãe de Hércules, filho de Zeus.

(Ver Alcmena, Andrômeda, Anfitrião, Hércules, Pélops, Perseu, Zeus)

ALCIDES ("filho"/"descendente de Alceu"): geralmente usado como epíteto de Hércules, filho de Anfitrião e neto de Alceu.

(Ver Alceu, Anfitrião, Hércules)

ALCÍNOO: rei dos feaces, um povo amado pelos deuses. Governou a mítica ilha de Esquéria e, de acordo com a *Odisseia* de Homero, foi um dos treze reis do lugar. Ele é filho de Nausítoo, que levara os feaces da pátria em Hiperia à Esquéria, pois estavam próximos demais dos ciclopes, fonte constante de tormento. Conforme seu nome indica ("força de espírito"), Alcínoo era sábio e generoso. Odisseu foi recebido com hospitalidade por ele quando esteve sozinho em seu palácio, depois de ter perdido todos os companheiros na jornada de retorno de Troia. Além disso, concedeu ao herói o tempo e a oportunidade necessários para revelar totalmente quem era e o que havia sofrido até aquele momento. A generosidade de Alcínoo estendeu-se a ponto de oferecer um navio para levar Odisseu de volta para Ítaca, embora conhecesse a profecia que ditava que o deus Posídon puniria os feaces por oferecer transporte aos necessitados. Certo dia, o deus aturdiria um navio que retornava ao porto, paralisando-o, e lançaria uma montanha sobre a cidade de Alcínoo. Quando o navio que levara Odisseu voltava ao porto, a profecia se tornou realidade, pois Posídon o transformou em pedra. O reino ordeiro de Alcínoo parecia utópico e contrastava fortemente com os outros lugares que Odisseu encontrara: os ciclopes desregrados; os lestrigões canibais; Calipso, a deusa da terra que habitava uma caverna; os amnésicos lotófagos; a feiticeira Circe; entre outros.

(Ver Areté, Calipso, Ciclopes, Circe, Esquéria, Ítaca, lestrigões, lotófagos, Nausícaa, Odisseu, Posídon)

ALCÍONE: filha de Éolo, Senhor dos Ventos, casada com Cêix, rei da cidade de Traquínia. Cêix velejou para consultar o oráculo de Claros, em Jônia, e Alcíone orou fervorosamente a Hera desejando um retorno seguro. E continuou orando mesmo depois que Cêix, sem que ela soubesse, morrera no mar. Hera enviou Morfeu, o deus dos sonhos, que apareceu a Alcíone na forma do marido e lhe revelou a verdade sobre o fim trágico dele. Ela correu para o mar e encontrou o cadáver flutuante de Cêix, então os deuses transformaram-nos em um casal de pássaros guarda-rios e certificaram-se para que durante seus sete dias de nidificação, no inverno, os chamados Dias de Alcíone fossem marcados por mar calmo.

(Ver Cêix, Éolo, Hera)

ALCMENA (ou Alcmene): filha de Eléctrion, por sua vez filho do assassino da górgona, Perseu, e Andrômeda. Alcmena noivou com o primo, Anfitrião, e, enquanto estava fora, Zeus assumiu a forma de seu amado e passou a noite com ela. Anfitrião logo voltou e também passou a noite com a mulher. Como consequência, Alcmena engravidou tanto de Zeus quanto de Anfitrião e o resultado foram gêmeos: Hércules, filho de Zeus, e Íficles, filho de um mortal. A deusa Hera ficou furiosa devido à nova infidelidade do marido e tomou ciência de que um descendente de Zeus em breve nasceria e se tornaria rei de Micenas e Tirinto. Por isso, Hera fez com que Ilítia, a deusa do parto, prolongasse o nascimento de Alcmena por dolorosos sete dias, permitindo que Euristeu, cujo pai era filho de Perseu, Estenelau (portanto, também descendente de Zeus), nascesse antes de Hércules e de seu gêmeo, Íficles. Euristeu mais tarde se tornaria o sucessor de Eléctrion e atribuiria os doze trabalhos a Hércules. Alcmena viveu mais tempo do que o famoso filho. Foi expulsa de Tirinto por Euristeu e terminou seus dias em Tebas, onde se casou com o príncipe cretense Radamanto.

(Ver Andrômeda, Anfitrião, Creta, Eléctrion, Euristeu, Hera, Hércules, Íficles, Ilítia, Micenas, Perseu, Radamanto, Tirinto, Zeus)

ALCMÉON: filho do advinho Anfiarau e Erifila, irmã do rei Adrasto de Argos. Adrasto lideraria grande campanha contra Tebas para instituir Polinice, filho de Édipo, como governante da cidade. Polinice subornou Anfiarau com o maldito colar da tataravó, Harmonia, pois, ao prever a própria morte, ele recusara-se a unir-se ao grupo contra Tebas. No entanto, foi obrigado por uma promessa a ir, mas instruiu Alcméon e o irmão a matar a mãe por traição. Eles não o fizeram e Erifila também foi subornada, agora para instigar os filhos a unirem-se a um grupo de guerreiros que marchava contra Tebas a fim de exigir vingança pela morte dos pais na guerra anterior. Alcméon foi lutar em Tebas. Segundo algumas versões, matou o jovem rei tebano, Laódamas. Ele matou a mãe após consultar o oráculo de Delfos, então foi perseguido e levado à loucura pelas Erínias. Ele seguiu para Fegeia e casou com Arsínoe, a quem

IV
Andrômeda: princesa e filha de Cassiopeia e Cefeu

presenteou o colar de Harmonia. Mais tarde, novamente a conselho do oráculo, viajou ao rio Aqueloo, na Etólia, para ser absolvido do assassinato. Enquanto estava na Etólia, Alcméon tomou Calírroe, a filha do deus-rio Aqueloo, como segunda esposa. Para sua infelicidade, Calírroe descobriu sobre o colar de Harmonia e Alcméon voltou a Fegeia a fim de recuperá-lo, mentindo que pretendia consagrá-lo em Delfos. Quando o plano foi descoberto, os filhos do rei da Fegeia mataram-no.

(Ver Adrasto, Anfiarau, Aqueloo [deus e lugar], Arsínoe, Delfos, Édipo, Erifila, Erínias, Harmonia, Polinice, Tebas)

ALEXANDRE: (ou Alexandros): outro nome de Páris, filho do rei Príamo, de Troia, e da esposa, Hécuba. Foi ele quem sequestrou a bela Helena de Esparta, causando assim a Guerra de Troia.

(Ver Esparta, Hécuba, Helena, Páris, Príamo, Troia)

ÁLOE: filho do deus Posídon e de Cânace, filha de Éolo, Senhor dos Ventos, ficou mais conhecido por ser pai ou, mais adequadamente, padrasto dos gigantes Oto e Efialtes que, entre seus atos mais ultrajantes, tentaram orquestrar um ataque aos deuses.

(Ver Cânace, Éolo, Oto)

ALTEIA (ou Althaea): esposa de Eneu, rei de Cálidon, que desencadeou a ira de Ártemis sobre si e seu reino. Seus filhos mais notáveis foram Meléagro e Dejanira, ambos figuras trágicas. Dejanira foi casada com Hércules e involuntariamente causou sua morte. A própria Alteia causou a morte de Meléagro.

(Ver também Ártemis, Cálidon, Dejanira, Eneu, Hércules, Meléagro)

AMATA: esposa de Latino, rei do Lácio, na Itália, quando Eneias e seu grupo de refugiados troianos aportaram na região. Amata favorecia o casamento da filha, Lavínia, com príncipe rutuliano, Turno. Por isso, opôs-se à proposta de matrimônio entre a filha e Eneias, embora presságios sugerissem que uma união troiana fosse o destino de Lavínia. Como Amata já tinha má intenção em relação a Eneias, ela tornou-se o meio perfeito para que Juno incitasse a guerra entre os italianos e os recém-chegados. Juno lançou sobre ela a fúria Aleto, cuja arma era uma serpente que sibilava pelo corpo de Amata, envenenando-a e inflamando seu ódio já fervente. Em consequência, a esposa do rei vagou pela cidade enfurecida, enlouquecida como uma Bacante, e convocou as mulheres de Laurento, a capital de Latino, para unirem-se à sua causa. Mais tarde, durante o conflito entre troianos e latinos, Amata cometeu suicídio ao acreditar que seu favorito, Turno, havia sido morto.

(Ver Aleto, Bacantes, Eneias, Fúrias, Lácio, Latino, Lavínia, Rútulos, Turno)

AMAZONAS: lendária tribo de guerreiras peritas em arco e flecha e equitação. Acredita-se que seu nome seja derivado da palavra *a-mazos*, "sem seio", pois diz-se que removiam o seio direito para eliminar a interferência no uso do arco e flecha. Como sua cultura é contrária à da sociedade grega, dominada por homens, foram residir na região do Cáucaso, nas periferias do mundo civilizado, contudo o historiador Diodoro Sículo menciona que também havia amazonas na Líbia. Vários notáveis heróis gregos encontraram-se com elas, incluindo Belerofonte, Hércules, Teseu e Aquiles. Entre as rainhas notáveis estão Hipólita, Pentesileia e Antíope. Pentesileia foi a Troia apoiar Príamo e os troianos. Aquiles matou-a, mas se apaixonou por ela no momento da morte. Hércules foi enviado para buscar o cinturão de Hipólita e matou-a no processo. De acordo com o poeta trágico Eurípides, ela teve Hipólito com o rei ateniense Teseu, que havia acompanhado Hércules. No entanto, algumas fontes afirmam que Antíope, irmã de Hipólita, seria de fato a mãe de Hipólito. Teseu raptou Antíope ou Hipólita, o que fez com que as amazonas atacassem Atenas, batalha representada na decoração escultural do Partenón.

(Ver Antíope, Aquiles, Atenas, Belerofonte, Cáucaso, Hércules, Hipólita, Hipólito, Partenón, Pentesileia, Teseu)

AMIMONE: uma das cinquenta filhas malditas de Dânao, conhecidas por terem assassinado os maridos. Dânao, rei líbio, fugiu de sua terra natal para Argos, onde o regente local o entregou às autoridades. Naquela época, a terra de Argos passava por uma seca, já que o deus Posídon, colérico porque Hera, e não ele, fora escolhida como a divindade patrona da cidade, fizera com que todas as fontes secassem. Dânao, por isso, mandou que as filhas procurassem por água. Durante a busca, Amimone perseguiu um cervo e, com a lança, acidentalmente atingiu um sátiro adormecido. O Sátiro, assustado, mas sempre desejoso, imediatamente perseguiu-a. No entanto, Posídon a socorreu, expulsando o Sátiro com um golpe do tridente. Amimone então se deitou com Posídon, que demonstrou sua gratidão rompendo a terra com o tridente e criando a nascente ou rio posteriormente chamado de "Amimone". Esse rio era conhecido também como nascente de Lerna, onde, mais tarde, a terrível Hidra residiria. Da união com Posídon, Amimone deu à luz Náuplio, que fundaria a cidade de Náuplia, no Peloponeso.

(Ver Argos, Danaides, Dânao, Hera, Hidra de Lerna, Lerna, Posídon, Sátiros)

ANAXÁRETE: princesa descendente de Teucro. De acordo com o poeta romano Ovídio, ela rejeitou as repetidas propostas de Ífis, um jovem de origem humilde. A rejeição fez com que ele se enforcasse diante de sua porta. A mãe do jovem, em desespero, clamou aos deuses por vingança. Anaxárete foi transformada em pedra enquanto inclinava-se da janela para assistir ao cortejo fúnebre de Ífis.

(Ver Ífis)

ANCEU: filho de Licurgo, rei da Arcádia. Uniu-se a Jasão na busca pelo velocino de ouro, ainda que o avô, preocupado, tenha escondido sua armadura na esperança de evitar a aventura. Ele também participou da caça ao javali que devastava o Cálidon. Foi durante essa caçada que Anceu perdeu a vida, ferido pelo javali.

(Ver também Arcádia, Cálidon, Jasão)

ANDROGEU: filho de Minos, rei de Creta, e da esposa, Pasífae. Atleta habilidoso, derrotou todos os competidores nos Jogos Panateneias de Atenas (competições atléticas em homenagem a Atena). De acordo com o mitógrafo Apolodoro, morreu nas mãos de um dos homens que havia vencido. Por outro lado, Pausânias sugere que os atenienses obrigaram Androgeu a caçar o temível touro de Maratona, que chacinava todos que o encontravam, incluindo Androgeu. Qualquer que seja a causa da morte, Minos responsabilizou os atenienses, atacou-os e exigiu o tributo de sete jovens e sete donzelas a cada nove anos para alimentar o Minotauro.

(Ver Atenas, Creta, Minos, Minotauro, Pasifae)

ANDRÔMACA: filha de Eécion, rei da cidade de Teba (ou Tebas), próxima de Troia. Casada com o príncipe troiano Heitor, deu-lhe um filho: Astíanax. Como Aquiles havia matado o pai e os sete irmãos, Heitor era sua única família. Por isso, implorou que ele não arriscasse a vida lutando contra os gregos em nome de Helena e do irmão infiel de Heitor, Páris. Após a morte do marido, da queda de Troia e do assassinato de Astíanax, Andrômaca foi levada cativa e dada como serva ao filho de Aquiles, Neoptólemo, a quem deu à luz três filhos. De acordo com o poeta trágico Eurípides, a esposa de Neoptólemo, Hermíone, tinha ciúmes dela e conspirou sem sucesso contra sua vida. Andrômaca foi posteriormente dada em casamento ao irmão de Heitor, Heleno, e retornou à Ásia Menor.

(Ver Aquiles, Astíanax, Heitor, Heleno, Hermíone, Neoptólemo, Troia)

ANDRÔMEDA: filha de Cassiopeia e Cefeu, rei da Etiópia. De acordo com o mitógrafo Apolodoro, Andrômeda foi acorrentada aos íngremes penhascos de uma falésia porque a mãe gabara-se de ser mais bela do que as Ninfas nereidas. Uma versão alternativa, segundo os poetas Ovídio e Higino, atesta que Cassiopeia se gabava da beleza da filha. Em resposta a essa afronta às Ninfas nereidas, Posídon enviou um monstro marinho para devastar a terra da Etiópia. Então o rei Cefeu consultou o oráculo de Amon e foi instruído a sacrificar a própria filha ao monstro. Relutantemente, Cefeu deixou Andrômeda na beira do mar para atrair o monstro. Andrômeda estava prometida ao irmão do pai, Fineu, que não foi capaz de salvá-la. No entanto, por um golpe de sorte, o herói Perseu, em posse da cabeça da Medusa, voava pelas proximidades quando, por acaso, a avistou. Apaixonou-se instantaneamente e ofereceu-se para livrar Cefeu e seu reino do monstro em troca da mão de Andrômeda. A barganha foi feita, Perseu matou o monstro e reivindicou Andrômeda como noiva. Então Fineu atacou Perseu para impedir o casamento, mas o herói, segurando a cabeça de Medusa, transformou os adversários em pedra. Andrômeda acompanhou o novo marido à Grécia, onde deu-lhe três filhos e três filhas. Após a morte, a deusa Atena alocou-a entre as estrelas, na forma da constelação que leva seu nome.

(Ver Amon, Atenas, Cassiopeia, Cefeu, Etiópia, Fineu, Medusa, Nereidas, Perseu)

ANFIÃO: ele e o irmão gêmeo, Zeto, são filhos da princesa tebana Antíope, que Zeus engravidara. Para esconder sua vergonha, Antíope fugiu — ou, segundo algumas versões, foi levada à força — para Sícion, onde se casou com o governante, Epopeu. O pai de Antíope, Nicteu, suicidou-se e nomeou o irmão, Lico, como sucessor, instruindo-o a punir Epopeu e Antíope. Lico matou Epopeu e aprisionou Antíope, que dera à luz Anfião e Zeto, quando estava a caminho de Tebas. Ele abandonou as crianças na expectativa de que morressem, mas elas foram resgatadas e criadas por um pastor gentil. Mais tarde, quando Antíope escapou, ela reuniu-se aos filhos, que se vingaram de Lico e da esposa, Dirce. Pelos malefícios causados a Antíope, Dirce foi amarrada aos chifres de um touro e arrastada até a morte. Lico, por sua vez, foi deposto. Anfião e Zeto tornaram-se governantes conjuntos de Tebas. Dizia-se que Anfião era um músico exímio, que aprendera a tocar lira com o deus Hermes. O poeta Hesíodo conta que Anfião construiu as muralhas de Tebas encantando pedras com a música e que casou-se com a infeliz Níobe, filha do rei lídio, Tântalo. Níobe vangloriara-se de ser mais afortunada do que a deusa Leto, em razão disso os quatorze filhos de Níobe e Anfião foram mortos pelos filhos da deusa, Apolo e Ártemis. Depois dessa ocorrência, Anfião cometeu suicídio. Outra versão dá conta que ele enlouqueceu e, ao atacar o templo de Apolo, foi morto pelo deus devido à afronta.

(Ver Antíope, Apolo, Ártemis, Dirce, Hermes, Leto, Lico, Lídia, Níobe, Tântalo, Tebas, Zeto, Zeus)

ANFIARAU: tem o dom da profecia, descende do vidente Melampo. Seu pai talvez fosse Ecles, rei da Arcádia, ou o deus Apolo. Anfiarau casou-se com Erifila, irmã do rei Adrasto, de Argos. Anfiarau, Adrasto e Erifila se envolveriam de maneira fatal com a política da cidade de Tebas. Acontece que Etéocles e Polinice, filhos de Édipo, concordaram em compartilhar o reino de Tebas. Assim, cada um governaria alternada e respectivamente por um ano. No entanto, o primeiro a assumir o trono recusou-se a ceder o poder. Em consequência, Polinice decidiu formar um exército para reivindicar Tebas. Anfiarau sabia que o cunhado, Adrasto, sobreviveria se eles se unissem ao filho de Édipo, Polinice. Assim, Anfiarau recusou. Mas Polinice subornou a esposa de Anfiarau, Erifila, para persuadir o marido e o irmão a se unir à marcha contra Tebas. Tanto Etéocles quanto Polinice foram mortos na batalha que se seguiu, assim como Anfiarau e cinco dos demais que haviam acompanhado Polinice (os chamados Sete Contra Tebas). O filho de Polinice posteriormente subornou Anfiarau, agora para persuadir seu filho, Alcméon, a se unir a um grupo que pretendia vingar a morte dos pais.

(Ver Adrasto, Alcméon, Apolo, Arcádia, Argos, Édipo, Erifila, Etéocles, Harmonia, Polinice, Sete contra Tebas, Tebas)

ANFITRIÃO: filho de Alceu e neto do herói Perseu. As fontes conflitam sobre a identidade da mãe de Anfitrião, que, de acordo com o Apolodoro, é Astidamia, filha de Pélops; Laônome, filha de Guneu; Hipônome, filha de Meneceu; ou Lisídice, outra filha de Pélops. Casou-se com Alcmena, filha do tio, Eléctrion, um rei de Micenas. Eléctrion confiara seu reino e Alcmena a Anfitrião durante os desdobramentos de um episódio envolvendo o roubo de seu gado. Apesar de ter sido capaz de resgatar e devolver o gado a Eléctrion, matou seu tio por acidente, com a clava arremessada em um touro que ameaçava atacá-los. Posteriormente absolvido do homicídio, Alcmena concordou em casar, se ele vingasse a morte de seus irmãos, mortos pelos ladrões de gado. Assim, Anfitrião partiu e, após uma série de conquistas, voltou a Tebas. Mas antes que chegasse a cidade, Zeus, disfarçado de Anfitrião, visitou Alcmena e dormiu com ela. Mais tarde, o próprio Anfitrião chegou e, por não ter sido saudado com entusiasmo pela esposa, questionou o motivo. Ela respondeu que haviam se deitado na noite anterior. Confuso, Anfitrião soube através da advinho Tirésias que Zeus a visitara disfarçado. Alcmena deu à luz meninos gêmeos: Hércules, filho de Zeus, e uma noite mais velho, Íficles, filho de Anfitrião.

(Ver Alceu, Alcmena, Andrômeda, Eléctrion, Hércules, Íficles, Micenas, Pélops, Perseu, Tebas, Tirésias, Zeus)

ANQUISES: filho de Cápis, foi um dos primeiros governantes troianos descendentes de Trós. Sua mãe, conhecida como Hieromnene, filha do deus-rio Símoïs, ou Têmiste, filha do rei Ilo, de Troia, teve como irmão Laomedonte, um futuro rei de Troia. Anquises, portanto, descende dos próprios fundadores dessa lendária cidade. De acordo com o *Hino Homérico a Afrodite*, a deusa apaixonou-se pelo jovem e belo Anquises enquanto ele pastoreava o gado no monte Ida. Zeus fez Afrodite apaixonar-se por um humano por vingança, pois a deusa o ridicularizara, assim como aos outros deuses, pelo seu envolvimento amoroso com mortais. Afrodite aproximou-se do jovem disfarçada, alegando ser filha do rei frígio Otreu e que fora levada a Anquises pelo deus Hermes, para que fosse sua noiva. A grande beleza de Afrodite deixou-o temeroso de que fosse uma imortal. No entanto, optou por acreditar na história e recebê-la em sua cama. Na manhã seguinte, Afrodite revelou-se a ele em divindade plena e contou-lhe que estava grávida. Explicou que o filho deles, Eneias, seria criado por Ninfas da montanha e que ela própria o entregaria a Anquises. Eneias, disse a deusa, estava destinado a ser rei. Anquises deveria trazê-lo a Troia, mas nunca lhe revelar a identidade da mãe. O mitógrafo Higino registra que Anquises, embriagado, acabou revelando a informação. Por isso, foi morto por um raio de Zeus. Entretanto, o relato de sua morte não corresponde à história mais conhecida encontrada na *Eneida* de Virgílio: quando Troia ardia em chamas, finalmente vencida pelos gregos, Eneias persuadiu o pai a deixar a cidade. Colocando o pai idoso, que segurava estátuas dos deuses de sua casa, sobre os ombros, pegou o filho pela mão e saiu da cidade. Devido a essa atitude, tornou-se um ícone de devoção filial. Sua esposa, Creúsa, o seguiu. Acompanhado por seu pai e outros refugiados troianos, Eneias zarpou para a terra ancestral dos troianos, a Itália. No decorrer da viagem, sucumbindo à velhice na Sicília, seu pai faleceu. No entanto, mesmo após a morte, Anquises continuou uma força orientadora para Eneias: ele apareceu ao filho em sonho, convencendo-o a deixar para trás aqueles fracos demais para continuar a viagem à Itália. Mais tarde desceu ao Mundo Inferior com a orientação da Sibila de Cumas para visitar o pai nos Campos Elísios. Lá, Anquises revelou-lhe todo o espectro de seus descendentes e a glória vindoura de Roma.

(Ver Afrodite, Campos Elísios, Creúsa, Cumas, Eneias, Frígia, Hermes, Ida, Mundo Inferior, Sibila de Cumas, Sicília, Troia, Troianos, Trós, Zeus)

ANTEIA

(ou Antea): nome pelo qual Homero conheceu Estenebeia, esposa de Preto, rei de Tirinto. Assim que o jovem Belerofonte chegou a Tirinto, Anteia apaixonou-se por ele, que rejeitou suas investidas. Envergonhada e buscando vingança, acusou Belerofonte de comportamento impróprio e exigiu que o marido castigasse o jovem. Preto enviou Belerofonte a Ióbates, rei da Lícia, para ser punido. Ele, por sua vez, enviou-o em busca da cabeça da górgona Medusa.

(Ver Belerofonte, Górgonas, Lícia, Medusa, Tirinto)

ANTÍGONA:

filha de Édipo e Jocasta. Irmã de Ismene, Etéocles e Polinice. Sua história é uma das mais conhecidas da tragédia grega. Ao descobrir que se casara involuntariamente com a própria mãe e matara o próprio pai, Édipo cegou a si mesmo e deixou a cidade de Tebas como um exilado conspurcado. Acompanhado por Antígona, ele viajou pela Grécia. Quando os dois chegaram ao local sagrado de Colono, na Ática, o território de Atenas, Édipo foi recebido pelo rei ateniense, Teseu, e decidiu permanecer em Colono. Nesse momento, Antígona voltou a Tebas. Depois da partida de Édipo, os irmãos decidiram compartilhar o reino tebano. Cada um governaria por um ano, em alternância. Etéocles foi o primeiro a assumir o trono, mas recusou-se a abrir mão do poder. Isso fez com que Polinice pedisse ajuda a Adrasto, rei de Argos, que partiu com um exército liderado por sete capitães, os chamados Sete Contra Tebas. Os invasores foram derrotados e Polinice e Etéocles perderam a vida no combate. O irmão da rainha Jocasta, Creonte, tornou-se governante e decretou que Polinice, a quem considerava inimigo do estado, não deveria ser sepultado. Etéocles, por outro lado, receberia os devidos ritos funerários, honrado como defensor da cidade. Antígona desafiou o decreto de Creonte, mesmo ameaçada de apedrejamento público, pois considerava que era seu dever honrar a lei divina (*nomos*), que ditava que os mortos deveriam ser enterrados, do contrário suas almas jamais descansariam. Ela foi flagrada na tentativa de sepultar o corpo com as próprias mãos, realizando os ritos funérios, sendo por isso aprisionada em uma caverna — um destino que o filho de Creonte, Hêmon, a quem ela fora prometida, foi incapaz de evitar. Durante o cativeiro, Antígona se enforcou e Hêmon, depois de encontrá-la morta, lançou-se sobre a própria espada. A notícia da tragédia chegou à esposa de Creonte, Eurídice, que então tirou a própria vida e, como consequência de sua imprudente intransigência, Creonte viu-se arrasado.

(Ver Adrasto, Argos, Atenas, Colono, Creonte, Édipo, Eurídice [heroína], Hêmon, Ismene, Jocasta, Polinice, Sete Contra Tebas, Tebas, Teseu)

ANTÍLOCO

De acordo com a *Ilíada* e a *Odisseia* de Homero, Antíloco é o nome do filho mais velho do sábio rei Nestor, de Pilos. Antíloco acompanhou o pai a Troia, onde lutou bravamente. Foi ele quem deu a Aquiles a terrível notícia da morte de seu querido companheiro, Pátroclo. Durante os jogos fúnebres, recorreu a trapaças para ganhar o segundo prêmio, porém acabou se desculpando e ofereceu-se para devolver o prêmio. Antíloco perdeu a vida enquanto defendia o pai e foi enterrado com Aquiles e Pátroclo.

(Ver Aquiles, Nestor, Pátroclo, Pilos, Troia)

ANTÍNOO

("o imprudente"): um dos homens mais eloquentes e hediondos que aspirou ganhar a mão de Penélope, a rainha de Ítaca, quando considerava-se que Odisseu morrera em Troia. Enquanto os pretendentes esperavam que Penélope escolhesse um deles, ela fez tudo que estava ao seu alcance para evitar, então, eles passaram a abusar da hospitalidade para minar os recursos de Penélope e do filho, Telêmaco. Antínoo liderou a conspiração que visava a morte de Telêmaco e arremessou um escabelo em Odisseu quando ele retornou ao palácio disfarçado de mendigo. Merecidamente, Antínoo foi o primeiro pretendente morto pelo herói.

(Ver Ítaca, Odisseu, Penélope, Telêmaco, Troia)

ANTÍOPE: há duas personagens mitológicas com este nome dignas de nota. Uma, a filha do rei tebano Nicteu. Segundo algumas versões, ela chamou atenção de Zeus, que, transformado em sátiro, engravidou-a. A fim de esconder sua vergonha do pai, Antíope fugiu para Sícion, onde casou-se com o rei Epopeu. De acordo com um mito alternativo, Epopeu sequestrou e engravidou Antíope, o que despertou a ira de seu pai. Em qualquer caso, Nicteu ordenou ao irmão, Lico, seu sucessor no trono de Tebas, que vingasse o insulto contra ele, exigindo a punição do casal. Lico matou Epopeu e tomou Antíope cativa. Como escreve o mitógrafo Apolodoro, a filha do rei deu à luz dois meninos gêmeos, Zeto e Anfião, durante o caminho para Tebas. Lico abandonou-os nas regiões selvagens do monte Citerão, onde mais tarde foram encontrados e criados por um pastor. Em Tebas, a mãe dos gêmeos foi presa e maltratada pela esposa de Lico, Dirce. Com o passar do tempo, Antíope conseguiu escapar, dirigindo-se à montanha e à cabana do pastor. Lá encontrou seus filhos, e o pastor revelou-lhes que aquela era a mãe deles. Então os jovens mataram Lico (ou expulsaram-no do reino) e orquestraram um terrível castigo para Dirce: amarraram-na a um touro que a arrastou até a morte. A outra Antíope foi uma rainha amazona. Antíope (ou Hipólita, como era conhecida em algumas fontes) foi sequestrada pelo herói ateniense Teseu e levada a Atenas. Foi a mãe de Hipólito, por quem Fedra, outra das esposas de Teseu, desenvolveu uma lascívia trágica.

(Ver Amazonas, Anfião, Atenas, Citerão, Dirce, Hipólita, Hipólito, Fedra, Sátiros, Tebas, Teseu, Zeto, Zeus)

APSIRTO: filho de Eetes, rei da Cólquida e irmão (ou meio-irmão) de Medeia. As histórias que o cercam centram-se em sua morte, recontada de variadas maneiras. De acordo com Apolônio de Rodes, ele liderou a perseguição dos cólquidas a Jasão e os Argonautas quando, acompanhados por Medeia e o velocino de ouro, zarparam para a Tessália. Medeia e Jasão planejaram prendê-lo e matá-lo. Medeia solicitou encontrá-lo em segredo em um templo de Ártemis e enviou-lhe uma mensagem falsa, afirmando que pretendia roubar o Velocino e retornar com ele à Cólquida. Apsirto apareceu no templo, onde foi emboscado e morto por Jasão, que escondeu seu corpo. No entanto, o mitógrafo Higino escreve que foi Eetes quem perseguiu Jasão e Medeia e, quando ela viu o navio do pai se aproximar, assassinou Apsirto, esquartejando-o e jogando os pedaços no mar. Isso pôs fim à perseguição, pois Eetes parou para recuperar os restos mortais do filho e, logo após, retornou para sepultá-lo.

(Ver Argonautas, Ártemis, Cólquida, Eetes, Jasão, Medeia, Tessália)

AQUEUS: o poeta grego Homero refere-se a todos os gregos como aqueus (provenientes de Acaia), helenos (de Hélade) ou argives (de Argos). Tecnicamente, Acaia compreendia apenas a costa norte do Peloponeso, e os aqueus eram descendentes de Xuto, filho de Helena, e Creúsa, filha do rei ateniense Erectreu. Havia vários ramos dos aqueus descendentes de Xuto: um na Tessália, onde Aqueus, filho de Xuto, tornou-se rei, e outro no Peloponeso, já que os filhos de Aqueu emigraram para Argos e se estabeleceram ao norte do Peloponeso, região batizada de Acaia.

(Ver Argos, Atenas, Creúsa, Erecteu, Helena, Xuto)

AQUILES: o melhor guerreiro grego na época da Guerra de Troia, foi o filho de Peleu, rei da Ftia, na Tessália, com a deusa do mar Tétis. Quando criança, Tétis tentou torná-lo imortal, mas não obteve sucesso. Diz-se que a mãe o colocava nas brasas da fogueira à noite e o besuntava de ambrosia durante o dia. Peleu, temendo pelo filho, a impediu. De acordo com outro mito, ela o mergulhou nas águas do rio Estige, segurando-o pelos tornozelos, o que o tornou vulnerável apenas no calcanhar. Aquiles foi criado e instruído pelo sábio centauro Quirão. Mais tarde, de volta à Ftia, Pátroclo, que seria seu companheiro mais querido, tornou-se seu escudeiro. Sua mãe descobriu que o filho estava destinado a sucumbir em Troia. Por isso, esperando evitar seu recrutamento para a guerra, mandou-o para a corte do rei Licomedes, na ilha de Ciros, onde permaneceu escondido entre as filhas de Licomedes, disfarçado, como uma delas. Aquiles casou com uma dessas filhas, Deidamia. Tiveram um filho, Neoptólemo, que, como o pai, acabaria se juntando à luta em Troia. Por fim, Aquiles foi descoberto por Odisseu, que fora enviado pelos gregos para encontrá-lo. O astuto Odisseu utilizou-se de um engodo para fazê-lo se revelar: distribuiu presentes para as meninas, joias e outros adornos femininos, mas também uma espada e um escudo. Quando uma trombeta soou, o sinal usual de ataque, Aquiles correu na direção das armas e, dessa forma, se revelou. De acordo com a *Ilíada* de Homero, depois de chegar a Troia, Aquiles, o líder dos mirmídones, e os outros gregos envolveram-se em uma série de incursões nos arredores da cidade. Durante essas empreitadas, capturou Briseida, tornando sua criada a mulher cujo marido, irmãos e pais ele matara. Mas Agamêmnon, líder das forças gregas, tomou-a para si. Como Briseida era um prêmio de guerra e um símbolo de sua bravura, o herói retirou-se do contingente da guerra. Como consequência desse grave desprezo à honra do grande guerreiro, as tropas gregas sofreram nas mãos dos troianos. Na verdade, esse fora o resultado que Aquiles pedira à mãe. Os gregos tentaram persuadi-lo a retornar à luta e Agamêmnon ofereceu-lhe uma grande quantidade de presentes, mas ele manteve-se firme. Aquiles só voltou à guerra depois que seu amado companheiro Pátroclo foi morto pelo herói troiano Heitor. Agora sua motivação era a vingança, não a vitória dos gregos. Ele conseguiu matar Heitor e, ao despi-lo da armadura, todos os gregos circundantes esfaquearam o cadáver com brutalidade. Possuído por fúria desumana, Aquiles prendeu o corpo de Heitor na biga e arrastou-o ao redor da cidade de Troia por doze dias, momento em que os deuses interviram. Tétis foi convocada para persuadir o filho a permitir que o rei Príamo resgatasse o corpo de Heitor, e o corajoso Príamo adentrou a tenda do feroz Aquiles. Face a face com Príamo, Aquiles pensou no próprio pai e os dois uniram-se em luto, a humanidade de Aquiles agora restaurada. Após a morte de Heitor, Aquiles confrontou a rainha amazona Pentesileia em Troia. Tragicamente, se apaixonaram no momento em que ele a feriu mortalmente. O próprio Aquiles morreu em Troia, assassinado pelo sequestrador de Helena, o príncipe troiano Páris, cujas flechas o atingiram no único ponto em que era vulnerável: o calcanhar. O cadáver de Aquiles foi recuperado por Ájax, o Grande, que então se envolveu com Odisseu em disputa pela cobiçada armadura do herói derrotado, forjada pelo deus Hefesto. Odisseu venceu e Ájax se suicidou. Após o enterro de Aquiles, seu fantasma apareceu acima da tumba e exigiu o sacrifício da princesa troiana Políxena.

(Ver Agamêmnon, Ájax Telamônio, Amazonas, Briseida, Centauros, Ciros, Deidamia, Estige [lugar], Hefesto, Heitor, Helena, Licomedes, Mirmídones, Neoptólemo, Odisseu, Quirão, Páris, Pátroclo, Peleu, Pentesileia, Políxena, Príamo, Tessália, Tétis, Troia, Zeus)

ARACNE: o poeta romano Ovídio descreve Aracne como uma jovem de nascimento comum, mas de habilidade notável no âmbito da tecelagem. Ela vivia na aldeia de Hipepa, na Lídia. Seu pai era um humilde tintureiro de lã e sua mãe havia falecido. Apesar da posição inferior, acabou se tornando famosa em todas as cidades de Lídia por sua exímia habilidade em fiar e tecer lã. Até as Ninfas locais maravilhavam-se com ela. Embora fiar e tecer fossem artes específicas de Minerva, Aracne não admitia que a deusa tinha sido sua professora. Em vez disso, deixava claro que desafiaria de bom grado a deusa para um competição de tecelagem. Minerva não tolerou o insulto e, aparecendo disfarçada de velha, a alertou para que não desonrasse os deuses com tanta arrogância. Mas Aracne não cedeu, então Minerva revelou-se para a garota em divindade plena. Assim, o desafio foi lançado. Em sua composição, Minerva teceu a narrativa do desafio em que derrotara Netuno e ganhara a administração da cidade de Atenas, disputa que ela vencera criando a oliveira. Como um aviso claro para a jovem, a deusa também teceu imagens de uma série de mortais que haviam desafiado os deuses e sido terrivelmente punidos. Aracne, por sua vez, teceu episódios que retratavam os crimes dos deuses, uma dupla afronta à deusa. Era possível ver Júpiter assumindo a forma de touro para seduzir Europa, de cisne para avançar sobre Leda, do marido de Alcmena para deitar-se com ela, de uma chuva de ouro para penetrar na cela de Dânae e de uma chama para aproximar-se de Egina. Netuno também foi retratado: ele assumia a forma de golfinho para perseguir Melanto, de pássaro para aproximar-se de Medusa e de carneiro, rio e garanhão para avançar sobre outras donzelas. Apolo, Baco e Saturno, todos comportando-se de maneira ignóbil, também tiveram espaço na composição de Aracne. O trabalho de Aracne era perfeito, impecável mesmo aos olhos de Minerva. Mas a raiva da deusa era tamanha que ela rasgou o trabalho da jovem e golpeou-lhe a cabeça até que, incapaz de suportar o ataque, Aracne se enforcou. No entanto, Aracne sobreviveu, mas na forma de aranha, disforme, mas tecendo para sempre.

(Ver Alcmena, Apolo, Atenas, Baco, Dânae, Egina, Júpiter, Leda, Lídia, Medusa, Minerva, Netuno)

ARCAS: filho de Zeus e Calisto, filha do rei Licáon, de Arcádia. Foi criado pela mãe do deus Hermes, Maia, depois que a própria mãe fora transformada em ursa pela ciumenta Hera. Quando foi devolvido à corte do avô, Licáon o despedaçou e usou os pedaços para cozinhar um guisado que serviu a Zeus, quando o deus visitava Arcádia disfarçado. Como punição pela barbárie, Licáon foi transformado em lobo. Os restos de Arcas foram reunidos e sua vida foi restaurada. Pausânias registra que ao ascender ao trono de Arcádia, Arcas introduziu o cultivo de plantações, que aprendera com o herói civilizador (provedor da civilização e da cultura) Triptólemo, e ensinou seus súditos a fazer pão e a tecer roupas. Foi em sua homenagem que o reino passou a ser conhecido como Arcádia em vez de Pelasgiótica. Da mesma forma, os habitantes passaram a ser chamados de arcadianos, e não pelasgos. Mais tarde, enquanto caçava, Arcas estava prestes a matar acidentalmente a própria mãe, então Zeus os socorreu e transformou-os nas constelações Arcturo ("Guardião da Ursa") e Ursa Maior.

(Ver Arcádia, Calisto, Hera, Hermes, Licáon, Maia, Pelasgo, Triptólemo e Zeus)

ARETÉ ("virtude"): rainha dos nobres feaces e esposa de Alcínoo. Sua filha era Nausícaa, que auxiliou o náufrago Odisseu quando ele desembarcou em Esquéria, a ilha dos feaces, mostrando-lhe o caminho para o palácio dos pais. Nausícaa também recomendou que, quando chegasse ao palácio, Odisseu deveria dirigir-se a Areté antes de dirigir-se ao marido, Alcínoo, um claro indicador de influência. Em um mito não relacionado, Areté advogou que os feaces protegessem Jasão e Medeia quando, já em posse do velocino de ouro, chegaram a Esquéria perseguidos pelos cólquidas.

(Ver Alcínoo, Cólquida, Esquéria, Feaces, Jasão, Medeia, Nausícaa, Odisseu)

ARGONAUTAS ("Argo-Marinheiros"): tripulação de heróis que acompanharam Jasão na busca pelo velocino de ouro. Seu navio chamava-se Argo e, segundo algumas versões, fora o primeiro navio; de acordo com outras, era o maior e mais mítico porque tinha a capacidade de falar. De acordo com Apolônio de Rodes, em *Argonáuticas*, entre os Argonautas encontravam-se Orfeu, Télamon, Admeto, Peleu, Hércules, Hilas, Castor e Pólux, Meléagro, Zetes e Calais, entre outros.

(Ver Admeto, Castor, Hércules, Hilas, Jasão, Meléagro, Orfeu, Télamon, Zetes)

ARIADNE: filha de Minos, rei de Creta, e da esposa, Pasífae. Ela apaixonou-se pelo príncipe ateniense Teseu quando ele chegou à ilha, integrando o cortejo de quatorze jovens e donzelas que seriam oferecidos em alimento ao seu meio-irmão monstruoso, o Minotauro. Teseu pretendia matar o monstro, mantido cativo em um labirinto. Ariadne, para auxiliar aquele que amava, deu-lhe um novelo de lã para que desenrolasse assim que entrasse no labirinto. Teseu foi capaz de matar o Minotauro e, seguindo o fio que anteriormente desenrolara, refez seus passos e deixou o labirinto. Como recompensa pela ajuda, Teseu concordou em levar Ariadne consigo para a Grécia, embora isso não tenha acontecido. Segundo algumas versões, o príncipe ateniense a abandonou na ilha de Dia (atual Naxos), onde foi encontrada pelo deus Dioniso, que a tomou como noiva. Por outro lado, de acordo com Diodoro Sículo, ela foi sequestrada pelo deus depois que Teseu deixou-a na ilha. Após sua morte, o deus transportou-a aos céus, na forma da Constelação Boreal. Na biografia de Teseu, Plutarco relata que havia, de fato, inúmeras histórias divergentes sobre o destino de Ariadne, entre elas os seguintes: ela enforcou-se por ter sido abandonada por Teseu; foi levada a Naxos por marinheiros e lá se estabeleceu, tornando-se sacerdotisa de Dioniso; foi abandonada por Teseu porque ele amava outra mulher; teve vários filhos com Teseu. Ariadne era cultuada nas ilhas de Naxos e no Chipre, onde uma lenda diz que foi enterrada.

(Ver Atenas, Chipre, Creta, Dioniso, Minos, Minotauro, Naxos, Pasifae, Teseu)

ARIMASPOS: grupo de seres mitológicos de um olho só que, segundo o historiador grego Heródoto, viviam no extremo norte, além dos Issedones (povo da Ásia Central), e próximos da terra dos grifos, cujo ouro tentavam roubar.

(Ver Grifos)

ARÍON: notável poeta de Lesbos, é um personagem histórico que teve a vida mitologizada. O historiador grego Heródoto atesta que Aríon (fim do século VII a.C.) foi a primeira pessoa a compor um ditirambo (um hino ao deus Dioniso), nomeá-lo e executá-lo em Corinto. De acordo com Aristóteles, uma vez que o ditirambo foi um precursor plausível de performances dramáticas, o trabalho de Aríon foi significativo para o desenvolvimento do teatro. De qualquer forma, Heródoto também descreve que ele passou a maior parte da vida na corte do tirano Periandro de Corinto, mas em algum momento viajou à Itália e à Sicília, onde ganhou muito dinheiro com suas apresentações. Confiando nos marinheiros coríntios, decidiu voltar para casa em um navio com eles. A tripulação, entretanto, notou as riquezas que carregava e ordenou que se matasse ou pulasse no mar. Aríon vestiu-se para executar uma última música e, com a cítara em mãos, saltou no mar. No entanto, um golfinho o socorreu e carregou-o em segurança para a terra. A aventura foi relatada a Periandro, que assassinou a tripulação do navio. O mitógrafo Higino acrescenta que, devido à sua habilidade com a cítara, Apolo alocou Aríon e o golfinho entre as estrelas.

(Ver Apolo, Corinto, Dioniso)

ARRUNTE: nome de guerreiro etrusco mencionado no épico *Eneida*, de Virgílio. Foi o responsável pela morte prematura de Camila, uma caçadora nobre e habilidosa. Camila fazia parte da resistência armada dos italianos contra a comitiva do troiano Eneias e sua proposta de casamento com Lavínia, princesa de Lácio.

(Ver Camila, Eneias, Etrúria, Lácio, Lavínia, Troia)

ARSÍNOE: filha de Leucipo, foi citada em algumas fontes como a mãe do deus curandeiro Asclépio, que teria tido com Apolo. Entretanto, a maior parte das fontes afirma que Asclépio era filho de Corônis.

(Ver Apolo, Asclépio, Corônis, Leucipo)

ASCÂNIO: filho de Eneias com a esposa troiana, Creúsa. Na *Eneida* de Virgílio, era conhecido como Ilo, em homenagem a Ílion (outro nome para Troia), contanto que a cidade permanecesse invicta. Após a queda de Troia, ficou conhecido como Iulo, um nome que destacava seu papel como fundador da família Juliana, que legaria Júlio César e o imperador Augusto. Ascânio acompanhou o pai na viagem de Troia à Itália. Na Itália, atirou no cervo de estimação de Silvio, filha de Tirreno, pastor chefe do rei Latino e, assim, foi responsável pela intensificação das hostilidades entre os latinos e os recém-chegados troianos. Após o conflito ser apaziguado, Ascânio foi obrigado a governar Lavínia por trinta anos. Posteriormente, estabeleceu Alba Longa como capital, onde seus descendentes governariam por trezentos anos até que Rômulo e Remo fundassem Roma.

(Ver Creúsa, Eneias, Ílion, Iulo, Lácio, Latino, Remo, Roma, Rômulo, Troia)

ASCLÉPIO (ou Esculápio): filho de Apolo, foi um herói curandeiro divinizado. Ficou conhecido como deus da cura e da medicina.

(Ver Apolo, Asclépio [deus])

ASTÍANAX ("senhor da cidade"): filho de Heitor, o bravo defensor de Troia, e da esposa, Andrômaca. Heitor chamou-o Escamandro em homenagem ao rio de Troia de mesmo nome. Na *Ilíada* de Homero, Astíanax era apenas um bebê e, com razão, Andrômaca preocupava-se com seu destino caso Heitor morresse na guerra. Autores posteriores mencionam que ele morreu nas mãos dos gregos. A história usual é que Astíanax foi atirado das muralhas de Troia por Odisseu ou por outro grego, a fim de impedir a sobrevivência de qualquer descendente de Príamo.

(Ver Andrômaca, Heitor, Odisseu, Príamo, rio Escamandro, Troia)

ATALANTA: caçadora experiente e extremamente ágil. Seu pai pode ter sido o rei da Beócia, Esqueneu (como nas obras de Ovídio, Estácio, Pausânias e Teócrito), ou Íaso, rei da Arcádia, marido de Clímene, filha de Mínias, ancestral dos mínios (de acordo com Calímaco, Propércio e Apolodoro). Ao nascer, ela foi levada para o deserto e abandonada, pois o pai não desejava uma filha. Pela providência da deusa Ártemis, uma gentil ursa tomou conta da menina até que ela fosse encontrada por alguns caçadores locais. Ártemis, por sua vez, deu aulas de caça à criança. O poeta Apolônio de Rodes narra que, quando crescida, Atalanta aspirou unir-se a Jasão na perigosa busca pelo velocino de ouro, mas ele a impediu devido à afeição que sentia por Atalanta. No entanto, a heroína juntou-se a Meléagro, filho do rei caledoniano Eneu com a esposa Alteia, na caça ao terrível javali que a deusa Ártemis enviara para assolar o campo. A deusa irritara-se porque Eneu, apesar de devoto, de alguma forma esquecera-se de fazer um sacrifício aos deuses em agradecimento pelos primeiros frutos da colheita. Todos os homens mais fortes e bravos reuniram-se para a caça, mas foi a donzela Atalanta quem infligiu o primeiro ferimento, permitindo que Meléagro concluísse a tarefa de matá-lo. Em reconhecimento pelo feito, Meléagro presenteou-a com a cabeça do javali, como troféu, ação que atraiu o ressentimento de seus tios. Então seguiu-se uma batalha feroz e o cumprimento da profecia que predizia a morte prematura de Meléagro. Atalanta desejava permanecer caçadora, solteira e virgem, como a deusa Ártemis, mas vários homens a perseguiam. Cedendo às súplicas do pai para que considerasse o casamento, concordou em casar com quem fosse mais rápido do que ela. Muitos tentaram, sem sucesso, ganhar sua mão, pagando com as próprias vidas. Ainda assim, um destemido a venceu. Ovídio o chama de Hipômenes, bisneto de Posídon. Mas para Pausânias e outros autores ele seria Melânion. Esse jovem pediu ajuda à deusa

HERÓIS, HEROÍNAS E POVOS

Afrodite, que lhe respondeu presenteando-o com três pomos de ouro do santuário na ilha de Chipre. A corrida começou e Meléagro lançou um pomo após o outro para a margem da pista. Atalanta não resistiu e foi atrás de cada um deles. Ela ir em busca dos pomos permitiu que o jovem vencesse a corrida e, assim, ganhasse sua mão em casamento. Atalanta desenvolveu afeição pelo novo companheiro, mas a alegria do casal não durou, pois, na empolgação da vitória, Hipômenes esquecera-se de agradecer a Afrodite. Furiosa, a deusa enlouqueceu-o de paixão. Assim, eles profanaram um templo da deusa Cíbele com seu ato de amor. Por isso, Cíbele os puniu, transformou-os em leões e atrelou-os à sua carruagem.

(Ver Afrodite, Alteia, Arcádia, Ártemis, Beócia, Cálidon, Chipre, Cíbele, Clímene, Eneu, Esqueneu, Hipômenes, Jasão, Melânion, Meléagro, Mínias, Posídon)

ÁTAMAS: rei de Orcômeno, na Beócia. Suas esposas eram, por ordem, Néfele, filha do rei de Tebas, Cadmo; Ino; e Temisto, filha do rei da Tessália, Hipseu. Os numerosos problemas de Átamas iniciaram-se com seu casamento com Ino, que tinha ciúmes de Frixo e Hele, seus filhos com a primeira esposa, Néfele. Ino planejou matar as crianças, mas elas escaparam de suas garras por meios espetaculares: um carneiro de lã de ouro levara um deles, Frixo, para um local seguro. Em outro momento, Zeus deixou o bebê Dioniso sob os cuidados de Átamas e Ino. Furiosa, Hera providenciou que ambos fossem levados à loucura. Em um acidente, Átamas matou o filho, Learco, acreditando se tratava de um cervo (ou um leão), e Ino jogou o filho, Melicertes, em caldeirão fervente, ou, segundo algumas versões, saltou com ele nos braços no Golfo Sarônico, onde morreram. Então foram transformados nas divindades do mar Leucoteia e Palêmon.

(Ver Beócia, Dioniso, Frixo, Hele, Hera, Ino, Leucoteia, Néfele, Tessália, Zeus)

ATREU: filho de Pélops, rei de Pisa, e de Hipodamia. Ele, os irmãos e os descendentes sofreram as consequências da maldição que recaíra sobre Pélops devido ao seu ato de traição. A pedido da mãe, Atreu e o irmão, Tiestes, assassinaram o meio-irmão, Crisipo. Por isso, foram exilados de Pisa. Atreu casou com Aérope, uma princesa cretense, e teve Agamêmnon e Menelau, futuros reis de Micenas e Esparta, respectivamente. Sua esposa, Aérope, pode ter desenvolvido uma paixão por Tiestes ou ter sido seduzida por ele. Em todo caso, ela traiu Atreu quando o trono de Micenas encontrava-se desocupado. De acordo com o mitógrafo Apolodoro, Atreu possuía um cordeiro de lã de ouro que deveria ter sacrificado a Ártemis, mas o guardou. Com a ajuda de Aérope, Tiestes obteve o cordeiro, matou-o, esfolou-lhe o velo e sugeriu que o governo de Micenas fosse concedido com base nas posses dos candidatos. Atreu concordou e ficou surpreso ao descobrir que não tinha mais o cordeiro ou o velo.

Alegando injustiça, ele conseguiu que a decisão fosse revisada e recebeu a regência com base na capacidade de reverter o curso do sol, feito realizado com a ajuda de Zeus. Após essa conquista, concebeu um meio de punir Tiestes por envolver-se com sua esposa e, depois de servir-lhe os próprios filhos em um ensopado, expulsou-o de suas terra. Enquanto estava fora, Tiestes engravidou a própria filha, Pelopia, algo sugerido por um oráculo que afirmara que essa era a melhor forma de vingar-se do irmão. Após tornar-se adulto, Egisto, o fruto dessa relação, matou Atreu, sendo brevemente sucedido por Tiestes, que por sua vez acabou expulso de Micenas pelos filhos de Atreu, Agamêmnon e Menelau. Foi Agamêmnon, o mais velho dos dois, que tornou-se rei de Micenas, até que também foi assassinado, conforme ditava a maldição contra Pélops.

(Ver Aérope, Agamêmnon, Ártemis, Hipodamia, Menelau, Micenas, Pélops, Tiestes, Zeus)

AUGIAS (ou Augeias): rei de Elis, no Peloponeso, cuja paternidade fora atribuída aos deuses Hélio ou Posídon, entre outros. Famoso pelo enorme rebanho de gado e pela desordem que os animais causavam. Como seu quinto trabalho, Hércules foi enviado para limpar os estábulos de Augias, uma tarefa aparentemente impossível de fazer no decorrer de um dia. Hércules desviou os rios Alfeu e Peneu para dentro dos estábulos e assim realizou a tarefa. Mas Augias reteve o pagamento negociado, um décimo do gado, e expulsou Hércules do reino. Tempos depois, Hércules voltou com um exército a fim de exigir vingança pela desfeita e saqueou a cidade de Elis. Segundo algumas versões, Hércules matou Augias no conflito.

(Ver Alfeu [lugar], Hélio, Hércules, Peneu [lugar], Posídon)

AUTÔNOE: filha de Harmonia e Cadmo, fundador da cidade de Tebas. Suas irmãs, todas figuras trágicas por suas próprias ações, eram Ino, Agave e Sêmele. Com o herói civilizador da agricultura Aristeu, Autônoe teve Actéon, que, como punição por ver a deusa Ártemis nua, foi morto pelos próprios cães de caça. Autônoe, Ino e Agave mais tarde participaram do horrível esquartejamento do filho de Agave, Penteu.

(Ver Actéon, Aristeu, Cadmo, Harmonia, Ino, Penteu, Sêmele, Tebas)

BACANTES: adoradoras de Baco, deus do vinho, também chamado Dioniso. As Bacantes também eram conhecidas como Mênades devido à *mania* ("loucura" em grego) que as dominava enquanto estavam possuídas pelo deus.

(Ver Baco, Dioniso, Mênades)

HERÓIS, HEROÍNAS E POVOS

BATO: pastor pobre, servo de um rico. De acordo com o poeta romano Ovídio, ele testemunhou Mercúrio roubar o gado de Apolo e, após ser subornado, prometeu não revelar o que havia visto. Entretanto, Mercúrio disfarçou-se para testar Bato e ofereceu-lhe uma recompensa ainda maior por informações. Bato não hesitou em aceitar a nova oferta e foi instantaneamente transformado em pedra pelo deus. Essa foi a origem da "pedra de toque", uma medida ou critério de julgamento.

(Ver Apolo, Mercúrio)

BÁUCIS: o poeta romano Ovídio narra a história de Báucis ("a terna") e do marido, Filêmon, ("o amigável"), camponeses idosos que viviam na Frígia. Júpiter e Mercúrio visitaram sua aldeia disfarçados de mortais. Cansados da viagem, os deuses bateram em mil portas na esperança de receber abrigo e descanso. Nenhuma delas se abriu, exceto a de Báucis e Filêmon, que, apesar das circunstâncias humildes, ofereceram tudo o que puderam em termos de hospitalidade: um banco rústico com coberta tecida; a lareira minguada; uma porção de toicinho guardada há muito tempo; um colchão estofado de relva; porções de azeitonas, cerejas, queijo, maçãs, uvas e vinho. Como um milagre, a tigela de vinho voltava a encher-se sempre que era esvaziada, uma bênção dos deuses. Quando os camponeses lhes ofereceram o único ganso que tinham, os deuses intervieram para poupar o pássaro e revelaram sua divindade. Báucis e Filêmon foram instruídos a se retirar para o topo de uma colina próxima, e a vila e seus habitantes foram inundados em vingança por sua impiedade. A cabana de Báucis e Filêmon, entretanto, permaneceu intocada pelas águas e foi transformada em templo. Quando questionados sobre o que mais desejavam, o casal respondeu que gostaria de passar o resto de seus dias como sacerdotes e guardiães do templo. Também pediram que nenhum deles vivesse mais do que ao outro. E assim aconteceu: serviram aos deuses fielmente por toda a vida e, quando em idade avançada, tornaram-se um carvalho e uma tília, plantados juntos.

(Ver Frígia, Júpiter, Mercúrio)

BELEROFONTE: mais conhecido por domar o cavalo alado Pégaso e por matar a Quimera, um monstro de cabeça tripla, híbrido de leão com cauda de dragão e cabeça de cabra cuspidora de fogo. A história da vida de Belerofonte é de ascensão e queda em desonra. Ele era "enteado" do filho de Sísifo, Glauco, rei de Corinto, e filho de Eurimede ou Eurinomo. Seu pai verdadeiro seria Posídon. Por acidente, Belerofonte causou a morte de outro homem. Segundo algumas versões, seu próprio irmão. Por outras, um tirano coríntio chamado Bélero — após causar a morte dele, Belerofonte, anteriormente chamado de Hipônoo, foi renomeado assassino (*-phontes*) de Bélero. Culpado pelo assassinato, fugiu de Corinto e pediu refúgio a Preto, rei de Tirinto. Lá, a esposa do rei, Estenebeia (ou Anteia) apaixonou-se por ele, mas Belerofonte rejeitou seus avanços. Em vingança pelo desprezo, ela o acusou de assédio e exigiu que fosse devidamente punido. Preto, que não desejava o punir diretamente para não violar o vínculo entre hóspede e anfitrião, enviou Belerofonte à Lícia para entregar uma carta ao rei Ióbates, pai de sua esposa. Sem o conhecimento do mensageiro, a carta revelava a alegada violação de Estenebeia e continha um pedido para que o jovem fosse morto. Ióbates também queria evitar a culpa pelo sangue derramado e enviou Belerofonte para completar uma tarefa fatal: matar a quimera, que devastava o interior da Lícia. Com a ajuda de Minerva, o herói foi capaz de domar o cavalo alado Pégaso e, do alto, matar a Quimera com o arco e flecha. De acordo com o mitógrafo Apolodoro, surpreso, Ióbates ordenou que ele derrotasse o habilidoso guerreiro Sólimo. Assim que a tarefa foi concluída, o rei ordenou que ele atacasse também as Amazonas. Quando Belerofonte venceu todos os desafios, Ióbates destacou os mais bravos entre os próprios homens para emboscá-lo e matá-lo, porém não tiveram êxito. Profundamente impressionado com a bravura e destreza de Belerofonte, Ióbates deu-lhe sua outra filha em casamento, Filônoe, e declarou-o herdeiro do próprio trono. Com esta notícia, Estenebeia, angustiada, suicidou-se — ou, de acordo com outra lenda, Belerofonte empurrou-a das costas de Pégaso e ela caiu para a morte. Sobre o fim do próprio Belerofonte, existem vários relatos. Na *Ilíada* de Homero, menciona-se que era odiado pelos deuses. Isso pode ser porque, como revela o poeta Píndaro, ele aspirava ultrapassar os limites humanos. Estimulando Pégaso a alcançar a morada celestial de Zeus, Belerofonte caiu em direção à terra, sendo condenado, a partir de então, a vagar como um pária, sozinho. O herói era venerado tanto na Lícia quanto na cidade de Corinto, onde Pausânias registrou ter visto um bosque de ciprestes chamado Craneum, local sagrado de Belerofonte e templo de Afrodite.

(Ver Afrodite, Amazonas, Anteia, Corinto, Glauco [herói], Ióbates, Lícia, Minerva, Pégaso, Posídon, Preto, Quimera, Sísifo, Sólimos, Tirinto, Zeus)

BELO: lendário rei do Egito. De acordo com o mitógrafo Apolodoro, era filho do deus Posídon e de Líbia, filha de Épafo e Mênfis. Seu irmão gêmeo era Agenor, que se tornou rei da Fenícia. Ele permaneceu no Egito e tornou-se governante daquele país. Casou-se com Anquínoe, filha do Nilo, com quem também teve filhos gêmeos, Egito e Dânao. Belo concedeu o reino da Líbia a Dânao e o da Arábia a Egito. Egito foi pai de cinquenta filhos e Dânao de cinquenta filhas. Quando Egito propôs que seus filhos se casassem com as filhas do irmão, Dânao recusou, suspeitando que ele desejava anexar seu reino. Por fim, Dânao concordou com a união, mas instruiu as filhas a matar os maridos na noite de núpcias. Por isso, suas filhas, as danaides, tornaram-se habitantes malditas do Mundo Inferior. Diz-se que a rainha cartaginesa Dido, assim como os reis da Pérsia, eram descendentes de Belo.

(Ver Cartago, Danaides, Dânao, Dido, Egito, Épafo, Posídon)

HERÓIS, HEROÍNAS E POVOS

BITON: ele e o irmão, Cleobeia, eram jovens fortes e virtuosos cujo ato de heroísmo altruísta em honra à mãe e à deusa Hera rendeu-lhes a maior honra que poderia ser concedida a um mortal: morrer após a realização de seu ato mais nobre.

(Ver Cleobeia, Hera)

BRISEIDA: esposa de Mines, rei da cidade de Lirnesso, próxima a Troia. Durante os dez anos em que os gregos lutaram em Troia, Aquiles saqueou Lirnesso e matou o marido de Briseida, assim como seus três irmãos. Na sequência ela foi capturada e, considerada prisioneira de guerra, tornou-se serva de Aquiles. Quando, no décimo ano da guerra, Agamêmnon foi compelido a devolver a própria serva, Criseida, ao pai dela, Crises, um sacerdote de Apolo, ele exigiu que Aquiles cedesse Briseida para substituí-la. Se considerarmos que a serva representava um de seus feitos de bravura, Aquiles ficou furioso e sentiu-se ultrajado. Quando Briseida foi tomada dele, o herói retirou-se da guerra e pediu a sua mãe divina, Tétis, que convencesse Zeus a permitir que os troianos prevalecessem para que Agamêmnon percebesse rapidamente os resultados de sua orgulhosa loucura. Quando, por fim, sua serva lhe foi devolvida, inúmeros gregos já haviam perecido, entre eles Pátroclo, o amigo mais próximo de Aquiles.

(Ver Agamêmnon, Apolo, Aquiles, Criseida, Pátroclo, Tétis, Troia, Zeus)

CADMO: filho do rei tírio (ou sidônio) Agenor. Quando sua filha Europa foi raptada por Zeus, ele enviou os filhos para resgatarem-na. Os irmãos se dividiram e, por fim, cada um fundou uma colônia no local onde desistiram da busca. Cadmo seguiu para a Beócia e de lá para Delfos, buscando o conselho do oráculo. O oráculo sugeriu que abandonasse a busca e se estabelecesse onde a vaca descansava. Ali, fundou a cidade de Cadmeia, mais tarde conhecida como Tebas. De acordo com o mitógrafo Apolodoro, que apresenta riqueza de detalhes sobre a fundação da cidade, Cadmo desejava sacrificar essa vaca aos deuses em agradecimento e enviou alguns de seus homens para buscar água para o ritual. Os homens não voltaram da fonte e Cadmo foi investigar. Chegando ao local, encontrou um dragão guardando a fonte de água, criatura sagrada ao deus Ares. Ele matou o dragão e, com instruções da deusa Atena, semeou parte das presas da criatura pelo chão. Deles, surgiram os chamados espartos, "semeados", homens já adultos e armados. Cadmo arremessou pedras neles e, confusos, atacaram uns aos outros. Todos, exceto cinco, pereceram. Zeus mais tarde deu Harmonia a Cadmo como noiva. Ela era filha de Afrodite e Ares, e todos os deuses celebraram sua união. Como presente de casamento, o noivo deu à noiva um belo manto e um colar maravilhoso criado por Hefesto. Ambos os presentes se tornariam centrais para o conflito entre seus descendentes. Cadmo e Harmonia tiveram um filho, Polidoro, e quatro filhas, Autônoe, Ino, Sêmele e Agave — todos se tornariam personagens trágicos. Ino era casada com Átamas, Autônoe com Aristeu e Agave com Equíon. Sêmele foi engravidada por Zeus e teve o deus Dioniso. Agave, por sua vez, foi mãe de Penteu, que se tornou governante de Tebas depois que Cadmo abdicou. Penteu teve um fim terrível nas mãos da mãe e das tias, todas em transe báquico, porque recusou-se a reconhecer que o primo Dioniso (também chamado de Baco) era um deus. O filho de Autônoe, Actéon, também teve fim terrível, despedaçado pelos próprios cães de caça. Em uma reviravolta bizarra nos acontecimentos, Cadmo e Harmonia foram banidos para a Ilíria, terra remota no oeste da península balcânica, onde lideraram uma horda de bárbaros em batalha e foram transformados em serpentes, talvez por vingança pela morte do dragão de Ares. Por fim, Cadmo e Harmonia foram enviados por Zeus para viver nos Campos Elísios.

(Ver Actéon, Afrodite, Agave, Agenor, Ares, Aristeu, Autônoe, Beócia, Campos Elísios, Delfos, Dioniso, Europa, Harmonia, Ino, Penteu, Polidoro, Sêmele, Tebas, Zeus)

CALAIS: ele e o irmão gêmeo, Zetes, eram os velozes e alados filhos de Bóreas, o vento norte; por issos, eram chamados de "boréades". Os dois ficaram mais conhecidos pela assistência ao rei Fineu, incessantemente atormentado pelas harpias, que lhe roubavam a comida.

(Ver Bóreas, Fineu, Harpias, Zetes)

CALCAS: profeta ou advinho regularmente consultado pelos gregos durante a Guerra de Troia. Suas muitas predições incluem revelar a Agamêmnon e às tropas gregas que, devido à ira de Ártemis, os ventos haviam se estagnado. Assim, os navios não poderiam zarpar de Áulis para Troia. A solução sugerida era o sacrifício da filha de Agamêmnon, Ifigênia, à Ártemis. Sua esposa, Clitemnestra, jamais o perdoou pela morte da filha, o que desencadeou o assassinato vingativo de Agamêmnon. Calcas também revelou aos gregos que a praga que sofriam enquanto acampavam fora das muralhas de Troia poderia ser dissipada caso Agamêmnon devolvesse sua serva, Criseida, ao pai, o sacerdote Crises. O rei atendeu o pedido, mas tomou a serva Briseida de Aquiles, afronta que o guerreiro não tolerou. Apolodoro, Quinto de Esmirna e Sêneca creditam a Calcas a previsão de que Troia não cairia para os gregos sem a ajuda do filho de Aquiles, Neoptólemo, e de Filoctetes. Ele ainda proclamou que os gregos não poderiam voltar para casa sem antes sacrificar o filho de Heitor, Astíanax, e a princesa troiana, Políxena.

(Ver Agamêmnon, Aquiles, Ártemis, Astíanax, Áulis, Briseida, Clitemnestra, Criseida, Filoctetes, Heitor, Hércules, Ifigênia, Neoptólemo, Políxena, Troia)

HERÓIS, HEROÍNAS E POVOS

CALISTO: bela donzela, ou Ninfa, que viveu nos confins de Arcádia como companheira da deusa virgem Diana. A maioria das fontes afirma que o pai de Calisto foi o rei Licáon, de Arcádia, tirano selvagem que, por seus atos ultrajantes, Júpiter transformou em lobo. O poeta romano Ovídio conta a versão mais conhecida dessa história. Como tantas belas mulheres, Ninfas e deusas, ela não escapou do olhar sedento de Júpiter, que foi até ela enquanto se banhava. O deus usou uma armadilha especialmente asquerosa para se aproximar: disfarçou-se de deusa Diana, e por isso a donzela não se alarmou com sua aproximação. Como resultado, foi estuprada e engravidou. Ela suportou a vergonha o máximo possível. No entanto, certo dia, Diana, acalorada e cansada da caça, pediu que todas as companheiras se unissem a ela em um banho refrescante em um riacho sombreado. Calisto recusou. As outras a despiram e, assim que a vergonha de seu ventre crescente foi revelada, ela foi banida pela deusa. A esposa de Júpiter, Juno, também se enfureceu quando Calisto deu à luz um filho, o jovem Arcas. Enraivecida pela infidelidade do marido, transformou a Ninfa em ursa. Com o passar do tempo, quando Arcas tinha idade suficiente para caçar, encontrou a mãe ursa, mas Júpiter impediu-o de matá-la com sua lança. O deus elevou mãe e filho aos céus, onde se tornaram as constelações Arcturo, "Ursa" (Ursa Maior; *Ursae Majoris* em latim, também chamada de Boötes), e Arctofilax (literalmente "guardião da ursa" em grego; Ursa Menor, *Ursae Minoris* em latim). De raiva inabalável, Juno planejou uma última punição: nenhuma das constelações teria permissão de descansar, pondo-se ao rio Oceano. Como resultado, nenhuma delas está abaixo do horizonte. O mitógrafo Apolodoro, que escreveu em grego e usou os nomes gregos dos personagens, conta outras versões do mito: Hera persuadiu Ártemis a atirar em Calisto, ou Ártemis atirou nela por conta própria, já que Calisto não manteve o voto de castidade. Quando Calisto morreu, Zeus apanhou rapidamente o bebê, chamou-o de Arcas e entregou-o a Ninfa Maia para que fosse criado.

(Ver Arcádia, Arcas, Diana, Hera, Juno, Júpiter, Licáon, Maia, Oceano [lugar], Zeus)

CAMILA: seu pai, Métabo, rei tirânico dos volscos, fugiu de sua terra natal quando ela era criança. Chegando ao rio Amisenus, amarrou Camila a uma lança de freixo, prometendo que a dedicaria à deusa Diana se a lança pudesse carregá-la com segurança através do rio. Seu desejo foi atendido e ele manteve a promessa à deusa: Camila cresceu como virgem e caçadora da floresta. Algum tempo depois, ela uniu forças com o príncipe rutuliano Turno contra Eneias e seu grupo de troianos, cuja aparição na Itália ocasionou uma guerra terrível. No decorrer do conflito, Camila foi morta de maneira cruel por um guerreiro chamado Arrunte. Sua morte causou amplas expressões de pesar entre os latinos.

(Ver Arrunte, Diana, Eneias, Latinos, Rútulos, Troia, Turno)

CÂNACE: de acordo com o mitógrafo Apolodoro, é uma das doze filhas de Éolo, Senhor dos Ventos. Com o deus Posídon, teve cinco filhos, que incluíam Aleu, que no futuro seria padrasto dos gigantes Oto e Efialtes. O poeta romano Ovídio registra os eventos dramáticos em torno da morte de Cânace. Como resultado da relação incestuosa com o irmão, Macareu, engravidou. Ainda que ela e a parteira tenham tentado abortar a criança, o filho gerado da relação com o próprio irmão nasceu. Enfurecido, Éolo ordenou que a criança fosse jogada aos cães e aves de rapina e entregou uma espada a Cânace para que acabasse com a própria vida.

(Ver Aleu, Éolo, Oto, Posídon)

CAPANEU: caso exemplar da *hubris* (orgulho excessivo) e suas consequências. Foi um dos sete comandantes que uniram forças com Polinice, filho de Édipo, para marchar contra a cidade de Tebas. Polinice organizou a campanha porque, apesar do acordo firmado anteriormente, o irmão Etéocles recusou-se a deixar o cargo de regente de Tebas. Segundo o dramaturgo Ésquilo, Capaneu gabava-se que destruiria Tebas com ou sem o apoio de Zeus. Inclusive, afirmou que um conflito com o próprio deus não seria impedimento, já que os raios de Zeus não eram mais perigosos do que o calor do meio-dia. Devido à bravata, o blasfemador não escapou da ira do deus, que o feriu com seu fogo divino enquanto ele escalava as muralhas de Tebas.

(Ver Édipo, Etéocles, Polinice, Tebas, Zeus)

CASSANDRA: filha do rei de Troia, Príamo, e da esposa, Hécuba. De acordo com Homero, possui beleza extraordinária, comparável até mesmo a Afrodite. No entanto, sua beleza era mais uma maldição do que bênção. Ela atraiu a atenção de Apolo, que lhe concedeu o dom da profecia na expectativa de com isso a filha do rei cedesse a seus avanços. Apesar do presente, ela resistiu e, por causa desse insulto, Apolo fez com que, embora pudesse prever o futuro, ninguém acreditasse. Assim, mesmo depois de profetizar que o irmão Páris causaria a ruína de Troia, Príamo lhe concedeu uma frota para buscar Helena em Esparta, o que causou a Guerra de Troia. Ela também disse aos troianos para tomarem cuidado com o Cavalo de Troia, sabendo que estava repleto de gregos e não era, como se pensava, uma oferenda a Atena. Entre as afrontas sofridas por Cassandra menciona-se o estupro nas mãos do herói grego Ájax, filho de Oileu (ou Ájax Menor), embora ela tivesse refugiado-se no altar de Atena, em Troia. Por esse sacrilégio e afronta à deusa, Ájax e os gregos restantes foram punidos por Atena, Zeus e Posídon. O navio de Ájax naufragou na viagem de retorno de Troia e ele foi atingido por um raio ou, segundo algumas versões, afogou-se no mar. Então Cassandra foi dada ao rei Agamêmnon de Micenas, comandante das tropas gregas, como serva. Agamêmnon levou Cassandra para sua casa, em Micenas, e sua presença irritou ainda mais a rainha Clitemnestra, que assassinou ambos. A morte de Cassandra e a presciência que ela própria tivera do ato são vividamente narrados na peça *Agamêmnon*, do dramaturgo Ésquilo. Em uma outra versão do mito, Cassandra e o irmão gêmeo, Heleno, receberam o dom da profecia quando bebês, pois tiveram as orelhas lambidas pelas serpentes do templo de Apolo.

(Ver Afrodite, Agamêmnon, Ájax Menor, Apolo, Atena, Clitemnestra, Esparta, Hécuba, Heleno, Helena, Micenas, Páris, Posídon, Príamo, Troia, Zeus)

CASSIOPEIA: esposa do rei etíope Cefeu e mãe da bela Andrômeda. Como consequência de vangloriar-se de que ela — ou, segundo algumas versões, a filha — era mais bela do que as Ninfas nereidas, Posídon enviou um monstro marinho para devastar a Etiópia, e a única solução era o sacrifício da filha. Felizmente, Andrômeda foi resgatada por Perseu, que recém confrontara Medusa. Após sua morte, Posídon transformou Cassiopeia em constelação e seu corpo foi organizado em uma posição indigna: de costas, com os pés para o ar.

(Ver Andrômeda, Cefeu, Etiópia, Medusa, Nereidas, Posídon)

CÉCROPS: conhecido como o primeiro rei de Atenas e do respectivo território, a Ática, que em sua época era chamada de Cecropia. Era considerado autóctone — literalmente nascido da terra — e tinha forma híbrida: a parte inferior do corpo era de bode. Como o primeiro rei, também foi considerado um herói civilizador responsável por reconhecer Zeus como a divindade suprema. Foi quem instituiu a monogamia, os ritos fúnebres, encerrou o sacrifício humano, introduziu o alfabeto e uniu as comunidades da região em uma cidade. Quando os deuses decidiram tomar posse de uma cidade, Atena e Posídon reivindicaram Atenas. De acordo com algumas versões, Zeus nomeou Cécrops como juiz da disputa entre os dois deuses, mas outras versões afirmam que foram todos os deuses do Olimpo, ou mesmo o filho de curta vida de Cécrops, Eresícton, que tomaram a decisão. Posídon golpeou a rocha da Acrópole com o tridente e criou uma fonte de água salgada, símbolo do vindouro poderio náutico da cidade. Atena, por sua vez, fez crescer uma oliveira. A árvore de azeitonas foi considerada o presente mais valioso e seu fruto tornou-se a base da economia ateniense. Como resultado da vitória sobre Posídon, Atena tornou-se a divindade protetora da cidade e deu-lhe o nome de Atenas.

(Ver Acrópole, Atena, Atenas, Ática, Olimpo, Posídon, Zeus)

LINHAGEM DE HÉRCULES

48 OUTRAS FILHAS

EURÍDICE (AGANIPE) + ACRÍSIO

ZEUS + DÂNAE

ANDRÔMEDA + PERSEU

? + ALCEU   ESTÊNELO + NICIPE

ANFITRIÃO + ALCMENA + ZEUS   EURISTEU

ÍFICLES

MÉGARA + HÉRCULES + DIVERSAS PARCEIRAS

OS NUMEROSOS HERACLIDAS

3 (OU 5) FILHOS

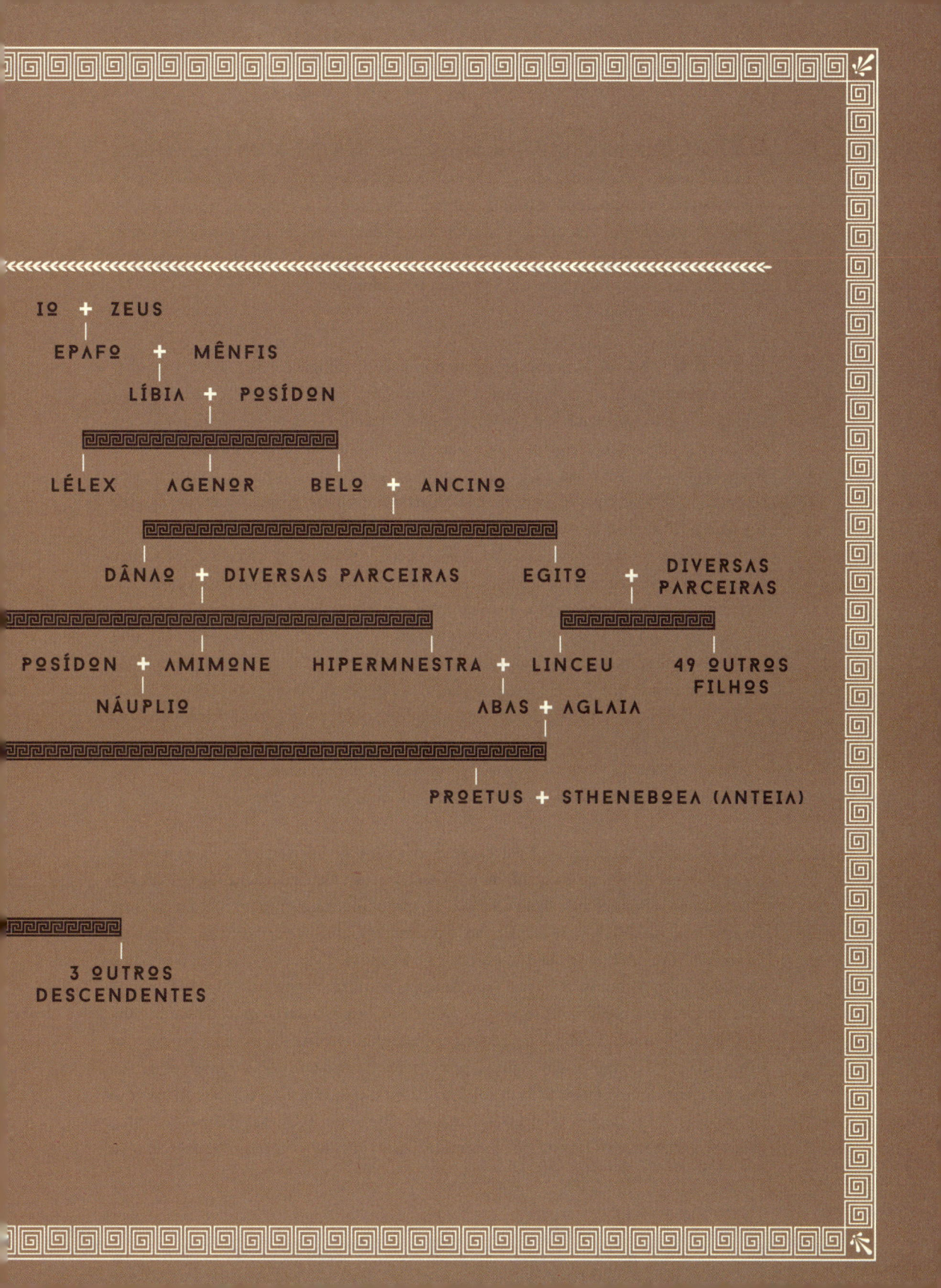

```
IO + ZEUS
   │
EPAFO + MÊNFIS
       │
    LÍBIA + POSÍDON
           │
   ┌───────┼───────┐
 LÉLEX  AGENOR   BELO + ANCINO
                      │
               ┌──────┴──────┐
           DÂNAO + DIVERSAS PARCEIRAS    EGITO + DIVERSAS PARCEIRAS
                 │                             │
        ┌────────┴────────────┐         ┌──────┴──────┐
  POSÍDON + AMIMONE    HIPERMNESTRA + LINCEU    49 OUTROS FILHOS
          │                        │
       NÁUPLIO                ABAS + AGLAIA
                                   │
                          PROETUS + STHENEBOEA (ANTEIA)
```

3 OUTROS DESCENDENTES

CÉFALO: marido de Prócris, princesa ateniense, e filho de Dêion, rei da Fócida, foi sequestrado por Aurora, deusa do amanhecer. No entanto, como era visível que a separação da esposa o deixava infeliz, Aurora o libertou. Uma tragédia seguiu-se, pois Céfalo, instigado por Aurora, viu-se com ciúmes da noiva e decidiu testar sua fidelidade. Ao descobrir que a noiva deixava a desejar no quesito fidelidade, ela fugiu. Mas se reconciliaram e, mais tarde, ele a matou por acidente.

(Ver Aurora, Prócris)

CEFEU: há vários heróis com este nome na mitologia clássica. O mais conhecido parece ter sido o pai da princesa Andrômeda, a quem o herói Perseu resgatou, impedindo que fosse sacrificada a um monstro marinho. Esse Cefeu era casado com Cassiopeia, cuja ofensa contra as nereidas quase custou-lhe a vida da filha. Embora fosse conhecido como rei da Etiópia, também pode ter sido persa, babilônico ou fenício, de acordo com Heródoto, Helânico e Pausânias, respectivamente. Cefeu fez de Andrômeda e Perses, filho de Perseu, seus herdeiros. Depois de suas mortes, Cefeu, a esposa, Cassiopeia, e a filha, Andrômeda, tornaram-se constelações. Outro Cefeu era rei de Tégea, a cidade mais importante de Arcádia. Ele uniu-se a Jasão e os Argonautas na busca pelo velocino de ouro e participou, ao lado do herói Meléagro, da caça ao javali de Cálidon. O mitógrafo Apolodoro conta que o herói Hércules pediu-lhe que se juntasse na empreitada vingativa contra Esparta. Inicialmente, ele recusou, temendo que Tégea fosse atacada em sua ausência, mas Hércules deu à filha de Cefeu, Estérope, uma mecha do cabelo da Medusa, o que protegeria a cidade. Embora a cidade tenha permanecido segura, o próprio Cefeu morreu no conflito espartano.

(Ver Andrômeda, Arcádia, Argonautas, Babilônia, Cálidon, Cassiopeia, Esparta, Etiópia, Hércules, Jasão, Medusa, Meléagro, Nereidas, Perseu)

CÊIX: filho de Héspero, a estrela vespertina (ou de Lúcifer, a estrela da manhã), tornou-se rei da Traquínia, cidade da Tessália, no vale de Esperqueu. Ficou conhecido por ter concedido asilo a Hércules, que acidentalmente matou um parente do rei Eneu, de Cálidon, seu anfitrião, e partiu de Cálidon em exílio autoimposto. Foi a caminho da Traquínia que Hércules e a esposa, Dejanira, tiveram o fatídico encontro com o centauro Nesso, que causaria o subsequente suicídio do herói. A vida de Cêix foi repleta de tragédias. Seu filho Hípaso participou da campanha de Hércules contra Ecália e foi morto em batalha. A filha do irmão, Quíone, foi estuprada por Hermes e, em seguida, por Apolo. Grávida dos dois deuses, deu à luz gêmeos: Autólico, conspirador desonesto como o pai, Hermes, e Filâmon, exímio cantor e tocador de lira como o pai, Apolo. Quíone, orgulhosa da prole divina, gabava-se de ser mais bonita que a deusa Diana. Devido à ofensa, Diana disparou uma flecha na língua e a ferida extinguiu sua voz e sua vida. Desesperado, o pai jogou-se dos penhascos de Parnasso, ainda que em meio à queda os deuses o tenham transformado em falcão. Como conta o poeta romano Ovídio, preocupado com o misterioso destino do irmão, Cêix resolveu velejar para consultar um oráculo em Claros, na Jônia, em busca de esclarecimento, mas perdeu a vida nos mares tempestuosos. A esposa, Alcíone, implorara-lhe que não fosse e orou incessantemente a Hera por seu retorno seguro, sem saber o que havia acontecido. Hera enviou Morfeu, o deus dos sonhos, que apareceu a Alcíone na forma de Cêix e revelou a verdade sobre o fim trágico do marido. Alcíone correu para o mar e deparou-se com o cadáver do marido. Então os deuses os transformaram em guarda-rios, ditando que os sete dias de nidificação, durante o inverno, os chamados Dias de Alcíone, fossem marcados por mar calmo.

(Ver Alcíone, Apolo, Cálidon, Centauros, Dejanira, Diana, Eneu, Hera, Hércules, Héspero, Morfeu, Nesso, Parnasso, Tessália)

CÉLEO (ou Keleos): lendário rei de Elêusis. Foi grandemente recompensado pela hospitalidade que, a pedido das filhas, ofertou à deusa Deméter enquanto ela, disfarçada de velha, vagava pela terra em busca da filha, Perséfone. No palácio de Céleo, Deméter tornou-se ama do filho caçula do rei, Demofonte, a quem tentou tornar imortal besuntando-o com ambrosia e depositando-o nas brasas da lareira. A esposa de Céleo, Metanira, ao ver o filho nas chamas, bradou em temor por sua vida. Deméter então revelou sua natureza divina e instruiu-os a construir um templo dedicado a ela em Elêusis. A própria deusa doutrinou a população nos rituais a serem realizados ali. Céleo sabiamente concordou, tornando-se assim o fundador dos Mistérios de Elêusis.

(Ver Deméter, Demofonte, Elêusis, Perséfone)

CICNO: na mitologia clássica, havia diversos heróis com este nome. Um deles era filho do deus da guerra, Ares. Cicno fez carreira roubando peregrinos a caminho de Delfos, desafiando-os para uma corrida de bigas que sempre vencia. Logo após decapitava os perdedores e decorava o templo do pai com os crânios. Hércules revelou-se sua ruína. Com a ajuda do cocheiro Iolau, de Atena, o herói venceu a corrida e matou Cicno. De acordo com o mitógrafo Higino, Hércules confrontou o próprio Ares, e tiveram de ser separados por um raio lançado por Zeus. De acordo com o poeta romano Ovídio, outro Cicno era primo distante de Featonte, morto por Zeus enquanto guiava a carruagem de Hélio. Então Cicno, rei da Ligúria, vagou por florestas e ao longo de rios, lamentando-se até que sua voz fosse reduzida a um ruído agudo e ele próprio se transformasse em cisne. Um terceiro Cicno era filho do deus Posídon e da Ninfa Cálice. Ele foi rei de Colonas, uma cidade nos arredores de Troia. Nas *Metamorfoses* do poeta romano Ovídio, o invencível Cicno, um aliado dos troianos, é diversas e furiosas vezes golpeado na cabeça e, por fim, estrangulado por Aquiles, frustrado com as inúmeras tentativas malsucedidas de matar o adversário. Quando Aquiles, considerando que Cicno estava morto, tentou remover sua armadura, encontrou-a vazia, exceto por um cisne.

(Ver Aquiles, Ares, Atena, Delfos, Featonte, Hélio, Hércules, Posídon, Troia, Zeus)

CIDIPE: sacerdotisa da deusa Hera e orgulhosa mãe de Cleobeia e Biton, que seriam lembrados como os mais afortunados dos homens. Depois que os filhos realizaram um feito não apenas virtuoso, mas que demandava enorme força, Cidipe orou a Hera para que recebessem a maior recompensa possível. Assim, Cleobeia e Biton adormeceram no templo de Hera e não voltaram a despertar.

(Ver Cleobeia, Hera)

CILA: princesa de Mégara e filha de Niso, o rei da cidade. Enquanto Minos, rei de Creta, travava guerra contra Mégara, a princesa apaixonou-se por ele à primeira vista. Ela ponderou que, para conquistar o coração de Minos, deveria garantir sua vitória sobre Niso, algo que, de acordo com um oráculo, só poderia ser alcançado se a única mecha de cabelo roxo de Niso fosse-lhe cortada da cabeça. O poeta romano Ovídio descreve em detalhes a traição da filha do rei de Mégara: ela cortou a madeixa à noite, enquanto o pai dormia, e a ofereceu a Minos, que, alarmado pelo ato de traição descarada, desprezou-a. Minos zarpou para Creta assim que pode e Cila saltou no mar, nadando em perseguição. No entanto, quando ela alcançou o navio cretense, seu pai, transformado em águia-pesqueira, mergulhou no mar, fazendo com que ela perdesse o controle. Após, ela também tornou-se uma ave marinha ou, de acordo com o mitógrafo Higino, um peixe. A versão de Pausânias sobre o fim de Cila é diferente. Segundo conta, Minos a amarrou pelos pés à popa do navio, fazendo com que ela se afogasse. Essa Cila deve ser distinguida da Ninfa que se transformou em um monstro de mesmo nome.

(Ver Cila [monstro], Creta, Mégara [lugar], Minos, Niso)

CÍNIRAS: lendário rei de Chipre. Na mitologia, tinha fortes laços com Afrodite. Diz-se que construíra um templo e estabelecera o culto à deusa em Chipre. Ficou conhecido como fundador da cidade cipriota de Pafos. Os relatos de suas origens são conflitantes. Segundo o poeta romano Ovídio, é filho de Pafos, filha de Pigmalião e da esposa-estátua, Galateia. No entanto, outros autores afirmam que era da Assíria ou da Cilícia, entre outros lugares, sendo ancestral de Eos ("aurora") e Titono. Cíniras foi pai de Adônis sem que tivesse ciência do fato e, para seu horror, a mãe era sua própria filha, Mirra (ou Esmirna, de acordo com algumas fontes). Mirra teve diversos pretendentes, mas recusou todos, já que nenhum era tão nobre quanto o pai. Embora tentasse resistir, a paixão pelo pai se intensificava a cada dia. A única maneira de escapar desse amor vil, pensava, era se enforcar. No entanto, a ama de Mirra a impediu de cometer suicídio e ajudou-a a dissimular-se para o leito do pai. Quando Cíniras, por fim, descobriu o crime do qual se tornara cúmplice, empunhou a espada, mas Mirra fugiu, viajando pela Arábia por nove meses, rumo a distante terra dos sabeus. Como o parto do filho se aproximava, viu-se desesperada, clamando aos deuses por qualquer forma de ajuda. Rogou para ser transformada, uma vez que era fonte de impudores tanto aos vivos quanto aos mortos. Suas orações foram atendidas e tornou-se uma preciosa árvore de mirra. Suas lágrimas infindáveis se tornaram a aromática resina da mirra, e da casca emergiu o lindo bebê Adônis, por quem Afrodite se apaixonaria.

(Ver Adônis, Afrodite, Chipre, Eos, Galateia, Mirra, Pafos, Pigmalião, Titono)

CIRENE: Segundo o historiador Diodoro Sículo, filha de Hipseu, filho do deus-rio Peneu. Apolo avistou-a na floresta do monte Pélion e levou-a para a Líbia, onde fundou uma cidade com seu nome. Nesse local, Cirene deu à luz o herói civilizador Aristeu, que ensinou aos humanos as artes da apicultura e da agricultura.

(Ver Apolo, Aristeu, Cirene [lugar], Pélion, Peneu [deus e lugar])

CÍRON: segundo algumas fontes, filho de Posídon ou neto de Pélops, e lendário fora-da-lei que residia nas Rochas Cirônias, no golfo Sarônico, na costa oriental do território de Mégara. Ao lado dessas falésias, localizava-se a estrada para Atenas, e Círon pedia aos transeuntes que lavassem seus pés. Enquanto estavam curvados, ocupados com a tarefa, ele os lançava das encostas para que morressem no mar, onde, segundo o mitógrafo Apolodoro, eram devorados por uma enorme tartaruga. Teseu livrou os viajantes desse perigo, submetendo Círon ao mesmo tratamento que dispensava a suas vítimas. Segundo o poeta romano Ovídio, seus ossos fundiram-se aos penhascos.

(Ver Atenas, Mégara [lugar], Pélops, Posídon, Teseu)

CLEOBEIA: o historiador grego Heródoto registra a história prodigiosa dos irmãos Cleobeia e Biton. Ela é narrada em um relato da visita do estadista ateniense Sólon ao riquíssimo Creso, rei da Lídia. Quando Creso lhe perguntou quem considerava o mais afortunado dos homens, não recebeu a resposta "você, Creso", o que o surpreendeu. Sólon respondeu que o título cabia a um tal de Telo, homem de bons recursos que teve filhos excelentes, testemunhou o nascimento de todos os netos e teve morte gloriosa a serviço de sua cidade. Sólon considerou que Cleobeia e Biton, dois irmãos da cidade de Argos, eram os segundos mais afortunados. Os irmãos não eram apenas fortes, como também nobres. Por ocasião do festival em honra à deusa Hera, sua mãe, Cidipe, uma sacerdotisa da deusa, necessitava ser levada ao templo em tempo hábil. Como seus bois não puderam ser encontrados, os filhos atrelaram-se a sua pesada carroça e a puxaram por uma longa distância (45 estádios, cerca de 7 mil metros) até o templo. Para alegria da população, ela chegou a tempo e orou diante da estátua de Hera para que, em gratidão ao ato piedoso, os filhos recebessem a maior recompensa possível. Os jovens então adormeceram no templo e não voltaram a despertar. Assim, encontraram seu fim no auge da glória. O povo de Argos consagrou as estátuas dos irmãos em Delfos, afirmando que se tratavam dos melhores dos homens. Sólon concluiu a história moralizante ressaltando a Creso que ninguém poderia ser considerado feliz ou afortunado até que se soubesse como encontrou seu fim.

(Ver Argos, Delfos, Hera, Lídia)

CLÍCIE: uma das amantes do deus sol, Hélio. Quando o deus voltou suas atenções a Leucótoe, filha do rei persa Órcamo, seu coração ficou partido e ela revelou o caso a Órcamo que, furioso com a indiscrição da filha, a enterrou viva. Como escreve o poeta romano Ovídio, Hélio tentou desenterrá-la e reanimá-la, mas era tarde demais. Então o deus aflito aspergiu néctar em seu corpo e no solo, e um precioso arbusto de olíbano cresceu no lugar onde seu corpo jazia. Clície esperava que Hélio voltasse suas atenções para si, mas esperou em vão, observando o curso do sol por nove dias e noites sob o céu, sem comer ou dormir. Ela enraizou-se e seu corpo se transformou em uma flor, um heliotrópio, que sempre manteria a face voltada ao sol.

(Ver Apolo, Hélio)

CLITEMNESTRA (ou Clitenestra): filha do rei espartano Tíndaro e de Leda. Era irmã da bela Helena de Troia (e Esparta) e dos Dióscuros, Castor e Pólux. Agamêmnon, rei de Micenas, assassinou seu primeiro marido, Tântalo, filho de Tiestes, posteriormente tomando-a como noiva. A maternidade marcou o início da tragédia de Clitemnestra. Com Agamêmnon, Clitemnestra gerou Ifigênia (também chamada Ifianassa), Electra (também chamada Laódice), Crisótemis e Orestes. Quando as tropas gregas viram-se incapazes de zarpar para Troia, detidas por ventos adversos, os gregos, assolados pela fome e pela doença, consultaram o advinho Calcas em busca da solução. Ele revelou que a deusa Ártemis era a responsável, pois enfurecera-se devido à perda de um cervo consagrado, acidente fatal provocado por Agamêmnon. A terrível resposta para a difícil situação dos gregos, declarou Calcas, seria o sacrifício de Ifigênia a Ártemis. Agamêmnon mandou chamar Ifigênia e, para isso, recorreu a um engodo: fez com que a esposa achasse que a filha se casaria com Aquiles, em Áulis. Pela traição, assim como por esse ato terrível, Clitemnestra jamais perdoou Agamêmnon e, quando ele retornou de Troia, o esfaqueou enquanto ele se banhava. Também assassinou Cassandra, a concubina de Agamêmnon, cuja presença no palácio a ofendeu, ressaltando a infidelidade do marido. Clitemnestra e o amante, Egisto, por sua vez, foram mortos por Orestes, instigado pelo deus Apolo a vingar a morte do pai. Na tragédia de Ésquilo, as *Eumênides*, é Atena quem absolve Orestes do matricídio.

(Ver Agamêmnon, Apolo, Aquiles, Ártemis, Áulis, Calcas, Cassandra, Crisótemis, Egisto, Electra, Eumênides, Ifigênia, Leda, Micenas, Orestes, Tântalo, Tiestes, Troia, Zeus)

CORÔNIS: há diversas heroínas com este nome e várias histórias sobre cada uma delas. A Corônis mais conhecida era filha do rei da Tessália, Flégias, e mãe do deus da cura, Asclépio. Pausânias preserva duas versões da história. A primeira elucida por que Epidauro era sagrado para Asclépio. Flégias era um rei bélico e fazia incursões frequentes a terras vizinhas no intuito de roubar colheitas e gado. Em dada ocasião, viajou ao Peloponeso para descobrir se os habitantes da região também possuíam tradição militar. Foi assim que trouxe Corônis consigo para casa. Sem que o pai soubesse, Corônis engravidou de Apolo e, quando chegaram a Epidauro, ela deu à luz um filho (Asclépio), e o deixou em uma montanha. No entanto, a criança foi alimentada por cabras da montanha e guardada por um cão pastor. Por fim, um pastor aproximou-se do bebê, mas não o moveu, pois um relâmpago cintilou ao redor da criança, fazendo-o entender que se encontrava na presença da divindade. De acordo com a segunda versão do nascimento de Asclépio, enquanto esperava o filho de Apolo, Corônis foi infiel ao deus, traindo-o com Ísquis, por quem se apaixonara. Pela infidelidade com o irmão Apolo, Ártemis alvejou Corônis de flechas. No entanto, Hermes arrebatou a criança não nascida do corpo de Corônis enquanto ela ardia na pira funerária.

(Ver Apolo, Ártemis, Asclépio, Hermes, Tessália)

CREONTE ("governante"): há dois governantes importantes com esse nome na mitologia clássica. Um deles comandava Tebas e era irmão de Jocasta, esposa de Édipo. A esposa de Creonte era Eurídice e seus filhos incluíam Hêmon, o noivo de Antígona; Mégara, a esposa malfadada de Hércules; e Meneceu, que recebeu o nome do avô (o pai de Creonte) e sacrificou-se por Tebas. Creonte atuou repetidamente como governante de Tebas. Ele tornou-se mandatário da cidade após a morte de Laio e reassumiu o trono depois que Édipo partiu de Tebas, pois seus filhos, Etéocles e Polinice, ainda eram jovens demais para governar. Por fim, voltou a administrar a cidade depois da morte de Etéocles e Polinice nas mãos um do outro. Nas peças trágicas do dramaturgo Sófocles, *Antígona* e *Édipo em Colono*, Creonte é retratado como um personagem sombrio. Depois que Édipo partiu de Tebas, Etéocles e Polinice voltaram-se um contra o outro e Creonte tentou resguardar o poder para si enquanto procurava por Édipo, que, acompanhado por Antígona, viajava para a Ática para exilar-se. Fora profetizado que a manutenção do poder dependia de onde Édipo fosse sepultado. Desse modo, Creonte e Polinice partiram em seu encalço. Creonte recorreu a subterfúgios e à força para cumprir seu objetivo, mas foi impedido de capturar Édipo pelo rei ateniense Teseu. Depois que Polinice e Etéocles faleceram, Creonte decretou que qualquer pessoa que tentasse enterrar seu sobrinho, Polinice, seria condenada à morte. Quando lhe foi revelado que sua própria sobrinha, Antígona, havia tentado enterrá-lo, ainda assim recusou-se a ceder, mesmo diante de um bom argumento: a lei divina determinava que os membros da família deveriam enterrar os próprios mortos. Como resultado, perdeu Antígona e o filho, Hêmon, que cometeram suicídio. O outro Creonte foi governante de Corinto. É conhecido principalmente por ter recebido Jasão e Medeia em sua cidade depois que eles vingaram-se de Pélias, rei de Iolco. Creonte ofereceu a filha Creúsa (ou Glauce, como algumas fontes a chamam) a Jasão em casamento, fato que Medeia não tolerou. Medeia entregou um manto e um vestido envenenados aos filhos para que dessem a Creúsa como presente de casamento. Creúsa os provou e foi engolfada em chamas. Tentando ajudá-la, Creonte também morreu, liquefeito nas vestes envenenadas.

(Ver Antígona, Atenas, Ática, Corinto, Creúsa, Édipo, Etéocles, Eurídice [heroína], Hêmon, Hércules, Iolco, Mégara [heroína], Meneceu, Pélias, Polinice, Tebas, Teseu)

CRESFONTES: descendente da terceira geração de Hércules. Quando Cresfontes, o irmão Têmeno e os filhos do irmão Aristodemo, Procles e Euristenes, tiveram de dividir o controle do Peloponeso, a decisão foi tirada na sorte. Cresfontes favoreceu Messênia e garantiu que ganhasse a região recorrendo a um esquema: três lotes designando os territórios de Argos, Esparta e Messênia foram colocados em um jarro de água. Dois dos lotes, os de Argos e Esparta, eram feitos de barro cozido, ao passo que o terceiro, de Messênia, era cru e dissolveria na água. Cresfontes pediu para tirar o seu por último, garantindo que os lotes de Esparta e Argos, que não se dissolveriam, fossem sorteados antes de chegar à sua vez. No entanto, seu governo teve vida curta, já que ele e os dois filhos mais velhos foram mortos na revolta liderada por Polifontes, que posteriormente casou-se com a viúva, Mérope, e tornou-se rei. O filho mais novo de Cresfontes, Épito, vingou a morte do pai com a ajuda da mãe e, assim, ganhou o controle do reino.

(Ver Argos, Épito, Esparta, Hércules, Mérope [heroína], Messênia [lugar])

CREÚSA:
existem várias personagens com este nome. Uma, filha de Praxíteia e Erecteu, rei de Atenas. Ela foi perseguida e engravidada por Apolo. Depois de dar à luz o filho do deus, Íon, escondeu o bebê em uma caverna sob a Acrópole. Por instrução de Apolo, Hermes levou o bebê para Delfos, onde tornou-se sacerdote. Tempos depois, Creúsa casou com Xuto, filho de Helena. Como não tiveram filhos, Xuto visitou o oráculo de Apolo em Delfos em busca de uma solução. Lá, Xuto foi informado que poderia reivindicar como filho a primeira pessoa que encontrasse depois de deixar o santuário. Essa pessoa foi o filho de sua esposa. Enciumada, sem saber a verdadeira origem de Íon, Creúsa quase conseguiu envenená-lo, mas com o tempo reconheceram uma ao outro como mãe e filho. Outra Creúsa, chamada Glauce em algumas fontes, era filha do Rei Creonte, de Corinto. Ela noivou Jasão e, com ciúme, Medeia arquitetou-lhe uma morte horrível. Uma terceira Creúsa era a esposa troiana de Eneias, que se separou dele, do filho Ascânio e do sogro, Anquises, no momento da fuga de Troia. Quando Eneias percebeu que ela havia ficado para trás, correu de volta para a cidade em chamas, mas o fantasma de Creúsa apareceu e incentivou-o a seguir para a Itália, pois estava destinado a se tornar rei e a encontrar uma nova esposa.

(Ver Acrópole, Anquises, Apolo, Ascânio, Atenas, Corinto, Creonte,
Delfos, Eneias, Erecteu, Helena, Íon, Jasão, Medeia, Troia, Xuto)

CRISEIDA:
filha de Crises, sacerdote de Apolo, desempenhou papel fundamental no curso da Guerra de Troia e no destino de Aquiles. Levada cativa pelos gregos, foi dada a Agamêmnon, rei de Micenas, como prêmio de guerra e concubina. Tempos depois, seu pai foi ao acampamento dos gregos e ofereceu um resgate generoso por ela. Agamêmnon recusou, alegando que preferia Criseida a própria esposa, Clitemnestra. Criseida orou a Apolo por ajuda e o deus respondeu às orações enviando uma praga mortal para dizimar os gregos. O advinho Calcas foi consultado e predisse que a solução à questão seria devolver Criseida ao pai. Seguiu-se uma desavença terrível entre Agamêmnon e Aquiles, pois Agamêmnon insistia que, se fosse obrigado a desistir de Criseida, deveria receber Briseida, serva de Aquiles, como compensação. Agamêmnon tomou Briseida, fazendo com que Aquiles, o melhor guerreiro grego, se retirasse da guerra por certo tempo.

(Ver Agamêmnon, Apolo, Aquiles, Briseida, Calcas,
Clitemnestra, Egisto, Micenas, Troia)

CRISÓTEMIS: filha de Agamêmnon, rei de Micenas, e da esposa, Clitemnestra. A irmã de Crisótemis, Ifigênia, foi sacrificada pelo pai à deusa Ártemis para que os navios gregos pudessem zarpar de Áulis para Troia. Seus outros irmãos, Orestes e Electra, vingaram o assassinato do pai nas mãos de Clitemnestra e do amante, Egisto. Na peça trágica de Sófocles, *Electra*, Crisótemis simpatiza com o desejo de vingança da irmã, Electra, mas se mostra relutante em auxiliar a executar a vingança, baseada no argumento de que ela e a irmã são apenas mulheres e, portanto, demasiado fracas.

(Ver Agamêmnon, Áulis, Clitemnestra, Electra [heroína], Micenas, Orestes, Troia)

DAFNE ("loureiro"): filha de Peneu, o deus-rio da Tessália. Extremamente bela, Dafne tinha muitos pretendentes, mas preferia passar seus dias virgem e caçadora, como a deusa Ártemis. Entretanto, entre seus pretendentes, estava Apolo, que não aceitaria a rejeição. O poeta romano Ovídio narra vividamente seu encontro. O deus, orgulhoso por ter matado Píton, o dragão que guardava o oráculo de Delfos, zombou de Cupido, afirmando que suas flechas eram apenas brinquedos de criança. Para provar que Apolo estava errado, Cupido mirou as flechas nele e Dafne. Apolo foi atingido por uma flecha que lhe inspirou paixão e Dafne por uma que lhe inspirou o desejo de fugir. Apolo avistou a donzela e iniciou uma perseguição acirrada, reafirmando sua ascendência divina, poderes e posses. No entanto, quanto mais rápido a perseguia, mais rápido a donzela fugia. Exausta, implorou ao pai, Peneu, que a salvasse. Assim, quando Apolo finalmente a alcançou, ela transformou-se na árvore que ainda hoje leva seu nome e enraizou-se naquele lugar, o corpo envolto por cascas, o cabelo transformado em folhas e os braços graciosos, em galhos. Mas o deus ainda a amava e fez dela sua árvore sagrada. Daquele dia em diante, Apolo usaria uma coroa de louro, que se tornaria um poderoso símbolo de profecia, pureza, poesia, música, cura e vitória, tendo grande importância na vida diária dos gregos e romanos. Uma versão menos conhecida da história é narrada pelo poeta Partênio e pelo escritor Pausânias, em que Cupido não desempenhou qualquer papel. Em vez disso, a transformação de Dafne foi produto do ciúme de Apolo, pois ela aproximara-se de Leucipo, filho de Enômao, rei de Pisa. Leucipo, apaixonado por Dafne, e sabendo que ela não queria nada com homens, disfarçou-se de donzela para ganhar sua confiança. No entanto, quando Dafne e suas amigas solteiras foram nadar, todas tiraram as roupas, exceto Leucipo. Dessa forma, o engodo foi revelado. Então as donzelas o atacaram com ferocidade e Apolo avançou sobre Dafne.

(Ver Apolo, Ártemis, Cupido, Delfos, Enômao, Leucipo, Peneu [deus e lugar], Píton, Tessália)

HERÓIS, HEROÍNAS E POVOS

DÁFNIS: lendário pastor siciliano que, segundo o historiador Diodoro Sículo, foi o criador da poesia e canção bucólica ou pastoral. Filho de Hermes e de uma Ninfa, foi gerado (ou, segundo algumas versões, descoberto) em denso bosque de louro doce (Dafne), do qual seu nome é derivado. O poeta grego Partênio escreve que uma Ninfa se apaixonou por Dáfnis e disse-lhe que deveria ser sempre fiel ou perderia a visão. Ele resistiu à tentação por longo tempo, mas acabou sentindo desejo por uma princesa que lhe ofereceu vinho de demasia. Como consequência, ficou cego. O autor romano Eliano acrescenta que foi para essa princesa que Dáfnis cantou a primeira canção pastoral. Nos *Idílios* de Teócrito, entretanto, Dáfnis morre de amor ainda jovem e é amplamente lamentado.
(Ver Hermes, Sicília)

DÂNAE: filha de Acrísio, rei de Argos, e de Eurídice (ou Aganipa). Ao atingir a idade fértil, o pai, Acrísio, confinou-a em uma estrutura impenetrável — segundo algumas versões, câmara subterrânea e, de acordo com outras, torre. Acrísio fez isso na esperança de evitar o cumprimento da profecia que o neto seria seu assassino. No entanto, Zeus foi capaz de penetrar no recinto na forma de chuva de ouro e engravidou Dânae, que mais tarde deu à luz Perseu. Desejando livrar-se da criança sem derramamento de sangue, Acrísio ordenou que a filha e o bebê fossem colocados em um baú e lançados ao mar. O móvel e seu conteúdo precioso chegaram em segurança à ilha de Sérifo, onde foram descobertos pelo gentil pescador Díctis. O irmão dele, Polidectes, rei da ilha, desejava casar-se com Dânae e planejou livrar-se de Perseu, agora um jovem, enviando-o para trazer a cabeça da górgona Medusa. Perseu cumpriu a tarefa e, expondo Polidectes à cabeça decepada de Medusa, transformou-o em pedra e nomeou Dânae e Díctis governantes da ilha. De acordo com o poeta romano Virgílio, Dânae acabou deixando Sérifo e voltando a Argos. Mais tarde, imigrou para a Itália, onde fundou Ardea. O grande rival do troiano Eneias, Turno, rei dos Rútulos, seu descendente, reinava em Ardea.
(Ver Acrísio, Argos, Díctis, Eneias, Eurídice [heroína], Górgonas, Medusa, Perseu, Polidectes, Rútulos, Sérifo, Troia, Turno, Zeus)

DANAIDES: as cinquenta filhas de Dânao, rei da Líbia, que, tarde na vida, tornou-se rei de Argos, na Grécia, para onde fugiu com a família. São coletivamente conhecidas por terem, a mando do pai, assassinado os maridos na noite de núpcias. Na vida após a morte, as danaides foram compelidas a coletar água com recipientes

151

perfurados, para que a tarefa configurasse castigo eterno. Duas das danaides foram particularmente notáveis: Hipermnestra, a única das irmãs que se recusou a matar o marido, e Amimone, perseguida e engravidada por Posídon.

(Ver Amimone, Argos, Dânao, Hipermnestra, Posídon)

DÂNAO: o rei egípcio Belo teve filhos gêmeos, Dânao e Egito, com Anquínoe, filha do Nilo. Ele confiou o governo da Líbia a Dânao e o da Arábia a Egito. Após a morte de Belo, os irmãos questionaram a divisão feita pelo pai e, quando Egito propôs que seus cinquenta filhos casassem com as cinquenta filhas de Dânao, as chamadas danaides, a fim de consolidar seu poder, Dânao suspeitou dos motivos do irmão. Acompanhado das filhas, Dânao fugiu para Argos, no Peloponeso. Segundo algumas versões, Dânao posteriormente tornou-se rei de Argos, depondo o rei atual, pois um lobo matara um touro estimado pela comunidade, o que foi interpretado como presságio a seu favor. Seja qual for o motivo, Dânao por fim concordou em casar as filhas com os filhos do irmão, mas instruiu as noivas a matarem os maridos na noite de núpcias. Todas obedeceram, exceto Hipermnestra, que poupou o marido porque a tratara com respeito. As danaides enterraram as cabeças dos maridos na acrópole de Argos e os corpos em Lerna. De acordo com o mitógrafo Apolodoro, foram absolvidas do derramamento de sangue pelos deuses Hermes e Atena. Mais tarde, Dânao tentou casar as filhas novamente e, para isso, realizou uma corrida. O desempenho de cada competidor ditaria a escolha da noiva: o vencedor escolheria primeiro, o segundo seria o segundo a escolher, e assim por diante. Ainda que, em vida, tenham sido supostamente absolvidas da culpa, as danaides foram punidas após a morte: eternamente obrigadas a buscar água em recipientes que se esvaziavam tão rápido quanto os enchiam.

(Ver Argos, Atena, Belo, Danaides, Egito, Hermes, Hipermnestra, Lerna)

DÁRDANO: ancestral dos troianos, por vezes chamados de dardânios, um indicador de sua ascendência. De acordo com o mitógrafo Apolodoro, Dárdano era filho de Zeus e de Electra, filha de Atlas. No entanto, Homero traça-lhe linhagem distinta, comentando que era o filho mais amado de Zeus, que ele tivera com uma mortal. Há várias lendas de como Dárdano teria chegado ao território através do monte Ida, partindo de Arcádia e cruzando a Samotrácia ou a Itália. Aquele território era governado por Teucro, filho do rio Escamandro e da Ninfa Ida, e seus habitantes eram chamados teucros em honra ao rei. Teucro recebeu Dárdano e ofereceu-lhe uma porção das terras e a mão da filha, Batia (ou Bateia). Nesse terreno, ele construiu uma cidade no sopé do monte Ida e, após a morte de Teucro, nomeou o país de Dardânia. Com Batia, teve Ilo e Erictônio, mais tarde pai de Trós (Troia foi batizado em sua honra).

(Ver Arcádia, Atlas, Electra [Ninfa], Erictônio, Escamandro,
Ida, Ilo, Teucro, Trós, Troia, Zeus)

V

Dafne: filha de Peneu, deus do rio Peneus

DÉDALO: escultor e inventor habilidoso — segundo algumas versões, o primeiro de todos. Há variados registros de seus pais, Eupálamo (ou Palêmon), filho de Mécion e de Alcipe ou de Mécion, filho de Erecteu e de Ifínoe. Em todos os casos, há indicação de que Dédalo era descendente direto do rei ateniense Erecteu. De acordo com o mitógrafo Apolodoro, Dédalo fugiu de Atenas para Creta pois foi culpado pelo assassinato de Talos, filho da irmã, Pérdix. Na ilha de Creta, Dédalo construiu uma vaca oca de madeira em que Pasífae, esposa do rei Minos, poderia entrar para satisfazer sua paixão por um touro que Posídon enviara a Creta para punir Minos. Tempos depois, Dédalo construiu o esconderijo labiríntico que abrigaria o filho de Pasífae com o touro, o Minotauro devorador de humanos. Minos manteve Dédalo e o filho, Ícaro, em cativeiro e, para a fuga, Dédalo construiu asas com penas e cera. No entanto, Ícaro voou muito próximo do sol, a cera derreteu e morreu ao cair no mar. Então Dédalo seguiu em segurança à Sicília. Minos partiu para a Sicília em busca de Dédalo e descobriu-o por meio de um truque: ofereceu um prêmio ao rei siciliano, Cócalo, caso conseguisse passar um fio por uma concha espiralada, tarefa quase impossível que só alguém com a engenhosidade de Dédalo poderia realizar. Cócalo obteve sucesso na tarefa, então Minos soube que Dédalo estava por trás daquilo. Minos exigiu a rendição de Dédalo, porém, em sua defesa, as filhas de Cócalo assassinaram o rei de Creta.

(Ver Atenas, Creta, Erecteu, Ícaro, Minos, Minotauro, Pasífae, Sicília)

DEIDAMIA: uma das sete filhas do rei Licomedes, de Ciros. Enquanto Aquiles estava escondido em Ciros, entre as princesas, Deidamia engravidou dele. Depois que Aquiles partiu para Troia, ela deu à luz Neoptólemo, que mais tarde seguiria o pai e se juntaria às tropas gregas já no fim da Guerra de Troia. Após a morte de Aquiles e seu retorno à Grécia, Neoptólemo deu Deidamia a Heleno, o vidente de Troia, como noiva.

(Ver Aquiles, Ciros, Heleno, Licomedes, Neoptólemo, Troia)

DEJANIRA: filha do rei Eneu, de Cálidon, e de Alteia. O deus Dioniso, no entanto, também é mencionado como seu pai. Era irmã de Tideu e Meléagro, figuras trágicas por suas próprias ações. Dejanira, por sua vez, fez involuntariamente jus ao próprio nome, que significa "assassina de marido". Hércules lutou e venceu o deus-rio Aqueloo e ganhou sua mão, cumprindo assim a promessa que fizera ao fantasma do irmão de Dejanira, Meléagro, que encontrara enquanto procurava Cérbero no Mundo Inferior. Hércules mais tarde matou um dos familiares do sogro por acidente, então ele e Dejanira partiram de Cálidon em autoexílio e, durante a jornada, chegaram ao rio Eveno. Lá, encontraram o centauro Nesso, que se ofereceu para carregar Dejanira através das fortes correntezas do rio, mas enquanto Hércules fazia a travessia, Nesso tentou estuprar Dejanira. Hércules atingiu o centauro com uma flecha letal, mergulhada no veneno tóxico da Hidra monstruosa. Antes do último suspiro, Nesso convenceu Dejanira a pegar um frasco com a amostra do próprio sangue, que, segundo ele, poderia ser usado como poção do amor para garantir que nunca perdesse o amor de Hércules. Após campanha militar bem-sucedida contra o rei Êurito, de Ecália, Hércules levou consigo a filha do rei, Íole, como serva. A ciumenta Dejanira embebeu a túnica de Hércules com o sangue do centauro. A túnica queimou a carne de Hércules, o que fez com que ele desse fim a própria vida com a ajuda de Filoctetes. Então Dejanira, horrorizada diante do resultado não intencional de suas ações, também se suicidou.

(Ver Alteia, Cálidon, Centauros, Cérbero, Dioniso, Eneu, Êurito, Filoctetes, Hércules, Hidra de Lerna, Íole, Meléagro, Mundo Inferior, Nesso, Tideu)

DEMOFONTE: filho de Céleo, rei de Elêusis, e de Metanira. No curso das andanças em busca de Perséfone, a deusa Deméter — disfarçada de mortal — foi ao palácio de Céleo. Deméter foi bem-vinda na casa e empregada como ama do filho do rei, Demofonte. A deusa besuntou o bebê com ambrosia e, à noite, colocou-o nas brasas da lareira na tentativa de torná-lo imortal. Ao contemplar a cena, Metanira exclamou de medo e a deusa, enfurecida, deixou a criança cair. Então a deusa revelou sua divindade e deixou de trabalhar como ama de Demofonte. Embora não tenha se tornado imortal, após crescer, ele passou a ter uma aparência divina.

(Ver Céleo, Deméter, Elêusis, Perséfone)

DEUCALIÃO: filho do titã de segunda geração, Prometeu, casado com Pirra, filha do irmão de Prometeu, Epimeteu, com Pandora. O poeta romano Ovídio conta sua história mais conhecida: quando Zeus, horrorizado perante a depravação dos humanos, decidiu inundar a terra para apagar todos os vestígios da humanidade, só Deucalião e Pirra sobreviveram, por acaso ou, como sugere o mitógrafo Apolodoro, porque Prometeu os ajudou. O barco que os carregava pousou no pico do monte Parnasso, que se projetava do vasto mar que agora cobria a superfície da terra. O devoto casal, grato pela segurança, fez sacrifícios em honra às Ninfas locais e a Têmis, cujo oráculo estava próximo. Zeus ficou comovido ao vê-los sozinhos, duas pessoas inocentes conhecidas pela bondade e justiça. Assim, ele fez com que as águas do dilúvio baixassem. Então o casal orou a Têmis para que os auxiliasse naquela terrível situação. O oráculo da deusa respondeu que deveriam jogar os ossos de sua mãe por sobre seus ombros. Pirra recusou, pois seria considerado sacrilégio, mas Deucalião sabia que Têmis não lhes pediria nada tabu. Ele ponderou corretamente que Gaia, a própria terra, era sua mãe, e que seus ossos eram as pedras do chão. Os dois lançaram pedras por sobre os ombros e, das pedras, surgiu a atual raça humana, resistentes como as pedras que a originou. As pedras lançadas por Pirra tornaram-se mulheres e as de Deucalião, homens.

(Ver Epimeteu, Gaia, Pandora, Parnasso, Pirra, Prometeu, Têmis, Titãs, Zeus)

DÍCTIS: pescador e irmão gêmeo de Polidectes, rei da ilha de Sérifo. Os dois são descendentes de Éolo, deus dos ventos, e de uma Ninfa das águas. Foi o bondoso Díctis que resgatou a princesa Dânae e seu filho infante, Perseu, quando, depois de lançados ao mar em um baú, foram levados à costa de Sérifo. Diz-se que Díctis protegeu mãe e filho e criou o menino como pescador. Nesse meio tempo, Polidectes interessou-se por Dânae e tentou forçá-la a se casar com ele. Depois que Perseu matou a górgona Medusa, vingou-se de Polidectes, usando a cabeça decepada da górgona para transformar o rei em pedra. Com a morte de Polidectes, Díctis tornou-se governante de Sérifo.

(Ver Dânae, Éolo, Górgonas, Medusa, Perseu, Polidectes, Sérifo)

DIDO (ou Elissa): lendária fundadora da cidade de Cartago. Sua dramática história é contada pelo poeta romano Virgílio no épico *Eneida*. Seu marido, Siqueu, foi assassinado pelo irmão da esposa, Pigmalião, rei de Tiro, da Fenícia, por suas riquezas. Por isso, Dido fugiu e levou consigo um grupo que, como ela, odiava ou temia Pigmalião. Na costa da Líbia, ela adquiriu terras para edificar a cidade de Cartago, que estava ainda em construção quando Eneias chegou à costa. Até então, Dido havia permanecido fiel ao amado e falecido marido, tendo recusado a proposta de casamento do rei africano, Iarbas. No entanto, ela foi vítima dos estratagemas da deusa Vênus, que enviou o Cupido para incitar-lhe paixão por Eneias. Dido recebeu Eneias e seu grupo de troianos na cidade e envolveu-se romanticamente com ele, acreditando equivocadamente que a relação acabaria em casamento. Quando Eneias, sem qualquer aviso, fez os preparativos para partir, Dido o confrontou, pois via-se atribulada e plenamente consciente do custo da relação para sua reputação e sua cidade, que havia parado de crescer e prosperar. No entanto, Eneias recebera um aviso dos deuses de que era seu destino seguir para a Itália, de modo que manteve-se firme na decisão de partir. Depois que os navios de Troia zarparam, Dido instruiu a irmã, Ana, a construir uma pira com o propósito de queimar a armadura de Eneias e a cama em que se deitaram. O ato deveria libertá-la das garras desse amor desesperado. O que Ana não foi capaz de antecipar foi que Dido subiu na pira em chamas e transpassou uma espada no próprio peito. Antes que o espírito a deixasse, a fundadora de Cartago proferiu uma maldição sobre Eneias e os futuros romanos, seus descendentes. O cartaginês Aníbal, vingador de Dido, mais tarde cumpriria a maldição e marcharia sobre a Itália. Enquanto a pira funerária ardia, a deusa Juno, que amava Dido, ordenou que Íris cortasse uma mecha de cabelo da rainha, liberando assim sua alma para viajar ao Mundo Inferior.

(Ver Cartago, Cupido, Eneias, Íris, Juno, Mundo Inferior, Pigmalião, Roma, Siqueu, Troia, Vênus)

DIOMEDES: Há dois heróis importantes com este nome. Um foi filho de Tideu, filho do rei Eneu, de Cálidon, e de Dípila, filha de Adrasto. Esse Diomedes participou da guerra que Epígonos empreendeu contra Tebas, por vingança pela morte do pai, Tideu, que se unira aos Sete Contra Tebas. Mais tarde, Diomedes lutou em Troia e provou-se um dos mais bravos guerreiros gregos. No decorrer da Guerra de Troia, feriu Afrodite enquanto ela tentava salvar o filho, Eneias. Ainda durante a guerra, Diomedes feriu o deus Ares; trocou sua armadura pela do lício Glauco; devido à laços familiares, acompanhou Odisseu em missão de espionagem; foi ferido por Páris; ajudou Odisseu a buscar Filoctetes em Lemnos e a roubar a estátua sagrada de Atena, chamada Paládio; e uniu-se ao grupo de Odisseu para esconder-se dentro do Cavalo de Troia. Ao contrário de Odisseu e de outros, a viagem de retorno de Diomedes, de Troia para a Grécia, foi tranquila. O outro Diomedes foi rei dos bistones, povo guerreiro da Trácia. Como seu oitavo trabalho, Hércules foi enviado por Euristeu para trazer-lhe as repugnantes éguas de Diomedes, que as alimentava com carne humana. Depois de matar Diomedes, Hércules deu de comer às éguas do rei, que foram então curadas do gosto pouco natural para comida. De acordo com o mitógrafo Higino, Euristeu libertou as éguas assim que Hércules as entregou. Posteriormente, elas morreram nas encostas do monte Olimpo, devoradas por feras.

(Ver Adrasto, Afrodite, Ares, Atena, Cálidon, Eneias, Eneu, Epígonos, Euristeu, Filoctetes, Glauco, Hércules, Lemnos, Lícia, Odisseu, Olimpo, Páris, Sete Contra Tebas, Tebas, Trácia, Troia, Tideu)

DIRCE: esposa de Lico, governante de Tebas, ficou famosa pela punição que recebeu por maltratar a sobrinha do marido, Antíope, enquanto Lico a mantinha presa. Mais tarde, quando Antíope escapou, acabou reunida com os filhos, Zeto e Anfião, que ela acreditava mortos. Os vigorosos jovens mataram Lico (ou expulsaram-no do reino) e amarraram Dirce a um touro que a arrastou até a morte. O mitógrafo Apolodoro conta que o corpo de Dirce foi lançado na fonte que, a partir de então, leva seu nome.

(Ver Anfião, Antíope, Lico, Tebas, Zeto)

DORO: segundo o mitógrafo Apolodoro, era filho da Ninfa Orseis e de Hélen, ancestral homônimo de todos os gregos. Os irmãos de Doro eram Xuto e Éolo. Quando Hélen dividiu a Grécia entre os filhos, Xuto recebeu o Peloponeso; Doro a terra diante do Peloponeso (próxima ao monte Parnasso), e os colonos passaram a ser chamados de dórios; Éolo recebeu a Tessália, e seus habitantes passaram a ser chamados de eólios. Os dórios, com a ajuda dos descendentes de Hércules (os heráclidas), por fim invadiram o Peloponeso e assumiram o controle de Argos, Esparta, Messênia, Mégara e Corinto.

(Ver Argos, Corinto, Éolo, Helena, Hércules, Mégara [lugar], Messênia, Parnasso, Tessália, Xuto)

DRÍOPE: filha de Êurito, rei de Ecália, na Tessália. Famosa pela beleza, ela foi perseguida e engravidada por Apolo e, posteriormente, casou-se com Andrêmon. De acordo com o poeta romano Ovídio, Dríope carregava seu bebê, Anfisso, enquanto colhia flores para fazer guirlandas para as Ninfas. Em um lago cercado por arbustos de murta, ela pegou um punhado de flores de lótus carmesim e deu ao filho. Mas o lótus sangrou, pois em um passado não tão distante, fora a Ninfa Náiade chamada Lótis. Temerosa pela transgressão acidental, Dríope orou e fez uma oferenda às Ninfas — tarde demais, pois acabou enraizada no solo, o corpo envolto em cascas de árvore e o cabelo, outrora belo, transformado em folhas. Ela também se transformara na mesma espécie de planta. Contudo, a variedade de lótus descrita por Ovídio é de difícil identificação botânica, embora os estudiosos especulem que se trate do *Ziziphus lotus*, que não é uma espécie aquática nem tem flores vermelhas ou mesmo proeminentes. Outra versão posterior da história de Dríope foi preservada pelo mitógrafo Antonino Liberal. Essa Dríope seria filha de Driops ("homem de carvalho"), e amada por Apolo, que, para se aproximar, transformou-se em uma tartaruga que ela encontrou e colocou no colo. A tartaruga tornou-se uma serpente e, dessa forma, Apolo a engravidou. Assim, Dríope deu à luz Anfisso, mas ela foi posteriormente sequestrada pelas Ninfas Hamadríades, de quem certa vez fora companheira. No local do rapto, as Ninfas fizeram surgir um álamo-negro e uma fonte. Então Dríope foi transformada em Ninfa.

(Ver Apolo, Êurito, Hamadríades, Lótis, Náiades, Tessália)

EÁCIDAS: patronímico que significa "descendente de Éaco". O epíteto foi aplicado ao herói grego Peleu, bem como a seu filho, Aquiles, e ao neto Neoptólemo.

(Ver Aquiles, Éaco, Neoptólemo, Peleu)

ÉACO: filho de Egina, filha do deus-rio Asopo, e de Zeus, que a raptou e a levou à ilha de Enone, que, mais tarde, seria rebatizada com o nome da mãe. Lá, Egina deu à luz Éaco. De acordo com o poeta romano Ovídio, Juno, irritada pela infidelidade de Zeus, dizimou a população da ilha com uma praga terrível. Por conseguinte, Éaco orou a Zeus por ajuda, como reconhecimento de sua paternidade. Rogou ao deus que lhe permitisse morrer ao lado dos conterrâneos, ou que repovoasse a ilha com tantos homens quanto havia formigas subindo em um carvalho próximo. A árvore estremeceu e as formigas se transformaram em pessoas, que declararam Éaco seu rei. Essas pessoas eram chamadas de mirmídones, em homenagem à palavra grega para formiga, *mýrmēks*, e eram tão frugais e laboriosas quanto as formigas das quais se originaram. Com Endeis, por vezes chamada de filha de Círon, Éaco teve dois filhos: Télamon, mais tarde pai de Ájax, o Grande, e Peleu, pai de Aquiles.
(Ver Ájax Telamônio, Aquiles, Asopo, Círon, Egina [deusa e lugar], Juno, Peleu, Télamon, Zeus)

ÉDIPO: seu nome pode ser traduzido como "de pés inchados" ou "conhecimento baseado em andanças", é filho do rei tebano Laio e da esposa, a rainha Jocasta. Laio tomara conhecimento da profecia que afirmava que seu filho estava destinado a matá-lo, de modo que, para evitar que isso acontecesse, o bebê foi deixado nas encostas do monte Citerão com os tornozelos presos, um esforço para aleijá-lo, algo que desencorajaria qualquer estranho que passasse por ali a resgatá-lo. Mas o pastor que fora incumbido de executar a tarefa, em vez disso, entregou a criança a um membro da corte do rei de Corinto que, por sua vez, o entregou ao rei corinto, Pólibo, e sua esposa, Mérope. Ainda jovem, Édipo ouviu o rumor de que não era filho legítimo de Pólibo, o que o fez consultar o oráculo de Delfos sobre a verdade. O oráculo não deu uma resposta direta, seu pronunciamento dizia que ele estava destinado a matar o pai e a se casar com a mãe. Ao ouvir isso, Édipo deixou Delfos determinado a nunca mais voltar a Corinto, na esperança de evitar a profecia. No caminho, encontrou uma carruagem conduzida por um homem idoso. Houve uma disputa sobre o direito de passagem na encruzilhada, e Édipo matou o estranho. Ele não sabia, mas o estranho era Laio. Ou seja, o homem que matou era o seu próprio pai. Édipo, cuja história é mais conhecida pelas tragédias de Sófocles, *Édipo Rei* e *Édipo em Colono*, seguiu para Tebas, onde foi coroado rei e recebeu Jocasta como esposa em agradecimento por livrar a terra e o povo da perseguição da Esfinge. Édipo realizou a façanha ao solucionar seu enigma. Assim, ele provou que era o ser humano mais sábio, uma vez que muitos haviam tentado e pagaram com a vida. Com Jocasta, teve duas filhas, Antígona e Ismene, e dois filhos, Etéocles e Polinice. Tudo ia bem em Tebas até que uma praga caiu sobre a cidade e, para combatê-la, Édipo enviou o irmão da esposa,

Creonte, a Delfos para buscar uma solução. O oráculo declarou que o assassino de Laio deveria ser encontrado e expulso da cidade. Que, claro, era o próprio Édipo, mas, ignorante da verdadeira identidade (a condição de seus pés era pista relevante), ele não compreendeu de imediato a verdade. Jocasta adivinhou a verdade primeiro e se enforcou. Édipo, arrasado, arrancou os próprios olhos, mas não se suicidou, considerando-se fonte de mal tanto para os mortos quanto para os vivos. Ele foi posteriormente exilado de Tebas e, vagando pelo campo acompanhado da filha, Antígona, chegou a Colono, no território de Atenas, onde inadvertidamente entrou na área sagrada das Eumênides. Os residentes de Colono queriam que o conspurcado Édipo partisse, e suas dificuldades agravaram-se pela aparição do cunhado, Creonte, e do filho, Polinice. Creonte viera para levar Édipo de volta às terras tebanas à força, pois a segurança da cidade dependia da presença de Édipo. Polinice desejava ter Édipo sob seu controle para que prevalecesse em seu ataque a Tebas. Acontece que Tebas corria perigo. Os filhos de Édipo, Etéocles e Polinice, haviam concordado em governar alternadamente, mas o primeiro recusou-se a se afastar do trono, o que levou o segundo a reunir um exército para tomar o poder. Felizmente, Édipo recebeu asilo do rei ateniense Teseu e, posteriormente, desapareceu da terra. Apenas Teseu sabia onde ele foi enterrado. Depois disso, Édipo protegeria Atenas. Tebas, por sua vez, foi atacada diversas vezes, primeiro por Polinice e os Sete Contra Tebas, depois pelos Epígonos, os filhos sobreviventes dos Sete. Etéocles e Polinice, cumprindo a maldição que Édipo lançara sobre eles, mataram um ao outro no primeiro desses conflitos.

(Ver Antígona, Atenas, Citerão, Colono, Corinto, Creonte, Delfos, Epígonos, Esfinge de Tebas, Etéocles, Eumênides, Ismene, Jocasta, Laio, Mérope [heroína], Pólibo, Polinice, Sete Contra Tebas, Tebas, Teseu)

EETES: governante do reino de Cólquida, na costa oriental do mar Negro, governou a cidade de Ea, onde supostamente Hefesto construiu-lhe um palácio. Filho do deus sol Hélio e de Perse, uma das Oceânides, era irmão da feiticeira Circe e de Pasífae, mãe do Minotauro. Seus filhos mais conhecidos eram Apsirto e Medeia. O herói Jasão viajou para Cólquida na jornada pelo velocino de ouro. Depois que o mítico carneiro de lã dourada chegou à Cólquida carregando Frixo, Eetes sacrificou o carneiro, pendurou a lã na árvore em um bosque consagrado a Ares e garantiu que fosse guardado de perto por um dragão. Ele permitiu que Frixo, um refugiado da Beócia, ficasse em Cólquida e ofereceu-lhe a filha, Calcíope, em casamento. Quanto à Jasão, o herói recebeu um tratamento um pouco mais hostil. De acordo com o poeta Apolônio de Rodes, quando Jasão pediu pelo Velocino, responderam-lhe que primeiro teria que encilhar um par de touros cuspidores de fogo; arar um campo; semear dentes de dragão e matar os homens armados que nasceriam dos dentes semeados. Eetes esperava que Jasão não sobrevivesse, mas o herói recebeu ajuda de Medeia. Quando ele fugiu com o Velocino e Medeia, Eetes enviou o filho, Apsirto, atrás deles, mas Medeia engendrou seu assassinato.

(Ver Apsirto, Ares, Circe, Cólquida, Frixo, Hefesto, Hélio,
Jasão, Medeia, Minotauro, Oceânides, Pasífae)

EGEU: lendário rei de Atenas, filho biológico (ou adotivo) do rei Pandíon. Egeu não conseguia ter filhos, embora houvesse se casado diversas vezes. Por isso, decidiu consultar o oráculo de Apolo, em Delfos. O oráculo aconselhou que não abrisse seu odre até chegar em casa. Egeu compartilhou a resposta do oráculo com um amigo, o rei Piteu de Trezena, que imediatamente entendeu o real significado das palavras do oráculo e o embebedou para que a filha dormisse com ele. Antes de partir de Trezena, Egeu disse a Etra que, caso ela tivesse um filho dele, deveria enviá-lo a Atenas assim que fosse forte o suficiente para clamar a espada e as sandálias que havia deixado sob uma pedra. O filho de Etra era Teseu, que, após chegar a Atenas, sobreviveu a a tentativa de envenenamento empreendida por Medeia, nova esposa de seu pai. Em seguida, Teseu ofereceu-se para ir (ou foi enviado) a Creta a fim de matar o Minotauro. Preocupado que o filho morresse na tentativa, Egeu instruiu-o a hastear uma vela branca no retorno para indicar que estava seguro. Mas Teseu esqueceu de fazer o que o pai lhe pedira e, aflito, o velho rei jogou-se da Acrópole, de onde observava a chegada do navio.

(Ver Acrópole, Apolo, Atenas, Creta, Delfos, Etra, Medeia, Minotauro, Piteu, Teseu)

EGISTO: filho de Tiestes com a própria filha, Pelopia, e neto de Pélops, cujos descendentes foram amaldiçoados. Na *Odisseia* de Homero, menciona-se que Egisto seduzira Clitemnestra, esposa do rei Agamêmnon, e planejara o assassinato do herói enquanto os melhores gregos lutavam em Troia. Durante um banquete, com a ajuda de Clitemnestra, Egisto assassinou Agamêmnon como um boi na manjedoura. No entanto, de acordo com o dramaturgo Ésquilo, foi Clitemnestra sozinha quem assassinou o marido, versão da morte que prevaleceu entre autores que o sucederam. Egisto, por sua vez, foi retratado como covarde. Crescido, o filho de Agamêmnon, Orestes, vingou-se da mãe e de Egisto, matando ambos.

(Ver Agamêmnon, Clitemnestra, Orestes, Pélops, Tiestes)

EGITO: ele e o irmão gêmeo, Dânao, eram filhos do rei egípcio Belo, que cedeu a Arábia e a Líbia, respectivamente, para eles governarem. Egito teve cinquenta filhos e intentou casá-los com as cinquenta filhas de Dânao. O irmão suspeitava que se tratava de uma artimanha do gêmeo para ganhar mais território, então recusou a aliança. Porém, mais tarde, foi obrigado a aceitá-la. No entanto, Dânao instruiu as filhas a matarem os maridos na noite de núpcias. Todos os filhos de Egito foram mortos, exceto um: Linceu, que foi poupado pela noiva Hipermnestra. Egito terminou seus dias no Peloponeso, onde também foi sepultado.

(Ver Belo, Danaides, Dânao, Hipermnestra, Linceu)

ELECTRA: filha do rei Agamêmnon, de Micenas, e de Clitemnestra, e irmã de Orestes, Ifigênia e Crisótemis. Ela ficou conhecida por causa das tragédias de Ésquilo, Sófocles e Eurípides. Quando Electra ainda era criança, a irmã, Ifigênia, foi sacrificada por Agamêmnon para apaziguar a deusa Ártemis, que impedia os gregos de navegar a Troia. Por esse ato, Clitemnestra jamais perdoou o marido e, tendo se unido a Egisto, na ausência do marido, planejou sua vingança: após o retorno de Agamêmnon, Clitemnestra o matou enquanto ele se banhava. Nesse ínterim, Electra (ou outra pessoa) mandou o jovem Orestes embora, para sua própria segurança. Ela, por sua vez, foi mantida prisioneira no palácio ou, segundo Eurípides, foi dada a um camponês em casamento. Adulto, Orestes voltou para Micenas e, depois de reunir-se com a irmã, vingou-se de Clitemnestra e Egisto, matando-os. Na versão do mito de Eurípides, a sanguinária Electra desempenhou um papel ativo no assassinato da mãe e, por fim, casou-se com o fiel companheiro de Orestes, Pílades. A mortal Electra deve ser distinguida da homônima filha de Oceano e de uma das plêiades.

(Ver Agamêmnon, Ártemis, Clitemnestra, Crisótemis, Egisto, Electra [Ninfa], Ifigênia, Micenas, Oceano [deus], Orestes, Plêiades, Pílades, Troia)

ELÉCTRION: rei de Micenas, filho do herói Perseu e da princesa etíope Andrômeda. Era pai de Alcmena e, portanto, avô de Hércules, filho de Alcmena e de Zeus. Eléctrion foi morto de forma acidental (ou durante uma briga) pelo genro, Anfitrião.

(Ver Alcmena, Andrômeda, Anfitrião, Etiópia, Hércules, Perseu, Zeus)

ENDÍMION: o mitógrafo Apolodoro especifica duas possíveis versões da linhagem de Endímion. Na primeira, seria filho do filho de Zeus, Etlio, e de Cálice, filha de Éolo, ou era filho do próprio Zeus. Endímion tornou-se rei de Elis, no Peloponeso, e, segundo algumas versões, foi o fundador da cidade. Devido a sua beleza invulgar, a deusa da lua, Selene, apaixonou-se por ele e, com o tempo, deu-lhe cinquenta filhos. Selene pediu a Zeus que permitisse que Endímion escolhesse o próprio destino. Endímion escolheu cair em sono eterno e, assim, deixou de envelhecer e jamais morreria. Entre as variações da história destaca-se uma, contada pelo poeta grego Hesíodo: como era um dos favoritos de Zeus, Endímion foi autorizado a escolher como morreria, mas após avançar contra a deusa Hera, foi enviado ao Hades.

(Ver Éolo, Hades [lugar], Hera, Selene, Zeus)

HERÓIS, HEROÍNAS E POVOS

ENEIAS: ao lado de Rômulo, Eneias é o mais importante herói de Roma. Filho de Afrodite e Anquises, que se tornou rei da Dardânia, e membro da família real de Troia. Eneias nasceu no monte Ida e foi criado pelas Ninfas dali. Mais tarde, lutou bravamente na Guerra de Troia. Quando os troianos foram derrotados pelos gregos e a cidade ardia em chamas, Eneias — a pedido do fantasma do troiano Heitor e de Afrodite, seguido pelo presságio representado por chamas inofensivas que despontaram sobre a cabeça do filho — deixou Troia carregando o pai idoso, Anquises, nos ombros, levando o filho pela mão, seguido de perto pela esposa, Creúsa. Logo a mulher se perdeu, o que fez com que Eneias voltasse, mas o fantasma dela lhe apareceu e instigou-o a prosseguir, pois estava destinado a grandes feitos. Seu destino era conduzir um grupo de refugiados troianos para a Itália, fundar uma nova cidade e, no processo, se tornar o ancestral do povo romano. É importante ressaltar que não estava claro para Eneias, quando zarpou, que a Itália era seu objetivo. Só sabia que deveria buscar a antiga pátria dos troianos. A viagem foi longa e perigosa, não muito diferente da viagem de Odisseu de Troia para casa e, nesse sentido, tratou-se de uma odisseia romana. Os troianos chegaram primeiro à Trácia e confundiram-na com o local profetizado onde construiriam a nova cidade. No entanto, logo partiram, pois o fantasma do príncipe troiano Polidoro alertou-os sobre os perigos da Trácia. Ele e seus seguidores foram então para Delos e depois para Creta, onde tentaram se estabelecer, mas acabaram assolados por fome devastadora. Os deuses da casa de Eneias lhe apareceram em uma visão e instruíram-no a zarpar outra vez. Ao longo do caminho, os troianos foram atacados pelas harpias, depois chegaram a Sicília, onde Anquises faleceu e onde, mais tarde, Eneias deixou, com o rei local, Acestes, seu compatriota, aqueles fracos demais para continuar. Entre os que acolheram os troianos estava Dido, fundadora e rainha de Cartago, que, por meio das maquinações da deusa Afrodite, apaixonou-se por Eneias. Contudo ele a abandonou para cumprir seu destino e Dido acabou se suicidando. Foi em Cumas, lar da Sibila, sacerdotisa profética de Apolo, onde Eneias tocou pela primeira vez a costa italiana. Em seguida, tendo a Sibila como guia, ele viajou para o Mundo Inferior, passou pelo Tártaro e seguiu até aos Campos Elísios, onde seu pai agora residia. Lá, Anquises revelou-lhe o futuro glorioso dos romanos e advertiu-o sobre as guerras vindouras. Quando Eneias chegou ao Lácio, um conflito logo surgiu. Ele foi recebido pelo rei Latino que, visando cumprir uma profecia, lhe ofereceu a filha Lavínia em casamento. Isso irritou a mulher de Latino, Amata, assim como Turno, o príncipe rutuliano a quem Lavínia fora prometida. Por meio da intervenção da deusa Juno, as tribos italianas (latinas) uniram-se a Turno contra Eneias, que havia se tornado um segundo Aquiles. Eneias aliou-se ao rei Evandro, cujo assentamento localizava-se no local onde Roma seria erigida. O resultado dessa aliança lhe garantiu a vitória sobre os latinos e a morte de Turno. Encerrada a guerra, fez-se as pazes com os latinos, o casamento com Lavínia se concretizou e a cidade de Lavínia, no Lácio, foi fundada. O filho de Eneias, Ascânio (também conhecido como Iulo, ancestral da família Juliana e de Júlio César), fundou Alba Longa, que se tornou a cidade mais poderosa do Lácio, até Rômulo e Remo fundarem Roma.

(Ver Acestes, Afrodite, Alba Longa, Amata, Anquises, Apolo, Aquiles, Ascânio, Campos Elísios, Cartago, Creúsa, Cumas, Dardânia, Dido, Harpias, Heitor, Ida, Iulo, Juno, Lácio, Latino, Lavínia, Mundo Inferior, Ninfas, Odisseu, Polidoro, Sibila de Cumas, Sicília, Tártaro, Trácia, Troia, Troianos, Turno)

ENEU: lendário rei de Cálidon, na Etólia. Os mais notáveis de seus filhos com sua primeira esposa, Alteia, foram Dejanira e Meléagro, e com sua segunda esposa, Peribeia, foi Tideu. Os mitógrafos Apolodoro e Higino preservam ampla gama de detalhes sobre sua vida. Entre outras coisas, Eneu supostamente reconheceu o interesse de Dioniso pela esposa e permitiu que o deus passasse um tempo com ela. O resultado foi Dejanira, que era então, tecnicamente, sua enteada. Dioniso, por sua vez, presenteou o marido de Alteia com uma videira, sendo o primeiro mortal a receber esse valioso presente. Dejanira chamou a atenção de Hércules, e Eneu concedeu a mão da filha ao herói, união que Hércules viveria para se arrepender. Apesar de ser devoto, de alguma forma, ele negligenciou a deusa Ártemis ao fazer um sacrifício aos deuses em agradecimento pelos primeiros frutos da colheita. Furiosa, a deusa enviou um javali — o chamado javali de Cálidon — para devastar a terra de Cálidon e seus pomares. No decorrer da batalha, Meléagro matou os irmãos de Alteia e, enraivecida pelo ato, ela causou a morte prematura de Meléagro, para em seguida suicidar-se. Eneu então se casou com Peribeia, que lhe foi dada como prêmio, ou enviada pelo pai, para que fosse condenada à morte porque sua reputação havia sido manchada. De qualquer forma, Peribeia deu à luz dois filhos de Eneu, um deles Tideu, que se tornaria o pai do herói Diomedes.

(Ver Alteia, Ártemis, Cálidon, Dejanira, Diomedes, Dioniso, Hércules, Meléagro, Tideu)

ENÔMAO: rei de Pisa e filho de Ares, que lhe deu um par de cavalos velozes como o vento. Costumava desafiar os pretendentes da filha, Hipodamia, para uma corrida de carruagem sabendo que os venceria. Antes do aparecimento de Pélops, ele havia derrotado, matado e decapitado todos eles. Pélops, no entanto, o venceu. Ele subornou o cocheiro do rei, Mírtilo, para comprometer a carruagem de Enômao. O rei foi mortalmente ferido depois de ser arremetido da carruagem, então foi sucedido por Pélops, que tomou Hipodamia como noiva.

(Ver Ares, Hipodamia, Mírtilo, Pélops)

ÉOLO ("senhor dos ventos"): Na *Odisseia* de Homero, é dito que era filho de Hípotes e vivia na ilha flutuante Eólia, cercada por uma muralha de bronze. Éolo, o favorito dos deuses, teve seis filhas e seis filhos, que se casaram. Na viagem de volta de Troia, ofereceu repouso a Odisseu e seus companheiros e entreteve-os por um mês inteiro. Quando Odisseu zarpou, Éolo deu-lhe um presente precioso: uma bolsa contendo ventos que acelerariam o retorno para casa. No entanto, quando o navio de Odisseu aproximou-se de Ítaca, seus companheiros, pensando que a bolsa continha ouro e prata, abriram-na, o que fez com que o navio desviasse fortemente do curso e retornasse à ilha de Eólia. Após o incidente, Éolo recusou-se a ajudar os gregos, alegando que eram odiados pelos deuses. No caso do troiano Eneias, que se dirigia à Itália, subornado por Juno, ele liberou os ventos aprisionados em uma caverna para destruir-lhe os navios; esses ventos eram Euro, Noto, Zéfiro e Africus. Conhecido como deus do vento, também foi confundido e amalgamado a outro, de mesmo nome, porém filho de Hélen e da Ninfa Orseis. Éolo foi enviado a Tessália quando Hélen dividiu a Grécia entre si e seus irmãos, Doro e Xuto. Esse Éolo foi o ancestral epônimo (nome-causa) dos Eólios, e seus filhos incluíam Átamas, Salmoneu, Sísifo, Cânace e Alcíone.

(Ver Alcíone, Cânace, Doro, Eneias, Euro, Helena, Ítaca, Juno, Noto, Odisseu, Salmoneu, Sísifo, Tessália, Troia, Xuto, Zéfiro)

ÉPAFO: filho de Zeus e de Io, filha do deus-rio Ínaco. Io foi forçada a vagar por toda a terra na forma de vaca. Foi dessa forma que chegou às margens do Nilo, no Egito, onde Zeus, com apenas um toque, restaurou sua forma humana. De acordo com o dramaturgo Ésquilo, ela teve um filho chamado Épafo, que governaria a terra fértil do Egito. O mitógrafo Apolodoro acrescenta que Hera instruiu os Curetes a fugirem com Épafo, mas Zeus tomou conhecimento do plano e matou os Curetes. Io, por sua vez, o procurou e acabou o encontrando na corte do rei de Biblos, na Síria, sob os cuidados da rainha. Épafo se casou com Mênfis, filha do deus-rio Nilo, e deu o nome dela à cidade que havia fundado. O casal teve uma filha, que deu nome ao país da Líbia. Entre os descendentes de Épafo estava Dânao, cujas cinquenta filhas assassinaram os cinquenta filhos do irmão, Egito.

(Ver Curetes, Dânao, Egito, Hera, Ínaco, Io, Líbia, Zeus)

EPEU (ou Epeios e Epius): segundo o poeta romano Virgílio, foi o criador do Cavalo de Troia e encontrava-se entre os guerreiros gregos que se ocultaram no ventre da estátua.

(Ver Troia)

EPÍGONOS ("descendentes"): filhos dos Sete Contra Tebas, os sete capitães e seus seguidores que marcharam contra a cidade de Tebas em apoio a reivindicação do filho de Édipo, Polinice, ao trono. Os sete capitães morreram na desastrosa empreitada, exceto Adrasto, o líder da campanha. Mais tarde, os filhos dos sete capitães uniram-se para vingar a morte dos pais, organizando uma segunda ofensiva contra Tebas. O líder desse grupo era Alcméon, cuja mãe, Erifila, havia sido subornada para convencer o relutante Anfiarau a juntar-se aos Sete. Os epígonos tiveram sucesso e o filho de Polinice, Tersandro, tornou-se governante de Tebas.

(Ver Adrasto, Alcméon, Anfiarau, Édipo, Erifila, Polinice, Sete Contra Tebas, Tebas, Tersandro)

ÉPITO: filho do rei Cresfontes, de Messênia, e de Mérope, um dos numerosos descendentes de Hércules. Quando a Messênia foi ameaçada por uma rebelião em que seu marido e seus dois filhos mais velhos haviam sido mortos, Mérope enviou seu caçula, Épito (que Higino chama de Telefontes), para Arcádia, onde foi criado pelo avô materno, Cípselo. De acordo com outro relato, ela o enviou para a Etólia. Quando atingiu a idade adulta, o filho de Mérope voltou à Messênia para se vingar de Polifontes, que assassinara seu pai, casara com sua mãe e assumira o trono. O mitógrafo Higino conta que Polifontes ofereceu uma recompensa a qualquer um que matasse o enteado. Quando chegou ao palácio, aproveitou-se do fato de não ser reconhecido, alegou que matara Épito e viera receber a recompensa. Desesperada, Mérope quase o matou, mas no último minuto o reconheceu. Então mãe e filho planejaram e assassinaram Polifontes enquanto ele fazia um sacrifício. Com o usurpador morto, Épito recuperou o reino do pai e tornou-se governante.

(Ver Arcádia, Cípselo, Hércules, Mérope [heroína], Messênia, Polifontes)

ERECTEU: neto de Erictônio, com quem era confundido, foi um dos lendários primeiros reis de Atenas. De acordo com o poeta Eurípides, seu pai era Pandíon, e Butes, seu irmão. Casou-se com Praxíteia, com quem teve três filhos, Cécrops, Pândaro e Mécion, e várias filhas, as mais conhecidas eram Prócris, Oritia e Creúsa. Erecteu saiu vitorioso de um conflito contra Elêusis, pois garantira a vitória ao sacrificar uma das filhas. No curso do conflito, matou o filho de Posídon, Eumolpo, líder das tropas inimigas. Em vingança, Posídon o matou com seu tridente. Xuto, um dos genros de Erecteu, nomeou Cécrops como sucessor de Erecteu.

(Ver Atenas, Cécrops, Creúsa, Erictônio, Oritia, Posídon, Prócris, Xuto)

HERÓIS, HEROÍNAS E POVOS

ERESÍCTON: rei não temente aos deuses. Como escreve o poeta romano Ovídio, Eresícton desprezava os deuses e recusava-se a prestar-lhes oferendas. Sua arrogância era tão grande que ele derrubou um antigo carvalho no bosque consagrado à Ceres. No processo, matou um homem que tentou impedi-lo, decepando-lhe a cabeça com o machado. Ele não cessou a investida contra a árvore, mesmo depois que uma voz ecoou, clamando por vingança: a voz da Ninfa Dríade que habitava a árvore, pois sua vida esvaia-se a cada golpe. Mas isso não foi o suficiente para que parasse, então Ceres convocou a deusa Éton, que o possuiu. Agora nada era capaz de saciar-lhe a fome ilimitada. Ele acabou vendendo a própria filha para arrecadar dinheiro para comprar mais comida, mas como ela tinha o dom de mudar de forma, escapou da escravidão muitas vezes. Sem mais nada para comer, Eresícton devorou-se. Este Eresícton não deve ser confundido com o filho do rei ateniense, Cécrops, do qual pouco se sabe.

(Ver Atenas, Cécrops, Ceres, Dríades)

ERICTÔNIO: (combinação das palavras gregas "lã" *erion* e "terra" *chthon*): um dos primeiros reis de Atenas, filho de Atena e de Hefesto. A incomum história de seu nascimento é contada em detalhes pelo mitógrafo Apolodoro. Em certa ocasião, Atena visitou Hefesto para pedir-lhe que fizesse sua nova armadura, e o deus apaixonou-se por ela e passou a persegui-la. Atena caiu e Hefesto tentou subjugá-la, mas conseguiu livrar-se dele. Então limpou o sêmen de sua coxa com o manto de lã, lançando-o ao solo. Erictônio nasceu desse sêmen. Ele era autóctone e sua história reforça a crença dos atenienses de que eram um povo originário. Desejando tornar o infante Erictônio imortal, Atena depositou-o em um baú com uma serpente e entregou-o às filhas de Cécrops para que o guardassem, com ordem estrita para que o baú não fosse aberto. No entanto, a curiosidade foi maior e, quando a tampa foi aberta, as jovens viram-se chocadas ao descobrir uma serpente enrodilhada em um bebê. A cobra matou as filhas de Cécrops, ou enlouqueceram devido à visão e, da Acrópole, pularam para a morte. Erictônio foi criado na Acrópole por Atena e, por fim, tornou-se rei de Atenas. Como governante, instituiu as Panateneias, um festival ateniense em honra à deusa. De acordo com outra versão, o próprio Erictônio era híbrido de serpente e possuía cauda. Quando o baú foi aberto, ele abrigara-se sob o escudo de Atena. O ateniense Erictônio deve ser distinguido de outro herói homônimo, rei da Dardânia e ancestral dos troianos. Esse era filho de Dárdano e de uma filha de Teucro, ambos figuras importantes no início da história de Troia. Irmão de Ilo, e após a morte dele, tornou-se rei da Dardânia. Erictônio seria pai de Trós, que daria nome aos troianos, e seria riquíssimo, possuidor de um rebanho de três mil cavalos maravilhosos.

(Ver Acrópole, Atena, Atenas, Cécrops, Dárdano, Hefesto, Ilo, Teucro, Troia)

ERIFILA: esposa do advinho Anfiarau, provou ser a epítome da ganância e da falta de fé. Visto que Erifila solucionara com sucesso a disputa entre Anfiarau e o irmão, Adrasto, eles concordaram em acatar todas as suas decisões no futuro. Ocorre que Polinice, filho de Édipo, mais tarde pediu a Adrasto e a Anfiarau que se unissem ao exército que ele formava para destituir seu irmão, Etéocles, do trono de Tebas. Anfiarau não estava inclinado a apoiá-lo, pois previra a morte de todos os que se juntassem à expedição, exceto Adrasto. Polinice subornou Erifila com o esplêndido colar de sua tataravó, Harmonia, e ela persuadiu o marido a se unir a Polinice. Como fora previsto, Anfiarau pereceu no conflito. Posteriormente, Tersandro, filho de Polinice, pediu que Erifila convencesse os filhos, Alcméon e Anfíloco, a se unir à marcha contra Tebas, visando a vingança pela morte dos pais. Sucumbindo mais uma vez ao suborno, dessa vez o manto de Harmonia, convenceu os filhos a apoiar a nova empreitada de guerra. Quando Alcméon voltou para casa, matou a mãe e foi perseguido pelas Erínias.
(Ver Adrasto, Alcméon, Anfiarau, Édipo, Erínias, Etéocles, Harmonia, Polinice, Tebas, Tersandro)

ESQUENEU: rei da Beócia e filho de Átamas, que também era pai dos infelizes filhos Frixo e Hele. Ele ficou mais conhecido por ser o pai da caçadora de pés velozes Atalanta, que ninguém era capaz de vencer, a menos que recorresse a artimanhas.
(Ver Atalanta, Átamas, Beócia, Hele, Frixo)

ETÉOCLES: irmão de Polinice, filho de Édipo e Jocasta. Suas irmãs eram Antígona e Ismene. Depois que Édipo, cego e desgraçado, deixou Tebas, Polinice e Etéocles concordaram em compartilhar o reino — cada um governaria alternadamente por um ano. Etéocles assumiu o trono primeiro e, após a passagem do primeiro reinado, recusou-se a ceder o poder. Isso levou Polinice a reunir um exército, liderado pelos chamados Sete Contra Tebas, para depor o irmão. Os sete capitães eram Adrasto, Anfiarau, Capaneu, Tideu, Hipomedonte, Partenopeu e o próprio Polinice. À exceção de Adrasto, todos pereceram no conflito, Etéocles e Polinice morreram nas mãos um do outro. O novo governante de Tebas, Creonte, permitiu que Etéocles, um pretenso defensor da cidade, fosse enterrado, mas negou sepultamento a Polinice. Foi em razão do enterro dele que Antígona acabou morrendo.
(Ver Adrasto, Anfiarau, Antígona, Capaneu, Édipo, Ismene, Jocasta, Partenopeu, Polinice, Tebas)

ETOLO: considerado descendente de Deucalião, que, ao lado da esposa, Pirra, sobreviveu ao Grande Dilúvio; ou filho de Endímion, rei de Elis a quem a deusa Selene amava. O certo é que matou um homem por acidente enquanto competia em jogos fúnebres e, por culpa, exilou-se nas terras do rio Aqueloo e deu-lhes o nome de Etólia, baseado no próprio nome.
(Ver Aqueloo [lugar], Deucalião, Endímion, Pirra, Selene)

HERÓIS, HEROÍNAS E POVOS

ETRA: filha de Piteu, um dos filhos de Pélops e rei de Trezena, uma cidade no nordeste do Peloponeso. Seu pai providenciou para que dormisse com o rei ateniense Egeu assim que ele chegasse ao seu reino. Egeu, que não tinha filhos, e estava preocupado com o destino de seu reino, tinha ido a Delfos para consultar o oráculo sobre o problema. Lá ouviu que não deveria abrir seu odre até chegar a Atenas. Ele não foi capaz de decifrar a mensagem, mas Piteu, sim, e por isso o embebedou de vinho. Embriagado, engravidou Etra, que foi visitada na mesma noite por Posídon. Antes de partir para Atenas, Egeu disse a Etra que, se ela desse à luz um filho, deveria criar o menino sem revelar sua paternidade e enviá-lo a Atenas quando estivesse forte o suficiente para recuperar uma espada e sandálias que havia deixado sob uma pedra. Seu filho foi Teseu, que se tornou o herdeiro de Egeu. Etra foi posteriormente capturada por Castor e Pólux, que a levaram para Troia. Quando a cidade caiu, foi levada de volta à Grécia, onde morreu.

(Ver Atenas, Castor, Delfos, Dióscuros, Egeu [herói], Pélops, Piteu, Pólux, Posídon, Teseu, Troia, Zeus)

EUMEU: sua história é narrada na *Odisseia* de Homero. Era um príncipe, mas foi sequestrado e vendido como escravo a Laerte, rei de Ítaca, a quem serviu fielmente como pastor dos porcos reais. Mais tarde, serviu também a Odisseu, filho de Laerte. Depois que Odisseu retornou de Troia a Ítaca, após ausência de vinte anos, Eumeu acolheu-o com hospitalidade, embora não o tenha inicialmente reconhecido. Em sua bondade, generosidade e humildade, provou ser o oposto do pastor de cabras Melântio, que se aliara a homens desprezíveis que tentavam ganhar a mão da esposa de Odisseu, Penélope. Em contraste com Eumeu, Melântio insultou e chutou Odisseu, acreditando se tratar de um mendigo.

(Ver Ítaca, Laerte, Odisseu, Penélope, Troia)

EURÍALO: existem inúmeros heróis com este nome. No épico de Virgílio, *Eneida*, Euríalo era o jovem companheiro de Niso e ambos acompanharam Eneias na jornada de Troia à Itália. Era tão jovem e precioso para a mãe que ela viajou à Itália para continuar perto dele. Somadas, a bravura e a imprudência juvenil desse herói foram responsáveis por sua morte trágica. Acompanhado por Niso, ofereceu-se para deixar os campos de Troia, que na época encontravam-se sitiados por italianos, e buscar Eneias, que partira em busca de reforços. Uma vez fora do acampamento, Niso e Euríalo deixaram-se levar pela sede de sangue e massacraram inimigos adormecidos. O jovem retirou a armadura de um dos mortos e vestiu-a, o que foi sua ruína: o elmo roubado, refletindo a luz da lua, foi avistado pelo inimigo e Euríalo foi levado cativo. Embora Niso tenha arriscado a vida para salvar o amigo, ambos morreram.

(Ver Eneias, Niso, Troia)

EURICLEIA ("ampla fama"): ama de Odisseu e, mais tarde, também serva de seu filho, Telêmaco. Mesmo que a esposa de Odisseu, Penélope, não o tenha identificado, Euricleia o reconheceu, apesar dele ter estado fora do reino de Ítaca por vinte anos, graças a cicatriz que o herói adquirira quando jovem, durante a caça a um javali. Odisseu pediu que Euricleia mantivesse sua identidade em segredo até que pudesse punir os pretendentes de Penélope, que consumiam todos os recursos do palácio.

(Ver Ítaca, Odisseu, Penélope, Telêmaco)

EURÍDICE: há vários personagens mitológicos com este nome. Uma delas era esposa de Creonte, governante de Tebas após a morte de Édipo. Ela cometeu suicídio depois da morte do filho, Hêmon, que por sua vez suicidara-se de tristeza pelo suicídio da noiva, Antígona. Outra Eurídice era filha de Lacedemônia, homônima do território de Esparta e mãe de Acrísio, de Dânae, que Zeus engravidara assumindo a forma de chuva de ouro. Essas duas Eurídice mortais devem ser distinguidas da Ninfa homônima casada com Orfeu, que ele seguiu até o Mundo Inferior.

(Ver Acrísio, Antígona, Creonte, Dânae, Édipo, Esparta, Eurídice
[Ninfa], Hêmon, Mundo Inferior, Ninfas, Orfeu, Tebas, Zeus)

EURISTEU: rei mítico de Argos ou, de acordo com diferentes lendas, de Micenas e Tirinto. Foi a serviço de Euristeu que Hércules realizou os famosos doze (ou dez) trabalhos, empreitada arquitetada por Hera. Quando Alcmena, grávida de Zeus, estava prestes a dar à luz a Hércules, o deus fez com que Hera soubesse que um filho de seu sangue logo nasceria e teria um vasto reino. Hera, enciumada do caso do marido, prolongou o trabalho de parto de Alcmena, fazendo com que o filho dela, Hércules, nascesse depois de Euristeu, descendente de Zeus da linhagem do herói Perseu. Mais tarde, enlouquecido por Hera, Hércules matou a própria esposa, Mégara, e os filhos. Então o herói foi consultar o oráculo de Delfos, que proclamou que ele deveria ir à corte de Euristeu e, ao longo de doze anos, realizar todos os trabalhos que lhe fossem impostos. Como consequência, o oráculo acrescentou, ele alcançaria a imortalidade. A morte de Euristeu, após a conclusão dos doze trabalhos, é descrita de várias maneiras: morto por um dos filhos de Hércules ou executado por vontade de Alcmena.

(Ver Alcmena, Argos, Delfos, Hera, Hércules, Mégara
[heroína], Micenas, Perseu, Tirinto, Zeus)

ÊURITO: rei de Ecália, cuja localização é incerta. De acordo com o mitógrafo Apolodoro, ele era um arqueiro experiente, introduziu o jovem Hércules na arte do arco e flecha. Depois de completar seus trabalhos, Hércules desejou se casar e soube que Êurito ofertava a mão da filha, Íole, a quem o derrotasse e aos seus filhos em competição de arco e flecha. Apesar da derrota, Êurito recusou-se a dar-lhe Íole, temendo que Hércules a matasse caso se casasse com ela. O rei sabia que o herói assassinara a primeira esposa e os filhos em um ataque de loucura. Mais tarde, Hércules liderou um ataque a Ecália, matou Êurito e seus filhos, conquistou a cidade e levou Íole cativa. Motivada por ciúmes de Íole, a nova esposa de Hércules, Dejanira, encharcou o manto do herói com o que acreditava ser uma poção de amor, que lhe fora dada pelo centauro Nesso. O elixir, em vez produzir amor, revelou-se um veneno e queimou a carne de seu marido. Na *Odisseia* de Homero, foi com o arco de Êurito que Odisseu matou os pretendentes da esposa, Penélope. Em sua ausência, eles esgotavam os recursos de sua família e os trataram de forma ultrajante. Homero também registra uma versão diferente da morte de Êurito: morto por Apolo como punição por ter desafiado o deus para uma competição de arco e flecha.

(Ver Apolo, Centauros, Dejanira, Hércules, Íole, Ítaca, Nesso, Odisseu, Penélope)

EUROPA: filha de Agenor, rei de Tiro (ou Sídon), na Fenícia, e de Telefassa. Era irmã de Fênix, Cílix e Cadmo, que se tornaria o fundador de Tebas. Zeus apaixonou-se por ela e, depois de transformar-se em um touro branco, amável e gentil, aproximou-se de Europa à beira-mar. Sem medo e comovida pela beleza do animal, Europa enfeitou-o com guirlandas e, por fim, montou em suas costas. Então o deus-touro atravessou o mar em alta velocidade, ruma à Creta, onde Europa deu à luz Minos, Sarpédon e Radamanto. Agenor enviou seus outros filhos para encontrá-la, dizendo-lhes que não retornassem sem ela. Por fim, todos acabaram desistindo da tarefa e fundaram cidades onde encerraram as buscas. Europa acabou casando com o príncipe (ou rei) cretense, Astério, que criou os filhos dela como se fossem seus.

(Ver Agenor, Cadmo, Creta, Minos, Radamanto, Sarpédon, Sídon, Tebas, Zeus)

EVANDRO: Pausânias conta que Evandro, importante aliado de Eneias e seus camaradas troianos durante a viagem à Itália, era filho de uma Ninfa e do deus Hermes. Por ser o mais sábio e o melhor lutador entre os arcadianos da Grécia, foi enviado para estabelecer uma colônia na Itália. Ele fundou a cidade de Palanteu no local que mais tarde seria chamado de monte Palatino, uma das Sete Colinas de Roma. O deus-rio Tibre apareceu ao herói Eneias em um sonho, instigando-o a buscar a ajuda de Evandro, que o rei idoso prontamente lhe ofereceu. Ele enviou o filho, Palante, e um contingente de homens para integrar as tropas de Troia, e Eneias prometeu cuidar do filho de Evandro como se fosse seu próprio. Quando Eneias foi visitá-lo, ele e seu povo celebravam a vitória de Hércules sobre o monstruoso Caco.

(Ver Arcádia, Caco, Eneias, Hércules, Hermes, Palante, Roma, Tibre [lugar], Troia)

EVENO: pai de Marpessa. Quando o herói Idas fugiu com ela, Eveno conduziu sua carruagem em perseguição. Contudo, quando compreendeu que não conseguiria os alcançar, suicidou-se acompanhado pelos cavalos.

(Ver Idas, Marpessa)

FEACES: povo amado pelos deuses que vivia na ilha de Esquéria. Tendo anteriormente habitado Hiperia, esses famosos marinheiros foram trazidos para Esquéria por Nausítoo para escapar dos ciclopes, que os perseguiam. Em Esquéria, Nausítoo estabeleceu uma cidade bem ordenada e foi sucedido por Alcínoo, cuja rainha era Areté. A filha de Alcínoo, a princesa Nausícaa, guiou Odisseu ao palácio do pai, onde foi recebido com hospitalidade. Embora os feaces estivessem cientes da profecia sobre a destruição da cidade caso generosamente continuassem a oferecer transporte marítimo a todos que precisassem, levaram Odisseu para Ítaca. Após o retorno, o navio foi transformado em pedra por Posídon.

(Ver Alcínoo, Areté, Ciclopes, Esquéria, Ítaca, Nausícaa, Odisseu, Posídon)

FEATONTE ("aquele que reluz"): seu trágico destino é vividamente contado pelo poeta romano Ovídio. Ele é o filho de Hélio, a quem Ovídio equivale a Apolo, e da Ninfa Clímene. Desejando ter certeza que o deus sol era seu pai, Featonte pediu-lhe um favor que renderia a prova necessária. O deus que tudo vê, aquiesceu, instigando o jovem a pedir o que quisesse. Seu pedido foi o de conduzir a carruagem do pai, o que gerou resultados desastrosos. Atingindo elevadas alturas, assustou-se com as constelações e, perdendo o controle dos cavalos, queimou as nuvens e toda a terra. O universo turbilhonou, em risco destruição, então o próprio Júpiter interveio, derrubando Featonte com um raio. O menino caiu para a morte no rio Erídano. Suas irmãs, as helíades, choraram por ele incessantemente e transformaram-se em álamos, derramando lágrimas de âmbar. Seu lamentoso familiar, Cicno, tornou-se um cisne, que para sempre cantaria uma canção melancólica.

(Ver Apolo, Cicno, Clímene, Erídano, Helíades, Hélio, Júpiter)

FEDRA: filha de Minos, rei de Creta, e de Pasífae. Assim como a mãe, também foi vítima de um amor impróprio. Fedra apaixonou-se pelo enteado, Hipólito, um devoto casto da deusa virgem Ártemis. Ela esforçou-se para reprimir os sentimentos, mas sua velha serva percebeu o sofrimento e a compeliu a contar o que a afligia. Prometendo ajudar, a ama revelou a paixão de Fedra a um horrorizado Hipólito. Com a reputação irreparável, a filha de Pasífae se suicidou, mas não antes de escrever um bilhete ao marido, Teseu, afirmando que sua morte era o resultado dos avanços indesejados de seu filho, Hipólito. A falsa acusação levou Teseu a amaldiçoar o filho, causando sua morte.

(Ver Ártemis, Creta, Hipólito, Minos, Pasífae, Teseu)

HERÓIS, HEROÍNAS E POVOS

FILÊMON: marido de Báucis. Formavam um casal de camponeses frígios que, apesar da pobreza extrema, foram os únicos da aldeia a oferecer hospitalidade aos deuses Júpiter e Mercúrio enquanto viajavam disfarçados de humanos. Pela generosidade, Báucis e Filêmon foram recompensados e nomeados sacerdotes dos dois deuses. Sua humilde cabana tornou-se um templo e sua aldeia, que os deuses exterminaram, um lago. No momento da morte, ocorrida simultaneamente a seu pedido, os dois transformaram-se em um carvalho e uma tília.

(Ver Báucis, Frígia, Júpiter, Mercúrio)

FILOCTETES: grego que navegou para Troia, mas, ao contrário da maioria, não chegou a costa da cidade no início das hostilidades. Quando os gregos pararam para fazer sacrifícios na ilha de Tênedos, Filoctetes foi picado por uma cobra. A ferida era dolorida e inflamada, e fazia ele praguejar e gritar. Odisseu convenceu os gregos a abandoná-lo na ilha de Lemnos, alegando que seus gritos trariam azar. Ele viveu sozinho em Lemnos por dez anos, armado apenas do arco e a flecha que Hércules lhe dera em agradecimento por acender a pira em que, agoniado por ter sido envenenado por engano pela esposa Dejanira, dera fim a própria vida. Os gregos lamentaram tê-lo abandonado assim que um advinho revelou que Troia não cairia a menos que ele estivesse presente com o arco e flecha de Hércules. Assim, Odisseu, acompanhado do filho de Aquiles, Neoptólemo, o resgatou, algo que quase não conseguiram, pois, com razão, Filoctetes ainda estava enfurecido. No entanto, Filoctetes foi levado a Troia e, curado, matou o príncipe troiano, Páris, que raptara Helena, a causa da guerra.

(Ver Aquiles, Helena, Hércules, Lemnos, Neoptólemo, Odisseu, Páris, Troia)

FILOMELA ("rouxinol"): princesa ateniense presa e repetidamente estuprada pelo marido da irmã, Procne, o rei Tereu, da Trácia. Quando Filomela ameaçou revelar a violência sofrida, Tereu cortou-lhe a língua. Mesmo assim, ela foi capaz de contar a história tecendo-a em uma tapeçaria que foi entregue a Procne, que tinha sido levada a acreditar que a irmã estava morta. Elas planejaram uma terrível vingança contra Tereu. Então, quando Filomela fugiu de Tereu, que, furioso, a perseguiu, ela se transformou em rouxinol.

(Ver Atenas, Procne, Tereu, Trácia)

FINEU: advinho cego cuja descendência não é inconteste. Seu pai poderia ter sido o deus Posídon, Agenor de Tiro ou o filho de Agenor, Fênix. Ele casou-se com Cleópatra, filha do deus do vento, Bóreas, e de Oritia, e mais tarde tomou Idoteia, filha de Dárdano, como esposa. Há diversos relatos sobre sua cegueira. Entre os alegados responsáveis estava Bóreas (com a ajuda dos Argonautas), que, segundo o mitógrafo Apolodoro, desejava puni-lo por ter cegado seus netos. Fineu acreditava que houvessem avançado sobre Idoteia. Também foi dito que Zeus o cegara pelas revelações a respeito do futuro dos humanos, disponibilizando-lhes demasiado conhecimento. Em *As Argonáuticas*, de Apolônio de Rodes, Fineu é torturado pelas harpias, que lhe roubavam a comida e estragavam o restante. Porém, foi salvo pelos filhos de Bóreas, Zetes e Calais, parte da tripulação de Argonautas de Jasão. Em agradecimento, ele revelou como o navio poderia passar em segurança entre os Simplégades ("rochas colidentes").

(Ver Agenor, Argonautas, Bóreas, Calais, Dárdano,
Harpias, Oritia, Posídon, Simplégades, Zetes)

FRIXO: filho de Átamas, rei de Orcômeno, na Beócia, e de Néfele. Quando seu pai tomou Ino como esposa, ela planejou matá-lo, e também a sua irmã, Hele, que, por terem nascido antes de seus próprios filhos, se tornariam herdeiros do marido. Assim, Ino fez com que o estoque de sementes de grãos do reino estragasse e, como resultado, as sementes não germinaram. Por isso, o rei enviou mensageiros para consultar o oráculo de Delfos em busca da solução para a catástrofe. No entanto, Ino obrigou os mensageiros a atestar falsamente que o Oráculo havia recomendado o sacrifício de Frixo e, segundo algumas versões, também de Hele. Contudo, Néfele salvou os filhos, enviando um carneiro alado de velocino de ouro para levá-los a um local seguro. No curso do voo, Hele perdeu o equilíbrio e caiu no mar, que depois foi chamado de Helesponto, "mar de Hele", e agora é chamado de Dardanelos. Frixo foi transportado com segurança para a cidade de Ea, na Cólquida, na costa oriental do mar Negro. O rei cólquida, Eetes, recebeu Frixo, que sacrificou o carneiro em agradecimento a Ares, como escreve o mitógrafo Higino, ou a Zeus, de acordo com Apolodoro. O velocino do carneiro foi dado ao rei Eetes, que o pendurou nos galhos de um carvalho no bosque consagrado a Ares, onde era guardado por um dragão. Foi esse velocino que o herói Jasão, acompanhado pelos Argonautas, foi enviado para buscar. Eetes ofereceu a Frixo a mão da filha, Calcíope. Todavia, o sogro passou a temer Frixo e seus filhos, pois tomara conhecimento da profecia que ditava que perderia seu reino para um estrangeiro. Então o rei planejou o assassinato de Frixo, mas os filhos dele conseguiram escapar e, mais tarde, foram resgatados por Jasão, que os encontrou naufragados.

(Ver Ares, Argonautas, Átamas, Beócia, Cólquida, Delfos, Eetes,
Hele, Helesponto, Ino, Jasão, Néfele [heroína], Zeus)

HERÓIS, HEROÍNAS E POVOS

GANIMEDES: jovem e belo filho do rei troiano Laomedonte, ou do rei troiano Trós, de quem deriva o nome da cidade de Troia. Ganimedes tornou-se o copeiro de Zeus, pois fora levado ao Olimpo pela águia do pai dos deuses ou, como escreve o poeta romano Ovídio, pelo próprio deus apaixonado disfarçado de águia, seu pássaro sagrado. O pai de Ganimedes viu-se arrasado pelo sequestro do filho, e Zeus ofereceu-lhe uma compensação: um presente especial, que foi descrito em fontes antigas como um par de belas éguas, ou uma videira de ouro. Diz-se que Ganimedes foi transformado na constelação de Aquário após a morte.

(Ver Laomedonte, Olimpo, Trós, Troia, Zeus)

GLAUCO: existem diversos heróis com este nome. Um deles foi o rei de Corinto, filho de Sísifo e de Mérope, filha do titã de segunda geração Atlas. Sua esposa engravidou de Posídon, e o resultado foi Belerofonte, que o rei criou como se fosse seu filho. De acordo com o mitógrafo Higino, as próprias éguas de Glauco o devoraram nos jogos fúnebres de Pélias, o rei anterior de Iolco, depois de ser derrotado pelo camarada de Hércules, Iolau, em uma corrida de carruagens. Outro Glauco foi um pescador que se tornou divindade menor do mar, transformado pela relva que comera. Um terceiro Glauco era o jovem filho do rei Minos, de Creta. Este Glauco caíra em uma imensa cuba de mel enquanto perseguia um camundongo. Segundo o mitógrafo Higino, atribulados, seus pais consultaram Apolo, que lhes disse que um prodígio surgira recentemente e quem fosse capaz de explica-lo conseguiria encontrar o filho deles e restaurar-lhe a vida. O prodígio foi devidamente localizado; tratava-se de um touro recém-nascido que mudava de cor três vezes ao dia: de branco para vermelho, e então para preto. Havia apenas um homem que poderia explicar o fenômeno, o vidente Polido, que afirmou que o touro era como a amoreira, cujo fruto muda de cor enquanto amadurece, de branco para vermelho e, por fim, para preto. O advinho interpretou corretamente um presságio e, assim, localizou Glauco: viu uma coruja (*glaux* em grego) pousada na cuba de vinho cercada por abelhas. Posteriormente, Polido declarou não ser capaz de ressuscitar Glauco, então Minos ordenou que ele fosse enterrado com o menino. Uma serpente surgiu na tumba e Polido a matou. Em seguida, outra serpente surgiu a procura da companheira e, encontrando-a morta, retornou em posse de uma erva que a reanimou. Polido usou a mesma erva para reviver Glauco e foi amplamente recompensado por seus esforços. Há outro Glauco que lutou ao lado dos troianos na Guerra de Troia. Com Sarpédon, filho de Zeus, foi capitão dos lícios. Quando viu-se cara a cara com Diomedes, ambos perceberam que estavam ligados por laços ancestrais de amizade, estabelecidos pelos avós, Belerofonte e Eneu. Honrando o vínculo, não lutaram e, em vez disso, trocaram as armaduras.

(Ver Apolo, Atlas, Belerofonte, Corinto, Creta, Diomedes, Eneu, Glauco [deus], Hércules, Iolco, Lícia, Mérope [Ninfa], Minos, Pélias, Polido, Posídon, Sarpédon, Sísifo, Titãs, Troia, Zeus)

GÓRDIAS (ou Gordius): lendário fundador do estado frígio e homônimo da capital, Górdio. Havia sido um pobre fazendeiro com apenas dois bois, um que puxava o arado e outro a carroça. Um dia, enquanto arava, uma águia pousou no jugo do arado e ali permaneceu enquanto o animal trabalhava. Górdias interpretou o fato como presságio e contou a história a uma garota da tribo profética local. Ela instruiu-o a retornar ao local onde o presságio ocorrera e fazer um sacrifício a Zeus. A garota tornou-se esposa de Górdias e tiveram um filho, Midas. Mais tarde, quando os frígios estavam mergulhados em guerra civil, Górdias foi coroado rei, pois um oráculo de Zeus proclamara que o primeiro condutor de carroça que cruzasse seu caminho deveria ser seu novo governante. Então Górdias consagrou sua carroça no templo do deus, amarrando-a com corda de corniso, de forma que não pudesse ser desamarrada (o chamado nó górdio). Outro oráculo predisse que quem conseguisse desatar o nó insolúvel governaria toda a Ásia. Essa pessoa seria Alexandre, o Grande.

(Ver Frígia, Midas, Zeus)

HECABE: outro nome de Hécuba, esposa de Príamo, rei de Troia na época da Guerra de Troia.

(Ver Hécuba, Príamo, Troia)

HÉCUBA (ou Hecabe): esposa do rei Príamo, de Troia, e mãe de Heitor, Páris, Troilo, Heleno, Polidoro, Cassandra e Políxena. O poeta grego Píndaro escreve que, grávida de Páris, Hécuba sonhou que dera à luz um hecatonquiro ("de cem mãos") em chamas — ou uma acha em brasa, segundo o mitógrafo Apolodoro. O sonho, em paralelo à profecia de Cassandra, revelou que o filho caçula, Páris, estava destinado a causar a destruição da cidade de Troia pelo fogo. Na *Ilíada* de Homero, ela orou a Atena e pediu ajuda, mas não obteve resposta. Tentou evitar que Heitor arriscasse a vida na batalha contra Aquiles, e mais uma vez não teve sucesso. Durante ou depois da Guerra de Troia, ela testemunhou a morte do marido e de vários filhos. A própria Hécuba foi capturada e dada como prêmio de guerra a Odisseu. O poeta romano Ovídio registra que, enquanto Hécuba chorava sobre o cadáver da filha Políxena, descobriu o corpo morto do filho Polidoro, que acreditava (e esperava) ter sido poupado pelo rei Polimnestor, da Trácia. Ao tomar conhecimento que o rei matara Polidoro por ouro, ela o atacou, arrancando-lhe olhos. A partir daí Polimnestor a perseguiu, mas ela transformou-se em um cão e fugiu.

(Ver Aquiles, Atenas, Cassandra, Hecatonquiros, Heitor, Heleno,
Odisseu, Páris, Polidoro, Políxena, Príamo, Trácia, Troia, Troilo)

HERÓIS, HEROÍNAS E POVOS

HEITOR: líder do exército durante a Guerra de Troia e melhor guerreiro de seu povo. Era filho do rei de Troia, Príamo, e da rainha Hécuba. Seus irmãos incluíam Páris, o sequestrador de Helena; os gêmeos proféticos Heleno e Cassandra; a desafortunada Políxena; e Troilo, que foi emboscado e morto por Aquiles. A esposa de Heitor era Andrômaca, princesa da cidade asiática de Tebas. Andrômaca e Heitor tiveram Astíanax, que ao fim da Guerra de Troia foi lançado para a morte das muralhas da cidade pelo filho de Aquiles, Neoptólemo, ou por Odisseu. O destino de Heitor foi selado quando matou Pátroclo, o amigo e companheiro de Aquiles, que havia se retirado da guerra, retornando ao conflito apenas por vingança, no intuito de confrontar Heitor. Mesmo depois de tirar a vida daquele que matou seu amigo, a fúria de Aquiles não se arrefeceu. Então ele amarrou o cadáver de Heitor a sua biga e arrastou-o ao redor das muralhas de Troia por dias a fio. Até mesmo os deuses se opuseram a tal ultraje. O pai do morto, Príamo, foi ao acampamento de Aquiles, mesmo com todos os riscos envolvidos, e recuperou o corpo do filho. A *Ilíada* de Homero encerra-se durante o funeral de Heitor. As chamas da pira funerária do herói são o presságio à ardente queda de Troia.

(Ver Andrômaca, Aquiles, Astíanax, Cassandra, Hécuba, Heleno, Neoptólemo, Odisseu, Pátroclo, Políxena, Príamo, Troia, Troilo)

HELE: filha de Átamas, rei de Orcômeno, na Beócia, e de Néfele. Ino, a segunda esposa de Átamas, planejou assassinar os filhos do marido, pois, por eles terem nascido antes de seus próprios filhos, seriam os herdeiros do rei. Portanto, Ino fez com que o estoque de sementes de grãos do reino se estragasse e, como resultado, as sementes não germinaram quando semeadas. Átamas enviou mensageiros para consultar o Oráculo de Delfos em busca da solução para a catástrofe. No entanto, Ino obrigou os mensageiros a mentir, afirmando que o Oráculo recomendara o sacrifício de Frixo e, segundo algumas versões, também de Hele. No último minuto, Néfele conseguiu salvar os filhos, enviando um carneiro alado de pelagem de ouro para levá-los a um local seguro. No entanto, durante o voo, Hele perdeu o equilíbrio e caiu nas águas, que, então, passaram a se chamar Helesponto, "mar de Hele", que hoje em dia se chama Dardanelos.

(Ver Átamas, Beócia, Delfos, Frixo, Helesponto, Ino, Néfele)

HÉLEN: segundo o poeta grego Hesíodo, assim como os historiadores Tucídides e Diodoro Sículo, Hélen era filho de Deucalião e Pirra, os únicos sobreviventes do grande dilúvio que Zeus enviara para exterminar a raça humana, por vê-la como perversa. Outras fontes mencionam que o pai de Hélen era o próprio Zeus. Ele foi considerado o ancestral de todos os gregos, chamados de "helenos" por causa de Hélen. As tribos da Grécia seriam descendentes de seus filhos e netos: Doro (origem do termo dório), Íon (origem do termo jônio), Aqueu (que gerou o termo aqueus) e Éolo (a origem de eólios).

(Ver Aqueus, Deucalião, Doro, Éolo [herói], Íon, Pirra, Zeus)

HELENA: descrita pela poeta Safo como "a mais bela de toda a humanidade", foi "Helena de Esparta" antes de se tornar "Helena de Troia". Existem diversas versões de seu nascimento. Sua mãe, Leda, filha do rei etólio Téstio, foi casada com o rei espartano Tíndaro. Diz-se que Helena nasceu de um ovo que Leda botara após ser fecundada por Zeus, disfarçado de cisne; ou de um ovo concebido por Nêmesis, a deusa da vingança, que, tendo ela própria assumido a forma de gansa, fora engravidada por Zeus na forma de cisne. De acordo com a segunda versão, Leda encontrou (ou recebeu) o ovo de Nêmesis e manteve-o a salvo até que chocasse. Os irmãos de Helena eram Clitemnestra, que se tornaria rainha de Micenas, e os gêmeos divinos Castor e Pólux. Por vezes, dizia-se que Clitemnestra, Castor e Pólux surgiram do mesmo ovo que Helena, ou de ovos separados, ou mesmo que eram filhos de Tíndaro, que se deitara com Leda na mesma noite que Zeus. Quando a notícia sobre a beleza de Helena se espalhou, ela foi sequestrada pelos heróis Pirítoo e Teseu, mas os irmãos Castor e Pólux resgataram-na. Mais tarde, quando estava em idade de se casar, Tíndaro percebeu que seria impossível escolher entre os numerosos pretendentes de Helena, então permitiu que ela decidisse. O escolhido foi Menelau, irmão mais novo de Agamêmnon, que por meio do casamento se tornou governante de Esparta. Com Menelau, ela tornou-se mãe de Hermíone, sua única filha, e viveu feliz em Esparta até a chegada do príncipe troiano Páris, que a raptou ou, segundo algumas versões, com quem partiu de boa vontade. Páris fora a Esparta em busca da recompensa prometida após o famoso julgamento em que tivera de decidir quem era a mais bela entre as deusas Afrodite, Hera e Atena. Afrodite subornou-o ao ofertar-lhe a mulher mais linda do mundo, Helena. Após a partida da esposa de seu irmão, Agamêmnon reuniu os melhores guerreiros da Grécia, algo que só foi capaz porque Tíndaro sabiamente fizera com que todos os pretendentes de Helena jurassem respeitar sua escolha e vir em socorro do casal se necessário. Os gregos lutaram com os troianos por de dez anos para resgatá-la. Após a morte de Páris, no décimo ano da guerra, Helena foi dada em casamento ao irmão dele, Deífobo, brutalmente assassinado por Menelau, de acordo com o poeta romano Virgílio. Na *Odisseia* de Homero, ela por fim retorna a Esparta, onde, com Menelau, recebe o filho de Odisseu, Telêmaco, que buscava notícias do pai. Também havia a lenda de que Helena e

Menelau ficaram algum tempo no Egito durante a viagem de volta de Troia. De acordo com o poeta grego Estesícoro, ela jamais fora a Troia, e sim levada pelos deuses ao Egito, onde Menelau mais tarde a encontrou. Nessa versão, explorada também pelo dramaturgo Eurípides, foi o fantasma da cunhada de Agamêmnon que acompanhou Páris. Pausânias registra várias versões do fim de sua vida: ela foi enforcada na ilha de Rodes ou, após a morte, uniu-se a Aquiles, tornando-se sua noiva na Ilha Branca no mar Negro.

(Ver Afrodite, Agamêmnon, Aquiles, Atena, Castor, Clitemnestra, Esparta, Hera, Hermíone, Leda, Menelau, Micenas, Nêmesis, Odisseu, Páris, Pirítoo, Pólux, Telêmaco, Teseu, Tíndaro, Troia, Zeus)

HELENO: filho do rei Príamo, de Troia, com Hécuba. Dele diz-se ser irmão gêmeo da vidente Cassandra. E do mesmo modo que ela, foi abençoado com o dom da profecia. Homero comenta que era "de longe o melhor dos áugures". Na qualidade de advinho, previu as consequências desastrosas causadas pela viagem de Páris a Esparta, em busca de Helena. Mais tarde, ele auxiliou os gregos a derrotar Troia, revelando-lhes que a cidade não cairia a menos que os gregos obtivessem a antiga estátua de Atena, chamada Paládio, e trouxessem o filho de Aquiles, Neoptólemo, e o herói Filoctetes, de posse do arco de Hércules, para lutar ao lado deles. Na epopeia *Eneida*, Virgílio escreve que Heleno tornou-se o sucessor do reino governado por Neoptólemo e casou com Andrômaca, esposa do falecido irmão, Heitor, que, assim como ele, fora levado cativo pelos gregos.

(Ver Andrômaca, Aquiles, Atena, Cassandra, Esparta, Filoctetes, Hécuba, Helena, Hércules, Neoptólemo, Príamo, Troia)

HÊMON: filho de Creonte, governante de Tebas após a morte de Édipo. Ficou conhecido pela peça *Antígona*, tragédia do dramaturgo Sófocles, como o noivo da filha de Édipo, Antígona. Na peça, ele intercedeu junto ao pai para evitar que Antígona fosse morta por apedrejamento por ter enterrado o irmão, Polinice, inimigo declarado da cidade. Incapaz de convencer o pai a poupá-la, Hêmon lançou-se sobre a própria espada ao lado do cadáver de Antígona. Um mito diferente fez dele vítima da Esfinge que aterroriza Tebas antes de Édipo resolver o seu enigma.

(Ver Antígona, Creonte, Édipo, Esfinge de Tebas, Polinice, Tebas)

HÉRACLES: nome grego do herói Hércules.

(Ver Hércules)

ORIGENS DA MITOLOGIA

HÉRCULES: o mais importante e o mais conhecido herói grego. Seu nome grego original, Héracles, significa "glória de Hera", e trata-se de uma combinação da palavra grega "glória", *kleos*, e do nome da deusa Hera. De modo irônico, foi o fato de Hera tê-lo perseguido a vida inteira, assim como sua perseverança em face às adversidades, que lhe rederam a fama. Hércules era filho de Alcmena, filha de Eléctrion, antigo rei de Tirinto. Alcmena era casada com Anfitrião, seu primo, mas engravidara de Zeus na ausência do marido, pois o deus manifestou-se para ela disfarçado de seu cônjuge. Em seguida, Anfitrião voltou para casa e também se deitou com ela, engravidando-a uma segunda vez. Nove meses depois, quando Alcmena estava prestes a dar à luz, Zeus gabou-se de que um de seus descendentes, nascido naquele dia, se tornaria rei de um vasto reino. Hera, enciumada e enfurecida devido a mais um caso extraconjugal de seu marido, prolongou o parto de Alcmena para que Euristeu, que por acaso descendia de Zeus através da linhagem de Perseu, nascesse antes de Hércules. Depois do nascimento de Euristeu, que mais tarde se tornaria rei de Tirinto e Micenas, Alcmena deu à luz gêmeos na cidade de Tebas: Hércules, filho de Zeus, e Íficles, filho de Anfitrião. Enquanto Hércules e Íficles estavam no berço, Hera enviou serpentes para matá-los. Íficles, um bebê comum, nada fez, mas Hércules estrangulou as víboras. Conforme crescia, Hércules ganhou renome pela força, assim como pela habilidade no arco e flecha e na luta desarmada. Aparentava aptidão para música, tendo matado o professor de lira, Lino, em uma explosão de raiva. Hércules também era conhecido pelo apetite voraz tanto por comida quanto por mulheres. Diz-se que teria dormido com todas as cinquenta filhas de Téspio, governante do reino vizinho. Por consequência, foi pai de muitos filhos. É difícil estabelecer a cronologia definitiva das façanhas de Hércules, não apenas porque sua vida era agitada, mas também porque seus feitos acentuam-se em número e detalhes conforme foram narrados ao longo dos séculos. A certa altura, Hércules envolveu-se com os mínias, que vinham cobrando tributos de Tebas. Reunindo um grupo de jovens guerreiros, ele atacou a cidade mínia de Orcômeno e incendiou o palácio. Como recompensa por livrar Tebas da ameaça mínia, o rei tebano Creonte deu-lhe a filha, Mégara, em casamento. Com Mégara, Hércules teve três (ou cinco) filhos. Em um ataque de loucura provocado pela eterna inimiga, Hera, Hércules matou os próprios filhos, dois dos filhos do irmão e também Mégara. Hércules deixou Tebas horrorizado pelos próprios atos e, embora tivesse sido expiado da culpa, viajou para Delfos para consultar o oráculo de Apolo. O oráculo lhe disse que deveria oferecer seus serviços a Euristeu e realizar todas as tarefas requisitadas, para assim alcançar a imortalidade. Euristeu era o descendente de Zeus aqui mencionado, que, por interferência de Hera, nascera pouco antes de Hércules. Hércules agora realizaria seus famosos doze trabalhos, que exigiriam que viajasse aos confins do mundo para matar o invencível Leão da Nemeia; eliminar a Hidra de Lerna, uma criatura de múltiplas cabeças; capturar a Corça de Cerínia, lendária pelos chifres de ouro; aprisionar o cruel javali de Erimanto; limpar as enormes estrebarias de Augias; afugentar os pássaros do Lago Estinfalo, seres dotados de asas de ferro; capturar as éguas carnívoras do trácio Diomedes; apossar-se do cinturão da rainha amazona Hipólita; reivindicar o gado de Gerião, um monstro de três corpos; buscar os pomos de ouro no Jardim das Hespérides; e trazer o cão infernal Cérbero do Mundo Inferior. As outras façanhas de Hércules, ocorridas entre trabalhos particulares, compreendiam a participação na jornada de Jasão e os Argonautas na busca pelo velocino de ouro; livrar o futuro local de Roma do terrível monstro Caco; libertar Prometeu da escravidão nas montanhas do Cáucaso; resgatar Alceste, esposa de Admeto, do Mundo Inferior; resgatar a filha do rei troiano Laomedonte de um monstro marinho; tentar roubar o trípode sacrificial da Pítia de Delfos e lutar por ele contra Apolo; servir como escravo da rainha lídia Ônfale a mando da Pítia; lutar pela mão de Dejanira contra o deus-rio Aqueloo, que, sem saber, causaria sua morte; e matar o centauro Nesso quando tentou raptar Dejanira. Mais tarde, quando Hércules tomou Íole, princesa de Ecália, como serva, a ciumenta Dejanira deu a ele um manto embebido na poção do amor que recebera de Nesso. Contudo, a solução não se tratava de um elixir do amor, e sim de um veneno que queimou a carne de Hércules. Em agonia, subiu o monte Eta, na Tessália, e instruiu seu filho, Hilo, a construir uma pira funerária, em que se deitou. Ninguém ousou acendê-la, exceto o herói Filoctetes, que corajosamente acabou com a miséria do grande herói. Como recompensa, Filoctetes recebeu o famoso arco de Hércules. E Hércules tornou-se divino.

(Ver Admeto, Alceste, Alcmena, Amazonas, Anfitrião, Apolo, Aqueloo [deus], Argonautas, Augias, Aves do Lago Estinfalo, Caco, Cáucaso, Centauros, Cérbero, Corça da Cerínia, Creonte, Dejanira, Delfos, Diomedes, Eléctrion, Eta, Euristeu, Filoctetes, Gerião, Hera, Hespérides, Hidra de Lerna, Hipólita, Íficles, Íole, Jasão, Javali de Erimanto, Laomedonte, Leão da Nemeia, Lídia, Lino, Mégara [heroína], Micenas, Mínios, Mundo Inferior, Nesso, Ônfale, Prometeu, Tebas, Tessália, Tirinto, Trácia, Troia, Zeus)

HERMÍONE: filha de Helena e Menelau, rei de Esparta. Segundo Homero, era a única filha dela. Quando Helena partiu de Troia na companhia de Páris, a filha, de então nove anos, ficou sob os cuidados da irmã, Clitemnestra, esposa de Agamêmnon. Hermíone foi prometida ao filho de Clitemnestra, Orestes, mas o matrimônio jamais ocorreu, pois, segundo alguns relatos, Orestes se mostrou matricida, o que o tornou proscrito. Hermíone foi então prometida ao filho de Aquiles, Neoptólemo, um incentivo para que se unisse à empreitada grega contra

Troia. O matrimônio foi realizado, mas Hermíone jamais teve filhos. De acordo com o tragédia de Eurípides, *Andrômaca*, Hermíone invejava Andrômaca, a primeira esposa de Heitor, o falecido herói troiano, uma vez que, após a queda de Troia, Andrômaca tornara-se serva de Neoptólemo e dera-lhe diversos filhos. Hermíone acusou Andrômaca de enfeitiçar o marido e orquestrar-lhe a morte, mas não teve sucesso. No fim das contas, Orestes reapareceu, matou Neoptólemo e levou Hermíone embora consigo.

(Ver Agamêmnon, Andrômaca, Aquiles, Clitemnestra, Esparta, Heitor, Neoptólemo, Orestes, Páris, Troia)

HERO: jovem sacerdotisa de Afrodite que vivia na margem europeia de Helesponto. Apaixonou-se por Leandro, um jovem de Ábidos, cidade localizada na outra margem. Durante a noite, Leandro cruzava a nado as águas traiçoeiras de Helesponto para visitá-la em segredo. No entanto, Afrodite descobriu o caso, e Leandro pereceu enquanto cruzava o estreito para encontrar a amada. Como consequência, ela lançou-se de uma torre, dando fim a própria vida.

(Ver Ábidos, Afrodite, Helesponto, Leandro)

HESÍONA: filha de Laomedonte, lendário rei de Troia, que foi resgatada por Hércules antes de ser sacrificada a um monstro marinho. Após o herói completar seu nono trabalho, a busca pelo cinturão da rainha amazona Hipólita, seguiu para Troia. Na época, aquela terra sofria duas catástrofes: Apolo enviara uma praga e Posídon um monstro marinho que devastou a população, tudo para punir Laomedonte. Como escreve o mitógrafo Apolodoro, os deuses tinham ouvido o quão perverso ele era e, disfarçados de mortais, o julgaram, oferecendo-se para construir as muralhas de Troia em troca de remuneração. O trabalho foi concluído, mas Laomedonte não os pagou e, por isso, ele e sua terra foram punidos. Laomedonte soube, por oráculo, que a solução desses problemas seria oferecer a própria filha ao monstro do mar, então amarrou-a a uma falésia. Foi lá que Hércules a encontrou e ofereceu-se para salvar a vida dela, mas por um preço: queria as esplêndidas éguas que Zeus dera a Laomedonte como compensação pela perda do filho, Ganimedes. Hércules matou o monstro e salvou Hesíona, mas, assim como Apolo e Posídon, não recebeu o pagamento. Por isso, Hércules retornou à cidade liderando um contingente de guerreiros e a conquistou. Hércules tomou Hesíona e deu-a como prêmio ao amigo Télamon. Hesíona, por sua vez, resgatou o irmão Príamo, que mais tarde se tornaria rei de Troia.

(Ver Amazonas, Apolo, Ganimedes, Hércules, Hipólita, Laomedonte, Posídon, Príamo, Télamon, Teucro, Troia, Zeus)

HILAS: filho de Teiódomas, rei dos dríopes, e da Ninfa Menodice, filha de Órion. De acordo com Apolônio de Rodes, Hércules criou Hilas, cujo pai, Teiódomas, matara, enfurecido por Teiódomas ter recusado abrir mão de seu boi enquanto arava. O jovem Hilas se tornaria amante de Hércules, assim como seu companheiro no Argo quando Hércules unira-se a Jasão na busca pelo velocino de ouro. Quando os Argonautas chegaram a Mísia, Hilas partiu em busca de água. Nesse momento, uma Ninfa da água, ou Náiade, o avistou e encantou-se de imediato com sua beleza. Ela perdeu o controle e puxou-o para dentro d'água, submergindo-o, na ânsia de torná-lo seu marido. Atribulado, Hércules partiu em busca do jovem e, por fim, foi deixado para trás pelos Argonautas. De acordo com o poeta Teócrito, não apenas uma, mas várias Ninfas puxaram Hilas para água enquanto ele enchia o cântaro.

(Ver Argonautas, Hércules, Jasão, Náiades, Órion)

HIPERBÓREOS ("além do vento norte [Bóreas]"): povo mítico que se acreditava viver no extremo norte, nos limites do mundo conhecido: as montanhas do Cáucaso, ou pouco além. A vida dos hiperbóreos era feliz e paradisíaca, e desfrutavam da proximidade dos deuses, especialmente Apolo, que passava parte de cada ano em suas terras. Segundo o poeta grego Píndaro, os hiperbóreos não podiam ser alcançados nem de barco nem a pé, e o herói Perseu só chegou até eles com sandálias aladas. O poeta também escreve que eles celebravam as Musas, que dançavam e tocavam flauta e lira em homenagem às deusas; que usavam coroas de louro dourado, a planta sagrada de Apolo; e que não estavam sujeitos a doenças ou a velhice.

(Ver Apolo, Bóreas, Cáucaso, Musas, Perseu)

HIPERMNESTRA: uma das cinquenta filhas do rei Dânao, conhecidas como danaides. O que distinguiu Hipermnestra das irmãs foi que ela recusou a ordem do pai de matar o marido na noite de núpcias. Suas 49 irmãs, por outro lado, fizeram o que o pai pediu, pois seus noivos eram filhos do irmão gêmeo de Dânao, Egito, que queria as terras que Dânao governava. Em vez de acabar com a vida do marido, Linceu, Hipermnestra ajudou-o a fugir. Pela desobediência, Hipermnestra foi presa pelo pai, mas, como escreve o mitógrafo Apolodoro, mais tarde reencontrou-se com o marido. Pausânias, por outro lado, registra que ela foi a julgamento, mas absolvida pelo povo de Argos. Ela e Linceu tiveram um filho chamado Abas. A danaide Hipermnestra deve ser distinguida da filha de Téstio de mesmo nome, que se dizia ser mãe do advinho Anfiarau.

(Ver Anfiarau, Argos, Danaides, Dânao, Egito, Téstio)

LINHAGEM DE ÉDIPO

```
                    ARES + AFRODITE
                            │
                    HARMONIA + CADMO
         ┌──────────────┬────┴─────┬──────────┐
EQUÍON + AGAVE   ARISTEU + AUTÔNOE   ÁTAMAS + INO
         │                │              ┌────┴────┐
      PENTEU           ACTÉON         LEARCO   MELICERTES

              ANFIARAU + ERIFILA
         ┌────────┬────┴──────┬──────────┐
    ANFÍLOCO  ALCMÉON   DEMONASSA + TERSANDRO
```

```
IO + ZEUS
    │
   ÉPAFO + MÊNFIS
        │
       LÍBIA + POSÍDON
            │
        ┌───┴───┐
      LÉLEX   BELO
        │
TELÉFASSA + AGENOR
          │
  ┌────┬──┴──┬──────┐
TASOS FÊNIX CÍLIX EUROPA
        │              │
ZEUS + SÊMELE    POLIDORO + NICTEIDE
     │                  │
  DIONISO            LÁBDACO + ?
                          │
                        LAIO + JOCASTA
                            │
ADRASTO (1) + ANFITEA   ÉDIPO + JOCASTA
          │                     │
    ┌─────┴──┐         ┌────┬───┴──┬────────┐
 EGIALEU  ARGIA + POLINICE ETÉOCLES ISMENE ANTÍGONA
              │
         ┌────┴────┐
      ADRASTO (2) TIMEAS
```

HIPODAMIA ("domadora de cavalos"): existem inúmeras e belas heroínas com este nome. Uma era filha de Enômao, rei de Pisa, e da rainha Estérope. Talvez porque Enômao amasse a própria filha ou porque fora profetizado que seu genro o mataria, Enômao tentou evitar que Hipodamia se casasse: desafiava todos os pretendentes para uma corrida de bigas com plena confiança que venceria, já que seus cavalos, presente de Ares, eram conhecidos por serem mais rápidos do que todos os outros. Aqueles que haviam tentado, sem sucesso, ganhar a mão de Hipodamia foram mortos e tiveram as cabeças suspensas fora do palácio como aviso a outros aspirantes. Pélops, filho de Tântalo, não se intimidou e recorreu a trapaças para derrotar Enômao. Ele subornou o cocheiro de Enômao, Mírtilo, com a oferta de uma noite com Hipodamia e metade do reino de Enômao em troca da remoção do pino da roda da biga do rei (ou, de acordo com outra versão, substituindo-o por um de cera). Quando a corrida começou, uma roda soltou-se e Enômao foi lançado para a morte. Pélops, por sua vez, não honrou a promessa a Mírtilo e, em vez disso, jogou-o de um penhasco para a morte. Antes de morrer, Mírtilo amaldiçoou Pélops e seus muitos descendentes, e essa era a causa de suas desgraças. Entre os filhos que Hipodamia deu a Pélops estavam Atreu e Tiestes, ambos personagens trágicos, e Piteu, que seria avô do herói ateniense Teseu. Outra Hipodamia foi noiva do rei lápita Pirítoo, que convidou os vizinhos, os centauros, para o casamento. Quando os centauros ficaram bêbados, tentaram fugir com Hipodamia e as outras mulheres lápitas. Como resultado, uma batalha eclodiu e os centauros foram expulsos da terra.

(Ver Ares, Astérope, Atenas, Atreu, Centauros, Enômao, Lápitas, Mírtilo, Pélops, Pirítoo, Piteu, Tântalo, Teseu, Testes)

HIPÓLITA: rainha das Amazonas, tribo de mulheres guerreiras que se acreditava ter vivido no rio Termodonte, onde hoje se localiza a Turquia. No relato do mitógrafo Apolodoro sobre os trabalhos de Hércules, ele foi enviado para buscar o cinto de Hipólita, seu nono trabalho. De acordo com o poeta trágico Eurípides, o precioso cinto pertencera a Ares, era bordado a ouro e fora dado a Hipólita como símbolo de sua primazia na guerra. Porém, a filha de Euristeu, Admeta, desejava o cinto, e Hércules foi enviado para buscá-lo. O herói partiu para a terra das amazonas em navio tripulado por um grupo de camaradas. Quando Hércules e seus homens chegaram, Hipólita questionou o que procuravam e, quando mencionaram o cinto, a rainha prometeu dá-lo a Hércules. Mas a deusa Hera, sempre causando problemas ao herói, disfarçou-se de amazona e espalhou o boato de que os recém-chegados pretendiam fugir com a rainha. Alarmadas, as amazonas atacaram e, na luta, Hércules matou Hipólita. Ele voltou com o cinto para a Grécia.

(Ver Admeta, Amazonas, Ares, Euristeu, Hera, Hércules)

HIPÓLITO: conhecido pela tragédia *Hipólito*, do dramaturgo Eurípides. Era filho do rei ateniense Teseu e da rainha amazona Hipólita (ou, segundo outras versões, de Antíope). Hipólito era caçador e casto, devoto de Ártemis, fato irritante para Afrodite, que fez com que a esposa de Teseu, Fedra, se apaixonasse por Hipólito. Embora tentasse reprimir tais sentimentos impróprios, Fedra revelou-os à ama, que, por sua vez, contou a Hipólito; ele ficou horrorizado. Desprezada e com a reputação arruinada, Fedra enforcou-se após escrever uma carta acusando falsamente Hipólito de ter investido contra ela. Ao ler a nota, Teseu orou ao pai, Posídon, pedindo a morte do filho. Por isso, enquanto Hipólito conduzia a carruagem pela praia, um touro surgiu das ondas e aterrorizou seus cavalos. Hipólito foi arrastado e mortalmente ferido. Antes de dar o último suspiro, Ártemis apareceu e garantiu a Hipólito que não seria esquecido e que seria honrado pelas donzelas de Trezena em um rito de passagem.

(Ver Afrodite, Amazonas, Antíope, Ártemis, Atenas, Fedra, Hipólita, Posídon, Teseu)

HIPÔMENES: segundo o poeta Ovídio, era bisneto de Posídon e filho de Megareu, rei da Beócia. No entanto, outras fontes listam Megareu como descendente de Hipômenes e afirmam que Hipômenes era neto de Posídon. Independente da linhagem, Hipômenes tornou-se um dos muitos pretendentes da bela caçadora Atalanta. Desejando permanecer virgem como Ártemis, a deusa que mais admirava, Atalanta resistiu ao casamento o máximo possível, mas finalmente concordou em casar com quem conseguisse vencê-la na corrida. Muitos jovens tentaram e todos pagaram com a vida. No entanto, Hipômenes não se intimidou diante do perigoso desafio e orou à Afrodite por ajuda. A deusa deu-lhe três pomos de ouro e, no decorrer da corrida, os lançou um a um. Atalanta correu para recuperá-los e o último custou-lhe a corrida. Assim, Hipômenes conquistou a noiva. No entanto, na exaltação da vitória, esqueceu-se de agradecer a Afrodite pela assistência. Como punição, foi impulsionado pela luxúria a dormir com sua nova noiva em um templo da deusa Cíbele, violando-o. Cíbele, por sua vez, transformou os amantes em leões, que dali em diante puxariam sua carruagem. Em algumas versões dessa história, o protagonista não é Hipômenes, e sim o jovem arcadiano Melânion.

(Ver Afrodite, Arcádia, Atalanta, Beócia, Cíbele, Melânion, Posídon)

HIPSÍPILE: filha de Toas, rei da ilha de Lemnos. Quando as mulheres de Lemnos eliminaram a população masculina da ilha, Hipsípile poupou o pai e o escondeu, ou, como escreve o mitógrafo Higino, colocou-o secretamente em um navio que o levou para um local seguro. Um ano após o extermínio dos homens,

Jasão e os Argonautas apareceram na ilha. Hipsípile, que era a governante interina, convenceu as outras mulheres a receber os homens e a convidá-los a ficar. Embora os Argonautas não tenham permanecido, Hipsípile engravidou de Jasão e teve dois filhos. Quando as outras mulheres descobriram que o rei anterior, Toas, ainda vivia, elas o executaram. Hipsípile foi vendida como escrava a Licurgo, rei de Nemeia, onde foi serva do filho do rei.

(Ver Argonautas, Jasão, Lemnos, Licurgo, Mulheres Lemníades, Toas)

ÍASO: rei de Tégea, em Arcádia, um dos mencionados como pai da caçadora de pés velozes Atalanta. Na versão mais conhecida da história, narrada pelo poeta romano Ovídio, seu pai era Esqueneu, rei da Beócia. No entanto, para o dramaturgo Eurípides, seu pai era Mênalo.

(Ver Arcádia, Atalanta, Beócia, Esqueneu)

ÍCARO: filho mais novo do artesão Dédalo. Pai e filho foram mantidos cativos na ilha de Creta pelo rei Minos. Dédalo ansiava encontrar uma forma de escapar. No entanto, viu-se diante de uma desafio particular: Minos era senhor dos mares e da terra e, assim, o céu era a única região capaz de garantir passagem segura. Com isso em mente, Dédalo construiu asas de plumas sustentadas por cera; confeccionou um par para si e outro para o filho. Ainda que Dédalo o tenha advertido, Ícaro, instigado pela maravilhosa sensação de voar, voou muito perto do sol. A cera das asas derreteu e o menino despencou no mar que, agora, por causa dele, chama-se mar de Ícaro. O primeiro e último voo de Ícaro foi narrado pelo poeta romano Ovídio nas *Metamorfoses*.

(Ver Creta, Dédalo, Minos)

IDAS: filho do rei da Messênia e participante da caça ao javali de Cálidon e da busca de Jasão pelo velocino de ouro. De acordo com o mitógrafo Apolodoro, Idas reivindicou sua noiva por meios não convencionais. Ele sequestrou Marpessa, filha de Eveno, em carruagem alada recebida de Posídon. Eveno guiou a própria carruagem em perseguição, mas, percebendo que não seria capaz de alcançar Idas, matou seus cavalos quando chegou ao rio Licormas e, em seguida, saltou para a morte nas correntezas do rio. Marpessa fora desejada em outra ocasião por Apolo, que também perseguiu a carruagem de Idas. Quando Idas e Apolo entraram em conflito, Zeus interveio e pediu que Marpessa escolhesse um deles. Ela optou por Idas, mortal como ela, e juntos tiveram Cleópatra, que mais tarde se casaria com Meléagro.

(Ver Apolo, Cálidon, Eveno, Jasão, Marpessa, Meléagro, Messênia, Posídon, Zeus)

HERÓIS, HEROÍNAS E POVOS

ÍFICLES: meio-irmão gêmeo de Hércules. Ambos são filhos de Alcmena, mas o pai de Hércules é Zeus, e o de Íficles o marido mortal de Alcmena, Anfitrião. Hera enviou serpentes para matar Hércules no berço e Íficles ficou apavorado. No entanto, Hércules, que demonstrava bravura e força já desde bebê, estrangulou as serpentes, salvando a si mesmo e ao irmão. Íficles mais tarde participaria da caça ao javali de Cálidon e se uniria a Hércules no ataque a Troia e ao rei da cidade, Laomedonte. De acordo com o mitógrafo Apolodoro, Íficles posteriormente uniu forças a Hércules em campanha contra Esparta e foi morto no conflito.

(Ver Alcmena, Anfitrião, Cálidon, Esparta, Hera, Hércules, Laomedonte, Troia, Zeus)

IFIGÊNIA ("nascida de forte linhagem"): filha do rei Agamêmnon, de Micenas, e de Clitemnestra. É irmã de Orestes, Electra e Crisótemis. Os gregos haviam se reunido em Áulis para navegar a Troia em busca de Helena, mas não puderam zarpar devido aos ventos desfavoráveis. A condição persistiu, os homens se inquietaram e foram assolados pela fome. Quando o advinho Calcas revelou a causa do infortúnio dos gregos, Agamêmnon, o comandante, viu-se com uma escolha terrível em mãos. Ártemis causou os ventos adversos, zangada devido à morte acidental de um cervo sagrado, ato perpetrado por Agamêmnon. Assim, a única solução seria o sacrifício de Ifigênia a Ártemis. O herói colocou os interesses dos gregos acima dos da família e mandou chamar a filha, mentindo para ela e para a esposa, Clitemnestra, que Ifigênia se casaria com o jovem Aquiles em Áulis. De acordo com o dramaturgo Ésquilo, Agamêmnon sacrificou a filha, embora ela implorasse pela própria vida. No entanto, na *Ifigênia em Táurida*, de Eurípides, ela foi resgatada no último minuto por Ártemis, que substituiu Ifigênia por um cervo no altar do sacrifício. Então a deusa transportou Ifigênia para a terra bárbara de Táurida, na costa norte do mar Negro. Lá, tornou-se sacerdotisa de Ártemis. Sua tarefa específica era preparar ritualmente estrangeiros para que os tauros os sacrificassem. Mais tarde, o irmão de Ifigênia, Orestes, sob as ordens de Apolo e acompanhado do amigo Pílades, foi a Táurida em busca de uma antiga e sagrada estátua de Ártemis. Ifigênia auxiliou Orestes a proteger e a carregar a estátua para o navio com destino à Grécia. A deusa Atena apareceu e instruiu Orestes a levar a estátua para Hália, na Ática, e lá estabelecer um templo para Ártemis. Ifigênia seria levada a Brauron, onde serviria como sacerdotisa de Ártemis pelo resto de seus dias.

(Ver Agamêmnon, Aquiles, Ártemis, Atena, Ática, Áulis, Calcas, Clitemnestra, Electra [heroína], Micenas, Orestes, Pílades, Troia)

ÍFIS: jovem de origem humilde. Suas investidas cada vez mais desesperadas na princesa Anaxárete foram repetidamente rejeitadas. Assim, ele se enforcou diante de sua porta. Quando Anaxárete se inclinou na janela para assistir ao cortejo fúnebre, os deuses, atendendo ao clamor da mãe do jovem por vingança, a transformaram em pedra.

(Ver Anaxárete)

ILO: homônimo da cidade de Troia, também conhecida como Ílion (ou Ilium e Ilios). Foi supostamente o fundador da cidade. Ele era filho do rei Trós, que deu nome aos troianos, e de Calírroe ("de bela fluidez"), filha de Escamandro, o deus-rio troiano.

(Ver Escamandro, Troia, Trós)

INO: mortal que se tornou divina através da providência dos deuses. Como divindade, é conhecida como Leucoteia ("a deusa branca") e desempenhou papel importante na preservação da vida do herói Odisseu no curso da viagem de dez anos de Troia para casa. Ela presenteou-lhe com o véu que o auxiliou a boiar enquanto nadava para a ilha dos Feaces, depois de naufragar. Os relatos da vida mortal e da metamorfose de Ino são variados e, em parte, conflitantes. De forma geral, a história é a seguinte: Ino era filha de Cadmo e Harmonia, rei e rainha da cidade de Tebas. Suas irmãs eram Agave, Autônoe e Sêmele, que foi engravidada por Zeus e foi mãe de Dioniso. Após a trágica morte de Sêmele por incineração, Zeus resgatou o ainda não nascido deus e providenciou para que fosse entregue a Ino e seu marido, Átamas, rei da Beócia, para ser educado. O fato foi descoberto pela sempre ciumenta Hera, que descarregou sua ira sobre Ino e o marido, fazendo com que Átamas, em acesso de loucura, matasse o próprio filho, Learco. A temerosa Ino tomou o filho reminiscente nos braços, Melicertes, e atirou-se de um penhasco para o mar. De acordo com o poeta Ovídio, Afrodite compadeceu-se de Ino e pediu que Posídon salvasse mãe e filho, tornando-os imortais. Para o mitógrafo Higino, foi Dioniso quem a salvou, comovido pela situação da mulher que o criara. Quanto à vida mortal, Ino protagonizou diversos mitos bem conhecidos. Ao lado das irmãs, foi responsável pelo terrível esquartejamento de Penteu, filho da irmã Agave. Penteu havia se tornado governante de Tebas e, quando Dioniso (também chamado de Baco) chegou naquela terra para apresentar os ritos báquicos e seus benefícios à população, Penteu resistiu. Sua punição foi morrer pelas mãos da própria mãe e das irmãs enquanto elas estavam em transe báquico. Ino também se envolveu na saga do herói Jasão em busca pelo velocino de ouro, ainda que de forma indireta. O rei Átamas havia sido casado anteriormente (ou simultaneamente) com Néfele ("nuvem"). Sabendo que os filhos de Néfele, e não os dela, herdariam o trono da Beócia, Ino arquitetou uma estratagema para estragar o estoque de grãos do reino — segundo algumas versões, pela queima —, de modo que, quando semeados, não germinassem. As colheitas da região foram perdidas, então Átamas consultou o oráculo de Delfos em busca da solução. Ino persuadiu os mensageiros enviados ao oráculo para que mentissem: os filhos de Néfele, Frixo e Hele, deveriam ser sacrificados. Ainda que a contragosto, Átamas pretendia cumprir o designio, mas Néfele foi capaz de salvar os filhos colocando-os nas costas de um carneiro alado de pelagem de ouro. O animal deveria levá-los para longe do reino, mas apenas Frixo sobreviveu à viagem e chegou em segurança a Cólquida, nas margens do mar Negro. Os cólquidas receberam-lhe e o rei da região, Eetes, deu-lhe uma das filhas em casamento. O carneiro foi sacrificado em agradecimento e o velocino sagrado foi guardado por um dragão insone. Seria esse velocino que o herói Jasão seria enviado para buscar, tarefa que cumpriu com a ajuda da feiticeira Medeia. O poeta Nono de Panópolis conta que, em vingança pela conspiração contra os filhos de Néfele, Átamas lançou-se sobre Ino e seus filhos, matando um deles e fazendo com que Ino pulasse no mar abraçada ao outro.

(Ver Afrodite, Agave, Átamas, Autônoe, Beócia, Cadmo, Cólquida, Delfos, Dioniso, Eetes, Feaces, Frixo, Harmonia, Hele, Hera, Jasão, Leucoteia, Medeia, Néfele, Odisseu, Penteu, Posídon, Sêmele, Tebas, Zeus)

IO: filha do deus do rio Ínaco de Argos. Sua mãe era por vezes considerada uma Ninfa Oceânide. Como tantas donzelas atraentes, chamou a atenção de Zeus, que a perseguiu. Ela fugiu dos avanços do deus, mas ele a deteve e a dominou, encobrindo o local da violação com uma nuvem no intuito de ocultar a infidelidade. No entanto, a esposa de Zeus, Hera, não se deixou enganar, suspeitando que a repentina nuvem que surgira no céu limpo relacionava-se a um dos engodos do marido. Devido a aproximação de Hera, Zeus transformou Io em uma novilha branca, mas Hera, suspeitando da verdade, pediu que o animal fosse-lhe dado, favor que Zeus, naquelas circunstâncias, não pode negar. Como conta o poeta romano Ovídio, Hera convocou o monstro de cem olhos Argos para guardar Io o tempo todo. Argos deixava-a pastar à luz do dia, mas impedia-a durante a noite. A angústia causada pelo infortúnio de Io agravou-se pelo fato de que nem suas irmãs nem seu pai a reconheceram, ao menos até ela escrever seu nome na areia com o casco. Zeus não suportava mais o sofrimento de Io, então enviou Hermes para matar Argos. Ainda assim, Hera continuou perseguindo-a e enviou um moscardo atrás dela. Em um esforço para escapar do tormento, Io fugiu de continente a continente, nadando através dos mares. O Golfo Jônico e a "passagem da vaca", no Bósforo (também chamada de "pé de vaca"), por onde cruzou, são homenagens a ela. Por fim, Io conseguiu chegar ao Egito, nas margens do Nilo. Em compaixão por seu sofrimento, o Nilo implorou pela ajuda de Zeus. Ela havia retomado a forma anterior e deu à luz Epáfio, que, como a mãe (agora reverenciada como a deusa egípcia Ísis), tornou-se objeto de adoração no Egito.

(Ver Argos, Bósforo, Epáfio, Hera, Hermes, Ínaco, Oceânides, Zeus)

IÓBATES: rei da Lícia e pai de Estenebeia, esposa de Preto, rei de Argos. O herói Belerofonte hospedou-se na corte de Preto e Estenebeia se apaixonou por ele. Quando ele rejeitou seus avanços, ela acusou-se de estupro. Assim, Preto enviou Belerofonte a Ióbates, portando uma carta que o instruía a matar o herói. Ióbates atendeu ao pedido ao enviar Belerofonte para uma tarefa impossível: matar a temível Quimera. Quando Belerofonte voltou vitorioso ao palácio de Ióbates, o rei ofereceu a Belerofonte sua outra filha, Filônoe, em casamento.

(Ver Argos, Belerofonte, Lícia, Preto, Quimera)

ÍOLE: filha do rei Êurito, de Ecália. Ele afirmou que ofereceria a mão da filha em casamento àquele que o derrotasse em uma competição de arco e flecha. Hércules aceitou o desafio e venceu, mas Êurito não cumpriu a promessa. Então Hércules, mais tarde, retornou a Ecália e tomou Íole à força, tornando-a sua serva. A presença de Íole deixou a esposa de Hércules, Dejanira, enciumada. Os esforços subsequentes de Dejanira para mitigar as afeições de Hércules causaram a morte do marido.

(Ver Dejanira, Êurito, Hércules)

ÍON: ancestral homônimo dos jônios. De acordo com a peça Íon, do dramaturgo Eurípides, era enteado do rei ateniense Xuto. Sua mãe era Creúsa, filha de Erecteu, um dos lendários reis de Atenas. Creúsa engravidou do deus Apolo e abandonou o filho recém-nascido, Íon, no local de sua violação, uma caverna. A criança foi descoberta e levada ao Templo de Apolo em Delfos, onde foi criada por sacerdotes e juntou-se a eles. Quando Xuto foi a Delfos para consultar o oráculo a respeito de sua incapacidade de ter filhos, foi-lhe dito que a primeira pessoa que encontrasse ao deixar o templo seria seu filho. Íon foi a primeira pessoa que ele viu, que então declarou seu herdeiro. Ainda em Delfos, Creúsa tentou matar Íon, pois havia sido levada a acreditar que ele era filho de Xuto com uma serva, mas o reconhecimento mútuo entre mãe e filho ocorreu a tempo. Íon se tornaria rei e teria quatro filhos que, por sua vez, seriam os progenitores das quatro tribos de Atenas. O meio-irmão de Íon era Aqueu. Seus tios paternos eram Éolo e Dórico, que seriam os progenitores das quatro tribos gregas em que os helenos foram divididos: jônios, aqueus, eólios e dóricos, respectivamente.

(Ver Apolo, Atenas, Creúsa, Delfos, Éolo, Erecteu, Jônios, Xuto)

HERÓIS, HEROÍNAS E POVOS

ISMENE: filha de Édipo e Jocasta. Era irmã de Antígona, Polinice e Etéocles. Ficou conhecida pela tragédia *Antígona*, do dramaturgo Sófocles, obra em que se recusa a apoiar Antígona quando ela decide contrariar o decreto do rei tebano, Creonte, que proibia o enterro de seu irmão, Polinice. O argumento de Ismene fundamentava-se no fato de que as irmãs eram meras e fracas mulheres. Ela era o oposto de Antígona, que era corajosa e obstinada, disposta a arriscar a vida pelo que acreditava correto aos olhos dos deuses.

(Ver Antígona, Creonte, Édipo, Etéocles, Jocasta, Polinice, Tebas)

IULO: na epopeia de Virgílio, *Eneida*, Iulo era filho do herói troiano Eneias e da primeira esposa, Creúsa. Também era chamado de Ascânio e, em um contexto troiano, Ilo. O nome Iulo marcou-o como fundador da família Juliana, de Roma, que incluía Júlio César e a linhagem Juliana de imperadores.

(Ver Ascânio, Creúsa, Eneias, Roma, Troia)

ÍXION: conhecido, entre outras coisas, como o primeiro assassino ou, ainda, como o primeiro a assassinar um parente consanguíneo, tornando-se, por isso, alguém que, após a morte, estava sujeito ao castigo eterno no Mundo Inferior. Dizia-se que Íxion era filho de Ancion ou do violento Flégias, ambos reis dos lápitas, povo da Tessália e conhecido por lutar contra os centauros. Quanto aos detalhes dos pecados de Íxion, ele ficou noivo de Dia, filha de Dioneu, que prometeu mas não entregou um generoso dote. Então, quando Dioneu confiscou as valiosas éguas de Íxion como garantia, ele concordou em pagar o sogro integralmente. No entanto, em vez de realizar o pagamento, Íxion planejou uma armadilha: um fosso em chamas onde Dioneu caiu e morreu. De acordo com o historiador Diodoro Sículo, ninguém ousou absolver Íxion da culpa, mas, por fim, o próprio Zeus o fez, chegando a convidar Íxion para visitar o Monte Olimpo. Enquanto desfrutava da hospitalidade dos deuses, ele desejou Hera, e fez avanços indesejados à deusa. Quando Hera o denunciou a Zeus, o deus moldou uma réplica de Hera a partir de uma nuvem para verificar se a esposa falava a verdade. Assim, Íxion deitou-se com a falsa Hera, a mulher-nuvem chamada Néfele e engravidou-a de Centauro, o ancestral dos centauros. Pelo crime, Zeus puniu Íxion, atrelando-o a uma roda de chamas que giraria eternamente no Mundo Inferior.

(Ver Centauros, Hera, Lápitas, Mundo Inferior, Néfele [deusa], Olimpo, Zeus)

JACINTO (também Iacinto ou Iacintus): considerado filho do rei espartano Amiclas e de Diomedes, filha de Lápites, ancestral dos lápitas da Tessália. Há outras figuras que podem ser consideradas seus pais, entre elas a Musa Clio e o rei espartano Ébalo, pai de Tíndaro. Jacinto tinha extrema beleza e foi perseguido pelo deus Apolo, pelo vento oeste Zéfiro, e por Tâmiris, bardo de habilidade extraordinária que diziam ser o primeiro mortal a desejar outro homem. A versão do poeta romano Ovídio sobre o fim trágico de Jacinto é a mais conhecida: Apolo e Jacinto desfrutavam de uma pausa na caça e começaram a lançar discos. Apolo lançou o primeiro disco e, quando Jacinto curvou-se para recuperá-lo, o disco ricocheteou na sua cabeça e o matou. Pausânias conta que, com ciúmes, Zéfiro causou esse acidente com uma rajada de vento. Por ironia, Apolo, o deus da cura, não foi capaz de salvá-lo. Arrebatado pela tristeza, Apolo fez com que uma flor, o jacinto, cujas pétalas traduzem o sentido de seu luto, nascesse onde Jacinto morrera. Jacinto era adorado como um herói civilizador durante a Jacíntidas, festival celebrado em sua honra. Fontes como o historiador Heródoto e Pausânias contam que a Jacíntidas compreendia o luto ritualizado por Jacinto, assim como apresentações musicais e competições atléticas entre meninos e jovens, banquetes, danças, procissões de donzelas e a oferenda de um manto a Apolo. A tumba e o culto a Jacinto davam-se em Amicleia, próxima a Esparta.

(Ver Apolo, Clio, Esparta, Lápitas, Musas, Tâmiris, Tessália, Tíndaro, Zéfiro)

JASÃO: seu pai era Ésão, que, assim como filho do rei Tessália, Creteu, deveria ter se tornado rei de Iolco. No entanto, o meio-irmão de Ésão, Pélias, assumiu o trono. Temendo por Jasão, seu filho recém-nascido, Ésão afirmou que o bebê estava morto e, em segredo, entregou-o ao centauro Quirão para que fosse criado. Assim que Jasão atingiu a maioridade, ele decidiu reivindicar o trono. No caminho, ele chegou a um rio caudaloso, onde encontrou uma velha que queria atravessar, mas não tinha forças. A mulher, sem que Jasão soubesse, era a deusa Hera disfarçada, e ela recompensou-o tornando-se sua protetora. Enquanto Jasão a carregava sobre os ombros através do rio, ele perdeu uma sandália na correnteza. Acontece que Pélias fora alertado por uma profecia que estava destinado a perder seu reino para um estranho que um dia apareceria com apenas uma sandália. Ao colocar os olhos no estrangeiro com um pé descalço, Pélias ficou preocupado. Na esperança de livrar-se do jovem sem o matar, o rei enviou Jasão para buscar o velocino de ouro, mantido em um bosque consagrado a Ares, na terra bárbara de Cólquida. A expectativa de Pélias era que Jasão não sobrevivesse à jornada até aquela terra distante, mesmo que conseguisse colocar as mãos no Velocino. O herói reuniu uma tripulação dos homens mais destemidos que a Grécia tinha a oferecer e, em sua companhia, zarpou no navio Argo, construído especialmente para a viagem — e por isso Jasão e seus homens ficaram conhecidos como Argonautas ("marinheiros do Argo"). No caminho para Cólquida, encontraram as mulheres lemníades, as harpias e as rochas colidentes (Simplégades), sobrevivendo a todos esses desafios e também a outros perigos. Em Cólquida, o rei Eetes, relutante em abrir mão do Velocino, desafiou Jasão a realizar uma série de tarefas que tinha certeza que o jovem recém-chegado não seria capaz de completar. No entanto, com a ajuda da filha de Eetes, Medeia, feiticeira e sacerdotisa de Hécate, Jasão deu conta de tudo. Ele encilhou bois cuspidores de fogo, arou um campo e semeou dentes de dragão. Em seguida, matou os guerreiros armados que nasceram das sementes plantadas. Então Jasão apanhou o Velocino, outra vez com a ajuda de Medeia, que acalentou o dragão que o guardava até que a criatura adormecesse. Acompanhado por Medeia, Jasão retornou à Grécia. Ao longo do caminho, encontrou os Feaces, Cila e Caribdis e o gigante Talos. Na Tessália, Medeia orquestrou a morte de Pélias e, depois disso, Jasão e Medeia fugiram para Corinto, onde Jasão mais tarde tentaria conseguir a mão da filha do governante em casamento, o que teria um desfecho trágico: a morte dos filhos, da nova noiva e de Creonte, rei de Corinto. Na tragédia de Eurípedes, Medeia prediz que Jasão morreria como covarde, atingido pela madeira apodrecida do navio Argo.

(Ver Ares, Argonautas, Caribdis, Centauros, Cila, Cólquida, Corinto, Creonte, Eetes, Ésão, Feaces, Harpias, Hécate, Hera, Iolco, Medeia, Mulheres Lemníades, Pélias, Quirão, Simplégades, Talos, Tessália)

JOCASTA: filha de Meneceu, nobre tebano, e irmã de Creonte, que governaria Tebas inúmeras vezes. Jocasta fora casada com o rei tebano Laio, com quem tivera Édipo. Laio sabia da profecia que ditava que seu filho com Jocasta estava destinado a matá-lo. Então o bebê, Édipo, foi deixado para morrer nas encostas do monte Citerão. No entanto, ele foi logo encontrado e levado para Corinto e adotado pelo rei. Depois que Laio foi morto por Édipo, que não sabia quem era a vítima, Édipo conquistou o trono de Tebas ao resolver o enigma da Esfinge. Assim, se tornou o rei de Tebas e tomou Jocasta, sua mãe, como noiva. É importante ressaltar que nem Édipo nem Jocasta sabiam da verdadeira identidade de Édipo. Jocasta deu à luz quatro filhos: Etéocles, Polinice, Antígona e Ismene. Quando Jocasta descobriu a horrível verdade sobre o assassinato de Laio e o incesto, enforcou-se.

(Ver Antígona, Citerão, Corinto, Creonte, Édipo, Esfinge de Tebas, Etéocles, Ismene, Jocasta, Laio, Polinice, Tebas)

JÔNIOS: uma das quatro tribos, ou grupos, em que os gregos se dividiam. Dizia-se que os jônios eram descendentes do rei ateniense Íon e emigraram de Atenas à costa centro-oeste da Ásia Menor, que seria chamado de Jônia.

(Ver Atenas, Helena, Helenos, Íon, Jônia)

LÁBDACO: pai de Laio e avô de Édipo. Lábdaco era filho de Polidoro, o único filho de Harmonia e Cadmo, o fundador de Tebas. Era muito jovem para assumir Tebas quando Polidoro morreu, por isso, Lico, seu tio-avô, governou em seu lugar. Quando Lábdaco tornou-se rei, seu governo durou pouco, pois morreu em conflito contra os atenienses. Lico tornou-se regente outra vez, até ser morto (ou expulso da cidade) por Zeto e Anfião.

(Ver Anfião, Atenas, Cadmo, Édipo, Harmonia, Laio, Lico, Polidoro, Tebas, Zeto)

LAERTE: rei de Ítaca e, com Anticleia, teve Odisseu. Na *Odisseia* de Homero, Laerte, velho demais para ser governante, vivia em uma fazenda longe da cidade quando Odisseu voltou para Ítaca após a ausência de vinte anos. Foi nessa fazenda que se reuniram. Após o reencontro, Atena soprou força em Laerte para que lutasse ao lado do filho na batalha que se seguiu entre Odisseu e os pretendentes de Penélope.

(Ver Atena, Ítaca, Odisseu, Penélope)

LAIO: filho de Lábdaco, neto de Polidoro e bisneto de Cadmo, todos reis de Tebas. Laio era jovem demais para assumir o trono após a morte do pai, Lábdaco, por isso, foi posto sob a tutela de Lico, que governou Tebas em seu lugar. Lico foi morto por Zeto e Anfião em vingança ao mal causado a mãe dos heróis, Antíope, então Laio foi expulso da cidade, mas se refugiou na corte de Pélops, rei de Pisa. Ao ensinar Crisipo, filho de Pélops, a guiar uma carruagem, Laio apaixonou-se por ele e fugiram juntos para Tebas. Lá, Laio tornou-se rei, e seus piores problemas surgiram, em grande parte, em vingança pelo rapto de Crisipo. Casou com Jocasta e teve um filho, Édipo, abandonado, por causa da profecia de que seu próprio filho o mataria. No entanto, Édipo foi salvo, criado em Corinto e, mais tarde, matou Laio em uma encruzilhada, desconhecendo sua identidade. Então Édipo tornou-se rei de Tebas e casou com a própria mãe, Jocasta, com quem teve quatro filhos: Etéocles, Polinice, Antígona e Ismene.

(Ver Anfião, Antígona, Antíope, Cadmo, Corinto, Édipo, Etéocles, Ismene, Jocasta, Lábdaco, Lico, Pélops, Polinice, Tebas, Zeto)

LAOCOONTE: segundo o poeta romano Virgílio, Laocoonte era sacerdote de Netuno e o único dos troianos a suspeitar que o Cavalo de Troia não era oferenda à Minerva, como o traiçoeiro grego Sínon os fizera acreditar, e sim uma máquina de guerra para burlar as muralhas de Troia ou ocultar guerreiros gregos em seu interior. Ele arremessou a lança no ventre do cavalo, mas não houve qualquer som revelador. Depois de expressar sua preocupação, Laocoonte preparou um sacrifício a Posídon, mas duas enormes serpentes surgiram do mar e enrodilharam-se em torno de seus dois filhos, matando o trio. Concluída a terrível tarefa, as serpentes refugiaram-se no templo de Minerva. Os troianos, horrorizados, interpretaram erroneamente a morte de Laocoonte e dos filhos como presságio de que Laocoonte estava errado e que o cavalo era de fato um presente para Minerva. Então o puxaram para dentro da cidadela de Troia.

(Ver Minerva, Netuno, Sínon, Troia)

LAOMEDONTE: filho de Ilo, rei de Troia, e pai de Príamo, rei da cidade na época da Guerra de Troia. Também era pai de Titono, amado da deusa Eos, Hesíona e, segundo algumas versões, Ganimedes, que se tornou o copeiro de Zeus. Laomedonte ficou conhecido principalmente por ter se negado a pagar o que devia aos deuses Apolo e Posídon, que haviam trabalhado para ele por um ano; o trabalho fora a punição imposta por Zeus devido a uma tentativa de revolta ou, como escreve o mitógrafo Apolodoro, porque os deuses desejavam testemunhar em primeira mão a suposta maldade de Laomedonte. Segundo a maioria dos relatos, os dois foram contratados para construir as muralhas de Troia. Como punição pela ofensa de Laomedonte, Apolo enviou uma peste e Posídon um monstro marinho devorador de homens para assolar a região. Laomedonte descobriu, por meio do oráculo, que a solução para tais atribulações era sacrificar a filha, Hesíona, ao monstro marinho. Hércules, que estava de passagem, concordou em salvar Hesíona em troca dos cavalos imortais de Laomedonte — presente que recebera de Zeus como compensação pela perda de Ganimedes —, mas o rei recusou-se outra vez a cumprir a promessa. Hércules mais tarde retornou para atacar Troia, matar Laomedonte e tomar Hesíona. Príamo tornou-se rei de Troia.

(Ver Apolo, Eos, Ganimedes, Hércules, Hesíona, Ilo,
Posídon, Príamo, Titono, Troia, Zeus)

LÁPITAS: tribo lendária do norte da Tessália. Menciona-se que eram descendentes de Lápites, filho de Apolo e da filha de Peneu, ou de Íxion. Caso descendessem de Íxion, seriam meios-irmãos dos centauros, com quem travaram uma batalha famosa durante o casamento do rei lápita, Pirítoo. Nesse casamento, os centauros embriagaram-se e tentaram violar as mulheres lápitas. O ato de violência desencadeou um conflito que terminou com os centauros expulsos da Tessália. Os atenienses veriam a batalha entre lápitas e centauros como símbolo da luta histórica entre gregos e persas nas guerras persas.

(Ver Apolo, Centauros, Íxion, Peneu [deus], Pirítoo, Tessália)

ORIGENS DA MITOLOGIA

LATINO: rei dos povos latinos do Lácio, no centro-oeste da Itália. Segundo o poeta romano Virgílio, era filho do deus campestre Fauno e de uma Ninfa, além de bisneto de Saturno. De acordo com outras versões do mito, também era conhecido como filho de Odisseu e da feiticeira Circe, ou do filho de Odisseu, Telêmaco, e de Circe. Na *Eneida* de Virgílio, sua capital é Laurento, cidade que leva o nome de um loureiro sagrado que Latino dedicou a Apolo durante a construção da cidadela. Um enxame de abelhas voou para essa árvore, indicando que a princesa Lavínia deveria se casar com um homem vindo de além dos mares. Esse homem seria Eneias. No entanto, a rainha de Latino, Amata, opôs-se veementemente ao matrimônio. Ainda que Latino desejasse estabelecer relação pacífica com Eneias e os troianos que haviam desembarcado em sua costa, o povo de Laurento seria arrastado a um conflito que ele não seria capaz de evitar. Lavínia acabou se casando com Eneias, então Latino tornou-se um ancestral dos futuros romanos e deu nome à língua deles, o latim.

(Ver Amata, Apolo, Circe, Eneias, Fauno, Lácio, Lavínia, Odisseu, Roma, Saturno, Telêmaco)

LATINOS: povo italiano que vivia na região do Lácio. Na *Eneida* de Virgílio, Latino é seu rei, e o povo latino une-se aos troianos imigrantes liderados por Eneias, tornando-se ancestrais dos romanos.

(Ver Eneias, Lácio, Latino, Roma, Troia)

LAUSO: filho do rei etrusco Mezêncio. No decorrer da guerra travada na Itália entre os recém-chegados troianos e os latinos, Mezêncio, aliado dos latinos, foi gravemente ferido pelo troiano Eneias. Lauso corajosa e nobremente sacrificou-se para garantir a segurança do pai, protegendo-o com o escudo. Com Mezêncio em segurança, fora do campo de batalha, Lauso voltou à batalha e foi morto por Eneias, que, profundamente comovido pela devoção filial de Lauso, absteve-se de clamar-lhe a armadura como prêmio. A morte de Lauso fez com que Mezêncio, aflito, retornasse ao conflito e também fosse morto pela espada de Eneias.

(Ver Eneias, Etrúria, Latinos, Mezêncio, Troia)

LAVÍNIA: filha de Latino, rei do Lácio, e Amata. Antes da chegada de Eneias e de seus refugiados troianos a Itália, ela tivera inúmeros pretendentes. O principal era Turno, rei dos rútulos. Turno era favorecido pela mãe de Lavínia, Amata, mas Latino tomara conhecimento da profecia do oráculo do pai, Fauno, que impediria essa união. Baseado em uma sequência de presságios, no caso, no súbito aparecimento do enxame de abelhas que se instalou no loureiro sagrado de Laurento e nos cabelos de Lavínia terem entrado em combustão, Fauno profetizou a chegada de forasteiros que, unindo-se a família de Latino, iam dar-lhe descendentes de grande fama. A própria Lavínia, acrescentou Fauno, alcançaria glórias, mas causaria uma guerra contra seu povo. Logo depois disso, a batalha estourou entre troianos e latinos. Os troianos prevaleceram, então Eneias fez as pazes com os latinos, casou-se com Lavínia e fundou a cidade de Lavínio, que recebeu o nome de sua nova noiva.

(Ver Amata, Eneias, Fauno, Lácio, Latino, Latinos, Rútulos, Troia, Turno)

LEANDRO: jovem que residia em Ábidos, cidade na costa asiática do Helesponto. Estava apaixonado por Hero, que vivia em Sesto, na margem oposta. No entanto, seu amor era proibido, já que ela era sacerdotisa de Afrodite e seu serviço à deusa exigia castidade. Por isso, sob o manto da noite, Leandro cruzava a nado as águas traiçoeiras do estreito, apenas com a luz do farol de Hero de guia. Mas os amantes foram descobertos pela deusa e Leandro acabou se afogando enquanto nadava para encontrar a amada. Angustiada pela morte do amado, Hero jogou-se nas correntezas do Helesponto.

(Ver Ábidos, Afrodite, Helesponto, Hero)

LEDA: filha de Téstio, rei da Etólia, e de Eurítemis. Irmã de Alteia, mãe do herói calidônio Meléagro, e Hipermnestra, mãe do vidente Anfiarau. Leda casou-se com o rei espartano Tíndaro e, com ele, teve Clitemnestra, futura rainha de Micenas, e os gêmeos Castor e Pólux. Zeus assumiu a forma de cisne e a engravidou, gerando assim a bela Helena. Segundo algumas versões, Castor e Pólux (ou apenas Pólux) também eram filhos de Zeus.

(Ver Alteia, Anfiarau, Cálidon, Castor, Esparta, Helena, Hipermnestra, Meléagro, Micenas, Pólux, Téstio, Tíndaro, Zeus)

LEUCIPO: neto de Perseu. Era pai de Arsínoe, por vezes mencionada como a mãe do deus da cura Asclépio, e também de Febe e de Hilaira, sequestradas por Castor e Pólux (os Dióscuros), episódio conhecido como "rapto das filhas de Leucipo" ("violação das filhas de Leucipo").

(Ver Arsínoe, Asclépio, Castor, Dióscuros, Perseu, Pólux)

LICÁON: rei de Arcádia. Filho de Pelasgo, homônimo do lendário povo aborígine da Grécia, os pelasgos. Sua mãe era Melibeia, filha de Oceano, ou a Ninfa da montanha, Cilene. Com várias mulheres, Licáon teve cinquenta filhos e duas filhas, Dia e Calisto, que foi perseguida por Júpiter e transformada em urso. Licáon também sofreu metamorfose, uma história narrada pelo poeta romano Ovídio. Por desprezar os deuses e pela maldade, Licáon tornou-se símbolo do declínio moral da humanidade. Júpiter conheceu a depravação dele em primeira mão. Depois de ouvir os atos perversos que os humanos vinham praticando, Zeus decidiu ver por si mesmo: disfarçou-se de mortal e foi ao palácio de Licáon, em Arcádia. Quando souberam que um deus havia chegado, todos os presentes ofereceram orações, exceto Licáon, que zombou da devoção. Na verdade, ele planejava matar o hóspede divino durante o sono para determinar se era ou não imortal e, pior ainda, o monarca matou um dos hóspedes e serviu a carne ainda quente a Júpiter. Pelo ultraje, o deus atingiu o palácio com um raio e transformou Licáon na besta que já era: um lobo sanguinário. Com base no encontro com Licáon, Júpiter mais tarde decidiu eliminar todos os humanos com um grande dilúvio, ao qual Deucalião e Pirra sobreviveriam por milagre.

(Ver Arcádia, Calisto, Deucalião, Júpiter, Oceano [deus], Pelasgo, Pirra)

LICO: existem inúmeros personagens com o nome Lico na mitologia clássica, mas a história mais dramática gira em torno de Lico da Beócia. O irmão de Lico, Nicteu, foi nomeado governante de Tebas até que o rei legítimo, Lábdaco, atingisse a maioridade. A filha de Nicteu, Antíope, engravidou de Zeus, fugiu e refugiou-se com o rei de Sícion. A pedido do irmão, que agora era rei, Lico a resgatou e a aprisionou. Enquanto isso, os filhos recém-nascidos de Antíope, Zeto e Anfião, foram deixados no monte Citerão na expectativa de que morressem. A esposa de Lico, Dirce, tratava Antíope muito mal e, por fim, quando Antíope conseguiu escapar, tanto Lico quanto Dirce pagaram por tais crimes com suas vidas.

(Ver Antíope, Beócia, Citerão, Dirce, Lábdaco, Tebas, Zeto)

LICOMEDES: rei dos dólopes, da ilha de Ciros. A pedido de Tétis, que desejava impedir que o filho, Aquiles, fosse levado para lutar e morrer em Troia, Licomedes escondeu-o entre suas filhas. Uma delas, Deidamia, engravidou de Aquiles e deu à luz Neoptólemo. Aquiles, por sua vez, foi descoberto em Ciros por Odisseu, que o induziu a se revelar. Quando o rei ateniense Teseu chegou a Ciros, foi tratado com menos hospitalidade: de acordo com Plutarco, Licomedes viu-se atribulado com a possibilidade de Teseu tomar seu reino e atirou-o de um penhasco para a morte.

(Ver Aquiles, Ciros, Deidamia, Neoptólemo, Odisseu, Teseu, Tétis)

HERÓIS, HEROÍNAS E POVOS

LICURGO: filho de Drias (ou de Ares) e rei dos edonianos, na Trácia, tornou-se, para os deuses, a epítome do desprezo sacrílego. De acordo com Homero, quando Dioniso e sua comitiva chegaram à Trácia, Licurgo atacou-os, tentando expulsá-los. O rei atingiu-os com uma aguilhada de boi, então as amas do deus se dispersaram e, aterrorizado, Dioniso refugiou-se no mar com a deusa Tétis. Por essa afronta, os deuses cegaram Licurgo. Por outro lado, o mitógrafo Apolodoro conta história diferente. Dioniso chegou a Trácia acompanhado pelas seguidoras, as Bacantes. Assim como os sátiros que faziam parte da comitiva do deus, elas foram presas por Licurgo. O deus libertou as seguidoras cativas e, enfurecido, fez Licurgo enlouquecer. Em seu estado mental alterado, Licurgo matou o próprio filho e cortou-o em pedaços, acreditando que se tratasse de uma videira. Quando a terra da Trácia passou a sofrer de infertilidade, um oráculo declarou que Licurgo deveria ser executado. Assim, os edonianos algemaram o rei e o levaram para o monte Pangeu, onde foi morto pelos cavalos dali. O maligno Licurgo deve ser diferenciado de outros personagens menos conhecidos homônimos. Alguns deles são o rei da Nemeia, para quem a rainha lemniana, Hipsípile, foi vendida, e o rei de Arcádia, cujo filho, Anceu, juntou-se a jornada de Jasão e os Argonautas.

(Ver Anceu, Arcádia, Ares, Argonautas, Bacantes, Dioniso, Hipsípile, Jasão, Lemnos, Sátiros, Tétis, Trácia)

LINCEU: um dos cinquenta filhos de Egito e neto do rei egípcio Belo. Somente Linceu foi poupado pela esposa, Hipermnestra, quando seu pai, Dânao, instruiu as filhas a matar os maridos, os cinquenta filhos de Egito, na noite de núpcias. Linceu mais tarde sucedeu Dânao no trono de Argos e, com Hipermnestra, teve Abas, que por sua vez o sucedeu.

(Ver Abas, Argos, Belo, Egito, Hipermnestra)

LINO: famoso músico, pode ter sido originalmente a personificação do clamor ritual de lamentação *aílinos*. Com o tempo, uma mitologia complexa desenvolveu-se em torno dele. Era considerado filho de Apolo e de uma Musa, Urânia, Calíope, Terpsícore ou Euterpe, cuja linhagem o tornaria divino. No entanto, seu pai também foi identificado como Anfímaro, filho de Posídon, ou Eagro, rei trácio, e sua mãe como Psâmate, filha de Crotopo, de Argos, ou Etusa, filha de Posídon. Uma versão de sua história, contada por Pausânias, serve para explicar a conexão de Lino com a lamentação. A mãe de Lino, Psâmate, abandonou-o ainda bebê, a fim de evitar a fúria do pai por engravidar de Apolo. Na floresta, Lino foi morto pelos cães de caça de Crotopo. Por isso, Apolo vingou-se de Argos, causando um surto de peste. Como solução, as mulheres de Argos instituíram um lamento ritualizado por Lino. De acordo com outras versões, Lino foi morto por Apolo por ciúme de sua habilidade como músico; ou tornou-se professor de lira de Hércules, que o matou em um acesso de fúria por ter sido repreendido. Os lendários bardos Orfeu e Tâmiris também foram considerados alunos de Lino.

(Ver Apolo, Argos, Calíope, Euterpe, Hércules, Musas, Orfeu, Posídon, Tâmiris, Terpsícore, Trácia, Urânia)

LOTÓFAGOS: na jornada de dez anos de Troia para casa, Odisseu e seus homens chegaram à terra mítica dos Lotófagos. Odisseu designou três homens como batedores para determinar que tipo de pessoa os habitantes dali seriam. Eles foram recebidos com hospitalidade pelos lotófagos, que lhes ofereceram o doce fruto do lótus. Embora gentil, o ato de hospitalidade representava, na verdade, uma ameaça, pois aquele que provasse o lótus sentiria o desejo de permanecer ali, esquecendo dos amigos, da família e de retornar para casa. Odisseu teve de partir e levar seus homens à força. Então os gregos zarparam de imediato, para que ninguém mais fosse tentado pelo fruto sedutor. Como aconteceu em todos os lugares que Odisseu visitou, esforços foram feitos ainda na Antiguidade para identificar a terra dos lotófagos. Embora não exista consenso, o historiador grego Heródoto e outros afirmam que os lotófagos viviam na costa da Líbia. Também foi feito um esforço para identificar o lótus. O mais plausível era que fosse o *Zizíphus lotus*.

(Ver Odisseu, Troia)

MARPESSA: filha de Eveno e, por meio do pai, descendente de Ares. A bela Marpessa era cortejada por Apolo, então Idas, filho de Afareu, raptou-a em carruagem alada que havia recebido de Posídon. Eveno saltou na carruagem e saiu em perseguição. Mas ao perceber que não conseguiria alcançar Idas, Eveno, depois de chegar ao rio Licormas, abateu seus cavalos e afogou-se na correnteza. Após o acontecimento, o rio passou a ser conhecido como Eveno. Quanto a Marpessa, quando ela e Idas chegaram a Messene, Apolo tentou tomar a garota. Um conflito entre os pretendentes se seguiu, mas Zeus pôs fim a contenda, afirmando que Marpessa deveria escolher com qual se casar. Ela optou pelo mortal, Idas, porque temia que, à medida que envelhecesse, o deus pudesse abandoná-la. Com Idas, Marpessa deu à luz Cleópatra, que se tornaria a esposa de Meléagro.

(Ver Apolo, Ares, Idas, Meléagro, Posídon)

MEDEIA: filha do rei Eetes, da Cólquida, e da Oceânide Idíia. Seu avô paterno era o deus do sol, Hélio, e sua tia era a feiticeira Circe. A própria Medeia era sacerdotisa de Hécate, e habilidosa no uso de ervas mágicas, amuletos e encantamentos. Embora existam diversas versões dos eventos dramáticos de sua vida, as mais conhecidas estão nas *Argonáuticas*, do poeta Apolônio de Rodes, e na peça do poeta trágico Eurípides, *Medeia*. Jasão foi à Cólquida em busca do velocino de ouro, e as deusas Hera e Afrodite fizeram com que Medeia se apaixonasse por ele, para que o ajudasse a completar as tarefas aparentemente impossíveis que Eetes exigia em troca do velocino de ouro. Os desafios incluíam encilhar um par de touros cuspidores de fogo, arar o campo usando esses touros, semear dentes de dragão e matar os guerreiros que nasceriam da semadura, tudo no decorrer de um único dia. Medeia auxiliou Jasão, que, em sinal de gratidão, prometeu se casar com ela. Medeia deu-lhe um unguento que o protegeria das chamas dos touros e instruiu-o de como lidar com os guerreiros nascidos dos dentes de dragão — no caso, ela aconselhou-o a lançar uma pedra no meio deles, de forma que atacassem uns aos outros. Concluídas as tarefas, Medeia fez com que o temível dragão que guardava o Velocino no bosque sagrado de Ares dormisse, então acompanhou os gregos na jornada de volta à Grécia. Medeia foi perseguida pelo irmão, Apsirto, e arquitetou para emboscá-lo e matá-lo. Jasão e Medeia se casaram e foram absolvidos da culpa pelo assassinato na ilha dos Feaces. Quando, por fim, chegaram à Tessália, Pélias recusou-se a cumprir a promessa de dar o trono a Jasão, e Medeia orquestrou a punição. Ela esquartejou um carneiro idoso e depositou os pedaços no caldeirão, de onde o carneiro emergiu não apenas intacto, como também rejuvenescido. Então ela disse às filhas de Pélias que poderia fazer o mesmo por seu pai idoso. As filhas de Pélias consentiram, mas o caldeirão em que as partes de seu corpo foram depositadas não continha poção mágica. Depois de matar Pélias, Jasão e Medeia fugiram de Iolco e refugiaram-se na cidade de Corinto. Lá, Jasão noivou Glauce, a filha do rei Creonte, de Corinto. Com isso, Medeia seria banida, pois os coríntios a consideravam uma feiticeira perigosa. Furiosa pelo desprezo, Medeia causou a morte de Creonte, Glauce e dos próprios filhos. Glauce recebeu um adorno e uma capa envenenados como presentes de casamento e, quando os vestiu, sua carne entrou em combustão e se dissolveu. Creonte viu-se preso ao vestido tentando ajudar a filha. Quanto aos filhos de Medeia, matou-os com as próprias mãos. Medeia escapou dessa situação horrível na carruagem de Hélio e casou-se com o rei ateniense, Egeu. Em Atenas, ela tentou envenenar Teseu, filho de Egeu com a princesa Etra. No entanto, foi descoberta e novamente banida. Então ela voltou para a Cólquida acompanhada pelo filho de Egeu, Medo, homônimo dos medos asiáticos. Segundo algumas versões, no fim da vida, Medeia tornou-se companheira de Aquiles nas Ilhas Afortunadas.

(Ver Afrodite, Apsirto, Aquiles, Ares, Argonautas, Circe, Cólquida, Corinto, Creonte, Eetes, Egeu [herói], Etra, Feaces, Hécate, Hélio, Hera, Iolco, Jasão, Oceânides, Pélias, Teseu, Tessália)

ORIGENS DA MITOLOGIA

MÉGARA: filha de Creonte, que governou Tebas após a morte de Édipo e seus filhos. Creonte ofereceu-a como esposa a Hércules como forma de recompensar o herói por livrar Tebas do tributo aos beócios. Há várias versões sobre a morte de Mégara. Ela e Hércules tiveram três (ou cinco) filhos. De acordo com o poeta trágico Eurípides, em ataque de loucura induzido por Hera, que perseguiu Hércules ao longo da vida, ele matou Mégara e os filhos com a clava e o arco logo após completar seus doze trabalhos. Porém, o mitógrafo Apolodoro escreve que Hércules, em ataque de loucura, lançou ao fogo os próprios filhos e dois dos filhos do irmão, Íficles. Em consequência, o herói condenou a si mesmo ao exílio. Ele visitou o oráculo de Delfos para perguntar onde deveria residir. A resposta foi que ele deveria ir a Tirinto e lá servir ao rei Euristeu por doze anos, realizando os trabalhos que lhe fossem impostos. Mégara também era o nome de uma cidade da Grécia, no istmo de Corinto.

(Ver Creonte, Delfos, Édipo, Euristeu, Hera, Hércules, Íficles, Mégara [lugar], Tebas, Tirinto)

MELÂNION: Alguns autores nomeiam Melânion, e não Hipômenes, como o jovem que ganhou a mão da caçadora Atalanta depois de derrotá-la na corrida. Ele foi capaz disso porque recebeu alguns pomos de ouro de Afrodite, que usou estrategicamente para desviar Atalanta do curso.

(Ver Afrodite, Atalanta, Hipômenes)

MELÉAGRO: filho de Eneu, rei de Cálidon, cidade italiana, e de Alteia. De acordo com o mitógrafo Higino, as Parcas predisseram o destino de Meléagro já no nascimento: Cloto disse que ele seria nobre, Láquesis que ele seria corajoso, mas Átropos, contemplando uma acha ardendo na lareira, falou: "Ele viverá apenas enquanto esta acha queimar". Ao ouvir isso, sua mãe correu para o fogo, arrancou a lenha e manteve-a escondida para preservar a vida do filho. Embora Meléagro tenha se unido a Jasão e os Argonautas na busca pelo velocino de ouro, ficou conhecido pelo papel na caça ao terrível javali de Cálidon. Acontece que seu pai, Eneu, mesmo sendo devoto, de alguma forma negligenciara Ártemis ao fazer o sacrifício aos deuses em agradecimento pelos primeiros frutos da colheita. Furiosa, a deusa enviou uma besta — o chamado javali de Cálidon — para devastar a terra e seus pomares. Os homens mais fortes e bravos se reuniram para a caça, mas foi Meléagro quem matou o javali. Segundo Homero, na *Ilíada*, uma batalha eclodiu entre etólios e seus vizinhos, Curetes, todos partidários da caçada. A causa do conflito era a cabeça e o couro do javali, que constituíam os prêmios da caça. No decorrer do conflito, um dos irmãos de Alteia morreu e, furiosa com o filho, ela clamou uma maldição por sua morte. Então, magoado com a mãe, Meléagro retirou-se da luta e os Curetes ganharam terreno. A esposa de Meléagro, Cleópatra, os anciãos da cidade, o próprio pai, a mãe, as irmãs e os amigos imploraram para que voltasse ao campo de batalha e ofereceram presentes para seduzi-lo, mas sem sucesso. Foi só depois que os Curetes incendiaram a cidade que sua esposa conseguiu convencê-lo a ajudar. Autores posteriores, incluindo o poeta romano Ovídio e o mitógrafo Higino, oferecem detalhes: a donzela de pés velozes Atalanta foi quem infligiu o primeiro ferimento ao javali, permitindo que Meléagro concluísse a tarefa de matá-lo. Em reconhecimento ao fato, Meléagro presenteou Atalanta com a cabeça do javali, ação que atraiu o ressentimento dos seus tios. Uma batalha feroz se seguiu, em que Meléagro matou os irmãos da mãe. Foi dito que ele morreu na luta ou teve um fim prematuro depois que Alteia, em desespero diante da perda dos irmãos, lançou a acha fatal, há muito escondida, na lareira.

(Ver Alteia, Argonautas, Ártemis, Atalanta, Cálidon, Eneu, Jasão, Parcas)

MÊNADES: celebrantes femininas de Dioniso eram as Bacantes, também chamadas Mênades, devido ao "estado maníaco" que experimentavam quando possuídas pelo deus. Essa "mania" (advinda da palavra grega *manía*, que possui o mesmo significado) andava de mãos dadas com o êxtase das Mênades, do grego *ek-stasis* — "ficar fora de si". Na Grécia Antiga, as mulheres tinham poucas oportunidades de escapar dos deveres domésticos e a adoração a Dioniso era um escape bem-vindo. Como é retratado na peça do poeta trágico Eurípedes, *As Bacantes*, as adoradoras do deus deixavam os teares, as famílias e as casas para trás. Depois de partilhar vinho, a representação do deus, essas mulheres soltavam os cabelos, vestiam peles de corça e empunhavam tirso (cajados de erva-doce envoltos de hera) e rumavam para as montanhas a fim de dançar e entrar em comunhão com a natureza. Parte do ritual envolvia capturar e destroçar (despedaçar) pequenos animais, então comê-los crus (omofagia), outra forma de comungar com o divino, uma vez que Dioniso era um deus que representava toda vida líquida e fluidos de sustentação vital, no caso, o sangue.

(Ver Bacantes, Dioniso)

MENECEU: na mitologia clássica, existem dois heróis importantes com este nome. Um deles é pai de Creonte, que governou Tebas após a morte de Édipo e seus filhos. Ele, de acordo com o mitógrafo Higino, era descendente dos guerreiros que surgiram dos dentes de dragão que Cadmo semeara em Tebas, os chamados espartos (ou spartoi). Com a esposa, Eurídice, Creonte teve um filho também chamado Meneceu. Durante o conflito entre os filhos de Édipo, Polinice e Etéocles (e seus respectivos apoiadores), Tebas passava por um período de atribulações. Por isso, o advinho Tirésias proclamou que a cidade só poderia ser salva se esse Meneceu mais jovem fosse sacrificado a Ares. Dizia-se que o deus ainda estava furioso pelo fato de Cadmo ter matado seu dragão, cujos dentes originara os espartos, os primeiros habitantes de Tebas. Assim, Meneceu teve de morrer, pois descendia dos espartos, tanto do lado da mãe quanto do lado do pai. Creonte tentou impedir o sacrifício do filho, mas Meneceu se sacrificou, saltando das muralhas da cidade.

(Ver Ares, Cadmo, Creonte, Édipo, Etéocles, Eurídice
[heroína], Polinice, Tebas, Tirésias)

MENELAU: importante na Guerra de Troia. Irmão mais novo de Agamêmnon, rei de Micenas, o governante grego mais poderoso da época. Sendo filhos de Atreu, Menelau e Agamêmnon eram chamados de "atridas" ("filhos de Atreu"). Também eram bisnetos do malfadado Tântalo. Menelau foi um dos muitos pretendentes de Helena e os venceu depois que o pai da jovem, Tíndaro, permitiu que ela escolhesse o noivo. Em virtude do casamento com Helena, Menelau tornou-se o sucessor de Tíndaro ao trono de Esparta. Mas a sorte dele virou quando o príncipe troiano Páris chegou a Esparta. Na breve viagem que Menelau fez a Creta, Páris fugiu com Helena para Troia. Depois, Agamêmnon reuniu os melhores guerreiros da Grécia para liderá-los na empreitada militar para recuperar Helena. Na *Ilíada* de Homero, diz-se que Menelau enfrentara Páris em combate individual no intuído de encerrar a guerra que já durava dez anos, e teria o matado se a deusa Afrodite não intervisse. De acordo com a *Odisseia* de Homero, Menelau perdeu diversos navios na volta para casa, após do fim da guerra. Depois de passar um tempo no Egito, retornou a Esparta com Helena.

(Ver Afrodite, Agamêmnon, Atreu, Esparta, Helena,
Micenas, Páris, Tântalo, Tíndaro, Troia)

MÉROPE: existem várias Mérope na mitologia clássica. Uma delas (também conhecida como Aero) era filha de Enópion, rei da ilha de Quios. Quando o caçador Oríon chegou à ilha, ele pediu a mão de Mérope em casamento ou, em uma variação da história, violou-a. De acordo com o mitógrafo Apolodoro, furioso com Oríon, Enópion embebedou-o, arrancou seus olhos enquanto dormia e desovou-o na praia. Outra Mérope foi esposa do rei messeniano Cresfontes, descendente de Hércules. Após curto reinado, Cresfontes foi morto por Polifontes durante uma revolta, que então se casou com Mérope. O filho de Cresfontes, Épito, que Mérope enviara para longe tentando mantê-lo seguro durante a revolta, tentou vingar a morte do pai e quase foi morto pela mãe, que não o reconheceu no seu retorno ao reino. Mãe e filho por fim uniram-se para dar cabo de Polifontes e Épito tornou-se rei. Uma terceira Mérope, também chamada de Peribeia, foi esposa do rei corinto Pólibo e mãe adotiva de Édipo. As três heroínas não devem ser confundidas com a Ninfa plêiade, Mérope, filha do titã de segunda geração Atlas, esposa de Sísifo e mãe de Glauco, pai do herói Belerofonte.

(Ver Atlas, Belerofonte, Corinto, Édipo, Épito, Glauco, Mérope [Ninfa], Oríon, Plêiades, Polifontes, Quios, Sísifo, Titãs)

MEZÊNCIO: de acordo com a *Eneida* de Virgílio, Mezêncio era rei etrusco, muito cruel. Suas atrocidades incluíam acorrentar vivos cara a cara com cadáveres, o que garantia uma morte horrível aos torturados. Seus súditos rebelaram-se, incendiaram o palácio e mataram seus guardas. Mezêncio escapou e refugiou-se com Turno e os rutulianos, um povo latino. Mais tarde, Turno e outras tribos latinas envolveram-se em conflito contra Eneias e seu grupo de troianos, então o ímpio Mezêncio e seu filho, Lauso, enfrentaram o troiano na batalha. Lauso levou o pai ferido para um local seguro, mas o filho acabou perecendo pela espada de Eneias. Perante a morte do filho, o angustiado Mezêncio decidiu envolver-se novamente no conflito e lutou bravamente, mas também encontrou seu fim nas mãos de Eneias.

(Ver Eneias, Etrúria, Latinos, Lauso, Rútulos, Troia, Turno)

MIDAS: rei histórico da Frígia, ponto central de uma série de lendas. Filho de Górdias, que algumas fontes mencionam como o fundador da cidade de Górdio. Outros relatos citam Midas como o fundador de Górdio, afirmando que Midas deu à cidade o nome do pai. O poeta romano Ovídio escreve que, quando o velho Sileno separou-se de Dioniso e sua comitiva de sátiros e Mênades, Midas recebeu-o com hospitalidade por dez dias, então o devolveu ao deus. Em agradecimento, Dioniso concedeu a Midas tudo o que ele desejava: ele pediu que tudo o que tocasse fosse transformado em ouro. A tolice do pedido logo se tornou aparente, pois a comida e a bebida também se tornavam ouro maciço. Midas pediu perdão ao deus e foi prontamente atendido. Foi instruído a lavar as mãos no rio Pactolo, cujas águas então passaram a transformar em ouro todo o solo com que tinham contato. Mais tarde, quando Pã, tocando a flauta de junco, desafiou Apolo, com sua lira, para uma disputa musical, Midas proclamou Pã vencedor. Apolo exclamou que Midas não devia ter ouvidos humanos, então, furioso, puniu Midas dando-lhe orelhas de burro. Apenas o barbeiro de Midas sabia do segredo, pois Midas agora mantinha a cabeça coberta. Porém, com o passar do tempo, o barbeiro não conseguiu mais manter o segredo, então cavou um buraco e contou-o à terra. Desse modo, o barbeiro livrou-se do fardo do segredo, então fechou o buraco. Apesar da precaução, o segredo de Midas veio à tona, pois os juncos que cresciam no local sussurravam-no ao farfalhar ao vento.

(Ver Apolo, Dioniso, Frígia, Górdias, Mênades, Pã, rio Pactolo, Sátiros, Sileno)

MÍNIAS: povo ou tribo que, acredita-se, descende de Mínias, figura relativamente obscura mencionada em diversas tradições míticas como filho de Zeus, Posídon ou Ares, e como neto de Éolo. Os mínias viviam no norte da Beócia e a cidade de Orcômeno era o centro de seu poder, conhecidos pela grande riqueza. Como recompensa por derrotar os hostis mínias, que exigiam tributo de Tebas, o governante da cidade, Creonte, ofereceu a Hércules a filha, Mégara, em casamento. O grupo que acompanhou o herói Jasão na busca pelo velocino de ouro, os Argonautas, eram considerados mínias. Todavia, parece que apenas Jasão era, realmente, descendente de Mínias.

(Ver Ares, Argonautas, Beócia, Creonte, Éolo [herói], Hércules, Jasão, Mégara [heroína], Posídon, Tebas, Zeus)

MINOS: lendário rei de Creta, cujo poder marítimo tornou-se amplo. Governava de um palácio em Cnosso, e foi por sua causa que a civilização da Idade do Bronze (por volta de 3000 a 1150 a.C.) da ilha passou a ser chamada de Minoica. Minos era filho de Zeus e Europa, a princesa fenícia que Zeus raptou de Creta, e seus irmãos conhecidos como Radamanto, Éaco e Sarpédon. Minos sucedeu o marido mortal de Europa, Astério, no trono de Creta e, quando seu direito de governar foi questionado, afirmou que havia sido divinamente sancionado. De acordo com o mitógrafo Apolodoro, Minos provou sua proximidade com o divino afirmando que Posídon lhe concederia qualquer pedido que fizesse. Então pediu que um touro lhe fosse enviado do mar. O animal, disse, seria posteriormente sacrificado ao deus. O touro realmente apareceu, mas Minos, considerando-o belo demais para que abrisse mão, sacrificou outro em seu lugar. Por isso, Posídon puniu Minos fazendo com que a esposa do rei, Pasífae, se apaixonasse pelo touro. Tão implacável era seu desejo que ela pediu ajuda do artesão Dédalo, então residente na ilha, para criar um dispositivo — uma vaca oca de madeira — que ela poderia usar para se aproximar do touro e satisfazer seu desejo. Pasífae engravidou do touro e deu à luz o monstruoso Minotauro ("touro de Minos"), metade humano e metade touro. Minos, desejando evitar o mal que o derramamento de sangue traria, não matou o monstro. Em vez disso, instruiu Dédalo a construir um labirinto para abrigar a criatura. Minos alimentava o Minotauro enviando-lhe humanos, especificamente sete jovens e sete donzelas que exigia dos atenienses a cada nove anos em compensação pela morte do filho, Androgeu. O terceiro grupo de vítimas atenienses incluía Teseu, filho do rei de Atenas, que se comprometeu a matar o Minotauro. O herói conseguiu com a ajuda da filha de Minos, Ariadne, que se apaixonou por ele, e foi abandonada por Teseu. Suspeitando que Dédalo tinha sido, de alguma forma, cúmplice na vitória de Teseu, Minos aprisionou-o, mas ele escapou com asas de penas e cera, embora tenha perdido o jovem filho Ícaro na fuga. Minos perseguiu Dédalo até a Sicília, onde foi morto em batalha ou, segundo algumas versões, assassinado pelas filhas do rei siciliano. Após sua morte, Minos, assim como o irmão, Radamanto, teria se tornado um juiz dos mortos no Mundo Inferior.

(Ver Androgeu, Ariadne, Atena, Atenas, Cnosso, Creta, Dédalo, Éaco, Europa, Ícaro, Minotauro, Mundo Inferior, Pasífae, Posídon, Radamanto, Sarpédon, Teseu, Zeus)

MIRMÍDONES ("povo das formigas"): formigas que, a pedido de Éaco, rei de Egina, foram transformadas em pessoas. Éaco fez o pedido ao pai, Zeus, quando a população da ilha foi dizimada por uma praga. Os Mirmídones emigraram para a Tessália e, na Guerra de Troia, foram liderados por Aquiles.

(Ver Aquiles, Egina [ilha], Tessália, Troia, Zeus)

MIRRA (ou Esmirna): filha de Cíniras, rei de Chipre. Se recusava a casar com qualquer um dos muitos jovens que a perseguiam. Em vez disso, acabou arrebatada por um amor proibido, o amor do próprio pai. Segundo algumas versões, isso ocorreu por afronta que ela, ou a mãe, perpetrara contra Afrodite. Mirra tentou o suicídio, mas foi salva pela ama, que arquitetou um plano para Mirra passar a noite com o pai sob o manto da escuridão e sem o conhecimento dele. A rainha, por acaso, celebrava o festival de Hera, e Mirra deitou-se com Cíniras por várias noites. Quando Cíniras descobriu a horrível verdade, investiu a espada contra Mirra grávida. Ela fugiu e, quando estava para dar à luz, pediu aos deuses que a ajudassem, pois não se considerava adequada para habitar nem entre os vivos nem entre os mortos. Então tornou-se a árvore preciosa que ainda leva seu nome, e suas lágrimas são a resina perfumada da mirra. Depois de nove meses, a casca da árvore se partiu, então o bebê Adônis nasceu.

(Ver Adônis, Afrodite, Chipre, Cíniras, Hera)

MÍRTILO: filho de Hermes e cocheiro de Enômao, rei de Pisa, que desafiou todos os pretendentes da filha, Hipodamia, para a corrida de bigas que ele inevitavelmente venceria. Os perdedores do desafio seriam decapitados. Implacável, Pélops, filho de Tântalo, encontrou uma maneira de vencer Enômao: subornou Mírtilo com a promessa de uma noite com a noiva e metade do reino. Ele aceitou e removeu o pino de sustentação da roda da carruagem de Enômao. Assim, quando a corrida estava a todo vapor, a roda se soltou e Enômao, após ser lançado da biga, foi mortalmente ferido. Após a vitória, Pélops não honrou a promessa e lançou Mírtilo ao mar. No entanto, antes de morrer, com seu último suspiro, Mírtilo foi capaz de proferir uma maldição sobre Pélops e todos os seus descendentes.

(Ver Enômao, Hermes, Hipodamia, Pélops, Tântalo)

MULHERES LEMNÍADES: a história da ilha e das habitantes de Lemnos é vividamente contada pelo poeta grego Apolônio de Rodes na narrativa do herói Jasão em busca do velocino de ouro. Essas mulheres assassinaram todos os habitantes do sexo masculino da ilha (exceto um) no ano anterior à chegada de Jasão. Elas os massacraram por retaliação, enfurecidas pelos maridos as terem abandonado por concubinas trácias. As mulheres lemníades haviam negligenciado os ritos de Afrodite e, como punição, a deusa as tornara desagradáveis aos maridos. Quando Jasão e os Argonautas apareceram, a rainha Hipsípile insistiu que elas recebessem os recém-chegados a fim de restabelecer a população e de ajudá-las a se defender de saqueadores. Os Argonautas gostaram da hospitalidade das mulheres, mas não ficaram na ilha. Mais tarde, as mulheres lemníades descobririam que Hipsípile havia poupado o pai, Toas, antigo rei da ilha, e por isso mataram Toas e venderam Hipsípile como escrava.

(Ver Afrodite, Argonautas, Hipsípile, Jasão, Toas, Trácia)

NARCISO: belo jovem filho da Ninfa Náiade Liríope e do deus-rio Cefiso, que a violara. De acordo com o poeta romano Ovídio, Liríope consultou o vidente Tirésias para saber por quanto tempo seu filho viveria, e ele respondeu que Narciso ia viver até que conhecesse a si mesmo. Esse autoconhecimento veio aos dezesseis anos, quando, adorado por donzelas e jovens, ignorando os avanços de todos, incluindo os da Ninfa Eco, que definhou de amor e tornou-se nada além de uma voz desencarnada e ecoante. Como punição pelo desprezo arrogante que Narciso destinava a todos que o desejavam, a deusa Nêmesis fez com que se apaixonasse por si mesmo, o que ocorreu quando ele avistou o próprio reflexo no lago. Sem saber que era o próprio rosto que via refletido, tentou em vão tocar e beijar a aparição. Assim como Eco, também definhou e não deixou vestígio de seu antigo eu, exceto a flor que leva seu nome.

(Ver Cefiso [deus e lugar], Eco, Náiades, Nêmesis, Tirésias)

NAUSÍCAA: filha do rei feácio, Alcínoo, e de Areté. Quando Odisseu foi levado às margens da Esquéria, Nausícaa estava lá, pois a deusa Atena, que fez todo o possível para ajudar Odisseu, a inspirara a ir à praia naquele exato momento. Nausícaa, que claramente via Odisseu como um pretendente em potencial, encaminhou-o ao palácio do pai, onde foi recebido com hospitalidade. Alcínoo ofereceu a mão de Nausícaa em casamento a Odisseu, que declinou da oferta sem ofendê-la, revelando que já era casado.

(Ver Alcínoo, Areté, Atena, Esquéria, Feaces, Nausícaa, Odisseu)

NÉFELE: primeira esposa de Átamas, rei da Beócia, e mãe de dois filhos, Frixo e Hele. A segunda esposa de Átamas, Ino, ressentia-se dos filhos de Néfele, pois seriam os herdeiros de Átamas, e não seus filhos. Ino, portanto, arquitetou para convencer Átamas a matar os filhos da primeira esposa. No entanto, Néfele foi capaz de resgatar os filhos enviando um carneiro alado de ouro para levá-los a um local seguro. Frixo foi finalmente levado para Cólquida, no mar Negro, mas Hele despencou e morreu. A heroína Néfele foi confundida por alguns autores antigos com a deusa das nuvens, Néfele, que Zeus criou para enganar o pecador Íxion.

(Ver Átamas, Beócia, Cólquida, Frixo, Hele, Íxion, Néfele [deusa], Zeus)

NELEU: filho de Tiro e Posídon. Ele e o irmão, Pélias, foram abandonados pela mãe na infância e, mais tarde, quando reunidos, mataram a madrasta perversa. Depois, por desentendimento entre os dois, Neleu deixou a Tessália e rumou para o Peloponeso, onde se tornou rei de Pilos, cidade que, segundo o mitógrafo Apolodoro, ele fundou. Neleu casou com Clóris, filha de Anfião, e juntos tiveram uma filha e doze filhos, entre eles Nestor, o famoso rei de Pilos. Com o passar do tempo, Neleu envolveu-se com Hércules. O herói procurou-o na esperança de ser absolvido do assassinato de Ifito, irmão de Íole, que Hércules havia, sem sucesso, pedido em casamento. Hércules matou Neleu e onze dos filhos, deixando Nestor como herdeiro do trono de Pilos.

(Ver Anfião, Hércules, Íole, Nestor, Pélias, Pilos, Posídon, Tessália, Tiro, Troia)

NEOPTÓLEMO ("jovem lutador"): filho do herói grego Aquiles e de Deidamia, filha de Licomedes, rei da ilha de Ciros. Neoptólemo foi concebido enquanto Aquiles estava escondido na ilha de Ciros entre as filhas do rei, pois sua mãe, Tétis, queria evitar que fosse enviado para lutar em Troia. No décimo ano da guerra, a morte de Aquiles fez com que as chances dos gregos de tomar a cidade diminuíssem consideravelmente. O profeta troiano Heleno revelou que Troia só cairia se os gregos buscassem Neoptólemo e Filoctetes, abandonado na ilha de Lemnos. De acordo com o dramaturgo trágico Sófocles, Neoptólemo e Odisseu foram enviados para persuadir Filoctetes a se juntar aos gregos. Neoptólemo lutou bravamente em Troia, mas também foi implacável e cruel. Foi um dos gregos escondido dentro do Cavalo de Troia e, uma vez dentro das muralhas, ateou fogo a cidade. De acordo com o poeta romano Virgílio, ele também matou o rei Príamo, que havia se refugiado no altar de Zeus — um ato sacrílego. Além disso, também foi Neoptólemo (ou Odisseu) quem sacrificou a filha de Príamo, Políxena, ao fantasma de Aquiles. Além disso, ele, ou Odisseu, teria lançado Astíanax, filho do príncipe de Troia, Heitor, das muralhas da cidade. A esposa de Heitor, Andrômaca, por sua vez, foi dada a Neoptólemo como serva. Segundo algumas versões, Neoptólemo deu Andrômaca ao advinho de Troia, Heleno, depois que ele se casou com Hermíone, filha do rei espartano, Menelau, e de Helena. Em relato sobre o fim de sua vida, o poeta trágico Eurípides escreve que foi Orestes, filho do rei micênico Agamêmnon, que mandou matar Neoptólemo enquanto ele estava em Delfos, uma vez que também lhe havia sido prometida a mão de Hermíone em casamento.

(Ver Agamêmnon, Andrômaca, Aquiles, Astíanax, Ciros, Deidamia, Delfos, Esparta, Filoctetes, Heitor, Helena, Heleno, Hermíone, Lemnos, Licomedes, Menelau, Micenas, Odisseu, Orestes, Políxena, Príamo, Troia, Zeus)

NESTOR: um dos doze filhos de Neleu, rei de Pilos, e de Clóris, filha de Anfião. Nestor sucedeu o pai no trono de Pilos e governou por três gerações. Na juventude, foi guerreiro habilidoso e enfrentou inimigos tão diversos como Hércules e os centauros. Já idoso, liderou um contingente de noventa navios para Troia, onde foi fonte de bons conselhos aos gregos. Nestor sobreviveu ao combate e acolheu o filho de Odisseu, Telêmaco, quando ele viajou para Pilos no intuito de reunir informações sobre o pai.

(Ver Anfião, Centauros [os], Hércules, Neleu, Odisseu, Pilos, Telêmaco, Troia)

NÍOBE: filha de Tântalo, rei da Lídia, e esposa do rei tebano Anfião, cogovernante com o irmão, Zeto. Foi abençoada com ancestralidade distinta, status social e beleza e, além disso, teve filhos em abundância. Homero cita doze, mas de acordo com Ovídio, seriam quatorze, metade homens e metade mulheres. Essa profusão de bênçãos a levou a proclamar publicamente que era mais digna de adoração do que Leto, mãe dos gêmeos divinos Ártemis e Apolo, já que aquela deusa tinha apenas dois filhos. Pelo insulto, Leto (a Latona romana), ofendida, pediu ajuda aos filhos. Armados de arco e flecha, eles mataram todos os filhos de Níobe. Anfião, em luto, tirou a própria vida, e Níobe, no extremo da dor, transformou-se em pedra, tornando-se "a rocha que para sempre pranteia" do monte Sípilo, na Lídia.

(Ver Anfião, Apolo, Ártemis, Leto, Lídia, Tântalo, Tebas, Zeto)

NISO: filho de Pandíon, lendário rei de Atenas que, durante o exílio em Mégara, gerou Niso. Pandíon, no fim das contas, tornou-se governante de Mégara, e Niso o sucedeu. Pelo rei Minos, de Creta, ter interesse em Atenas, governada pelo irmão de Niso, Egeu, ou por outra razão, as forças de Minos atacaram Mégara. Cila, a filha de Niso, assistia ao conflito e, avistando Minos, o comandante inimigo, apaixonou-se instantaneamente, e planejou conquistar o coração de Minos presenteando-o com a mecha roxa que o pai tinha no cabelo, que, caso cortada, acabaria com a invencibilidade do reino. Sob o manto da noite, Cila cortou a mecha de Niso e a ofereceu a Minos, que viu-se horrorizado e, por isso, desprezou-a. Cila mergulhou no mar e perseguiu o navio de Minos, mas Niso, que se tornara águia-pesqueira (ou águia do mar), impediu-a de subir a bordo com rasantes ameaçadores. O destino de Cila é descrito ora como afogamento ora como transformação em ave marinha ou peixe. Outro Niso aparece na *Eneida*, de Virgílio, como o amigo devoto do belo e jovem guerreiro Euríalo. De acordo com o escritor, esse Niso era filho de Hirtaco e da Ninfa Ida, e acompanhou Eneias na fuga de Troia. Na guerra entre Eneias e os rútulos, ele e Euríalo ofereceram-se para, à noite, avançar além do acampamento troiano sitiado em busca do herói. Conforme avançavam, derrotavam vários inimigos, mas Euríalo cometeu um erro fatal e juvenil: despiu a armadura de um capitão inimigo e o brilho do capacete o denunciou. Euríalo foi levado cativo e, embora Niso tenha sacrificado a vida para salvá-lo, ambos morreram.

(Ver Atenas, Cila [heroína], Creta, Egeu [herói], Eneias, Euríalo, Mégara [lugar], Minos, Pandíon, Rútulos, Troia)

NUMA: Numa Pompílio foi o segundo dos sete reis lendários de Roma e o sucessor de Rômulo. Os detalhes de sua vida e realizações foram registrados pelo historiador Tito Lívio e pelo biógrafo Plutarco. Segundo o mito, ele nasceu na cidade de Curas, no território dos sabinos, na Itália. Seu aniversário, dizia-se, coincidia com a data da fundação de Roma: 21 de abril do ano 753 a.C. Numa casou-se com Tácia, filha de Tito Tácio, rei dos sabinos, e gozou da reputação de ser profundamente versado, mesmo em tenra idade, nas leis divinas e humanas. Os senadores de Roma então o convidaram a governar, honra que aceitou somente depois que, a pedido seu, um presságio do próprio Júpiter assegurou-lhe o direito ao poder. Numa foi lembrado não apenas pela era de paz que proporcionou a Roma, como também, e principalmente, pelo estabelecimento da lei sagrada romana e do culto do Estado. Reconhecendo que a instituição de práticas religiosas, sacerdócios, festivais e outras cerimônias poderia ser recebida com resistência por parte de quem não entendia seu valor, Numa concebeu a história que afirmava que seus esforços baseavam-se em ordens diretas dos próprios deuses: espalhou o boato de que se encontrava após o anoitecer com a deusa Egeria, e que ela o havia instruído sobre o estabelecimento dos ritos e sacerdócios mais apropriados para cada um dos deuses. Após um reinado de 43 anos, Numa foi enterrado no Janículo, uma das sete colinas de Roma.

(Ver Egeria, Roma, Rômulo, Sabinos)

ODISSEU (ou Ulisses): filho do rei de Ítaca, Laerte, e de Anticleia. Sucedeu o pai no trono de Ítaca quando Laerte se afastou devido à velhice. Sua esposa é Penélope, filha de Icário, com quem teve Telêmaco. Odisseu, um dos pretendentes de Helena, viu-se obrigado por juramento a se juntar ao enorme contingente grego que zarpou para Troia. Ele levou consigo doze navios de guerreiros. Odisseu desempenhou papel significativo na Guerra de Troia, que durou dez anos. Entre outras coisas, tentou negociar a paz; uniu-se à comitiva para convencer Aquiles a voltar à luta depois que ele, por causa de grave insulto, se retirara; espionou os troianos e seus aliados; e, além de derrotar incontáveis inimigos, tomou cativo um espião de Troia. Depois que Aquiles, que por fim retornou à guerra, foi morto pelo príncipe troiano, Páris, Odisseu e o Ájax Telamônio recuperaram seu corpo. Os dois posteriormente disputaram a armadura de Aquiles. Odisseu prevaleceu. Famoso pela astúcia, Odisseu foi creditado por conceber o estratagema do Cavalo de Troia para entrar na cidade e por capturar o vidente de Troia, Heleno. O advinho revelou que a cidade não cairia a menos que os gregos buscassem Filoctetes na ilha de Lemnos; que trouxessem Neoptólemo, filho de Aquiles, para lutar em Troia; e obtivessem a estátua sagrada de Atena (o Paládio), alojada em um templo de Troia. Diomedes auxiliou Odisseu a roubar o Paládio, e foi devido à fúria da deusa pelo roubo que tantos gregos morreram no caminho de volta para casa. Depois de zarpar de Troia, onde Odisseu (ou Neoptólemo) sacrificou a princesa troiana Políxena ao fantasma de Aquiles, Odisseu passou mais dez anos tentando voltar. Sua jornada, narrada na *Odisseia* de Homero, levou-o a terras distantes, onde enfrentou uma série de desafios, todos superados por seu poder de adaptação, pela engenhosidade e pela perseverança. No curso da jornada, teve de lidar com os perigos decorrentes de encontros com os cícones, cuja cidade seus homens saquearam; os excessivamente hospitaleiros lotófagos; o ciclope Polifemo; a ilha de Éolo, Senhor dos Ventos; os canibais lestrigões; a feiticeira Circe; a terra dos mortos; as letais mas eufônicas sereias; o terrível monstro Cila e o redemoinho Caríbdis; o gado de Hélio; e a sedutora deusa da terra, Calipso. Quando chegou à ilha de Calipso, Odisseu estava sozinho, pois todos os seus companheiros haviam morrido. Com a ajuda de Calipso e da deusa Ino, Odisseu chegou em segurança a ilha dos bondosos feaces, que o levaram para casa, em Ítaca. Lá, enfrentou ainda mais desafios, pois em sua longa ausência um grupo de jovens rudes se estabelecera em seu palácio, no intuito de ganhar a mão de Penélope. Com a notável exceção do pastor de porcos, Eumeu, e da ama Euricleia, todos os seus servos haviam transferido a lealdade aos pretendentes. Com a ajuda de Eumeu e do filho, Telêmaco, Odisseu matou os pretendentes, começando pelo pior deles, Antínoo. Só então Odisseu revelou-se a Penélope e ao pai, que se uniram a ele na batalha contra os habitantes da cidade, enfurecidos devido à morte dos filhos. Com a ajuda de Atena, a ordem foi restabelecida, e Odisseu voltou a governar Ítaca. Na *Odisseia*, foi profetizado que Odisseu terminaria seus dias no mar depois de vagar por terra e fazer sacrifícios a Posídon, mas outra versão falava de sua morte nas mãos de Telégono, seu filho com a feiticeira Circe. Embora fosse um personagem heroico e positivo na versão homérica, Odisseu passou a ser apresentado sob luz menos lisonjeira por autores posteriores, para quem sua inteligência tornou-se um meio de traição. Foi nesse contexto, como na peça *Filoctetes*, de Sófocles, que foi mencionado como filho de Sísifo, não de Laerte.

(Ver Ájax Telamônio, Antínoo, Aquiles, Atena, Calipso, Caribdis, Ciclopes, Cila, Circe, Diomedes, Éolo, Eumeu, Euricleia, Feaces, Filoctetes, Helena, Heleno, Hélio, Ino, Ítaca, Laerte, Lestrigões, Lotófagos, Neoptólemo, Penélope, Polifemo, Posídon, Sereias, Sísifo, Télamon, Telêmaco, Troia)

ÔNFALE: rainha mítica da Lídia. Segundo o historiador Diodoro Sículo, Hércules assassinou Ifito, irmão de Íole, de quem havia pedido a mão em casamento. Então o herói foi acometido por uma doença sem cura. Ele consultou o oráculo de Apolo e foi instruído a vender-se como escravo e a dar o pagamento da venda aos filhos de Ifito. Hércules foi vendido a Ônfale e serviu-a fielmente, livrando a terra dos cercopes, que eram ladrões e malfeitores, matando alguns deles e levando outros cativos. Também matou Sileu, que obrigava transeuntes a capinar seus vinhedos com a própria enxada. E depois de pilhar a cidade do saqueador Itoni, escravizou seus habitantes. Encantada, Ônfale libertou Hércules das obrigações e teve com ele um filho, Lamos.

(Ver Apolo, Hércules, Íole, Lídia)

ORESTES: filho de Agamêmnon, rei de Micenas, e de Clitemnestra. Irmão de Ifigênia, Electra e Crisótemis, sua história dramática, que variava a cada narrativa, encontra-se no cerne das peças escritas pelos três grandes dramaturgos atenienses: Ésquilo, Sófocles e Eurípides. Depois que Agamêmnon partiu para Troia e Clitemnestra tomou Egisto como amante, o bebê Orestes foi enviado à corte do rei Estrófio, de Fócida, para sua própria segurança. Após ausência de dez anos lutando na Guerra de Troia, Agamêmnon voltou a Micenas e foi assassinado por Clitemnestra. Então Orestes consultou o oráculo de Apolo, em Delfos, e foi instruído pelo deus a ir a Micenas e vingar a morte do pai. Acompanhado do amigo fócita, Pílades, Orestes voltou a Micenas e, segundo algumas versões, com o apoio da irmã, matou Clitemnestra e Egisto. Como consequência desses assassinatos, Orestes foi implacavelmente perseguido pelas Erínias ("espíritos da vingança") até que fosse

LINHAGEM DE TROIA

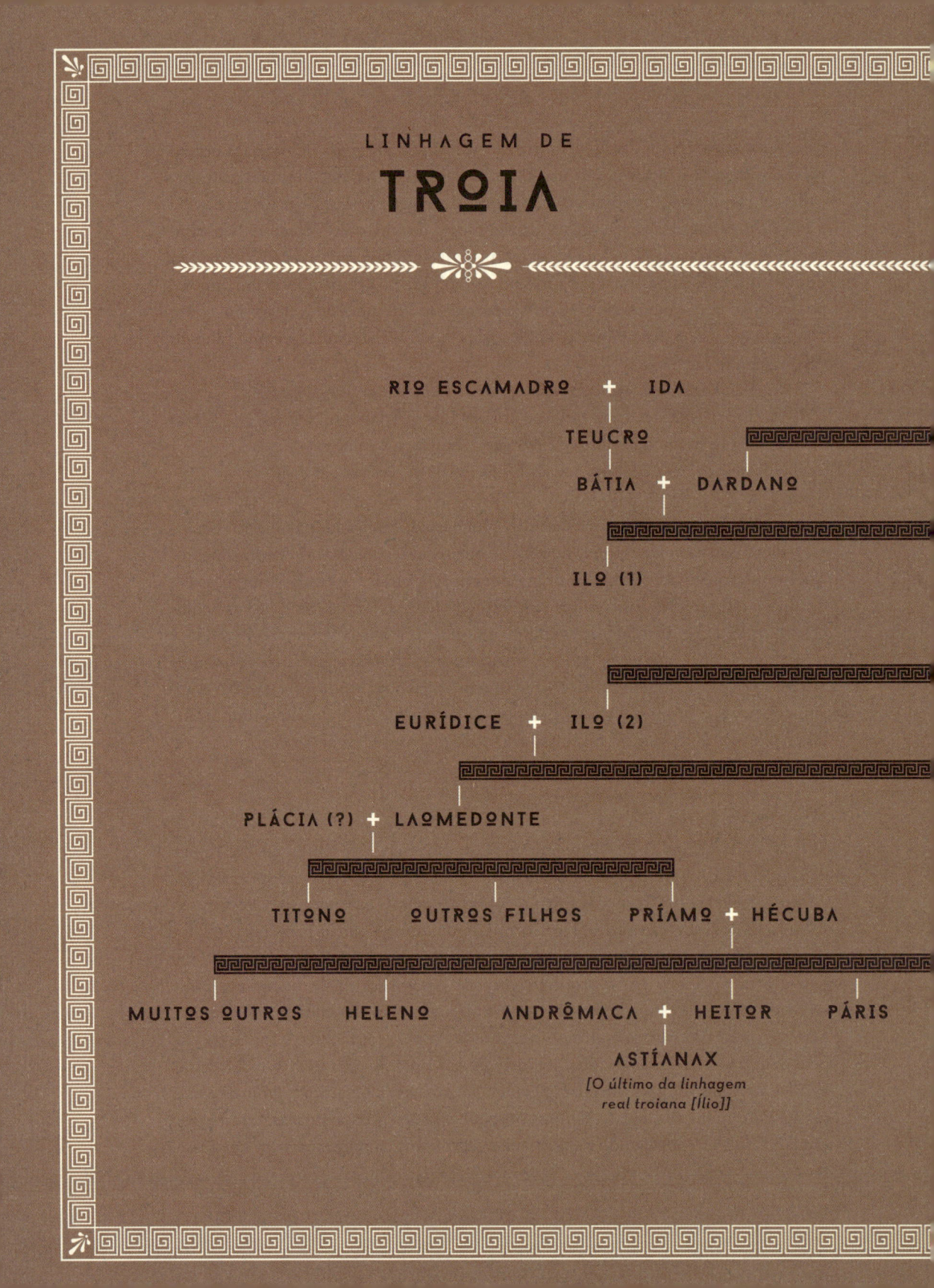

RIO ESCAMADRO + IDA
│
TEUCRO

BÁTIA + DARDANO
│
ILO (1)

EURÍDICE + ILO (2)

PLÁCIA (?) + LAOMEDONTE

TITONO   OUTROS FILHOS   PRÍAMO + HÉCUBA

MUITOS OUTROS   HELENO   ANDRÔMACA + HEITOR   PÁRIS

ASTÍANAX
[O último da linhagem real troiana [Ílio]]

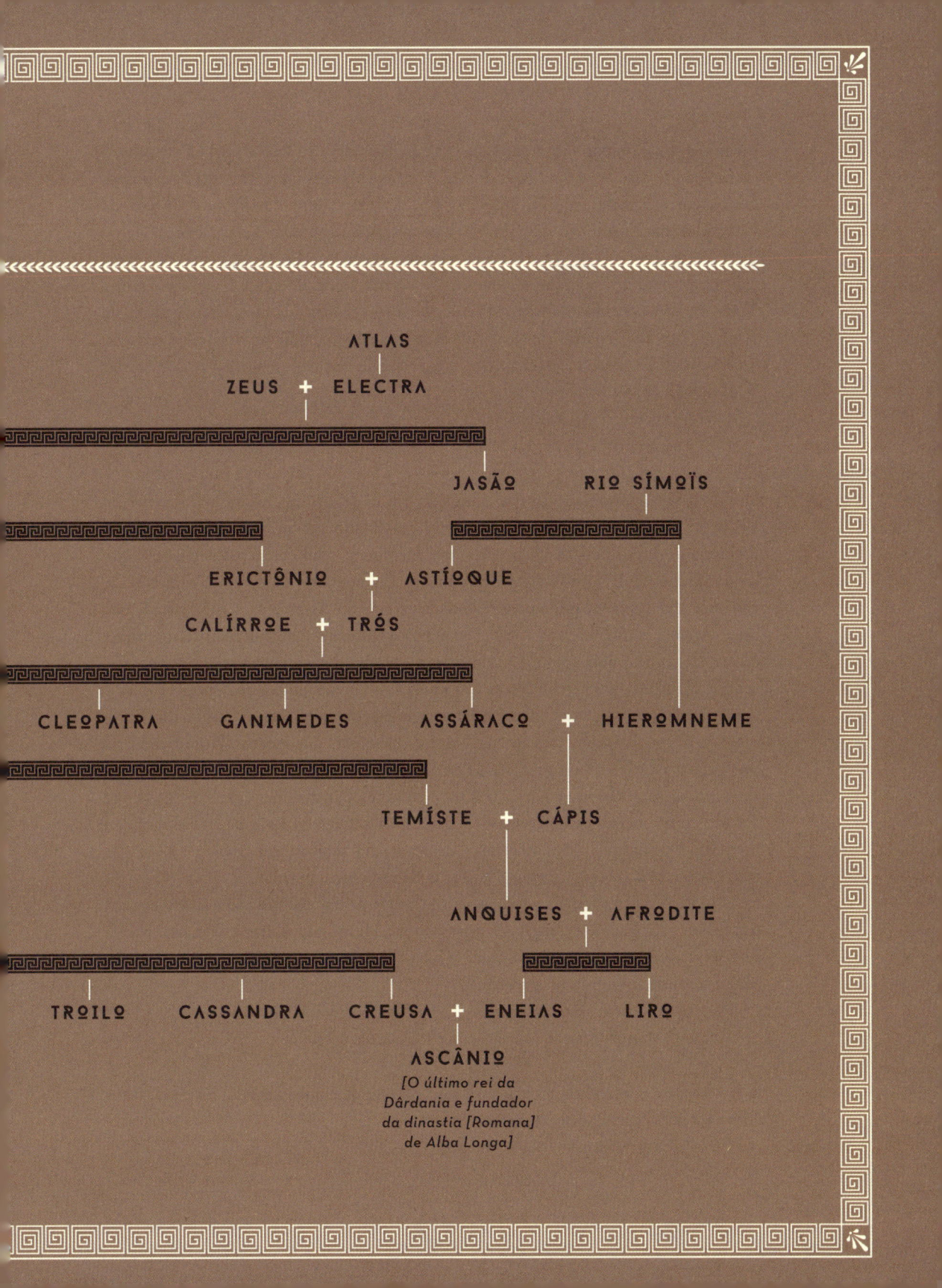

```
                                ATLAS
                ZEUS  +  ELECTRA
                              │
                          JASÃO        RIO SÍMOÏS
                                          │
              ERICTÔNIO  +  ASTÍOQUE
              CALÍRROE  +  TRÓS
                              │
CLEOPATRA   GANIMEDES   ASSÁRACO  +  HIEROMNEME
                                          │
                          TEMÍSTE  +  CÁPIS
                                          │
                          ANQUISES  +  AFRODITE
                                          │
TROILO   CASSANDRA   CREUSA  +  ENEIAS   LIRO
                              │
                          ASCÂNIO
                    [O último rei da
                    Dárdania e fundador
                    da dinastia (Romana)
                    de Alba Longa]
```

julgado por assassinato em Atenas, no tribunal sagrado do Areópago. Lá, de acordo com Ésquilo, a deusa Atena o perdoou e pacificou as Erínias, tornando-as espíritos bons, agora chamados de Eumênides. Outra versão, tema da *Ifigênia em Táuris*, de Eurípides, narra que Orestes, devido à perseguição implacável das Erínias, viajou para a terra bárbara de Táurida sob o comando de Apolo. Lá deveria obter uma estátua de madeira sagrada de Ártemis que havia caído do céu e levá-la a Atenas. Mais uma vez acompanhado por Pílades, Orestes cumpriu a tarefa com a ajuda de Ifigênia, que se tornara sacerdotisa de Ártemis em Táurida depois de ser salva do sacrifício humano pela deusa a quem agora servia. Orestes acabaria por se tornar o rei de Micenas e também de Esparta.

(Ver Agamêmnon, Apolo, Atenas, Clitemnestra, Crisótemis, Delfos, Egisto, Electra [heroína], Erínias, Esparta, Eumênides, Ifigênia, Micenas, Pílades, Táuris, Troia.)

ORFEU:
renomado cantor e músico. Filho da Musa Calíope e do rei trácio Eagro ou, ainda, de Apolo, que dizem ter lhe ensinado a tocar lira. Orfeu participou da busca de Jasão pelo velocino de ouro, mas ficou conhecido pelos eventos que levaram à perda da esposa e a própria morte. Orfeu casou-se com a Ninfa Náiade Eurídice, que foi perseguida pela divindade campestre Aristeu e, na fuga, picada por uma serpente, o que foi fatal. Orfeu, arrasado, seguiu-a até o Mundo Inferior, onde, de acordo com o poeta romano Ovídio, levou Hades, Prosérpina e todos os pecadores que lá residiam às lágrimas com sua música. Os governantes do Mundo Inferior concederam um indulto a Orfeu: poderia levar Eurídice de volta ao mundo dos vivos, mas não devia olhar para trás até que emergisse da terra dos mortos. Dominado pela preocupação, Orfeu olhou para trás e Eurídice foi novamente tirada dele. Agora Orfeu via-se inconsolável e vagava pela terra lamentando, cativando animais, pedras e até árvores com canções melancólicas. Ele lamentou por três anos e permaneceu fiel à memória de Eurídice. Mas ao rejeitar seus avanços, irritou um grupo de Mênades trácias que então o esquartejou. Os restos de seu corpo permaneceram no local do assassinato, exceto a cabeça, que ainda cantava, e a lira, que ressoava. A cabeça e a lira foram carregadas ao longo das águas do rio Hebro até o mar e, por fim, para a ilha de Lesbos, lar de poetas inspirados. E o espírito de Orfeu seguiu para o Mundo Inferior, onde se reuniu com Eurídice.

(Ver Apolo, Aristeu, Calíope, Eurídice [Ninfa], Hades [deus], Hebro, Jasão, Mênades, Mundo Inferior, Musas, Náiades, Prosérpina, Trácia)

ORÍON:
notável caçador de tamanho enorme que, após a morte, foi elevado aos céus para se tornar a constelação homônima.

(Ver Oríon [prodígios])

ORITIA (ou Ōreithyia): para Homero, uma Ninfa nereida, mas mais comumente conhecida como filha do rei ateniense, Erecteu, e de Praxíteia. Oritia chamou a atenção de Bóreas, deus do vento norte, enquanto dançava ao longo das margens do rio Ilisos, e ele a sequestrou. Oritia teve vários filhos com ele, entre eles os irmãos alados Zetes e Calais, que se uniriam ao herói Jasão na busca pelo velocino de ouro.

(Ver Atenas, Bóreas, Calais, Erecteu, Jasão, Nereidas, Ilisos, Zetes)

PALANTE: existem inúmeros personagens com este nome na mitologia clássica, entre eles um titã e um gigante. O mais conhecido herói humano com esse nome aparece no épico de Virgílio, *Eneida*, filho do rei Evandro, de Arcádia, que fundou a cidade de Palanteu no local que mais tarde seria conhecido como o monte Palatino de Roma. Evandro foi um importante aliado de Eneias depois que ele chegou à Itália e deparou-se com a resistência dos italianos nativos. Evandro confiou a Eneias seu querido filho, Palante. Todavia, o príncipe rutuliano Turno assassinou Palante, o que fez com que Eneias não poupasse Turno no fim do épico, matando-o brutalmente e afirmando que sua morte era um sacrifício a Palante.

(Ver Arcádia, Eneias, Evandro, Gigantes, Palante [deusa], Roma, Rútulos, Titãs, Troia, Turno)

PALINURO: refugiado troiano que acompanhou Eneias na fuga para a Itália. Palinuro, no entanto, encontrou um fim trágico nas costas italianas. Dominado pelo deus Somno ("sono"), Palinuro, o timoneiro de Eneias, caiu ao mar e, após se lavar na costa, foi atacado e morto pelos locais. Eneias encontrou seu fantasma no Mundo Inferior, nas margens do rio Estige, que não pôde cruzar porque não havia recebido um enterro adequado. Sibila, que acompanhou Eneias, dissipou as preocupações de Palinuro, dizendo-lhe que receberia o sepultamento no devido tempo e que uma formação de terra na costa oeste da Itália seria chamada de Cabo Palinuro em sua homenagem.

(Ver Eneias, Estige [lugar], Mundo Inferior, Sibila de Cumas, Somno, Troia)

PÂNDARO: filho do rei arcadiano Licáon, homem com tendências selvagens transformado em lobo. Pândaro foi aliado dos troianos na Guerra de Troia e, por intervenção de Atena, rompeu a trégua estabelecida entre gregos e troianos ao ferir o rei espartano Menelau com uma flecha. As hostilidades recomeçaram e Pândaro acabou morto pelo herói grego Diomedes.

(Ver Arcádia, Atena, Diomedes, Licáon, Menelau, Troia)

PANDORA: seu nome significa "a que tudo dá", e foi, de acordo com o poeta grego Hesíodo, a primeira mulher. Feita de terra e água pelo deus Hefesto sob a instrução de Zeus, foi criada como vingança por Prometeu ter auxiliado a humanidade. Prometeu roubou o fogo dos deuses, e enganou Zeus para que aceitasse a menor porção de um animal de sacrifício em dada ocasião, quando os humanos haviam feito uma oferenda aos deuses. Os deuses deram presentes a Pandora: Atena a ensinou a tecer e a vestiu com roupas acetinadas; Afrodite deu-lhe graça e beleza; as Graças e Persuasão (Peitho) deram-lhe colares de ouro; e as Horas (Horae) a coroaram com flores. No entanto, Hermes tornou-a desavergonhada e enganadora e deu-lhe o poder da fala. Pandora não foi oferecida a Prometeu, que, fiel ao seu nome ("presciência"), teria avistado problemas vindouros, e sim ao irmão, Epimeteu, "imprevidência", que apossou-se dela. Então ela abriu um baú que fora instruída a não abrir. Inúmeras coisas voaram para fora do baú, diversas bênçãos para a humanidade, mas também tristeza, doença e todas as formas de sofrimento que os humanos até então não conheciam. No baú restou somente a esperança.

(Ver Afrodite, Atenas, Epimeteu, Graças, Hefesto, Hermes, Prometeu, Zeus)

PÁRIS: também conhecido como Páris Alexandre ou só Alexandre (ou Alexandros, "ajudante dos homens"). Filho de Príamo, rei de Troia, e de Hécuba. Seus muitos irmãos incluíam Heitor, ferrenho defensor de Troia, os gêmeos proféticos Cassandra e Heleno e Políxena, que se tornaria vítima de sacrifício humano. Como resultado de um sonho perturbador que indicava que seu filho causaria a destruição de Troia, Hécuba e Príamo ordenaram que a criança fosse abandonada por um pastor real nas encostas do vizinho monte Ida. Quando ele voltou ao local dias depois, encontrou-o ainda vivo, pois havia sido cuidado por um urso. Então o pastor o acolheu. Posteriormente, em Troia, depois de prevalecer em todas as disputas dos jogos fúnebres (competições atléticas realizadas na ocasião da morte de alguém), instituídos por Príamo, Páris foi reintegrado à família real. Na verdade, estava a ponto de ser morto por outro competidor, o próprio irmão, Deífobo, quando Cassandra o reconheceu. Em ocasião posterior, Páris pastoreava seus rebanhos no monte Ida, quando foi visitado pelas deusas Hera, Atena e Afrodite e convidado a premiar a mais bela dentre elas com o famoso Pomo de Ouro. Ele foi escolhido para a tarefa com base em sua beleza. O pomo fora um presente de casamento dado pela deusa Éris ("discórdia") a Peleu e Tétis. Nenhuma das deusas deixou a decisão de Páris ao acaso, e ofereceram-lhe suborno: Hera daria-lhe extensivos poderes políticos; Atena a vitória na guerra; e Afrodite, conhecendo-o melhor, ofereceu-lhe a mulher mais bela do mundo. Para Páris, a escolha era clara. Escolheu Afrodite e seu prêmio seria Helena, esposa do rei espartano Menelau. Assim, Páris zarpou para Esparta, onde foi recebido com hospitalidade. Mas quando o rei foi convocado para tratar de assuntos no exterior, Páris partiu para Troia com Helena, que segundo algumas versões acompanhou-o de boa vontade. Outras versões afirmam que não. Todos os nobres elegíveis da Grécia haviam competido pela mão de Helena, então seu pai (ou, talvez, ela) sabiamente pedira a todos que jurassem respeitar a decisão e defender o noivo escolhido, se necessário. Assim, diante das atribuições de Menelau, os gregos se reuniram em massa e um contingente de mil navios, liderados pelo irmão de Menelau, o rei Agamêmnon, de Micenas, partiu para Troia a fim de resgatar Helena e punir os troianos. Os gregos e os troianos lutaram por dez anos e, segundo a *Ilíada* de Homero, no décimo ano Páris finalmente enfrentou Menelau em combate individual, para resolver o conflito. No entanto, quando Páris estava prestes a ser derrotado e morto, foi salvo por Afrodite e a batalha continuou. Por fim, o irmão de Páris, Heitor, a grande esperança de defesa de Troia, foi morto por Aquiles. Mais tarde, Páris matou Aquiles, com uma flecha. Páris foi morto por Filoctetes, que o feriu com uma das flechas envenenadas de Hércules.

(Ver Afrodite, Agamêmnon, Aquiles, Atena, Cassandra, Éris, Esparta, Filoctetes, Hécuba, Heitor, Helena, Heleno, Hera, Ida, Menelau, Micenas, Peleu, Políxena, Príamo, Tétis, Troia)

PARTENOPEU:
foi um dos Sete Contra Tebas — exército liderado por sete comandantes, incluindo o filho de Édipo, Polinice, contra a cidade de Tebas — e aparece como irmão do rei de Argos, Adrasto, ou como filho da caçadora de pés ligeiros, Atalanta, e de Meléagro, que com a ajuda de Afrodite conseguira ganhar a mão de Atalanta.

(Ver Adrasto, Afrodite, Argos, Atalanta, Édipo, Etéocles, Meléagro, Polinice, Sete Contra Tebas, Tebas)

PÁTROCLO:
filho de Menécio, nasceu na região de Lócrida, no centro da Grécia. Quando Pátroclo era jovem, matou um menino com quem jogava dados e, como consequência, ele e o pai foram exilados. Rumaram ao palácio do rei Peleu, de Ftia, pai de Aquiles, de quem Pátroclo se tornou fiel companheiro e amigo. No décimo ano da Guerra de Troia, Aquiles retirou-se do conflito, e Pátroclo fez o mesmo. No entanto, ele voltou à guerra como substituto de Aquiles, cuja armadura vestiu e partiu para a batalha. Aquiles alertou-o para que se engajasse na luta apenas o suficiente para afastar os troianos do acampamento dos gregos. Mas Pátroclo seguiu no combate, lutou bravamente e derrotou, entre muitos outros, Sarpédon, filho de Zeus. Pátroclo acabou ferido por Apolo e por um guerreiro chamado Euforbo antes de ser morto por Heitor. Foi a morte de Pátroclo que tirou Aquiles do isolamento,

fazendo com retornasse à guerra. Seu único objetivo era vingar a morte do amigo. Por isso, Aquiles matou Heitor e profanou seu corpo ao ponto em que até mesmo os deuses não podiam mais suportar.

(Ver Apolo, Aquiles, Heitor, Peleu, Sarpédon, Troia, Zeus)

PEIAS: pai de Filoctetes, o amigo que ajudou Hércules em seus momentos finais, concordando em acender a pira funerária que o herói construíra para acabar com a própria vida. Peias juntou-se à jornada de Jasão e os Argonautas e, no decurso da viagem de regresso a Cólquida, feriu fatalmente o gigante siciliano Talos.

(Ver Argonautas, Filoctetes, Hércules, Jasão, Sicília, Talos)

PELASGO: homônimo dos pelasgos, considerados os habitantes pré-gregos originais da Grécia. Foi conhecido como rei de Argos, Arcádia e Tessália, e seus pais seriam Zeus e Níobe, entre outros. Segundo o poeta grego Hesíodo, Pelasgo era autóctone, nascido da terra. Em Arcádia, era conhecido como um herói civilizador, tendo ensinado a população a construir cabanas e a fazer roupas com peles de animais. Com a Oceânide Melibeia (ou, segundo algumas versões, com a Ninfa Cilene) teve Licáon, que, segundo o poeta romano Ovídio, foi transformado em lobo pelas tendências assassinas.

(Ver Arcádia, Argos, Licáon, Níobe, Oceânides, Tessália, Zeus)

PELEU: rei da Ftia, na Tessália, talvez seja mais conhecido como pai de Aquiles, mas certamente foi um guerreiro notável pelos próprios méritos. Era filho de Éaco, rei de Egina, e irmão de Télamon. Peleu e Éaco mataram o meio-irmão, por isso, foram expulsos de Egina. Peleu foi para Ftia. Lá ele se casou com Antígona, filha do rei Eurítion. Porém, mais tarde, Antígona cometeu suicídio, erroneamente suspeitando da infidelidade de Peleu. Quanto a Eurítion, Peleu matou-o por acidente durante a caça ao javali de Cálidon. Peleu também participou da jornada de Jasão em busca do velocino de ouro. Partindo do princípio de que Peleu era o homem mais nobre vivo, a deusa Tétis foi lhe dada em casamento (ou porque nem Zeus nem Posídon, que a desejavam, queriam arriscar ter um filho mais poderoso do que eles). Há um mito que diz que Peleu teve de empenhar-se para obter a noiva, lutando enquanto ela mudava de forma, transformando-se de mulher em besta, então em fogo. Todos os deuses compareceram ao casamento, exceto Éris ("discórdia"), que não havia sido convidada, exclusão que levou ao "concurso" de beleza julgado pelo príncipe troiano Páris, que por consequência levou à Guerra de Troia. Com Peleu, Tétis teve Aquiles, que ela queria tornar imortal. Tentou segurar a criança sobre brasas, o que Peleu testemunhou horrorizado, fazendo-a abandonar o esforço e partir para o oceano. De acordo com outra versão, Tétis valeu-se de um método diferente: mergulhar Aquiles nas águas do rio Estige. De qualquer forma, Peleu viveu mais do que o filho, pois Aquiles não se tornou imortal e foi morto pelo príncipe troiano Páris no fim da Guerra de Troia.

(Ver Aquiles, Cálidon, Éaco, Egina, Éris, Estige [lugar],
Jasão, Páris, Posídon, Tessália, Tétis, Troia, Zeus)

PÉLIAS: rei de Iolco, na Tessália, e filho de Posídon e de Tiro, que o deus estuprou disfarçando-se de rio Enipeu. Tiro abandonou Pélias e seu irmão gêmeo, Neleu, mas os meninos foram encontrados e criados por pastores. Conforme conta o mitógrafo Apolodoro, Pélias recebeu seu nome devido à marca (*pelíon*) na sua fronte, deixada por um coice do cavalo do pastor. Depois de se reencontrar com a mãe, Pélias matou a madrasta, Sidero, que maltratara Tiro. Porém Sidero refugiara-se em um templo de Hera, o que deveria protege-la de qualquer violência. Este último ato colocou Pélias em um longo caminho de maldade. Ele expulsou de Iolco seu meio-irmão, Ésão, o primeiro na linha de sucessão ao trono, então tornou-se rei. Mais tarde, quando o filho de Ésão, Jasão, surgiu para reivindicar o trono, Pélias enviou-o em uma missão que tinha certeza que seria fatal: recuperar o velocino de ouro da terra bárbara da Cólquida. Mas, contra todas as probabilidades, Jasão retornou a Iolco e trouxe consigo a princesa cólquida Medeia, que usou seus conhecimentos em feitiçaria para acabar com a vida de Pélias. Medeia convenceu as filhas do rei de que poderia restaurar a juventude de seu pai. Medeia demonstrou como isso poderia ser feito rejuvenescendo um velho carneiro que primeiro esquartejou, então jogou no caldeirão cheio de uma poção mágica. As filhas de Pélias concordaram em submeter o pai ao mesmo processo, mas Medeia, exigindo vingança em nome de Jasão, jogou os membros de Pélias em um caldeirão cheio de água pura.

(Ver Cólquida, Ésão, Hera, Iolco, Jasão, Medeia,
Neleu, Posídon, Sidero, Tessália, Tiro)

PÉLOPS: filho da deusa Dione e de Tântalo, que abusou de seu acesso privilegiado aos deuses. O maior pecado de Tântalo consistiu em esquartejar Pélops e usar as partes de seu corpo em um ensopado, que serviu aos deuses. Quase todos os deuses perceberam o que Tântalo fizera. Apenas Deméter, distraída pela tristeza proveniente da perda da filha, Perséfone, comeu, mordendo a omoplata de Pélops. Zeus posteriormente reconstituiu e reanimou Pélops, mas teve de usar um pedaço de marfim no lugar da omoplata. Quando atingiu a maturidade, Pélops decidiu se casar com a bela Hipodamia, filha do Rei Enômao, de Pisa. Muitos haviam tentado ganhar a mão dela, e o fracasso custara-lhes a vida. Enômao desafiava-os para uma corrida de bigas que certamente venceria, então decapitava os perdedores. Subornando Mírtilo, o cocheiro de Enômao, para remover o pino de sustentação da roda da carruagem do adversário, Pélops não apenas venceu a corrida, como também se tornou rei de Pisa, uma vez que Enômao, arremetido da carruagem sabotada, pereceu. Mas Pélops não honrou as promessas a Mírtilo, a quem atirou de um penhasco para a morte. Antes de morrer, Mírtilo foi capaz de proferir uma maldição contra Pélops e seus descendentes. Entre esses descendentes estavam os adúlteros Tiestes e Atreu, que se tornaria pai de Agamêmnon, mais tarde assassinado pela esposa, e Menelau, marido da bela Helena, todos figuras trágicas. Apesar da maldição, o próprio Pélops tornou-se um governante poderoso, estendendo sua influência a tal ponto que todo o Peloponeso ("Ilha de Pélops") recebeu o nome dele. Segundo a lenda, sua corrida de carruagem com Enômao foi o evento fundador dos Jogos Olímpicos, que aconteciam no santuário de Zeus, em Olímpia, no que antes era o território de Pisa.

(Ver Agamêmnon, Atreu, Deméter, Dione, Enômao, Helena, Hipodamia, Menelau, Mírtilo, Olímpia, Tântalo, Tiestes, Zeus.)

PENÉLOPE: filha do rei espartano Ícaro, esposa de Odisseu, mãe de Telêmaco e modelo de fidelidade. Odisseu não voltou para casa após a Guerra de Troia, então todos os jovens elegíveis de Ítaca passaram a cortejá-la. No entanto, ela rejeitou-os, afirmando que só casaria depois que terminasse de tecer a mortalha para o sogro, Laerte. Todas as noites, Penélope desfazia o trabalho que fizera durante o dia. Por fim, os pretendentes descobriram sua trama e pressionaram-na para terminá-la. Felizmente, não demorou muito para que Odisseu retornasse. Tão inteligente e circunspecta quanto o marido, Penélope não tinha certeza se, depois de tantos anos, Odisseu ainda era realmente quem dizia ser. Por isso, decidiu testá-lo: na presença de Odisseu, pediu que a ama Euricleia movesse sua cama para que o recém-chegado Odisseu dormisse. Só Odisseu saberia que não poderia ser feito, pois havia esculpido a cama no tronco de uma oliveira, em torno da qual construíra seu palácio.

(Ver Esparta, Euricleia, Ítaca, Laerte, Odisseu, Telêmaco, Troia)

PENTESILEIA: amazona que, segundo o poeta grego Quinto de Esmirna, era filha de Ares. Após a morte de Heitor, ela foi a Troia e aliou-se aos troianos, como expiação para um pecado grave: matar acidentalmente a sua irmã, Hipólita, enquanto caçava. Pentesileia lutou bravamente, matando muitos gregos, mas ela e seu cavalo foram derrubados pela lança de Aquiles. Enquanto morria, Aquiles, dominado por sua amabilidade, apaixonou-se por ela.

(Ver Amazonas, Aquiles, Ares, Heitor, Hipólita, Troia)

PENTEU: filho de Agave, filha do rei tebano Cadmo, e de Equíon, um guerreiro (dos chamados espartos) que brotaram dos dentes de dragão semeados por Cadmo. Quando Cadmo atingiu idade avançada, Penteu tornou-se governante de Tebas, e foi então que Dioniso, seu primo, veio à Grécia, chegando primeiro a Tebas, a fim de apresentar seu culto àquela terra. Penteu estava incrédulo em relação ao suposto novo deus e tentou prendê-lo com os cidadãos de Tebas que se juntaram a seus celebrantes — inclusive Cadmo, o advinho Tirésias, a própria mãe, Agave, e as tias, Ino e Autônoe. Como era de se esperar, o deus era poderoso demais para Penteu e exigiria vingança. Por um lado, Penteu estava confuso pelo caráter efeminado do deus, e por outro, curioso e queria saber o que as celebrantes de Dioniso (chamadas de Mênades ou Bacantes) faziam. Dizia-se que adentravam nas florestas, dançavam em êxtase e cuidavam dos filhotes dos animais que encontravam. O festejo das Bacantes assumiu ares sinistros depois que avistaram Penteu espionando-as. Com Agave na liderança, as mulheres desmembraram Penteu, confundindo-o com um animal. Assim, ele se tornou uma vítima das antigas práticas rituais de despedaçamento e omofagia das Bacantes.

(Ver Agave, Autônoe, Bacantes, Cadmo, Dioniso, Ino [heroína], Tebas, Tirésias)

PÉRDIX: bisneto do rei ateniense Erecteu e sobrinho do artesão Dédalo. Como contam o poeta romano Ovídio e outros, Pérdix inventou a serra e a bússola. Com inveja, Dédalo o lançou da Acrópole. Mas Minerva, patrona de todos os artesãos, resgatou-o e o transformou em perdiz. O pássaro era chamado *pérdix* ("perdiz" em grego) por causa dessa história.

(Ver Acrópole, Atenas, Dédalo, Erecteu, Minerva)

PERSEU: filho de Zeus e da princesa Dânae, filha de Acrísio, rei da cidade grega de Argos. Depois de saber por um oráculo que seria morto pelo neto, Acrísio procurou restringir a liberdade da filha, aprisionando-a. De acordo com o mitógrafo Apolodoro, a prisão era uma câmara de bronze, enterrada e impenetrável. Para o poeta Ovídio, era uma torre de bronze. E para o mitógrafo Higino, um paiol de pedra. Em todos os casos, a prisão não foi impedimento para Zeus, que, na forma de chuva de ouro, a invadiu, se deitou com Dânae e a engravidou. Preocupado, mas sem querer assumir a culpa pelas mortes, Acrísio colocou a filha e o bebê em um baú e lançou-os à deriva, para que morressem no mar, mas não teve sucesso. O baú e seus passageiros chegaram em segurança à ilha de Sérifo, então mãe e filho foram descobertos e salvos por Díctis, um pescador local. Enquanto estava aos cuidados de Díctis, Dânae chamou a atenção do irmão do pescador, o rei da ilha, Polidectes, que lhe pediu a mão em casamento. Fosse porque Perseu, agora crescido, se opunha ao casamento ou porque o rei desejava ter Dânae apenas para si, Polidectes enganou Perseu, pedindo-lhe que trouxesse um presente de casamento que, para qualquer mortal, seria impossível de obter: a cabeça da górgona Medusa. Com a ajuda dos deuses Atena e Hermes, Perseu foi até as Greias ("as velhas" ou "as irmãs grisalhas"), que, por ser irmãs das górgonas, seriam capazes de dizer-lhe onde encontrar Medusa. Mas não deram a informação de bom grado. Só revelaram o segredo depois que Perseu ameaçou apreender o único olho e dente que compartilhavam. Perseu, disseram, teria de encontrar as Ninfas do Norte, que possuíam o item necessário para completar a tarefa. Perseu recebeu das Ninfas uma bolsa de couro, sandálias aladas e um elmo mágico que o tornava invisível. De Hermes, recebeu a foice, e, de Atena, o escudo polido, essencial porque poderia ser usado como espelho para localizar as górgonas — criaturas escamosas, com chifres e cabelos de serpentes — que, caso vislumbradas diretamente, o transformariam em pedra. Depois de localizar o esconderijo das górgonas, Perseu, invisível, cortou a cabeça de Medusa enquanto ela dormia e colocou-a na bolsa. As sandálias aladas, então, o levaram rapidamente para longe do alcance das irmãs de Medusa que, ao acordar, o perseguiram. Do pescoço de Medusa, ou do sangue derramado, surgiram o cavalo alado Pégaso e Crisaor, uma figura obscura. Serpentes venenosas enxameavam as terras que ele sobrevoava carregando a cabeça decepada, que ainda gotejava sangue. No curso da jornada de volta a Sérifo, Perseu parou para visitar Atlas, que anteriormente lhe negara hospitalidade e que, por vingança, com a cabeça de Medusa, transformara nas montanhas rochosas que ainda levam seu nome. Ele também parou no Egito, onde, sendo parente de Dânao, possuía laços ancestrais e mais tarde foi homenageado em culto. Ele também avistou, e imediatamente desejou, a princesa Andrômeda, acorrentada a um penhasco na costa da Etiópia, por ordem de seu pai, o rei Cefeu. Ela fora oferecida a um monstro marinho que Posídon enviara para assolar aquelas águas. Assim, seu sacrifício seria uma expiação às Ninfas nereidas, a quem a esposa de Cefeu, Cassiopeia, havia insultado, gabando-se de ser mais bela. Depois de matar o monstro, assim como o tio de Andrômeda e ex-pretendente, Fineu, Perseu reivindicou-a como noiva e levou-a para Sérifo. Lá, o herói usou a cabeça da górgona para transformar Polidectes em pedra pelo mau tratamento infligido a Díctis e a sua mãe. Como não tinha mais uso para as sandálias aladas e o elmo mágico, Perseu deu-os a Hermes para que devolvesse às Ninfas; e deu a cabeça de Medusa a Atena, que a afixou como um emblema em sua couraça ou escudo. Perseu nomeou Díctis governante da ilha de Sérifo e, com a mãe, Dânae, partiu em busca do avô, Acrísio, que, ciente da sobrevivência do neto e temendo que a profecia se cumprisse, abandonou seu reino em Argos. No entanto, o que o oráculo previra se cumpriu, pois, sem intenção, Perseu matou Acrísio com o disco enquanto participava das competições atléticas na cidade de Larissa. Como não desejava retornar a Argos, Perseu coroou o primo Megapente e, por sua vez, assumiu o trono dele em Tirinto. Segundo algumas versões, Perseu estabeleceu a cidade de Micenas no local onde descobriu água ou onde a bainha de sua espada caiu. Perseu e Andrômeda fundaram a dinastia perseida, tornando-se pais de sete filhos, entre eles Perses, de quem os reis da Pérsia reivindicaram descendência; Alceu, que gerou Anfitrião; Estênelo, pai de Euristeu, que enviou o herói Hércules em seus trabalhos; e Eléctrion, que gerou Alcmena, mãe de Hércules. Pausânias escreve que, após a morte, além de ser venerado como herói no Egito, Perseu recebeu honras particulares perto de Argos e Micenas, bem como em Atenas e em Sérifo. Após suas mortes, Cassiopeia, Cefeu, Andrômeda e Perseu se tornaram constelações.

(Ver Acrísio, Alceu, Alcmena, Andrômeda, Argos, Atena, Atlas, Cassiopeia, Cefeu, Crisaor, Dânae, Díctis, Eléctrion, Etiópia, Euristeu, Fineu, Górgonas, Greias, Hércules, Hermes, Larissa, Medusa, Micenas, Pégaso, Perses, Polidectes, Sérifo, Tirinto, Zeus)

PÍERO:

rei macedônio, mais conhecido por ter sido pai de nove filhas, as piérides. Essas jovens tinham lindas vozes e se consideravam cantoras tão boas ou melhores do que as Musas. O poeta romano Ovídio narra a disputa entre elas. As Musas prevaleceram, como sempre acontecia com divindades, e as filhas de Píero, péssimas perdedoras, foram transformadas em gralhas tagarelas pela contínua insolência. Píero era considerado o homônimo de Piéria, o local de nascimento das Musas e do bardo Orfeu.

(Ver Macedônia, Musas, Orfeu, Piéria, Piérides)

PIGMALIÃO:

na mitologia greco-romana, existem dois personagens notáveis com este nome. Um é rei do Chipre que, segundo o poeta romano Ovídio, escolheu a vida de celibato, pois chocara-se com as vidas vergonhosas que as mulheres da ilha levavam. Possuindo a habilidade de esculpir, criou uma estátua de marfim, tão bonita que se apaixonou e a encheu de presentes. Por ocasião do festival de Afrodite, ele fez uma oferenda e uma oração à deusa: pediu que um dia tivesse uma esposa igual a garota de marfim. Seu desejo foi atendido, a estátua ganhou vida e transformou-se em uma mulher de carne e osso. Autores pós-clássicos chamaram essa mulher de Galateia. Com Pigmalião, ela deu à luz Pafos, cujo filho, Cíniras, mais tarde fundou a (antiga) cidade de Pafos, o local do santuário mais sagrado de Afrodite e também o lugar onde a deusa pisara pela primeira vez em terra firme depois de seu nascimento aquático. O outro Pigmalião era rei de Tiro, na Fenícia. De acordo com a *Eneida* de Virgílio, era irmão de Dido, uma das inúmeras vítimas da jornada do herói Eneias até a costa da Itália, onde estabeleceria o reino romano. Cobiçoso da riqueza do marido de Dido, Pigmalião o assassinou e ocultou o fato dela. No entanto, o fantasma sanguinolento do marido, Siqueu, apareceu para ela à noite, revelou o ato assassino de seu irmão e instigou-a a fugir do país. Foi o que Dido fez, levando consigo um grupo de refugiados que odiava ou temia o rei tirano. Como líder desse povo, Dido viajou para o exterior, para a terra de Brisa, no norte da África, que ela comprou com riquezas cujo esconderijo o fantasma do marido também havia revelado.

(Ver Afrodite, Cíniras, Chipre, Dido, Eneias, Pafos, Siqueu)

PÍLADES: filho de Estrófio, rei da Fócida, na Grécia central. Amigo próximo e companheiro de Orestes, filho do rei micênico Agamêmnon. Segundo algumas fontes, Orestes era primo de Pílades e fora enviado para a corte de Estrófio depois que sua mãe, Clitemnestra, e seu amante, Egisto, assassinaram seu pai, Agamêmnon. Pílades acompanhou Orestes quando ele retornou a Micenas para vingar o assassinato do pai e também o acompanhou quando viajou para a terra bárbara dos tauros para buscar uma estátua de madeira de Ártemis, que, se levada para o território de Atenas, garantiria a libertação de Orestes da perseguição das Erínias. Pílades recebeu como noiva a irmã de Orestes, Electra, e tiveram dois filhos.

(Ver Agamêmnon, Ártemis, Atenas, Clitemnestra, Egisto,
Electra [heroína], Erínias, Micenas, Orestes, Tauros)

PÍRAMO: ele e Tisbe eram amantes infelizes que viviam na Babilônia. Segundo o poeta romano Ovídio, que conta a trágica história com vivacidade, os dois se encontravam diariamente em segredo, sussurrando um para o outro através da fenda na parede que separava suas casas, pois seus pais se opunham ao namoro e não desejavam que se encontrassem ou casassem. Por fim, não conseguiram mais suportar a separação e planejaram escapar do pais, deixando as famílias e a cidade sob o véu da noite. Concordaram em se encontrar em um local reconhecível, a tumba de Nino, pai da rainha da Babilônia, Samiramis. A localização da tumba era marcada por uma amoreira carregada de frutas brancas. Ao cair da noite, Tisbe logo escapou, chegando sozinha ao local do encontro. Mas acontece que uma leoa se aproximou, com a boca ensanguentada de uma morte recente. Tisbe fugiu aterrorizada e deixou seu véu cair na fuga. No entanto, o animal não a perseguiu, pois fora ao local apenas para saciar a sede. Depois de abocanhar o véu de Tisbe, a leoa partiu. Então Píramo apareceu e não encontrou Tisbe. Em vez dela, avistou o véu ensanguentado. Acreditando que a amada havia sido morta, Píramo lançou-se sobre a própria espada. Seu sangue tingiu os frutos da amora de vermelho e ensopou suas raízes. Então Tisbe deixou seu esconderijo e percebeu que a cor da árvore mudara. E rapidamente descobriu o porquê. Em desespero, ela também se lançou sobre a espada. A morte dos amantes foi posteriormente homenageada pela amora, cujo fruto vermelho é a lembrança constante de seu fim trágico. Ao menos na morte suas cinzas foram misturadas e mantidas em uma única urna.

(Ver Babilônia, Semíramis, Tisbe)

PIRÍTOO (ou Perithous e Peirithous): rei dos lápitas, na Tessália. Algumas fontes mencionam que era filho de Zeus, mas também era conhecido como filho de Íxion, o pecador preso a uma roda em chamas no Mundo Inferior. Pirítoo supostamente envolveu-se em ampla gama de aventuras, como tentativas de raptos, em que aliou-se ao herói ateniense Teseu. Os dois tentaram fugir com Helena de Esparta, antes do casamento com Menelau, e, mais tarde, com Perséfone, a rainha de Hades. Pirítoo ficou mais conhecido pela batalha contra os centauros, seus antigos vizinhos. Pirítoo os convidou para seu casamento, mas os eles embriagaram-se e tentaram fugir com Hipodamia, a noiva de Pirítoo, e outras mulheres lápitas. Uma batalha feroz se seguiu e os centauros foram expulsos da Tessália.

(Ver Atenas, Centauros, Hades [deus], Helena, Hipodamia, Íxion, Lápitas, Mundo Inferior, Perséfone, Teseu, Tessália, Zeus)

PIRRA: filha do titã de segunda geração Epimeteu e de Pandora, a primeira mulher, que recebera como dote a fatídica caixa repleta de bem e mal. Pirra casou com o filho do tio Prometeu, Deucalião, e sobreviveram juntos ao grande dilúvio provocado por Zeus — o rei dos deuses estava enfurecido pela depravação humana que testemunhara e decidira erradicar a humanidade. Quando o barco do casal chegou ao cume do monte Parnasso, que se projetava acima das águas que cobriam a terra, Zeus compadeceu-se deles e ordenou que as águas baixassem. Pirra e Deucalião então repovoaram a terra. Recebendo orientação da deusa Têmis, lançaram pedras sobre os ombros, que se tornaram a empedernida raça humana atual. Com Deucalião, Pirra teve seis filhos, o mais conhecido foi Hélen, ancestral dos helenos, como os gregos se chamavam.

(Ver Deucalião, Epimeteu, Hélen, Pandora, Parnasso, Prometeu, Têmis, Titãs, Zeus)

PIRRO: outro nome para Neoptólemo, filho de Aquiles.

(Ver Aquiles, Neoptólemo)

PITEU: filho de Pélops, filho de Tântalo, e de Hipodamia, filha de Enômao de Pisa. Piteu tornou-se rei de Trezena, no nordeste do Peloponeso, e desempenhou papel significativo na vida do herói Teseu. O rei Egeu, de Atenas, foi à Trezena e relatou o que o oráculo de Apolo, em Delfos, lhe havia dito depois que pedira uma solução para ter filhos. Piteu entendeu o significado, embora tenha escapado a Egeu: o rei ateniense não deveria abrir seu odre até chegar em casa. Por isso, Piteu providenciou para que a filha, Etra, se deitasse com Egeu. Ela ficou grávida e teve Teseu, que, crescido, iria a Atenas reivindicar o trono.

(Ver Apolo, Atenas, Delfos, Egeu [herói], Enômao, Etra, Hipodamia, Pélops, Tântalo, Teseu)

PÓLIBO: o personagem mais conhecido com este nome deve ter sido o rei de Corinto, que, com a esposa Mérope (ou Peribeia), acolheu o bebê Édipo e criou-o como filho. Quando Édipo soube, por meio do oráculo de Delfos, que estava destinado a matar o pai e a casar com a mãe, deixou Corinto. No entanto, sem saber, matou o pai biológico, Laio, na estrada. Édipo tornou-se o sucessor de Laio ao trono de Tebas e casou com Jocasta, sua mãe biológica, com quem teve vários filhos. O coríntio Pólibo foi confundido com um rei sicônico homônimo que era pai de Adrasto, um dos Sete Contra Tebas.

(Ver Adrasto, Corinto, Delfos, Édipo, Laio, Mérope [heroína], Sete Contra Tebas, Tebas)

POLIDECTES: ele e o irmão, Díctis, eram netos do deus do vento, Éolo, e de uma Náiade (Ninfa da água). Polidectes tornou-se rei da ilha de Sérifo e Díctis, pescador. Polidectes se apaixonou pela mãe do herói Perseu, Dânae, quando ela e seu bebê chegaram a ilha, à deriva em um baú. Na esperança de fazer de Dânae sua noiva, Polidectes arquitetou um complô para se livrar de Perseu, que, segundo algumas versões, estava em seu caminho. Polidectes então anunciou que planejava casar com Hipodamia e solicitou belos cavalos como presente de casamento. Perseu, criado por Díctis como pescador, jamais poderia arcar com o presente e, em vez disso, ofereceu (ou foi forçado a oferecer) a cabeça da górgona Medusa, "presente" aparentemente impossível de se obter. Contrariando as expectativas, Perseu voltou a Sérifo com a cabeça da górgona e transformou Polidectes e seus cortesãos em pedra — a petrificação era o resultado de se olhar diretamente para Medusa. Um Polidectes mais gentil foi retratado pelo mitógrafo Higino, que tomou Dânae como esposa e criou Perseu em um templo de Minerva. Quando Acrísio, que perseguia Dânae e Perseu, sua filha e seu neto, chegou a ilha, Polidectes intercedeu e reconciliou o avô e o neto. Embora Perseu tenha jurado que nunca mataria Acrísio, mais tarde o matou acidentalmente enquanto jogava um disco.

(Ver Acrísio, Dânae, Díctis, Éolo, Górgonas, Medusa, Minerva, Náiades, Perseu, Sérifo)

POLIDORO ("aquele que dá muitos presentes"): há vários heróis com este nome. Um é filho do rei Príamo, de Troia, e de Hécuba. Como escreve o poeta romano Virgílio, a fim de mantê-lo a salvo dos gregos durante a Guerra de Troia, seus pais o enviaram a Polimnestor, rei dos Bistones, na Trácia. Porém, Polimnestor, impulsionado pela ganância, assassinou o menino pelo ouro enviado junto da criança. Após a queda de Troia, Hécuba foi levada cativa pelos gregos e foi a Trácia, então ela descobriu o cadáver do filho e exigiu vingança contra Polimnestor. Em seu caminho para a Itália, o herói troiano Eneias também foi à Trácia e descobriu acidentalmente o local de sepultamento de Polidoro. O herói colheu alguns galhos de murta e corniso, e as plantas sangraram e a voz de Polidoro foi ouvida. O seu fantasma contou a Eneias sobre o assassinato brutal que sofrera. Posteriormente, Eneias fez sacrifícios ao falecido para garantir um enterro adequado e partiu rapidamente da Trácia. Outro Polidoro era filho de Cadmo e Harmonia e tornou-se pai de Lábdaco. Segundo algumas versões, ele ocupou o trono de Tebas por um curto período, mas morreu ainda jovem.

(Ver Cadmo, Eneias, Harmonia, Hécuba, Lábdaco, Príamo, Tebas, Trácia, Troia)

POLIFONTES: descendente de Hércules e usurpador do trono de Cresfontes, rei da Messênia. Polifontes, "assassino de muitos homens", matou não apenas Cresfontes, como também os dois filhos mais velhos do rei. O mais jovem, Épito, foi salvo pela rainha Mérope e, quando adulto, vingou a morte do pai, tornando-se posteriormente rei.

(Ver Cresfontes, Épito, Hércules, Mérope [heroína], Messênia)

POLIÍDO (ou Polyeidos, "aquele que sabe muito"): vidente coríntio dotado de poderes milagrosos. De acordo com o poeta grego Píndaro, Poliído ajudou o herói Belerofonte, que tinha a missão de matar a Quimera. O advinho instruiu Belerofonte a dormir no altar de Atena, onde sonhou que a deusa lhe aparecia segurando uma rédea de ouro. Belerofonte contou o sonho a Poliído, que o aconselhou a fazer um sacrifício a Posídon, como Atena o havia instruído no sonho; a fazer um sacrifício a Atena; e a usar a rédea, que havia se materializado, para domar Pégaso. Poliído também ajudou o rei Minos, de Creta, a encontrar seu filho, Glauco, e, depois de encontrá-lo, ressuscitá-lo. A criança foi encontrada afogada em uma cuba de mel e, como milagre, reanimada por Poliído, que havia observado uma serpente reviver a companheira morta.

(Ver Atenas, Belerofonte, Corinto, Creta, Glauco, Minos, Pégaso, Posídon, Quimera)

POLINICE ("conflito imódico"): causa de muita hostilidade na cidade de Tebas. Era filho de Édipo, rei de Tebas, e da rainha Jocasta. Assim como o irmão, Etéocles, foi amaldiçoado pelo pai. Segundo o dramaturgo Sófocles, isso ocorreu porque os irmãos nada fizeram para impedir o exílio de Édipo. Quando atingiram a maioridade, os irmãos concordaram em dividir o trono de Tebas, governando em anos alternados, mas Etéocles, que governou primeiro, recusou-se a abdicar. Como resultado, Polinice formou um exército, liderado pelo sogro, Adrasto, para marchar contra Tebas. Esse contingente ficou conhecido como os Sete Contra Tebas e, na batalha que se seguiu, todos os sete capitães, exceto Adrasto, foram mortos. Polinice e Etéocles mataram um ao outro, cumprindo assim a maldição que seu pai lançara sobre eles. O irmão de Jocasta, Creonte, tornou-se regente e proibiu o sepultamento de Polinice, alegando que era um inimigo da cidade, decisão da qual Antígona, irmã de Polinice, discordou, o que lhe custou a vida. A morte dos aliados de Polinice foi mais tarde vingada pelos chamados epígonos, os filhos dos Sete derrotados.

(Ver Adrasto, Antígona, Creonte, Édipo, Epígonos, Etéocles, Jocasta, Sete Contra Tebas, Tebas)

POLÍXENA: filha do rei Príamo, de Troia, e da rainha Hécuba. Seus irmãos mais conhecidos foram Páris (Alexandre), Heitor, Deífobo, Heleno, Cassandra, Polidoro e Troilo. Políxena ficou conhecida pela maneira que morreu. De acordo com o relato mais comum, o fantasma de Aquiles — que apareceu acima de sua tumba ou em um sonho — exigiu que ela fosse sacrificada em sua tumba. Do contrário, impediria os gregos de voltar para casa. Segundo algumas versões, foi Neoptólemo, filho de Aquiles, que realizou o sacrifício.

(Ver Aquiles, Cassandra, Deífobo, Hécuba, Heitor, Heleno, Neoptólemo, Polidoro, Príamo, Troia, Troilo)

PROCNE: filha do lendário rei ateniense Pandíon. Erecteu e Filomela eram seus irmãos mais conhecidos. Pandíon deu Procne como noiva ao rei Tereu, da Trácia, e tiveram Ítis. Quando Procne descobriu que Tereu havia aprisionado e repetidamente estuprado Filomela, as irmãs planejaram uma vingança horrível: serviram o próprio filho a Tereu. Ao fugir da fúria de Tereu, Procne tornou-se uma andorinha e sua irmã, um rouxinol.

(Ver Atenas, Erecteu, Filomela, Tereu)

PRÓCRIS: filha do lendário rei ateniense Erecteu, casada com Céfalo, filho do rei Dêion, de Fócida. O poeta romano Ovídio conta a versão mais conhecida de sua trágica história de amor. Recém-casado, enquanto caçava, Céfalo foi sequestrado pela deusa do amanhecer, Aurora (Eos para os gregos). Prócris viu-se angustiada devido ao desaparecimento, e Céfalo também ficou angustiado por ter sido separado da esposa, o que irritou a deusa. Aurora libertou Céfalo, mas, na despedida, disse-lhe que chegaria o dia em que desejaria nunca ter estado com Prócris. As palavras da deusa plantaram em Céfalo a semente da dúvida. Ele passou a se perguntar se Prócris teria sido infiel em sua ausência. Assim, decidiu testá-la: disfarçou-se e fez-lhe uma proposta, subornando-a com dinheiro. Ela o recusou várias vezes até que, por fim, ele ofereceu uma enorme fortuna por uma única noite. Ela cedeu e, furioso, Céfalo revelou-se. Envergonhada, ela partiu para a floresta para se tornar parte da comitiva de Diana, deusa da caça. Céfalo desculpou-se, reconquistou-a e os dois passaram anos felizes juntos. Mais tarde, porém, quando Céfalo saiu para caçar, parou para descansar por causa do calor. Enquanto descansava na sombra, ele clamou à brisa refrescante e pediu que o confortasse e restaurasse seu vigor. Alguém ouviu-o dirigir tais palavras ternas a Aura, a palavra para "brisa", que era também o nome de mulher. Sua alegada infidelidade foi relatada a Prócris que, no dia seguinte, seguiu o marido para a floresta. Assim que ouviu um farfalhar, ele disparou no que pensou ser uma presa. Mas não atingiu animal algum, e sim sua amada Prócris, mortalmente ferida. O mitógrafo Apolodoro relata outra versão da história: Prócris foi seduzida por outro homem na ausência de Céfalo. Posteriormente, fugiu para Creta, onde o rei Minos, atraído por ela, ofereceu-lhe um cão de caça e um dardo. Em troca desses presentes, ela curou Minos da doença que causava a morte de suas amantes e dormiu com ele. Em seguida, fugindo da raiva da esposa de Minos, Pasífae, Prócris voltou para Atenas, onde reconciliou-se com o marido que, enquanto os dois caçavam, a matou por acidente. Higino registra outra versão ainda, que mescla ambas: Prócris fugiu para Creta, onde se tornou devota a Diana. Ela reconciliou-se com o marido disfarçada de rapaz. Céfalo concordou em passar a noite com o "jovem" a fim de reivindicar seu excelente cão de caça e dardo. Quando os dois se encontraram à noite, a verdadeira identidade de Prócris foi revelada e, embora tenha sido morta naquele fatídico acidente de caça, Prócris concebeu com Céfalo o filho Arcísio, que gerou Laerte, o pai do herói Odisseu.

(Ver Atenas, Aurora, Céfalo, Creta, Diana, Erecteu, Laerte, Minos, Odisseu, Pasífae)

PROCRUSTO: segundo o mitógrafo Higino, o patife Procrusto, cujo nome significa "o esticador", era filho de Netuno. Sempre que os viajantes o procuravam em busca de alojamento, Procrusto oferecia-lhes uma cama, mas os fazia caber perfeitamente na cama, amputando os membros dos altos e esticando os membros dos baixos. Enquanto dirigia-se a Atenas, um jovem Teseu se deparou com Procrusto e o matou, submetendo-o à mesma forma de tortura que ele submetera outros. Procrusto era também conhecido como Polipêmon e Damastes.

(Ver Atenas, Netuno, Teseu)

PROTESILAU ("o primeiro entre as pessoas"): filho de Íficlo (ou Ator) e de Diomeda (ou Astíoque). Um dos numerosos pretendentes de Helena de Esparta e, por isso, obrigado a ir para Troia, comandando quarenta navios da Tessália. Segundo o mitógrafo Higino, embora um oráculo houvesse alertado que o primeiro homem a tocar a costa troiana seria o primeiro a perder a vida, Protesilau, cujo verdadeiro nome era Iolau, corajosamente saltou para a praia. Foi morto instantaneamente por Heitor. Sua noiva, Laodamia, filha de Acasto, entristeceu-se pela perda e implorou aos deuses para poder falar com ele por apenas três horas. Os deuses atenderam ao pedido, mas quando Protesilau morreu pela segunda vez, Laodamia não foi capaz de suportar a tristeza, então encomendou uma imagem do amado em bronze e guardou-a em seus aposentos sob o pretexto de que fazia sacrifícios a ela. No entanto, um servo a viu abraçando a estátua e, confundindo-a com um vivo, informou ao pai que ela tinha um amante. Seu pai logo descobriu a verdade e, para acabar com sua miséria, jogou a estátua em uma pira. Sua tristeza aumentou, então Laodamia também se jogou nas chamas.

(Ver Esparta, Heitor, Helena, Tessália, Troia).

PSIQUÉ ("alma"): a história desta personagem é contada pelo autor romano Apuleio em O *Asno de Ouro*. Ela era uma de três princesas, todas lindas, mas Psiqué era a mais bela de todas. Sua beleza se tornou amplamente conhecida e as pessoas começaram a adorá-la como se fosse uma personificação da própria Vênus, deixando os altares da deusa vazios de sacrifícios. Devido à isso, Vênus enfureceu-se e instruiu o filho, Cupido, a fazer Psiqué se apaixonar pelo mais humilde dos homens. Enquanto isso, o pai dela estava preocupado, pois a filha não tinha pretendentes. Todos a admiravam como se ela fosse uma estátua intocável. O rei consultou o oráculo de Apolo e foi instruído a abandonar Psiqué em um penhasco, onde noivaria com um monstro. Lá, Psiqué foi conduzida pelo vento, cruzou uma bela campina e adentrou um lindo palácio onde todas as suas necessidades eram atendidas por servas cujas vozes ela ouvia, mas nunca via. Ela também tinha um marido: Cupido, que aparecia apenas sob o manto da escuridão. Ainda que Cupido, que ela nunca vira de verdade, a tivesse aconselhado do contrário, Psiqué permitiu que suas irmãs a visitassem. Por inveja do ambiente luxuoso, elas a incitaram a descobrir como seu marido se parecia, levando-a a acreditar que ele pudesse de fato ser um monstro. Psiqué, preocupada, acendeu uma lamparina e iluminou o marido adormecido. Ficou extasiada com a visão, mas o óleo da lâmpada gotejou em Cupido e ele acordou, levantando voo imediatamente. Psiqué, agora grávida, vagou pela terra em busca dele, suportando todo tipo de sofrimento. Então ela tornou-se escrava de Vênus, que lhe deu uma série de tarefas que pareciam impossíveis de realizar, como separar grandes quantidades de grãos, recolher lã de ovelhas de ouro e obter uma porção de água do rio Estige. Psiqué realizou todas, a primeira com a ajuda de formigas, a segunda graças a juncos falantes e a terceira com auxílio da águia de Júpiter. A última tarefa consistia em obter um unguento de beleza de Prosérpina, rainha do Mundo Inferior. Psiqué também teve ajuda nessa empreitada, que veio da torre de onde pretendia se jogar. Depois de enfrentar os inúmeros perigos do Mundo Inferior e de obter uma caixa com o unguento, Psiqué foi tomada pela curiosidade e abriu o recipiente. Dentro não havia unguento, exceto o sono da morte, mas Cupido a salvou. Reunida com o deus, Psiqué tornou-se imortal e tiveram Voluptas ("prazer").

(Ver Cupido, Estige [lugar], Júpiter, Mundo Inferior, Prosérpina, Vênus, Zeus)

RADAMANTO (ou Rhadámanthys): filho de Zeus e da princesa Europa. De acordo com Homero, irmão de Minos, e de acordo com Hesíodo, irmão de Minos e Éaco. Diversas fontes sugerem que os três irmãos, após a morte, tornaram-se juízes no Mundo Inferior. Quanto a Radamanto, o historiador Diodoro Sículo registra que, na ilha de Creta, seu local de nascimento, ele ficou conhecido por tomar as decisões mais justas e instituir punições cabíveis aos malfeitores. Quando mais tarde residiu na Ásia Menor, os ilhéus e os continentais se sujeitaram voluntariamente ao seu governo, pois ele tinha a reputação de ser um modelo de justiça.

(Ver Creta, Éaco, Europa, Minos, Mundo Inferior, Zeus)

RECO: diz-se que Reco de Cnido avistou um determinado carvalho a ponto de cair e ordenou a seus escravos que o sustentassem. Em gratidão, a Ninfa Hamadríade que habitava a árvore concedeu-lhe um desejo. Ele quis deitar-se com ela, e Ninfa consentiu, afirmando que deveria permanecer fiel a ela e que enviaria uma abelha como mensageira no momento apropriado. Quando a Ninfa enviou a abelha, Reco encontrava-se compenetrado em um jogo de tabuleiro e irritou-se com a presença do inseto, esquecido do significado do sinal. Enfurecida, a Ninfa o cegou. De acordo com Píndaro, com outra versão da história, Reco foi infiel e acabou picado.

(Ver Hamadríades)

REIA SILVIA: filha de Numitor, rei de Alba Longa, cidade que Ascânio, filho do herói troiano Eneias, fundou na Itália. Embora fosse o filho mais velho do rei Procas e, portanto, seu herdeiro legítimo, Numitor foi afastado do trono pelo irmão mais novo, Amúlio, de acordo com o historiador romano Lívio. E não parou por aí: também matou os filhos de Numitor e, para garantir que ele não teria netos, fez de sua filha, Reia Silvia, uma Virgem Vestal. As Vestais, sacerdotisas de Vesta, eram obrigadas a praticar o celibato enquanto serviam à deusa, e as indiscrições eram

VI
Rômulo e Remo: gêmeos e fundadores da cidade de Roma

punidas com a morte. Apesar de todas essas medidas, Reia Silvia foi engravidada por Marte. Assim, Amúlio prendeu Reia Silvia e ordenou que seus filhos, os gêmeos Rômulo e Remo, fossem colocados em uma cesta e deixados à deriva no rio Tibre. Amúlio, é claro, esperava que os gêmeos morressem, o que não aconteceu; foram resgatados por uma loba. Mais tarde, Reia Silvia, a "mãe" dos romanos, foi libertada pelos filhos quando atingiram a maioridade.

(Ver Alba Longa, Ascânio, Eneias, Marte, Remo, Roma, Rômulo, Tibre, Vesta)

REMO: filho da Virgem Vestal Reia Silvia e de Marte, e irmão gêmeo de Rômulo, que se tornou o fundador de Roma. Depois que os gêmeos sobreviveram à tentativa de afogamento no rio Tibre e chegaram à idade adulta, decidiram fundar sua própria cidade. Como os irmãos tinham a mesma idade, não havia maneira fácil de decidir quem nomearia e governaria a cidade. No decorrer de uma disputa, Remo, zombando de Rômulo, saltou sobre as muralhas da cidade, fazendo com que o irmão enraivecido o matasse.

(Ver Marte, Reia Silvia, Roma, Rômulo, Tibre, Vesta)

RÔMULO: ele e o irmão gêmeo, Remo, eram filhos de Reia Silvia, sacerdotisa de Vesta, e do deus Marte. Seu nascimento foi totalmente inesperado, já que o tio de Reia Silvia, Amúlio, havia feito dela uma vestal justamente porque as Vestais deveriam praticar celibato e qualquer violação de seus votos de castidade era punida com a morte. Após o nascimento dos gêmeos, Reia Silvia foi presa e Rômulo e Remo postos em uma cesta e deixados à deriva no rio Tibre. Quando as águas baixaram, a cesta e o precioso conteúdo foram descobertos por uma loba, que amamentou os gêmeos. Um pastor chamado Fáustulo os encontrou, levou-os para casa e, ao lado da esposa, Larência, que não tinha filhos, criou os gêmeos como se fossem seus. Os meninos amadureceram, começaram a caçar e também a saquear, roubando de ladrões e distribuindo os bens roubados à comunidade de pastores. Remo foi levado cativo e entregue a Numitor, seu avô, para ser punido, mas Numitor suspeitou de sua verdadeira identidade. Ao mesmo tempo, Fáustulo revelou a Rômulo suas suspeitas sobre a verdade de seu nascimento. Assim, Rômulo e Remo reuniram aliados e destituíram o rei usurpador, Amúlio. Depois que Rômulo matou Amúlio, Numitor, o rei legítimo, foi restituído como governante de Alba Longa. Então Rômulo e Remo desejaram fundar a própria cidade, mas como eram gêmeos, não estava claro quem deveria nomeá-la e governá-la. Assim, decidiram deixar a questão para os deuses. Remo foi ao monte Aventino e Rômulo ao Palatino, no intuito de aguardar um sinal dos céus. Remo recebeu o sinal primeiro. Seis abutres apareceram para ele, mas, em seguida, doze apareceram para Rômulo. Os aliados de cada irmão reivindicaram que seu próprio campeão havia vencido, então uma contenda teve início. Enfurecido, Remo saltou sobre as muralhas da cidade ainda em construção, atitude considerada um insulto. Por essa ação, Rômulo o matou e tornou-se rei, batizando a cidade com o próprio nome: Roma. Rômulo estabeleceu leis, assim como práticas religiosas e sacerdócios, e estimulou o aumento da população fazendo de sua nova cidade um santuário para todos aqueles que desejassem uma nova vida. Mesmo assim, havia um problema: a população consistia apenas de homens. Rômulo enviou emissários às cidades vizinhas para negociar alianças e casamentos, mas os romanos receberam negativas de todos os lugares. Assim, Rômulo elaborou um plano: os romanos realizariam uma celebração em honra a Netuno e convidariam os povos vizinhos, inclusive os sabinos. Felizes em participar, os povos vizinhos trouxeram também as mulheres e crianças. Quando os convidados encontravam-se absortos pelo espetáculo, os romanos atacaram as donzelas e fugiram com elas. O ato gerou inúmeras hostilidades, mas Rômulo, à princípio, saiu vitorioso. Por isso, dedicou o primeiro templo de Roma a Júpiter. No entanto, as hostilidades prosseguiram e os sabinos, os últimos entre os povos vizinhos a fazê-lo, finalmente atacaram Roma. Os sabinos conseguiram suplantar as fortificações de Roma, já que os romanos haviam sido traídos por Tarpeia, filha de um comandante romano. As hostilidades continuaram até que as mulheres sabinas imploraram aos novos maridos e aos pais por uma trégua, pedindo que fizessem as pazes. Eles assim fizeram, transformando os dois povos em um só. Após a morte do rei sabino Tito Tácio, Rômulo governou os povos unidos até sua morte milagrosa e deificação: Rômulo inspecionava tropas no Campo de Marte, então uma repentina tempestade o envolveu em nuvens e desapareceu da terra. Rômulo, dizia-se, havia sido levado aos céus e, a partir de então, foi adorado como o deus Quirino.

(Ver Júpiter, Marte, Netuno, Quirino, Reia Silvia,
Roma, Sabinos, Tarpeia, Tibre, Vesta)

RÚTULOS: povo italiano que residia no sul do Lácio. Sua capital era Árdea e seu rei, Turno, que esperava ganhar a mão de Lavínia, filha do rei Latino, de Laurento. Quando Eneias chegou à Itália, Latino prometeu Lavínia a Eneias, então os rútulos uniram-se a outros latinos para promover guerra contra Eneias e seus aliados.

(Ver Eneias, Lácio, Latino, Lavínia, Turno)

SABINOS: povo italiano que vivia a nordeste de Roma, cidade fundada por Rômulo. Na época da sua fundação, seu rei era Tito Tácio, que mais tarde governou com Rômulo após a união entre sabinos e romanos. A unificação ocorreu após uma guerra amarga, resultado do roubo das mulheres sabinas pelos romanos. O conflito acabou quando as mulheres sabinas apelaram aos novos maridos e aos pais para selar a paz. Tito Tácio e Rômulo governaram juntos por um período de cinco anos, então Tito Tácio foi assassinado por um grupo vindo de Laurento, deixando o governo exclusivamente para Rômulo. Após a morte de Rômulo, o sabino Numa Pompílio tornou-se o segundo rei de Roma.

(Ver Numa, Roma, Rômulo)

SALMONEU: filho de Éolo, filho de Hélen, e "fundador" dos Eólios. De acordo com o mitógrafo Higino, Salmoneu viveu primeiro na Tessália, mas depois foi para Elis, onde fundou a cidade de Salmone. Salmoneu, por excesso de orgulho, queria ser igual a Zeus e chegou a afirmar que era ele. Ele tomou para si sacrifícios destinados ao deus e arrastou-os em sua carruagem, que produzia um som estrondoso, como o do trovão. Ele imitava os relâmpagos de Zeus lançando tochas acesas ao ar. Por consequência, Zeus o matou com um de seus raios e destruiu a cidade de Salmone, incluindo seus habitantes. O historiador Diodoro Sículo acrescenta à narrativa a história da filha de Salmoneu, Tiro. Ele que desonrou e desrespeitou todos os deuses, não acreditava que Tiro houvesse sido engravidada por Posídon, então a maltratava, outro motivo para vingança de Zeus. Outra versão da saga de Tiro faz da esposa de Salmoneu, Sidero, o algoz de Tiro, e os filhos de Tiro, seus vingadores.

(Ver Posídon, Sidero, Tiro, Zeus)

SARPÉDON: há dois Sarpédon dignos de nota, um era avô do outro. O mais velho era filho de Zeus e de Europa, filha de Cadmo, ou de Laodamia, filha de Belerofonte. Criado na ilha de Creta, o Sarpédon mais velho fugiu para a Ásia Menor, onde lutou contra o lendário Sólimo, cujas antigas terras ele então governara ao lado de Lico de Atenas (de quem os lícios herdariam o nome). Sarpédon e seu neto, Sarpédon, eram confundidos ainda na Antiguidade. Na *Ilíada* de Homero, o mais jovem era filho de Zeus e, ao lado do primo, Glauco, liderava os Lícios, que lutaram ao lado dos troianos. No decorrer da guerra, Sarpédon teve de enfrentar o amigo íntimo de Aquiles, Pátroclo. Então seu pai, Zeus, entristeceu-se com a perspectiva de perder o filho. Zeus deliberou se deveria ou não salvá-lo, então consultou Hera, que apontou que todos os deuses tinham filhos mortais que gostariam de salvar e que o favoritismo causaria contendas. Ela sugeriu que homenageasse o filho pedindo a Hipno e Tânatos ("sono" e "morte") que removessem seu corpo do campo de batalha e levassem-no para casa, na Lícia, para que recebesse o enterro adequado.

(Ver Aquiles, Belerofonte, Cadmo, Creta, Europa, Glauco [herói],
Hera, Hipno, Lícia, Pátroclo, Sólimo, Tânatos, Zeus)

SÊMELE: destacou-se pela maneira como morreu. Filha de Cadmo, rei e fundador de Tebas, e da esposa, Harmonia. Como aconteceu com várias donzelas adoráveis, ela chamou a atenção de Zeus, de quem engravidou. Hera soube do caso e, disfarçada da velha ama de Sêmele, induziu-a a duvidar que o amante fosse de fato divino. A deusa insistiu que ela deveria garantir que não se tratava apenas de um mortal afirmando ser Zeus. Na visita seguinte do deus, Sêmele, aflita, pediu-lhe um favor, e ele respondeu que concederia tudo o que ela desejasse. Como era Zeus quem garantia a santidade dos juramentos, não poderia negar seu pedido. Ela desejou que ele aparecesse em toda sua glória divina. Então ele apareceu como o deus das tempestades e o portador dos raios. Grávida, Sêmele entrou em combustão e morreu, mas Zeus foi capaz de salvar o feto não nascido, Dioniso, e costurou-o a sua coxa, em que o deus foi gestado. De acordo com a tragédia do dramaturgo Eurípedes, *As Bacantes*, as irmãs de Sêmele, Agave, Autônoe e Ino, com inveja da irmã, que se tornara mãe de um deus, espalharam o boato de que Dioniso não era deus e que o amante de Sêmele era, na verdade, mortal. Por isso, as irmãs foram punidas, sendo levadas a assassinar o filho de Agave, Penteu. O poeta romano Ovídio acrescenta que Ino, na verdade, serviu por um tempo como ama de Dioniso. Mas ele acabou sendo entregue às Ninfas do monte Nisa para que fosse criado.

(Ver Agave, Autônoe, Cadmo, Dioniso, Harmonia, Hera, Ino, Nisa, Penteu, Tebas, Zeus)

SEMÍRAMIS: rainha assíria, foi uma figura histórica, mas as narrativas sobre sua vida e feitos adquiriram aspectos lendários. Famosa pela grande beleza, afirmava-se que nascera da deusa da fertilidade do Oriente Próximo, Dérceto/Atargatis, e que fora alimentada por pombos e criada por pastores. De acordo com o historiador Diodoro Sículo, Semíramis era casada com um oficial assírio, mas acabou chamando a atenção do rei, Nino, que então desejou casar-se com ela. Sob ameaça do rei, o oficial cometeu suicídio, então Semíramis se tornou rainha. Após a morte de Nino, se tornou governante e recebeu o crédito de ter construído Babilônia, algo mencionado pelo o poeta romano Ovídio na história dos amantes infelizes, Píramo e Tisbe. Ela também liderou várias campanhas militares bem-sucedidas.

(Ver Babilônia, Píramo)

SETE CONTRA TEBAS: os sete capitães reunidos pelo rei Adrasto, de Argos, para auxiliar o filho de Édipo (e genro de Adrasto), Polinice, na tentativa de tomar o trono de Tebas do irmão, Etéocles. Os irmãos concordaram em compartilhar a coroa de Tebas governando alternadamente por um ano. Porém, Etéocles, que assumira o reinado primeiro, recusou-se a renunciar. Embora nem todas as fontes concordem com a identidade dos sete, costumam ser listados como Adrasto; Polinice; Tideu, o pai brutal de Diomedes; o orgulhoso e ímpio Capaneu; Hipomedonte; Partenopeu; e o advinho Anfiarau, que sabia de antemão que a campanha falharia. Todos os sete, exceto Adrasto, foram mortos e mais tarde vingados pelos filhos, os chamados epígonos.

(Ver Adrasto, Anfiarau, Argos, Capaneu, Diomedes, Édipo,
Epígonos, Etéocles, Partenopeu, Tebas, Tideu)

SIBILA DE CUMAS:
profetisas que, desde o nascimento, recebiam inspiração divina e serviam às divindades que as inspiravam ao longo de suas longas vidas. O historiador romano Varro destaca Sibilas conhecidas por todo o mundo greco-romano: Pérsia, Líbia, Delfos, Ciméria, Eritreia, Samos, Cumas, Helesponto, Frígia e Tibur. A mais famosa delas era a Sibila de Cumas, que residia na caverna da montanha de Cumas, na costa da Campânia, na Itália. De acordo com o poeta romano Virgílio, havia cem entradas para a vasta caverna, e de todas a voz da Sibila poderia ser ouvida. O herói Eneias foi enviado para consultá-la e, possuída pelo deus Apolo, ela falou-lhe sobre as guerras que travara no Lácio e que ele deveria colher certo ramo de ouro e oferecê-lo a Prosérpina. Além disso, também deveria enterrar seu camarada morto, Palinuro, a fim de obter acesso ao Mundo Inferior. Posteriormente, acompanhou o herói até os Campos Elísios, onde ele encontrou o pai, Anquises.

(Ver Anquises, Apolo, Campos Elísios, Cumas, Delfos, Eneias, Frígia,
Helesponto, Lácio, Mundo Inferior, Palinuro, Prosérpina)

SIDERO:
madrasta de Tiro, filha do sacrílego Salmoneu, rei da Salmona, em Elis. Pelos maus tratos a Tiro, seu neto, Pélias (ou Pélias e o irmão, Neleu), a matou.

(Ver Neleu, Pélias, Salmoneu, Tiro)

SÍNIS:
De acordo com o poeta grego Baquílides, Sínis, filho de Posídon, era homem verdadeiramente perverso que vivia no istmo de Corinto. Conhecido como Pitiocampto ("verga-pinheiro"), Sínis amarrava os braços e as pernas dos transeuntes aos pinheiros que envergava até o chão. Quando soltava as árvores, suas vítimas eram dilaceradas. Em seu caminho de Trezena a Atenas, o jovem herói Teseu livrou a Grécia dessa praga, submetendo-o à mesma tortura.

Outra versão, contada pelos mitógrafos Higino e Apolodoro, afirma que a tortura preferida de Sínis era outra: Sínis compelia os transeuntes a envergar, ou a ajudar a envergar, árvores, que soltava antes da hora, lançando assim as vítimas desavisadas ao ar.

(Ver Atenas, Corinto, Posídon, Teseu)

SÍNON: grego cuja perfídia é vividamente descrita na *Eneida* de Virgílio. Durante a Guerra de Troia, ele fingiu que os gregos o tinham destinado ao sacrifício humano e que havia escapado. O sacerdote Laocoonte advertiu os troianos para tomarem cuidado com o Cavalo de Troia, mas Sínon contou uma mentira que, concomitante à morte de Laocoonte, convenceu-os que o cavalo era inofensivo. De acordo com Sínon, os gregos haviam voltado para casa e deixado o cavalo como oferenda à Minerva, furiosa com os gregos porque Ulisses e Diomedes haviam roubado sua antiga estátua, chamada Paládio. A fúria da deusa teria causado o péssimo desempenho dos gregos na guerra.

(Ver Atenas, Diomedes, Laocoonte, Minerva, Troia, Ulisses)

SIQUEU (ou Sychaeus): falecido marido da rainha cartaginesa Dido. De acordo com a *Eneida* de Virgílio, Siqueu era o proprietário de terras mais rico da Fenícia e o irmão de Dido, Pigmalião, rei de Tiro, cobiçava sua riqueza. Impulsionado pela ganância, Pigmalião assassinou Siqueu e ocultou seu ato maligno de Dido. Algum tempo depois, o fantasma da vítima apareceu para Dido em um sonho e revelou o que havia sofrido. O fantasma de Siqueu também revelou a localização do esconderijo do ouro e da prata e instigou-a a fugir do país. Ela seguiu o conselho, reunindo aqueles que odiavam ou temiam o tirano Pigmalião. Dido partiu acompanhada pelos refugiados e, por fim, chegou à Líbia, onde fundou uma nova cidade, Cartago. Como consequência de seu desastroso caso de amor com o troiano Eneias, Dido cometeu suicídio. Porém, ela reencontrou seu amado Siqueu no Mundo Inferior.

(Ver Cartago, Dido, Eneias, Mundo Inferior, Pigmalião)

SÍSIFO: um dos pecadores canônicos do Mundo Inferior, seu destino era empurrar uma pedra morro acima apenas para que ela rolasse morro abaixo novamente quando chegasse ao topo. Sísifo era filho de Éolo, filho de Hélen, e avô de Belerofonte. Segundo algumas versões, foi o fundador de Corinto. Ele tornou-se conhecido pela astúcia e, para os deuses, era astucioso até demais. Por exemplo, seu gado era repetidamente roubado pelo filho de Hermes, Autólico, que podia mudar a aparência do gado que furtava (de preto para branco, retirando os chifres e assim por diante), então Sísifo marcou a sola dos cascos do que restava do gado, tornando os animais identificáveis. Entre as razões apresentadas por fontes antigas para sua punição eterna no Mundo Inferior estava o rapto de Tânatos ("morte"). Como resultado, ninguém mais morria. Então Ares interveio, libertando Tânatos e causando a morte de Sísifo. Por outro lado, o mitógrafo Apolodoro comenta a traição de Sísifo a Zeus, que havia secretamente raptado a filha do deus-rio Asopo, Egina. Essa seria a razão para sua punição no Mundo Inferior.

(Ver Belerofonte, Corinto, Egina, Éolo [herói], Helena,
Hermes, Mundo Inferior, Tânatos)

SÓLIMOS:
tribo guerreira que, como Homero e autores posteriores contam, viviam no leste da Lícia. Foram derrotados pelo herói Belerofonte que, montado no cavalo alado Pégaso, atacou-os por ordem do rei lício, Ióbates.

(Ver Belerofonte, Ióbates, Lícia, Pégaso)

TÂMIRIS:
conhecido desde a *Ilíada* de Homero como bardo da Trácia extremamente hábil em canto e cítara. No entanto, Tâmiris foi vítima da própria arrogância, gabando-se tolamente de que poderia superar as Musas. Pela presunção, as Musas o cegaram e o fizeram esquecer sua arte. Tâmiris também ficou conhecido como o primeiro homem a desejar outro homem. O jovem espartano Jacinto era o objeto de sua afeição.

(Ver Esparta, Jacinto, Musas, Trácia)

TÂNTALO:
lendário rei da Lídia e, assim como Sísifo e Íxion, um dos pecadores canônicos do Hades. No Mundo Inferior, a tortura eterna de Tântalo consistia em permanecer em um lago cujas águas baixavam assim que se curvava para beber. Além disso, a brisa afastava os galhos carregados de frutas para longe de seu alcance quando tentava colhê-los. Também havia uma rocha suspensa acima dele, sempre à ponto de cair, constituindo ameaça constante. Embora supostamente seja filho de Zeus e gozasse do favor dos deuses, uma grave ofensa, descrita de várias maneiras, ocasionou tal castigo. O poeta grego Píndaro narra duas razões para a punição. Tântalo jantou com os deuses, que compartilharam com ele néctar e ambrosia, alimento divino que o tornaria imortal, e ele compartilhou esse alimento com seus companheiros mortais. Outra versão diz que, em troca das refeições que compartilharam, Tântalo convidou os deuses para jantar, mas, como um teste de sabedoria, serviu-lhes o próprio filho, Pélops, de quem havia feito um ensopado. Felizmente, todos os deuses, exceto uma, perceberam que algo estava errado. Deméter, imersa em tristeza pela perda de Perséfone, comeu um pouco do ensopado. Zeus então reconstituiu e reanimou Pélops, substituindo sua omoplata mordiscada por marfim. Pélops se tornaria uma figura trágica por si só, assim como Níobe, filha de Tântalo.

(Ver Deméter, Hades [lugar], Íxion, Lídia, Mundo Inferior,
Níobe, Pélops, Perséfone, Sísifo, Zeus)

TARPEIA: filha do general romano Spurius Tarpeius, encarregado de proteger o Capitólio contra o ataque dos sabinos. Tarpeia traiu os romanos ao oferecer aos sabinos a entrada nas fortificações romanas em troca do que carregavam no braço esquerdo. Presume-se que Tarpeia tinha interesse em seus pesados braceletes de ouro, mas os sabinos a recompensaram com os escudos, esmagando-a, alegando que a morte era o que uma traidora merecia. Tarpeia deu seu nome a Rocha Tarpeiana, no Capitólio de Roma, de onde outros traidores foram lançados para a morte.

(Ver Capitólio, Sabinos, Roma)

TAUROS: povo que habitava a região agora conhecida como Península da Crimeia, no mar Negro. Entre seus reis estavam Perses, irmão do rei da Cólquida, Eetes e Toas, rei quando Ifigênia, salva de morrer pelas mãos do próprio pai, Agamêmnon, foi levada a Táurida por Ártemis. Era costume dos tauros sacrificar estranhos a Ártemis, e Ifigênia tornara-se sacerdotisa de Ártemis. Seu trabalho era preparar as vítimas humanas para o sacrifício, tarefa que desempenhou até ser resgatada pelo irmão, Orestes.

(Ver Agamêmnon, Ártemis, Cólquida, Eetes, Ifigênia, Orestes, Toas)

TÉLAMON: filho de Éaco, rei de Egina, e irmão de Peleu, mais conhecido por ser pai de Aquiles. Télamon e Peleu uniram forças para matar seu meio-irmão, Foco. Por isso, foram exilados pelo pai. Peleu foi para a Tessália, Télamon foi para a ilha de Salamina, onde se casou com a filha do rei, Glauce, e, após a morte do rei, tornou-se governante da ilha. Após a morte de Glauce, Télamon casou-se com Peribeia (ou Eribeia), que gerou Ájax, o Grande (ou Ájax Telamônio), que se tornaria um dos melhores guerreiros gregos. Télamon e Peleu participaram da caça ao javali de Cálidon e da jornada de Jasão em busca do velocino de ouro. No entanto, Télamon talvez seja mais lembrado por ter apoiado Hércules quando ele atacou Troia para se vingar de uma ofensa. Como recompensa por salvar sua filha, Hesíona, de um monstro marinho, o rei troiano, Laomedonte, havia prometido dar a Hércules os maravilhosos cavalos que recebera de Zeus. Todavia, o monarca não cumpriu a promessa. Télamon foi o primeiro a suplantar as muralhas de Troia e, por isso, Hércules, que jamais admitia ser superado, quase o matou. Télamon salvou-se alegando que estava construindo um altar em honra a Hércules. Então Hércules concedeu-lhe a mão de Hesíona, que se tornaria mãe de Teucro.

(Ver Ájax Telamônio, Aquiles, Cálidon, Éaco, Egina [lugar], Hércules, Hesíona, Jasão, Laomedonte, Peleu, Salamina, Tessália, Teucro, Troia)

HERÓIS, HEROÍNAS E POVOS

TÉLEFO: filho de Hércules e da princesa Auge, sacerdotisa de Atena, filha de Áleo, rei de Tegeia, na Arcádia. Como Auge engravidou fora do casamento, ela abandonou o filho, Télefo, nas imediações de Atenas, onde foi mais tarde descoberto por seu pai, Aleu, que então ordenou que Télefo fosse deixado no monte Partênio, onde foi resgatado por uma corça que, tendo um cervo recém-nascido, cuidou dele até que fosse encontrado por pastores. Auge, por sua vez, foi expulsa, para ser vendida ou afogada. No entanto, ela escapou desses destinos, tornando-se esposa (ou filha adotiva) de Teutras, rei da Teutrania, na Mísia. De acordo com outra versão, Aleu pôs Auge e Télefo em um baú e deixou-os à deriva no mar. Porém, ao contrário do que se esperava, sobreviveram e chegaram a Mísia, de onde Télefo mais tarde se tornou governante. Quando os gregos chegaram ao local a caminho de Troia, Télefo foi ferido por Aquiles, e a ferida não sarava. O oráculo de Apolo disse-lhe que apenas a fonte da ferida poderia curá-la. Então ele partiu em busca de Aquiles, que, mesmo disposto a ajudá-lo, alegou não ser curandeiro. De acordo com o mitógrafo Higino, Ulisses explicou-lhe que a lança de Aquiles, e não Aquiles, representava a cura adequada. Então raspou um pouco da ferrugem da ponta sobre a ferida, que sarou instantaneamente. Em gratidão, Télefo mostrou aos gregos o caminho para Troia.

(Ver Apolo, Aquiles, Atena, Hércules, Troia, Ulisses)

TELÊMACO ("aquele que combate à distância"): filho de Odisseu, rei de Ítaca, e de Penélope. Quando Odisseu partiu para Troia, Telêmaco era apenas uma criança. Todavia, após a ausência de vinte anos, seu pai retornou e encontrou o filho crescido. Telêmaco tornou-se um aliado hábil e auxiliou Odisseu a reconquistar sua casa e seu reino dos desregrados pretendentes de Penélope. A *Odisseia* de Homero narra o processo de amadurecimento de Telêmaco. Afirmando-se pela primeira vez, convocou uma assembleia do povo de Ítaca, o que não ocorria na ilha há muito tempo, então viajou à Grécia continental para obter notícias do pai com o velho rei de Pilos, Nestor, e com Menelau, em Esparta. Havia a lenda de que Telêmaco acabou se casando com a feiticeira Circe, que fez dele e da mãe, Penélope, imortais.

(Ver Circe, Esparta, Ítaca, Menelau, Nestor, Odisseu, Penélope, Pilos, Troia)

TEREU: supostamente filho de Ares, o deus da guerra. Rei trácio culpado por um crime terrível que teve, por consequência, uma punição também terrível. Quando a cidade de Atenas estava sob ataque, Tereu levou suas forças para acudir o rei ateniense, Pandíon. Pela gentileza, ele recompensou Tereu oferecendo-lhe a filha, Procne, como noiva. Passados cinco anos, Procne, saudosa da irmã, Filomela, implorou a Tereu que a deixasse visitar Atenas ou que a irmã fosse visitá-la. Tereu aquiesceu e partiu para Atenas buscar Filomela. No entanto, assim que pôs os olhos em Filomela, foi dominado pela paixão. Quando finalmente Tereu e Filomela chegaram à Trácia, ele a levou para uma cabana na floresta e a estuprou. Quando Filomela ameaçou expor seu crime, ele cortou a língua com a espada. Procne foi informada de que a irmã havia morrido no mar. Embora Filomela não pudesse falar, encontrou outro meio de documentar seu sofrimento: voltou-se para o tear, e teceu sua história na tapeçaria que deu à velha que a servia. Desta forma, Procne descobriu o crime de Tereu, resgatou a irmã e as duas planejaram sua vingança. As irmãs assassinaram o pequeno filho de Tereu, Ítis, e fizeram um ensopado com ele, e o serviram a Tereu, que comeu com gosto. Então ele pediu que lhe trouxessem o filho e Filomela apareceu com a cabeça de Ítis. Revelado o horror que havia acontecido, Tereu atacou as irmãs com a espada. Enquanto fugiam, Filomela transformou-se em rouxinol e Procne em andorinha. Tereu, por sua vez, tornou-se poupa, espécie de ave que se distingue pelas vistosas penas da coroa.

(Ver Ares, Atenas, Filomela, Procne, Trácia)

TERSANDRO: filho de Polinice, neto de Édipo e de Argia, filha do rei Adrasto, de Argos. Adrasto havia liderado os Sete Contra Tebas, que atacara Tebas para assegurar o trono de Polinice. Após a derrota dos Sete e a morte de todos os capitães, exceto Adrasto, Tersandro organizou a segunda campanha contra Tebas, cujos líderes eram os filhos dos Sete originais, os chamados epígonos. Assim como seu pai, Tersandro recorreu ao suborno para reunir o contingente. Ofereceu à esposa do vidente Anfiarau, Erifila, o glorioso e cobiçado manto (ou colar) de Harmonia para que convencesse o filho, Alcméon, a liderar a campanha. Como consequência da empreitada militar, Tebas caiu e Tersandro tornou-se seu governante. Ele também teria participado da Guerra de Troia e foi morto pelo rei mísio, Télefo, em um ataque, ou sobreviveu ao ataque e tornou-se um dos gregos que se ocultara dentro do Cavalo de Troia.

(Ver Adrasto, Alcméon, Anfiarau, Argos, Epígonos, Erifila, Etéocles, Harmonia, Sete Contra Tebas, Tebas, Télefo, Troia)

TESEU: lendário rei e o herói ateniense mais importante. Sua vida agitada foi narrada em detalhes por seu biógrafo, Plutarco, e pelo mitógrafo Apolodoro. Dizia-se que Teseu era filho do rei ateniense Egeu e de Posídon. Sua ascendência incomum, semelhante à de Hércules, foi resultado da consulta de Egeu ao oráculo de Delfos, visando encontrar a solução à falta de filhos, e da visita subsequente a Trezena, onde reinava seu amigo Piteu. Egeu viu-se perplexo perante o enunciado do oráculo, que afirmava que deveria esperar para abrir seu odre somente em casa. Mas Piteu compreendeu o significado, garantiu que Egeu ficasse bêbado e providenciou para que a filha, Etra, dormisse com dele. Acontece que Posídon visitou Etra na mesma noite. Antes de partir para Atenas, no dia seguinte, Egeu disse a Etra que, caso engravidasse dele, deveria instruir o menino a recuperar a espada e as sandálias que ele escondera sob uma rocha e, então, ir para Atenas. De fato, Etra estava grávida de um menino. Assim que o filho ficou forte o suficiente para dar conta da tarefa, ele recuperou os itens que Egeu havia escondido. De acordo com Plutarco, Etra nomeou o menino Teseu baseada no acondicionamento desses itens (*Thĕseús*, em grego) ou talvez porque, posteriormente, Egeu assumira-o oficialmente como filho e herdeiro (*themenos*, "o que fora oficializado"). Teseu admirava Hércules e desejava imitá-lo, por livrar a humanidade de uma miríade de ameaças. Então o jovem Teseu partiu para Atenas não por mar, que teria sido a rota mais curta e fácil, e sim por terra, através do istmo de Corinto. No caminho, encontrou uma série de malfeitores, que eliminou submetendo-os ao mesmo tratamento a que submetiam suas vítimas. Entre eles estavam Perifetes, que matava os viajantes com uma clava de bronze; Sínis, que amarrava as vítimas a um pinheiro envergado, que, quando solto, lançava-os para a morte; Círon, que empurrava aqueles que lavavam seus pés dos penhascos onde se sentava; e Procrusto, que oferecia uma cama aos viajantes, mas garantia que se ajustassem perfeitamente às dimensões do leito, fosse esticando-os ou amputando-os. Teseu chegou a Atenas e foi recebido por Egeu. Porém, o jovem foi imediatamente odiado por Medeia, com quem Egeu casara, uma vez que ela lhe prometera um herdeiro. Ela tentou matar Teseu, oferecendo-lhe uma taça de vinho envenenado. No entanto, Egeu, que Medeia havia feito suspeitar do jovem, reconheceu a espada de Teseu e, assim que ele ergueu a taça para beber, Egeu jogou-a no chão. Teseu foi declarado herdeiro de Egeu, pronunciamento que ocasionou resistência por parte dos sobrinhos de Egeu, que se rebelaram. Teseu venceu os homens dos primos, que haviam tentado emboscá-lo, e tratou de ganhar o apoio do povo ateniense. Primeiro, capturou o touro de Maratona, que assolava o campo. Era o mesmo touro pelo qual Pasífae, esposa do rei Minos, de Creta, havia se apaixonado e com o qual tivera o Minotauro. Nessa época, os atenienses tinham a obrigação de enviar sete rapazes e sete moças a Creta a cada nove anos, para que o Minotauro os consumisse, como expiação pelo assassinato do filho de Minos, Andrógeu. Teseu ofereceu-se para ser enviado entre as oferendas, pois tinha a intenção de matar o Minotauro. O herói de fato cumpriu a missão, com a ajuda da filha de Minos, Ariadne, que se apaixonou por ele à primeira vista e deu-lhe um novelo de lã para que desenrolasse enquanto caminhava pelo labirinto que abrigava o Minotauro, garantindo assim que encontrasse o caminho de volta. Pela ajuda, Teseu prometeu fazer de Ariadne sua esposa e levá-la de volta consigo para Atenas. Mas Teseu abandonou Ariadne na ilha de Dia (Naxos), de onde foi felizmente resgatada pelo deus Dioniso — o abandono era um ponto de controvérsia para os autores clássicos. Enquanto isso, Egeu via-se ansioso, aguardando o retorno de Teseu. Ele instruíra o filho a hastear uma vela branca para sinalizar a vitória e uma vela escura para sinalizar a morte. Distraído, Teseu esqueceu de hastear a vela branca, fazendo com que Egeu saltasse da Acrópole para a morte. Então Teseu tornou-se rei e uniu todos os povoados antes espalhados. Dessa forma, estabeleceu Atenas propriamente dita. Como rei de Atenas, Teseu uniu forças com Hércules em sua contenda tardia com as amazonas, o que causou o ataque das guerreiras à Acrópole. Teseu derrotou-as e, com a rainha amazona Hipólita (ou Antíope), tornou-se pai de Hipólito, por quem a esposa de Teseu, Fedra, filha de Minos, desenvolveu a paixão que a levou ao suicídio, além de fazer com que Teseu lançasse uma maldição sobre Hipólito. As coisas foram de mal a pior quando Teseu tentou sequestrar Helena de Esparta, na época com apenas 12 anos de idade. Em seguida, decidiu ajudar seu amigo Pirítoo, rei lápita, a sequestrar a rainha do Mundo Inferior, Perséfone, para tomá-la como noiva. Tanto Teseu quanto Pirítoo foram aprisionados no Mundo Inferior, mas Teseu garantiu sua libertação com a intervenção de Hércules. Após seu retorno, Teseu encontrou Atenas em crise, pois seus aliados o haviam abandonado. Por isso, deixou Atenas e foi para a ilha de Ciros, onde o rei Licomedes, aflito pela presença de alguém tão poderoso em seu reino, o matou. Após a morte, Teseu foi elevado à condição de semideus pelos atenienses, a quem mais tarde auxiliou quando ameaçados pelos persas, no decorrer das Guerras Persas (499 a 449 a.C.).

(Ver Acrópole, Amazonas, Androgeu, Antíope, Ariadne, Atenas, Círon, Ciros, Corinto, Creta, Delfos, Dioniso, Egeu [herói], Etra, Fedra, Helena, Hércules, Hipólita, Hipólito, Lápitas, Licomedes, Medeia, Minos, Minotauro, Naxos, Pasífae, Perséfone, Pirítoo, Piteu, Posídon, Procrusto, Sínis)

TÉSTIO: rei mítico etoliano, cujo pai era muitas vezes mencionado como o deus Ares ou Agenor, descendente de Doro. De acordo com o mitógrafo Apolodoro, Téstio teve vários filhos com Eurítemis, filha de Cleobeia. Suas filhas, todas figuras proeminentes na mitologia, foram Alteia, mãe de Meléagro; Leda, mãe de Helena de Esparta (e Troia), de Clitemnestra e dos Dióscuros; e Hipermnestra, mãe do advinho Anfiarau. Seus filhos participaram da caça ao javali de Cálidon. Meléagro entregou a pele do javali à merecedora caçadora Atalanta, mas seus tios a tomaram, considerando vergonhoso tal prêmio ser dado a uma mulher. Pela afronta, Meléagro os matou. Enfurecida pela morte de seus irmãos, a mãe de Meléagro, Alteia, atirou no fogo a acha de lenha que representava seu tempo de vida.

(Ver Agenor, Alteia, Anfiarau, Ares, Atalanta, Cálidon, Clitemnestra, Dióscuros, Doro, Helena, Hipermnestra, Leda, Meléagro)

TEUCRO: há dois heróis notáveis com este nome. Um era filho do deus-rio Escamandro e de Ida, Ninfa do monte Ida, na Tróada (região em torno do futuro local de Troia). Porém, outra versão afirmava que era um imigrante de Creta. Este Teucro foi o primeiro rei de Tróada e os troianos foram chamados de teucros por isso. Ele foi sucedido por Dárdano, que casou com sua filha. Tanto Teucro quanto Dárdano são ancestrais dos reis de Troia. O outro era filho do herói Télamon e de Hesíona, filha do rei troiano Laomedonte. Seu meio-irmão era Ájax, o Grande, com quem lutou lado a lado na Guerra de Troia.

(Ver Ájax Telamônio, Creta, Dárdano, Hesíona, Ida, Laomedonte, Télamon, Troia)

TEUCROS: os troianos às vezes eram chamados de teucros em homenagem a Teucro, um ancestral dos reis troianos.

(Ver Teucro, Troia)

TÍADES ("tempestuosas"): outro nome para Mênades ou Bacantes, as adoradoras femininas de Dioniso. O nome é referência à dança selvagem das mulheres enquanto possuídas pelo deus.

(Ver Bacantes, Dioniso, Mênades)

TIDEU: filho de Eneu, rei de Cálidon, e foi pai de Diomedes, um dos melhores e mais bravos gregos que lutaram em Troia. Tideu fora exilado de Cálidon e rumara para Argos, onde o rei Adrasto prometeu ajudá-lo a conquistar o trono de Cálidon se ele auxiliasse Polinice em sua empreitada pelo trono de Tebas. Tideu juntou-se a Adrasto e a famosa campanha dos Sete Contra Tebas, e foi mortalmente ferido. O mitógrafo Apolodoro conta que ele fora candidato à imortalidade. Entretanto, exigiu a cabeça de Melanipo, que o havia ferido, e sugou seu cérebro. Então Atena, horrorizada, negou-lhe a bênção.

(Ver Adrasto, Argos, Atena, Cálidon, Diomedes, Polinice, Sete Contra Tebas, Tebas, Troia)

TIESTES: filho de Pélops e de Hipodamia. Pélops ganhou a mão da esposa por meio de um engodo. Por isso, uma maldição foi lançada sobre ele e seus descendentes e sua vida foi marcada pela tragédia. Ele e o irmão, Atreu, mataram seu meio-irmão, Crisipo, a pedido da mãe e, como resultado, foram exilados. Atreu casou com Aérope, princesa de Creta, e tiveram Agamêmnon e Menelau. Tiestes mais tarde seduziu Aérope (ou ela se apaixonou por ele) que o ajudou a obter um velocino de ouro que Atreu mantinha escondido em vez de presenteá-lo à deusa Ártemis, como deveria. Quando o trono de Micenas ficou vago, os habitantes da cidade foram instruídos por um oráculo a apontar um dos filhos de Pélops como rei. Então Tiestes, que, sem o conhecimento do irmão, estava de posse do velocino, determinou que a posse do artefato deveria ser o critério decisivo. Assim, tornou-se rei de Micenas. Porém, Atreu se vingaria. Alegando que houvera trapaça, sugeriu que o trono fosse concedido a quem pudesse reverter o curso do sol, algo que fez com ajuda de Zeus. Então Atreu se tornou o rei de Micenas. Ele convidou Tiestes para um banquete e alimentou-o com os filhos do irmão. As cabeças e as mãos das vítimas foram apresentadas a Tiestes como prova. Então Tiestes foi exilado e, talvez sem saber, teve Egisto com a própria filha, Pelopia. Enquanto ela estava grávida, casou-se com Atreu, que acreditava que Egisto fosse seu filho. Quando a fome assolou a terra, o oráculo de Delfos indicou que Atreu encontrasse e trouxesse Tiestes de volta. Ele cumpriu a demanda, mas instruiu Egisto a matá-lo. Porém, Tiestes reconheceu a espada de Egisto, que fora sua, e a verdadeira paternidade de Egisto tornou-se conhecida. Então Egisto matou Atreu. Tiestes tornou-se rei de Micenas outra vez, por breve período, pois foi deposto pelo rei espartano, Tíndaro, que agia em nome dos filhos de Atreu, Agamêmnon e Menelau.

(Ver Aérope, Agamêmnon, Atreu, Creta, Delfos, Egisto, Esparta, Hipodamia, Menelau, Micenas, Pélops, Tântalo, Tíndaro, Zeus)

TÍNDARO: lendário rei de Esparta. Há diversos registros sobre seus pais. Eles podem ter sido o rei espartano Ébalo e a Ninfa Náiade Bateia, ou Perieres, neto de Hélen, e a filha do herói Perseu, Gorgofóne. Segundo o mitógrafo Apolodoro, após ser expulso de Esparta pelo irmão (ou meio-irmão), Tíndaro foi à corte de Téstio, rei da Etólia, onde recebeu a princesa Leda em casamento. Com a ajuda de Hércules, Tíndaro voltou a Esparta e reivindicou o trono. Como rainha de Esparta, Leda teve filhos com Tíndaro e Zeus, que era o pai de Helena (e, de acordo com algumas fontes, também de Pólux e talvez de Castor), Tíndaro foi pai de Clitemnestra e talvez de Castor e Pólux (ou apenas de Castor). Quando chegou o momento de Helena se casar, Tíndaro enfrentou um verdadeiro desafio, pois todos os nobres elegíveis da Grécia vieram pedir sua mão. O astuto Odisseu aconselhou-o a pedir que todos os pretendentes jurassem defender o homem escolhido caso, no futuro, sofresse alguma desfeita relacionada ao casamento. Dessa forma, não haveria conflito entre os pretendentes. Foi Tíndaro ou Helena quem escolheu Menelau, o irmão mais novo de Agamêmnon, e Menelau sucederia Tíndaro ao trono. O juramento dos pretendentes se provou essencial, pois o príncipe troiano, Páris, levara Helena consigo para Troia. Diante disso, todos os ex-pretendentes de Helena tiveram de auxiliar Menelau a resgatá-la. Quanto aos demais filhos (ou enteados) notáveis de Tíndaro, Clitemnestra, futura assassina do marido, tornou-se a rainha de Micenas, e os gêmeos Castor e Pólux deuses.

(Ver Agamêmnon, Castor, Esparta, Helena, Leda, Menelau, Micenas, Náiades, Odisseu, Páris, Perseu, Pólux, Troia, Zeus)

HERÓIS, HEROÍNAS E POVOS

TIRÉSIAS: advinho tebano. Descendente dos espartos, os "homens semeados" que brotaram do solo depois que Cadmo, fundador de Tebas, semeara os dentes do dragão. Assim como muitos que receberam inspiração divina, era cego, e o mitógrafo Apolodoro descreve várias possíveis causas. Ele teria revelado os segredos dos deuses aos humanos; visto a deusa Atena nua; ou afirmado que as mulheres sentiam mais prazer em fazer amor do que os homens, declaração que despertou a raiva de Hera. Acontece que Tirésias possuía méritos únicos para avaliar o último tema, pois já vivera tanto na forma de homem quanto na forma de mulher. Certa vez, pisou em uma cobra fêmea que se acasalava com uma cobra macho, então transformou-se em mulher. Ao repetir o processo, mais tarde, agora pisando no macho, transformou-se em homem de novo. Tirésias serviu fielmente aos tebanos por três gerações. Quando Dioniso foi a Tebas para apresentar seu culto à Grécia, Tirésias sabiamente aconselhou o jovem governante, Penteu, a aceitar o deus, como ele e o idoso Cadmo haviam feito. Mais tarde, revelou a Édipo que ele próprio, e não algum bandido desconhecido, era o assassino do rei Laio, de Tebas, e, portanto, sem saber, Édipo cometera incesto com a mãe. Tirésias sabia também que Creonte, que se tornou governante de Tebas, errara ao negar sepultamento a Polinice, filho de Édipo, e que isso resultaria em desastre. Mesmo morto, Tirésias manteve seus poderes proféticos, pois seu espírito apareceu a Odisseu e profetizou todas as provações que o herói enfrentaria.

(Ver Atena, Cadmo, Creonte, Dioniso, Édipo, Hera, Laio, Odisseu, Penteu, Polinice, Tebas)

TIRO: bela filha de Salmoneu, que, por excesso de orgulho, passara-se por Zeus, ofensa pela qual pagou com a vida. Segundo Homero, Tiro tornou-se esposa de Creteu, filho de Éolo e rei de Iolco, mas se apaixonou pelo deus-rio Enipeu. O deus Posídon a desejou e, disfarçando-se de Enipeu, a envolveu. Tiveram Pélias, que se tornaria rei de Iolco, e Neleu, futuro rei de Pilos. O mitógrafo Apolodoro acrescenta que ela abandonou os filhos e que foram criados pelo tratador do cavalo que dera um coice em Pélias. Mais tarde, reuniram-se com a mãe e vingaram os maus tratos que ela sofrera nas mãos da madrasta de Tiro, Sidero, matando-a, embora ela tivesse buscado refúgio no templo da deusa Hera. Com Creteu, Tiro teve Feres, que se tornaria pai de Admeto e de Ésão, futuro rei de Iolco e pai do herói Jasão.

(Ver Admeto, Éolo, Hera, Iolco, Jasão, Neleu, Pélias, Pilos, Posídon, Salmoneu, Sidero, Zeus)

TISBE: a garota mais bonita da Babilônia. Amada pelo vizinho, Píramo. A dramática história de seu amor proibido é o mito, ou a explicação, para o avermelhamento do fruto da amora.

(Ver Babilônia, Píramo)

TITONO: filho do rei de Troia, Laomedonte, e irmão de Príamo, o rei de Troia na época da Guerra. Titono era belo e foi raptado por Eos, deusa do amanhecer. Ela viu-se tão encantada por ele que pediu a Zeus que o tornasse imortal, esquecendo-se, entretanto, de pedir que Titono deixasse de envelhecer. Assim, com o tempo, ele definhou, então Eos o manteve cativo. Por fim, nada mais restava dele, exceto o chilrear da voz. Segundo algumas versões, tornou-se uma cigarra (ou gafanhoto).

(Ver Eos, Laomedonte, Príamo, Troia, Zeus)

TOAS: há vários personagens com este nome. Um é rei do povo bárbaro conhecido como tauros. Era governante quando a filha de Agamêmnon, Ifigênia, foi levada a Táurida por Ártemis. Lá, Ifigênia se tornaria sacerdotisa da deusa, encarregada de preparar forasteiros para o sacrifício, pois era costume dos tauros sacrificar visitantes. Outro foi rei da ilha de Lemnos, o único homem a ser poupado quando as mulheres (chamadas mulheres lemníades) mataram todos os seus familiares do sexo masculino. Toas foi escondido pela filha, Hipsípile, e escapou ou, segundo algumas narrativas, mais tarde foi descoberto e morto pelas mulheres. Um terceiro Toas é rei da Etólia, que lutou bravamente e sobreviveu à Guerra de Troia.

(Ver Agamêmnon, Ártemis, Hipsípile, Ifigênia, Lemnos, Mulheres Lemníades, Tauros, Troia)

TRIPTÓLEMO: herói civilizador que se diz ter sido o primeiro a semear para o cultivo. Tinha ligação próxima com Deméter e com o santuário da deusa em Elêusis. Sua linhagem tem variações: era conhecido como filho de Céleo, rei de Elêusis, e da esposa, Metanira, e até mesmo como filho de Oceano e Gaia. Como escreve o poeta romano Ovídio, Ceres (Deméter romana) deu a carruagem a Triptólemo, que era puxada por dois dragões alados, e instruiu-o a semear a terra com grãos, passando por terras lavradas e não lavradas.

(Ver Céleo, Ceres, Deméter, Elêusis, Gaia, Oceano [deus], Perséfone)

TROILO: considerado um dos muitos filhos do rei Príamo, de Troia, e de Hécuba. Por outro lado, o mitógrafo Apolodoro escreve que nasceu de Hécuba e Apolo. Troilo ficou conhecido na Antiguidade principalmente pela maneira como morreu, cujos detalhes variam de autor para autor, exceto que teria morrido nas mãos do herói Aquiles. Por exemplo, diz-se que Troilo foi encurralado pelo herói no santuário do deus Apolo e foi morto no próprio altar; ou foi morto na praia enquanto exercitava seus cavalos.

(Ver Apolo, Aquiles, Hécuba, Príamo, Troia)

TRÓS: homônimo dos troianos e filho de Erictônio, rei da Dardânia, que recebera o mesmo nome do fundador do reino, Dárdano. Com Calírroe, filha do deus-rio Escamandro, ele teve Ilo, que fundaria a cidade de Troia. É também considerado, segundo algumas versões, pai de Ganimedes, o belo jovem que Zeus sequestrou para tornar seu copeiro no monte Olimpo.

(Ver Dárdano, Erictônio, Ganimedes, Ilo, Olimpo, Escamandro, Troianos, Troia, Zeus)

TURNO: o jovem e belo rei dos rútulos, povo italiano que vivia no sul do Lácio. Ele desejava casar-se com Lavínia, filha do rei laurentino, Latino, e a esposa de Latino, Amata, favorecia o casamento. No entanto, a união não aconteceria, pois uma profecia fez com que o pai de Lavínia a oferecesse ao troiano Eneias. Turno, pressionado por Juno, liderou os outros latinos em uma guerra contra Eneias. No decorrer do conflito, Turno matou Palante, filho do aliado de Eneias, Evandro, e foi brutalmente morto pelo herói, que buscava vingança.

(Ver Amata, Eneias, Evandro, Juno, Latino, Lácio, Lavínia, Palante, Rútulos, Turno)

ULISSES (*Ulíxes* em latim): nome latino de Odisseu, herói grego conhecido pela grande astúcia, assim como pela bravura e força. Ele foi creditado pela criação do Cavalo de Troia, artimanha empregada pelos gregos para que, após um período de dez anos, por fim tomassem a cidade de Troia. Ulisses superou incontáveis obstáculos na jornada de dez anos de volta para casa, Ítaca.

(Ver Odisseu, Troia)

XUTO: filho de Hélen, lendário ancestral de todos os gregos, e irmão de Doro e Éolo. Hélen confiou a cada um dos filhos a regência de uma parte da Grécia. Xuto recebeu o Peloponeso, mas foi expulso pelos irmãos devido aos planos expansionistas. Ele foi a Atenas, onde o rei Erecteu deu-lhe a filha, Creúsa, como noiva. Então tiveram Íon, que se tornaria o herói epônimo dos jônios, e Aqueu, que fundaria Acaia. De acordo com o poeta trágico Eurípides, Xuto sucedeu Erecteu como rei de Atenas. Entretanto, de acordo com Pausânias, Xuto escolheu Cécrops, filho de Erecteu, para assumir esse papel.

(Ver Aqueu, Aqueus, Atenas, Cécrops, Creúsa, Doro, Éolo, Erecteu, Hélen, Íon, Jônios)

ZETES: ele e o irmão gêmeo, Calais, eram filhos de Bóreas, o vento norte, e da filha do rei ateniense Erecteu, Orítia, que Bóreas havia estuprado. Por causa do pai, são conhecidos como "boréades". Os jovens tinham asas, característica herdada do pai. Segundo o poeta romano Ovídio, as asas só cresceram depois que atingiram a puberdade. Os dois acompanharam Jasão e os Argonautas na busca pelo Velocino de

Ouro e foi no decorrer dessa aventura que resgataram o pecador trácio Fineu da tortura das harpias, que roubavam toda a sua comida. De acordo com o poeta Apolônio de Rodes, os gêmeos hesitaram em ajudar Fineu, pois temiam a vingança dos deuses que haviam determinado a punição. Incentivados pela afirmação do clarividente Fineu de que não tinham nada a temer, voaram em perseguição às harpias, que quase capturaram. No entanto, foram impedidos por Íris (ou Hermes), que jurou que as harpias não incomodariam mais Fineu. O mitógrafo Apolodoro narra outra versão do mito: perseguidas por Zetes e Calais, uma harpia caiu para a morte em um rio no Peloponeso e outra morreu de exaustão. Zetes e Calais morreram nas mãos de Hércules, que se enfurecera ao descobrir que haviam persuadido os Argonautas a deixá-lo para trás, na Mísia, onde ele procurava por seu jovem companheiro e amante, Hilas, raptado por Ninfas.

(Ver Argonautas, Atena, Bóreas, Erecteu, Fineu, Hércules, Hermes, Hilas, Íris, Jasão, Oritia)

ZETO: ele e o irmão gêmeo, Anfião, são filhos de Zeus e Antíope. Os dois foram abandonados após o nascimento, mas acabaram sendo encontrados e criados por pastores. Mais tarde, reuniram-se com a mãe, Antíope, que havia sido presa e torturada por Lico, rei de Tebas, e por sua esposa, Dirce. Então se vingaram do casal real. Zeto e Anfião tornaram-se governantes da cidade de Tebas, cujas muralhas construíram. Zeto levantava as pesadas pedras e Anfião encantava-as com a lira. A cidade, que antes era chamada de Cadmeia em honra a seu fundador, Cadmo, passou a ser chamada de Tebas em honra à esposa de Zeto, Tebe.

(Ver Anfião, Antíope, Cadmo, Dirce, Lico, Tebas, Zeus)

PARTE

III

MONSTROS PRODÍGIOS E CRIATURAS HÍBRIDAS

ANTEU: gigante líbio, filho de Posídon e de Gaia ("terra"). De acordo com o mitógrafo Apolodoro, Anteu desafiava os viajantes para uma luta, mas sua vitória era inevitável. O poeta Píndaro acrescenta que ele usava os crânios das vítimas para cobrir o templo do pai, Posídon. Anteu deparou-se com um adversário à altura quando Hércules passou pela Líbia a caminho de recuperar os pomos de ouro das Hespérides. Sabendo que Anteu tirava força do contato com a terra (sua mãe), Hércules o suspendeu e o apertou, levando-o a morte.

(Ver Gaia, Hércules, Hespérides, Posídon)

ARGES ("o reluzente"): ciclope, gigante de um olho só nascidos dos deuses elementais Úrano ("o céu") e Gaia ("a terra"). Segundo o poeta grego Hesíodo, no relato da origem dos deuses, era irmão de Brontes e Estérope.

(Ver Ciclopes, Gaia, Úrano)

ARGOS (ou Argus): gigante, o "cem-olhos", como era chamado, talvez tivesse quatro ou quem sabe mil olhos, de acordo com o poeta Hesíodo e o dramaturgo Ésquilo, respectivamente. O mitógrafo Apolodoro acrescenta que seus olhos cobriam-lhe o corpo inteiro, e para Ovídio, Argos tinha cem olhos e apenas dois deles se fechavam quando descansava. Assim como havia relatos divergentes sobre a aparência, não havia consenso sobre a linhagem. Apolodoro lista quatro possíveis pais humanos, ao passo que para Ésquilo ele nasceu diretamente da terra e, portanto, era autóctone. Argos ficou conhecido por ser o guardião da bela donzela Io, a quem Zeus cortejava. Para ocultar as travessuras amorosas da esposa ciumenta, Hera, o deus transformou a pobre Io em novilha. Quando Hera, suspeitando do engodo, pediu a Zeus a novilha de presente, ele não teve como recusar. Depois de receber Io, Hera encarregou Argos da missão de protegê-la. Porém, a novilha foi resgatada por Hermes, que matou o monstro. A morte de Argos foi o que garantiu a Hermes o nome de "Argifontes", "O Matador de Argos". Em homenagem ao servo devotado, Hera colocou os olhos de Argos nas penas da cauda do pavão, seu pássaro sagrado. Outras façanhas menos conhecidas de Argos são registradas por Apolodoro, que menciona que ele, muito forte, matou um touro que devastava a Arcádia; um sátiro que roubava o gado dos arcadianos; o monstro Équidna, que assediava os viajantes; e os culpados de assassinar Ápis, rei do Peloponeso.

(Ver Arcádia, Équidna, Hera, Hermes, Io, Sátiros, Zeus)

AVES DO LAGO ESTINFALO: de acordo com o mitógrafo Apolodoro, as infame Aves do Lago Estinfalo empoleiravam-se em denso bosque às margens do Lago Estinfalo, próximo à cidade de mesmo nome, na Arcádia. Pausânias acrescenta que comiam homens, e Higino conta que os pássaros disparavam as penas como projetéis. Qualquer que fosse a ameaça que representavam, Hércules foi ordenado a matar ou a afugentar esses pássaros, o sexto de seus famosos trabalhos. O herói realizou a tarefa com a ajuda de Atena, que lhe deu um chocalho de bronze para assustar os pássaros, fazendo com que deixassem seus esconderijos. Assim que levantaram voo, ele alvejou-os a flechadas.

(Ver Arcádia, Atena, Estinfalo, Hércules)

BRIARÉU

("o poderoso"): também conhecido como Egéon, um dos três hecatonquiros, monstros de cem mãos e cinquenta cabeças nascidos da deusa da terra, Gaia, e filhos de Úrano. De acordo com o poeta Hesíodo, seus irmãos incluíam os três ciclopes e os doze deuses titãs. Dentre os hecatonquiros, somente Briaréu adquiriu mitos particulares. Para Homero, ele era filho de Posídon e foi convocado por Tétis para impedir que o pai, Hera e Atena se revoltassem contra Zeus e o acorrentassem. Pausânias, por outro lado, reproduz um mito que explica como o Posídon passou a ter direito especial ao istmo de Corinto. Ele e o deus sol Hélio disputavam o controle do istmo, então Briaréu negociou um acordo, em que Posídon ficaria com o istmo enquanto Hélio controlaria a Acrópole de Corinto ou o Acrocorinto. Mais tarde, Hélio transferiria o Acrocorinto para Afrodite.

(Ver Afrodite, Ciclopes, Corinto, Egéon, Gaia, Hecatonquiros, Olimpo, Posídon, Titãs, Úrano, Zeus)

BRONTES

("o trovejante"): descendente dos ciclopes, filhos dos deuses Úrano e Gaia. Seus irmãos, segundo o poeta grego Hesíodo, eram Arges e Estérope.

(Ver Ciclopes, Gaia, Úrano)

CACO

("o maligno", também grafado *Kakos*): gigante meio-humano, sanguinário e cuspidor de fogo, filho de Vulcano. No épico *Eneida*, o poeta romano Virgílio narra a única história real sobre ele, contada em detalhes ligeiramente diferentes por outros poetas da época do imperador Augusto (indicando que Virgílio pode ter sido a fonte original da história). Enquanto Hércules conduzia o gado de Gerião pela Itália, Caco planejou roubá-lo. O herói havia parado para pastorear os bois, então Caco, sob a escuridão da noite, agarrou oito cabeças de gado pelo rabo e os arrastou para a caverna sob o monte Aventino, território da futura Roma. Como os animais foram capturados dessa maneira, Hércules não seria capaz de rastreá-lo. Mas, quando o herói mais tarde passou pela caverna, um dos bovinos remanescentes bramiu, então um dos bois roubados mugiu em resposta, alertando Hércules de seu paradeiro. Furioso, Hércules arrancou o cimo que servia de telhado da caverna e alvejou o gigante com flechas, galhos e pedras. Enfraquecido, o monstro foi estrangulado. Sua morte foi motivo de celebração entre a população dos arredores que, agora livre do flagelo, reverenciou Hércules como herói e levantou o Grande Altar de Hércules em sua honra.

(Ver Gerião, Hércules, Vulcano)

CARÍBDIS: redemoinho concebido como monstro feminino. Localizava-se em frente a Cila, em um estreito. De acordo com Homero, havia uma figueira sobre as rochas logo acima da criatura, marcando sua localização, o que permitiu que Odisseu a evitasse. Três vezes ao dia, Caríbdis sugava as águas com tanta força que nem mesmo Posídon seria capaz de resgatar um navio preso no poderoso vórtice do redemoinho. Para evitá-la, Odisseu resignou-se a perder alguns de seus homens para Cila, pois teria de passar próximo demais de seu covil. Jasão, na viagem de volta da terra da Cólquida, e Eneias, no caminho para a Itália, também foram capazes de evitar Caríbdis com segurança. Na Antiguidade, especulava-se que Caríbdis realmente existisse e que localizava-se no traiçoeiro estreito de Messina.

(Ver Cila, Cólquida, Eneias, Jasão, Odisseu, Posídon)

CÉCROPS: conhecido como o primeiro rei de Atenas e de seu território, a Ática, que em sua época era chamada de Cecropia. Ele era considerado autóctone — literalmente nascido da terra — e tinha forma híbrida: a parte inferior de seu corpo era de bode.

(Ver Cécrops [herói])

CELENO: de acordo com o poeta romano Virgílio, uma harpia que torturava o rei Fineu, assim como o grupo de refugiados troianos de Eneias, roubando os alimentos antes que pudesse ser comidos. Quando os troianos desembainharam as espadas e atacaram as harpias, Celeno aterrorizou-os ao profetizar que acabariam por atingir seu objetivo, a costa da Itália, mas que sofreriam uma terrível fome. Curiosamente, Virgílio descreve Celeno como uma Fúria e, portanto, um dos espíritos da vingança com quem as harpias podem ter sido amalgamadas. A harpia Celeno não deve ser confundida com a Oceânide de mesmo nome.

(Ver Eneias, Fineu, Fúrias, Harpias, Oceânides, Troianos)

CENTAUROS ("matadores de touros"): considerados uma tribo de criaturas híbridas, com torso humano e corpo de cavalo. Todavia, também havia uma versão — por exemplo, a registrada pelo historiador Diodoro Sículo — que ditava que seriam o povo selvagem que primeiro cavalgara e que acasalara com éguas para gerar a primeira geração de "hipocentauros" ("cavalos matadores de touros"). Os centauros são mencionados em algumas fontes, incluindo Diodoro, como prole direta do pecador Íxion e de Néfele, deusa das nuvens moldada por Zeus à semelhança da esposa, Hera, a quem Íxion desejava. Também são considerados filhos de Centauros, filho monstruoso de Íxion e Néfele, ou de Apolo e de Estilbe, a filha do deus-rio Peneu e da Náiade Creúsa. De acordo com o poeta Píndaro, Centauros gerou os híbridos centauros através do acasalamento com éguas. Outra versão, registrada pelo poeta Nono de Panópolis, afirma que Zeus, que assumira a forma de cavalo, gerara centauros com a esposa de Íxion, Dia. Os centauros ficaram coletivamente conhecidos pela batalha contra os lápitas, povo vizinho cujo príncipe, Pirítoo, convidou-os para seu casamento. Seja porque ficaram embriagados e, portanto, indisciplinados, ou porque se ressentiam do fato de que Pirítoo, outro descendente de Íxion, herdaria o trono, os centauros tentaram raptar as mulheres lápitas durante o casamento. Uma batalha feroz se seguiu e os lápitas venceram. Essa famosa batalha foi retratada nas esculturas do Partenón e no Templo de Zeus, em Olímpia, simbolizando a superioridade dos gregos em relação aos bárbaros e da cultura sobre a selvageria. Diversos centauros tinham seus próprios mitos. Entre eles, o sábio e instruído Quirão, que criou o jovem Aquiles, e Nesso, que atacou Dejanira, a esposa de Hércules.

(Ver Apolo, Aquiles, Dejanira, Hércules, Íxion, Lápitas, Náiades, Néfele, Nesso, Olímpia, Partenón, Pirítoo, Quirão, Zeus)

CÉRBERO: Homero chama de "o cão de Hades". Parte da ninhada de monstros, que incluía a Hidra de Lerna e a Quimera, gerada por Tifão e por Équidna, a donzela híbrida de serpente. É descrito de diferentes formas, tendo três, cinquenta ou até cem cabeças. O mitógrafo Apolodoro descreve que Cérbero, o cão de três cabeças, tinha cauda de dragão e cabeças de cobra crescendo nas costas. Para o poeta Hesíodo, Cérbero comia carne crua e latia tão alto quanto um trovão. O dever de Cérbero era permitir que os falecidos entrassem no reino de Hades, impedi-los de sair, e também prevenir a passagem dos vivos. Seguindo as instruções da Sibila de Cumas, Eneias, ainda vivo, assegurou sua entrada no Hades oferecendo a Cérbero um bolo de mel acrescido de entorpecentes. O mito mais conhecido envolvendo o monstro é o décimo segundo e último trabalho de Hércules (ou, segundo algumas versões, o décimo). O herói deveria trazer Cérbero do Mundo Inferior, tarefa que cumpriu dominando a besta sem o uso de armas. De acordo com o poeta Ovídio, ao chegar ao reino dos vivos, o cão aflito e enraivecido babava e a espuma de sua boca caiu sobre a terra gerou a planta venenosa acônito, que a feiticeira Medeia usou para tentar matar o herói Teseu.

(Ver Eneias, Équidna, Hades [deus e lugar], Hidra de Lerna, Medeia, Mundo Inferior, Quimera, Sibila de Cumas, Teseu, Tifão)

CICLOPES ("aqueles que têm um olho redondo"): deidades gigantes, com um único olho redondo na testa. No relato mais antigo de sua origem, o poeta Hesíodo escreve que três ciclopes — chamados Arges, "o reluzente", Brontes, "o trovejantes", e Estérope, "o relâmpago" — nasceram dos deuses elementais Gaia e Úrano, logo após os titãs. Seu pai, Úrano, considerou os ciclopes e seus irmãos, os hecatonquiros, tão medonhos que os forçou de volta para dentro de Gaia ("a terra") após o nascimento. Por esse insulto e injúria, Gaia decidiu se vingar e recrutou seu filho titã mais novo, Cronos, para ajudá-la. Ele castrou o próprio pai e assumiu o reinado sobre os deuses até o eventual nascimento e ascensão de Zeus. Cronos libertou os ciclopes da prisão na terra apenas para ajudá-lo no golpe, e os prendeu de novo. Zeus também lhes pediu ajuda durante a luta pelo trono contra Cronos, mas os libertou. Depois de libertos, os ciclopes foram encarregados de produzir relâmpagos para Zeus, e sua forja, de acordo com o poeta romano Virgílio, localizava-se sob o monte Etna, na Sicília. O mitógrafo Apolodoro conta que os ciclopes foram mortos por Apolo em vingança pela morte do próprio filho, Asclépio, nas mãos de Zeus. O mais memorável de todos os ciclopes foi o monstruoso pastor Polifemo, que aprisionou Odisseu e seus homens na caverna. Ele teria devorado todos se o inteligente Odisseu, mais astuto do que ele, não o tivesse enganado. Polifemo e os outros ciclopes rudes e incivilizados que viviam próximos dele na ilha visitada por Odisseu não tinham nenhuma relação clara com os ciclopes forjadores de raios mencionados por Hesíodo e outros. Eram, em vez disso, habitantes das cavernas, sem lei e incultos, que viviam da terra, mas sem praticar agricultura. Eles contavam com os deuses para garantir-lhes abundância de grãos e uvas e, ao mesmo tempo, desprezavam-nos.

(Ver Apolo, Asclépio, Cronos, Gaia, Hecatonquiros,
Odisseu, Polifemo, Sicília, Titãs, Úrano, Zeus)

CILA: Ninfa do mar transformada em monstro. Em fontes distintas, menciona-se que era filha de Crateis, figura obscura; de Lâmia; da deusa do mar, Équidna; de Hécate, deusa da bruxaria; e do deus do mar, Fórcis (ou ainda de Tifão ou de Tritão). Segundo o poeta romano Ovídio, Cila teve muitos pretendentes, mas evitava todos, refugiando-se entre as Ninfas do mar. Contudo, o deus do mar, Glauco, a avistou e a perseguiu, sem sucesso. Amedrontada, ela fugiu, então Glauco rumou para a residência da feiticeira Circe a fim de obter a cura para sua paixão e de encontrar uma maneira de punir Cila. Circe concedeu o que ele queria, contaminando com venenos a fonte favorita de Cila, o lugar onde ela ia se banhar. Enquanto caminhava imersa até a cintura na água contaminada, as partes submersas de seu corpo alteraram-se

VII
Cérbero: "O cão de Hades" que guarda os portões do Mundo Inferior

horrivelmente, seus quadris agora fixados a cabeças de cães raivosos. No fim das contas, Cila foi transformada em penhasco. Versões alternativas da história afirmam que Anfitrite ou Posídon a transformou em monstro. Na *Odisseia* de Homero, a primeira menção literária a Cila, ela é um monstro que uiva como cão jovem, tem quatro metros e meio de altura e seis pescoços com três fileiras de dentes rangentes. Vivia em uma caverna de onde estendia a mão para pegar peixes e marinheiros infelizes, entre eles seis membros da tripulação de Odisseu. Jasão e sua heroica tripulação, os Argonautas, escaparam dela com a ajuda da deusa do mar, Tétis. Eneias também foi capaz de evitá-la no caminho para a Itália. Mesmo na Antiguidade, houve tentativas de situar a rocha montanhosa, ou promontório, onde se localizava a gruta de Cila, que ficava em frente à grande rocha sob o redemoinho Caríbdis. De acordo com o historiador Tucídides, por exemplo, as rochas de Cila e Caríbdis situavam-se em ambos os lados do estreito de Messina, o curso de água entre Régio e Messene, que era estreito, acidentado e representava uma passagem traiçoeira aos navios. O monstro Cila deve ser diferenciado da traiçoeira princesa megariana que traiu sua terra natal por amor ao rei Minos, de Creta.

(Ver Argonautas, Caribdis, Cila [heroína], Creta, Eneias, Équidna, Fórcis, Glauco [deus], Hécate, Jasão, Mégara [lugar], Minos, Odisseu, Posídon, Tifão, Tritão)

CORÇA DE CERÍNIA:
corça de chifres de ouro consagrada à deusa Ártemis, recebeu seu nome devido ao rio grego Cerynites, que nascia em Arcádia e fluía através de Acaia para o mar. O terceiro trabalho de Hércules consistia em capturar a corça e levá-la viva para Micenas. Segundo o mitógrafo Apolodoro, Hércules, que não desejava matá-la nem feri-la, perseguiu-a por um ano. Por fim, a corça, cansada, procurou abrigo no monte Artemísio e, enquanto dirigia-se para o rio Ládon, foi atingida e ferida por Hércules, que a carregou nos ombros. No caminho, Hércules encontrou Ártemis furiosa, acompanhada pelo irmão, Apolo. Os deuses intentavam tomar a corça do herói, mas permitiram que a carregasse até Micenas depois de explicar que estava apenas seguindo as ordens do rei Euristeu, portanto, o verdadeiro culpado.

(Ver Apolo, Arcádia, Ártemis, Euristeu, Hércules, Micenas)

COTO
("colérico"): um dos três hecatonquiros, monstros de cem mãos e cinquenta cabeças nascidos da deusa da terra, Gaia, e filhos de Úrano. Seus irmãos incluíam os três ciclopes e os doze deuses titãs.

(Ver Ciclopes, Gaia, Hecatonquiros, Olimpo, Titãs, Úrano, Zeus)

MONSTROS, PRODÍGIOS E CRIATURAS HÍBRIDAS

CRISAOR ("espada dourada"): guerreiro e provavelmente um monstro gerado pelo deus Posídon e pela górgona Medusa. Ele surgiu do pescoço de Medusa quando sua cabeça foi decepada por Perseu. Crisaor, por sua vez, gerou o monstro-rei de três cabeças, Gerião (ou, segundo algumas versões, de três corpos), com Calírroe, filha do deus Oceano.

(Ver Gerião, Górgonas, Medusa, Oceano [deus], Pégaso, Perseu, Posídon)

EFIALTES: ele e Oto, seu gêmeo, eram demasiado belos e altos (mais de 15 metros de altura), e também muito arrogantes. Juntos cometeram inúmeras ofensas contra os deuses, chegando a atacá-los. Por isso, foram devidamente punidos.

(Ver Oto)

EGÉON: outro nome para Briaréu, um hecatonquiro, monstro de cem mãos e cinquenta cabeças nascidos de Gaia, a deusa da terra. O épico de Homero, *Ilíada*, explica que Egéon era o nome usado pelos humanos, mas que os deuses o chamavam de Briaréu. Com o passar do tempo, alguns monstros foram amalgamados ou confundidos com outros. É o caso de Egéon/Briaréu, a quem o poeta romano Ovídio descreve como divindade do mar, ao passo que Virgílio, na *Eneida*, descreve-o como monstro cuspidor de fogo e um gigante que atacou Zeus e seus irmãos, os chamados deuses do Olimpo. Egéon também foi identificado como ciclope.

(Ver Briaréu, Ciclopes, Gaia, Gigantes, Hecatonquiros, Olimpo, Zeus)

ENCÉLADO: gigante que travou guerra contra Zeus e seus irmãos. Encélado foi morto na batalha por Atena, que teria jogado toda a ilha da Sicília, ou apenas o monte Etna, sobre ele. Seu hálito quente ainda é expelido pela boca do Etna.

(Ver Atena, Gigantes, Sicília, Zeus)

ÉQUIDNA: de acordo com o poeta Hesíodo, Équidna vivia em uma caverna e era metade uma adorável donzela e metade serpente. Seus pais podem ter sido o deus do mar, Fórcis, e sua irmã, Ceto; Crisaor e Calírroe; ou Tártaro e Gaia. Com o monstruoso Tifão (também chamado de Typhôn ou Typhōeús), foi mãe de uma série de monstros. Também faziam parte de sua prole: Ortro, o cão de guarda de duas cabeças pertencente a Gerião, gigante de três corpos; Cérbero, o cão de três cabeças que guardava o Hades; a Hidra de muitas cabeças de Lerna, morta por Hércules; e Ládon, o dragão de muitas cabeças. Com o próprio filho, Ortro, Équidna supostamente deu à luz o Leão da Nemeia, que Hércules matou, e a Esfinge de Tebas, que Édipo enganou, causando sua morte; Cila, monstro habitante de grutas, para quem Odisseu perdeu alguns companheiros; o abutre que se alimentava eternamente do fígado de Prometeu; e Quimera, a besta múltipla, morta por Belerofonte.

(Ver Belerofonte, Cérbero, Cila, Crisaor, Édipo, Esfinge de Tebas, Fórcis, Gaia, Gerião, Hades [lugar], Hércules, Hidra de Lerna, Ládon, Leão de Nemeia, Odisseu, Prometeu, Quimera, Tártaro, Tifão)

ESFINGE DE TEBAS: monstros híbridos apresentados ao mundo grego pelo Egito e Oriente Próximo. Representadas como leões alados com cabeças humanas, apareceram na arte grega na Idade do Bronze (por volta de 3000 a 1150 a.C.), mas demoraram para entrar na tradição literária como as conhecemos. Nos textos gregos, as esfinges são femininas, embora na arte também existam homens. Autores clássicos oferecem relatos variados sobre suas origens. O poeta Hesíodo comenta que a Esfinge (no singular) era prole da donzela-serpente Équidna (ou Quimera) com o monstruoso cão Ortro. Supondo que houvesse mais de uma esfinge, a infame Esfinge de Tebas foi a única que se destacou, e quando os autores antigos mencionam "a Esfinge", falam do monstro que assolou a cidade de Tebas. Assim, o mitógrafo Apolodoro escreve que a Esfinge, nascida de Équidna e do monstruoso Tifão, tinha rosto de mulher, mas peito, pés e rabo de leão e asas de pássaro. Ele segue narrando a bem conhecida história da obra-prima do dramaturgo Sófocles, Édipo Rei, acrescentando alguns detalhes. O monstro fora enviada pela deusa Hera como praga sobre a população de Tebas, a quem aterrorizava ao propor o enigma que ninguém era capaz de resolver, e a punição pela resposta incorreta era a morte. O governante da cidade, Creonte, ofereceu a irmã, a rainha Jocasta, como noiva para quem resolvesse o enigma e livrasse a cidade da Esfinge. Foi o que Édipo fez: ele deduziu que a criatura que andava com quatro pés pela manhã, dois ao meio-dia e três à tarde era o ser humano (como bebê engatinhando, adulto bípede e ancião auxiliado por uma bengala). A resposta inesperada de Édipo fez com que a Esfinge se jogasse do penhasco e, assim, morresse. Então Édipo tornou-se rei de Tebas e, sem saber, casou-se com Jocasta, sua mãe.

(Ver Creonte, Édipo, Équidna, Hera, Jocasta, Ortro, Quimera, Tebas, Tifão)

ÉSTENO: "a forte", era uma das duas irmãs imortais de Medusa.

(Ver Euríale, Górgonas, Medusa)

ESTÉROPE ("relâmpago" ou "relampejar"): ciclope, gigante de um olho só nascido dos deuses elementais Gaia e Úrano. Seus irmãos eram Brontes ("o trovejante") e Arges ("o reluzente"). Seus nomes refletem a natureza de seu serviço a Zeus, para quem forjavam raios.

(Ver Ciclopes, Gaia, Úrano, Zeus)

EURÍALE ("aquela que corre o mundo"): górgona e irmã imortal de Medusa. O dramaturgo trágico Ésquilo menciona que as três irmãs tinham serpentes em lugar de cabelos e que eram detestadas pela humanidade.
(Ver Górgonas, Medusa)

FAUNO: divindade italiana da natureza ligada a florestas e selvas, além de responsável pela fertilidade dos rebanhos e dos campos. Trata-se de divindade amalgamada ou equiparada ao deus grego Pã, de quem tomou emprestadas as características físicas associadas a um bode. Além de relacionado a natureza e fertilidade, Fauno possuía poderes proféticos.
(Ver Fauno [deus])

FAUNOS: espíritos romanos da floresta, ou semideuses, que passaram a ser vistos como criaturas híbridas de humanos e animais, igualadas, ou confundidas, com os sátiros. Assim como os sátiros — e como o profético deus rural Fauno —, acreditava-se que habitassem florestas e montanhas. Também eram associados a bodes e ovelhas e amavam Ninfas. Quanto à aparência, eram predominantemente antropomórficos, mas tinham rabo, orelhas e chifres de bode.
(Ver Fauno, Ninfas, Sátiros)

GERIÃO: regente de três cabeças (ou de três corpos) da mítica ilha de Eritia ("a Ilha vermelha"), localizada no extremo Ocidente. Segundo alguns relatos, ficava além das Colunas de Hércules. Gerião era filho de Crisaor, filho de Medusa, e da Oceânide Calírroe, e era famoso por seu belo rebanho de gado de cor carmesim. O décimo trabalho do herói Hércules foi reivindicar e capturar esse rebanho. A caminho da Ilha Vermelha, Hércules edificou as duas colunas que levam seu nome: uma no continente europeu e outra no africano. Enquanto construía as colunas, o sol forte o assolava. Por isso, exasperado, Hércules disparou uma flecha em Hélio. Admirado perante a coragem de Hércules, o deus o presenteou com um cálice mágico que poderia ser usado para transportar o gado capturado. O herói matou o pastor e o cão de duas cabeças que guardava o rebanho. Quanto a Gerião, Hércules o matou com uma flecha.
(Ver Crisaor, Eritia, Hélio, Hércules, Medusa, Oceânides)

GIGANTES: havia extenso número de gigantes notáveis na mitologia clássica. Entre eles, Talos, o gigante de bronze; Oto e Efialtes, que invadiram os céus; o ciclope Polifemo; e o caçador Oríon. No entanto, segundo o poeta grego Hesíodo, eles distinguem-se dos "gigantes" irmãos, nascidos do sangue que caiu na terra depois que Cronos, em vingança pelo grave mal infringido a sua mãe, Gaia ("a terra"), castrou o próprio pai, Úrano. Outros seres nascidos do sangue de Úrano foram as Erínias (espíritos da vingança), ao passo que Afrodite nasceu da espuma produzida pela queda dos testículos decepados de Úrano no mar. Hesíodo menciona que os gigantes eram grandes, usavam armaduras brilhantes e lanças longas. Mais tarde, o mitógrafo Apolodoro diria que eram insuperáveis em tamanho e tão fortes que chegavam a ser invulneráveis. Eles eram horríveis de se ver, tinham cabelos longos e barbas, bem como escamas de serpente cobrindo a parte inferior do corpo. Inúmeras façanhas são atribuídas aos gigantes. A mais famosa foi a gigantomaquia, a famosa batalha entre deuses e gigantes, em que eles desafiaram sem sucesso Zeus e seus irmãos. Os autores clássicos por fim confundiram e mesclaram essa batalha com a anterior entre os deuses do Olimpo (Zeus e seus irmãos) e os titãs (geração anterior de deuses) pelo controle do mundo. Quanto à gigantomaquia, a luta pelo poder foi ocasionada pelo gigante Alcíoneu, que roubou o gado de Hélio, e pela tentativa de Gaia de tornar Alcíoneu imortal, ambas as coisas uma ameaça direta aos deuses. Eles descobriram que precisavam de um mortal para ajudá-los a derrotar os gigantes, então Zeus e seus irmãos solicitaram a ajuda de Hércules, que matou Alcíoneu, bem como outros gigantes. Além de Alcíoneu, os mais conhecidos dos irmãos gigantes eram Encélado e Porfírio. De acordo com o mitógrafo Apolodoro, Porfírio atacou Hércules e a deusa Hera, por quem desenvolveu paixão desenfreada. Quando tentou estuprar a deusa, Zeus o atingiu com um raio e Hércules o matou com uma flecha. A deusa Atena liquidou Encélado jogando a ilha da Sicília sobre ele.

(Ver Afrodite, Atenas, Ciclopes, Cronos, Encélado, Erínias, Gaia, Hera, Hércules, Oríon, Oto, Polifemo, Talos, Titãs, Úrano, Zeus)

GIGES (ou Gyes): seu nome significa "filho da terra". Um hecatonquiro, monstro de cem mãos e cinquenta cabeças nascido da deusa da terra, Gaia, e filho de Úrano. Seus irmãos incluíam os três ciclopes e os doze deuses titãs.

(Ver Briaréu, Ciclopes, Gaia, Hecatonquiros, Olimpo, Titãs, Úrano, Zeus)

GÓRGONAS: eram três irmãs monstruosas cujo esconderijo localizava-se no território da Líbia. São elas Ésteno, Euríale e Medusa e dizia-se que eram descendentes das deidades do mar, Fórcis, e sua irmã, Ceto. De acordo com lenda alternativa, surgiram da deusa da terra, Gaia, que as gerou para serem suas aliadas na batalha entre deuses e gigantes. Das irmãs górgonas, apenas Medusa era mortal, e por essa razão Perseu foi enviado para buscar sua cabeça. De acordo com o mitógrafo Apolodoro, as górgonas tinham cabelos de serpentes, grandes presas, como as de um javali, mãos de bronze e asas de ouro. Elas tinham uma aparência tão horrível que transformavam em pedra todos os que as olhava diretamente.

(Ver Fórcis, Medusa, Perseu)

GREIAS (ou Graeae): seu nome significa "as velhas" ou "as de cabelos grisalhos", eram, assim como as górgonas, filhas do deus do mar, Fórcis, e de sua irmã, Ceto. Como descendiam de Fórcis, eram conhecidas coletivamente como fórcidas, e Apolodoro relata que já nasceram velhas. Seus nomes são considerados Enio (traduzido como "horror"), Pefredo (ou *Pephredo*, "alarme") e Dino ("temor" ou, de acordo com Higino, Persis, "ruína"). Tinham um único olho e dente, que compartilhavam. Perseu roubou o olho e o dente como meio de forçar as irmãs a revelarem a localização de suas outras irmãs, as górgonas. De acordo com o que os gregos acreditavam, as greias residiam na Líbia, no extremo Ocidente do mundo.
(Ver Enio, Fórcis, Górgonas, Perseu)

GRIFOS: originais da Líbia. São criaturas híbridas com cabeça de ave de rapina e corpo de leão alado. Eles "originaram-se" no antigo Oriente Próximo, de onde foram importados e absorvidos pelo pensamento e cultura gregos. Autores clássicos mencionam que os grifos eram encarregados de guardar vastas reservas de ouro encontradas nas montanhas do Norte, próximas às terras dos hiperbóreos e dos citas (povo nômade histórico que habitava a região do mar Negro e do Cáucaso). Esse ouro, dizia-se, era cobiçado pelos Arimaspos, tribo de cavaleiros de um olho só, que sempre tentava roubá-lo.
(Ver Arimaspos, Cáucaso, Hiperbóreos)

HARPIAS ("a que rapta" ou "a que furta"): duas ou (de acordo com algumas fontes) três monstruosos *daemones* femininos, ou espíritos — tecnicamente deidades — que personificavam as forças demoníacas, imprevisíveis e avassaladoras das tempestades de vento. Para o poeta Hesíodo, eram duas criaturas, filhas da Oceânide Electra e de Taumas, filho dos deuses elementais primordiais Ponto ("o mar") e Gaia ("a terra"). Hesíodo menciona que seus nomes são Aelo ("tempestade de vento") e Ocípete ("pés velozes"). Homero conta sobre a harpia chamada Podarge, que também significa "pés velozes", a mãe dos cavalos míticos de Aquiles. Autores posteriores também sugerem outros nomes, incluindo Celeno ("a obscura") e Nicothe ("a vencedora veloz"). A princípio, as harpias não tinham definição física clara. Porém, com o tempo, passaram a ser descritas como monstros alados de cabeça humana. Assim, na *Odisseia* de Homero, elas são meras forças que causam o desaparecimento de Odisseu. Já para Virgílio, não há "monstro mais terrível ou selvagem", pois tratam-se de criaturas que têm "rosto de donzela e corpo de ave, ventre de onde escorre a mais fétida sanguinolência, mãos de garra e rosto pálido de fome". As harpias ficaram conhecidas por ficarem incumbidas de punir Fineu, o rei da Trácia, pois ele abusara dos poderes oraculares que recebera de Apolo. Elas roubavam-lhe a comida, e mesmo quando restava algum alimento, se tornava intragável por seu fedor asqueroso. Os heróis Jasão e Eneias, acompanhados por seus companheiros, encontraram as harpias. No caso dos Argonautas, Zetes e Calais, os velozes filhos do vento norte, Bóreas, foram persuadidos por Fineu a ajudá-lo e trataram de perseguir as harpias quando apareceram. Se a deusa Íris não houvesse intervindo, os irmãos teriam alcançado e matado os monstros. Desse ponto em diante, as harpias pararam de atormentar Fineu. Já o grupo de Eneias foi atormentado pelos monstros, que por duas vezes conseguiram roubar seus suprimentos na longa viagem à Itália. Quando Eneias e seus homens desembainharam as espadas, Celeno, furiosa, proferiu palavras proféticas aterrorizantes: os troianos por fim alcançariam as costas italianas, mas lá seriam assolados por fome tão grande que teriam de roer as próprias mesas.

(Ver Aquiles, Argonautas, Bóreas, Calais, Celeno, Eneias, Fineu, Íris, Jasão, Oceânides, Odisseu, Trácia, Troianos, Zetes)

HECATONQUIROS

("de cem mãos"): Coto, Briaréu e Giges eram irmãos monstruosos dos ciclopes e titãs, descendentes da deusa da terra, Gaia, e de Úrano. De acordo com o poeta Hesíodo, cada hecatonquiro tinha cem braços e cinquenta cabeças. Eram hediondos, fortes e arrogantes. Úrano julgou-os medonhos desde o primeiro momento e, assim que nasceram, forçou-os de volta para dentro da mãe, Gaia, causando-lhe uma dor excruciante — algo que ela não toleraria. Gaia fez uma foice e pediu a seus filhos titãs que a vingassem pela violência sofrida. Apenas o mais jovem, Cronos, se voluntariou. Armado com a foice, esperou até o pai se deitar com Gaia à noite e, emboscando Úrano, o castrou. No entanto, os hecatonquiros permaneceram aprisionados no Tártaro, como as profundezas da terra eram conhecidas. Necessitado de ajuda para lutar contra Cronos e os outros deuses titãs, Zeus libertou-os, mas, ao fim da batalha, prendeu-os outra vez. O mitógrafo Apolodoro acrescenta que, depois que foram devolvidos ao Tártaro, os hecatonquiros tornaram-se guardas dos titãs derrotados, que Zeus também aprisionou lá.

(Ver Ciclope, Cronos, Gaia, Tártaro, Titãs, Úrano)

HIDRA (DE LERNA):

enorme serpente de nove cabeças — em algumas versões, cinquenta ou cem —, com uma delas imortal. Seus pais eram o gigante Tifão e Équidna, metade mulher e metade serpente, a chamada "mãe de todos os monstros". Os redutos da Hidra eram os pântanos de Lerna, próximos da cidade de Argos. O segundo dos trabalhos de Hércules foi matá-la. Contudo, cada vez que o herói cortava uma cabeça, duas cresciam em seu lugar. Além disso, um caranguejo gigante que acompanhava a Hidra uniu-se à batalha. O inteligente sobrinho e companheiro de Hércules, Iolau, resolveu o problema: no momento que o herói cortasse uma cabeça, Iolau cauterizaria o coto com o tição. E assim o fizeram até que restasse apenas a cabeça imortal da Hidra. Hércules então cortou-a e, depois de enterrá-la sob uma pedra, mergulhou as flechas no veneno letal da criatura. Tanto a Hidra quanto o caranguejo, que Hércules também matou, foram transformados em constelações pela deusa Hera.

(Ver Argos, Équidna, Hércules, Lerna, Tifão)

JAVALI DE ERIMANTO: criatura enorme que percorria as encostas arborizadas do monte Erimanto, em Arcádia, e devastava as terras dos que viviam na cidade de Psófis. Capturar a portentosa criatura viva foi o quarto trabalho de Hércules, que realizou perseguindo o animal pela neve profunda. Quando o herói apareceu em Micenas com o javali sobre os ombros, o rei Euristeu, aterrorizado, escondeu-se em um jarro de estocagem.

(Ver Arcádia, Erimanto, Euristeu, Hércules, Micenas)

LÁDON: serpente, ou dragão, de cem cabeças, conhecida por ser prole do deus do mar, Fórcis, e de sua irmã, Ceto. Também poderia ser considerada filha do monstruoso Tifão (ou Typhõeús) e de Équidna. Outra alternativa era que surgiu da terra. Como não precisava dormir, estava sempre vigilante. Por isso, a serpente tornou-se a guardiã dos pomos de ouro das Hespérides. Depois de ser morta por Hércules, cujo décimo primeiro trabalho consistia em buscar os pomos de ouro, Ládon se tornou a constelação de Serpentário.

(Ver Équidna, Fórcis, Hércules, Hespérides, Tifão)

LEÃO DA NEMEIA: Matar o invulnerável Leão da Nemeia foi o primeiro dos trabalhos de Hércules. Dizia-se que a besta, que residia na Nemeia, no leste do Peloponeso, era prole da mulher serpente, Équidna, e de Tifão, ou de seu filho, Ortro, o cão de duas cabeças que guardava os rebanhos do gigante Gerião. De acordo com o poeta grego Hesíodo, a deusa Hera criou o leão e o soltou nas colinas de Nemeia, onde atacava os habitantes. Hércules tentou alvejar o leão com arco e flecha, mas compreendeu rapidamente que a pele do leão não poderia ser penetrada. Em última análise, derrotar o leão exigiu astúcia e demonstração de força: ele adentrou furtivamente na caverna do animal, emboscou-o e lutou contra ele até a morte. Ao cumprir a tarefa, Hércules esfolou o leão e, a partir daí, sempre vestia sua pele. A pele do leão e a famosa clava são marcas que tornam Hércules facilmente reconhecido na arte clássica.

(Ver Équidna, Gerião, Hércules, Nemeia, Tifão)

LEÃO DE CITERÃO: a fera percorria as encostas do monte Citerão. O leão causava desgraças, pois atacava os rebanhos de Anfitrião, padrasto de Hércules, e de Téspio, rei de Téspia. De acordo com o mitógrafo Apolodoro, o herói tinha apenas dezoito anos quando se comprometeu a matar o leão problemático. Ele hospedou-se com Téspio por cinquenta dias e cinquenta noites até conseguir matar o leão. O rei, ciente da força sobre-humana de Hércules e desejando mesclar sua linhagem a do herói, enviava todas as noite uma das filhas ao herói. O herói foi, de certa forma, enganado, pois acreditava que havia se deitado sempre com a mesma mulher.

(Ver Anfitrião, Citerão, Hércules)

LESTRIGÕES (ou lestrigones): povo mítico, mais precisamente, grupo de gigantes canibais, que Odisseu e seus homens encontraram na perigosa viagem de retorno da Guerra de Troia, uma jornada de dez anos. Quando Odisseu avistou a cidade de Telépilo, na Lestrigônia, fundada por um filho de Posídon, acreditou que havia encontrado um lugar em que seriam bem recebidos. O primeiro lestrigão que os gregos encontraram foi a filha do rei, Antífates, que tinha saído da cidade para buscar água. Ela mostrou aos homens o caminho para o palácio do pai, onde encontraram a terrível rainha, que tinha a estatura de uma montanha. Ela chamou o marido, que agarrou dois dos gregos, preparando-se para devorá-los. Os outros fugiram para os navios. Apenas o navio de Odisseu e sua tripulação escapou da ilha, pois dezenas de milhares de lestrigões os perseguiram, lançando pedras que esmagaram as outras embarcações, matando muitos tripulantes. Os homens que não foram esmagados foram espetados como peixes.

(Ver Odisseu, Posídon, Troia)

MÁRSIAS: sátiro frígio (ou sileno) cujo infortúnio foi encontrar a flauta que Atena havia abandonado. A deusa vira-se descontente com o aspecto de seu rosto enquanto tocava o instrumento — as bochechas estufadas —, algo que vira refletido no lago. Mársias ficou tão satisfeito com a habilidade recém-descoberta que desafiou Apolo para uma disputa musical. Era inevitável que o deus, que tocava a cítara, vencesse. No entanto, existem diversas narrativas de como venceu. Talvez ambos combinaram de tocar seus instrumentos de cabeça para baixo, o que Mársias foi incapaz; talvez Apolo tenha cantado para acompanhar a cítara, o que realçara a canção. Independente do caso, o resultado da competição foi horrível. Apolo pendurou Mársias no alto de uma árvore e o esfolou vivo por ter ousado desafiar uma divindade. A pele descarnada de Mársias foi transformada em odre ou deixada suspensa. O poeta Ovídio escreve que a visão de seu corpo esfolado vivo era tão horrenda que todos os camponeses e deuses campestres choraram e que suas lágrimas formaram o rio que, desde então, leva o nome do sátiro.

(Ver Apolo, Atenas, Frígia, Sátiros, Silenos)

MEDUSA: uma das três irmãs górgonas, criaturas tão medonhas que transformavam em pedra todos aqueles que as fitavam diretamente. Das três, apenas Medusa era mortal, e ela havia sido uma bela mulher perseguida pelo deus Posídon. Fora Atena quem a transformara em um monstro de cabelos de serpente, talvez por inveja da beleza da garota ou por raiva, pois o deus deitara-se com ela no santuário de Atena, profanando-o. Quando Perseu decapitou-a, Pégaso e Crisaor, filhos de Medusa e Posídon, surgiram de seu pescoço decepado já crescidos. De acordo com o poeta trágico Eurípides, na peça Íon, Atena deu duas gotas do sangue de Medusa ao rei ateniense Erictônio. Uma gota poderia curar doenças, a segunda era letal. Em outra versão do mito, Atena deu uma porção do sangue ao deus da cura, Asclépio, para ser a cura para doenças e como meio de restaurar a vida. De acordo com a mitologia romana, Medusa e o deus Vulcano eram pais de Caco, um gigante cuspidor de fogo.

(Ver Asclépio, Atena, Caco, Crisaor, Erictônio, Górgonas, Pégaso, Posídon, Vulcano)

MINOTAURO (ou Minotauros, "touro de Minos" em grego): monstro híbrido, com cabeça de touro e corpo de homem, que vivia na ilha de Creta. Descendente da rainha de Creta, Pasífae, e de um belo touro branco pelo qual ela desenvolvera paixão avassaladora. O animal foi enviado a Creta por Posídon em resposta à oração do rei da ilha, Minos, que, vangloriando-se de que o deus faria tudo o que pedisse, prometeu sacrificar o touro a Posídon assim que o animal aparecesse. No entanto, Minos não cumpriu a promessa e, em vingança pelo desprezo, Posídon fez com que a esposa de Minos, Pasífae, se apaixonasse pelo touro. Incapaz de reprimir a paixão, ela, desesperada, pediu ao artesão Dédalo, então residente na ilha, para ajudá-la a consumar seu desejo. Assim, Dédalo construiu uma vaca oca de madeira, e Pasífae entrou no dispositivo para o encontro amoroso. O resultado foi o monstruoso Minotauro, que Minos não conseguiu matar e, por isso, manteve trancado em prisão semelhante a um labirinto, o Labirinto do Minotauro, construído por Dédalo. Quando Androgeu, filho de Minos, foi morto em Atenas, uma praga recaiu sobre a cidade. O oráculo de Apolo, em Delfos, aconselhou os atenienses a enviarem sete jovens e sete donzelas para Creta a cada nove anos, para que fossem oferecidos como alimento ao Minotauro, forma de expiação pela morte de Androgeu. Foi Teseu, filho do rei ateniense Egeu, quem pôs fim à terrível tradição. Teseu voluntariou-se como um dos jovens, viajou a Creta e, com a ajuda da filha de Minos, Ariadne, conseguiu escapar do labirinto após matar o Minotauro. Ariadne, que se apaixonara por Teseu à primeira vista, ofereceu-lhe um novelo de lã, para ele desenrolar ao entrar no esconderijo traiçoeiro do Minotauro. Embora Teseu tenha prometido levar Ariadne consigo de volta para Atenas, ele a abandonou na ilha de Naxos, de onde foi resgatada pelo deus Dioniso, que a tomou como noiva. Mas Teseu não se livrou de ser punido por suas ações. Ao chegar em casa, esqueceu de erguer a vela branca da vitória, o que fez com que seu pai, Egeu, que aguardava ansioso pelo retorno seguro do filho, se jogasse no mar, enlutado.

(Ver Ariadne, Atenas, Creta, Dédalo, Dioniso, Egeu [herói],
Minos, Naxos, Pasífae, Posídon, Teseu)

NESSO: este centauro ficou conhecido por atacar a esposa de Hércules, Dejanira, e por ter causado indiretamente a morte do herói. Quando o casal chegou ao rio Eveno, Nesso se ofereceu para carregar Dejanira através das fortes correntezas. Com ela nos braços, o centauro tentou estuprá-la, mas Hércules deteve-o com uma flecha letal. Enquanto Nesso morria, ele conseguiu convencer Dejanira a guardar um pouco de seu sangue para usá-lo como poção de amor. Segundo ele, o sangue garantiria o amor eterno de seu marido. Tragicamente, ela guardou e usou o sangue do centauro, que não era poção de amor, pois estava contaminado pela tóxica flecha de Hércules — embebida no veneno da Hidra de Lerna, morta pelo herói.

(Ver Centauros, Dejanira, Hércules, Hidra de Lerna)

ORÍON: notável caçador de enorme tamanho que, após a morte, foi elevado aos céus e tornou-se a constelação homônima. Há diversos relatos de seu nascimento e também variadas narrativas das aventuras que marcaram sua vida. Era considerado filho de Posídon e de Euríale, filha do rei Minos, de Creta, mas também era filho indireto de Hirieu da Trácia, que não tinha filhos e, por isso, pedira um a Zeus, Posídon e Hermes. Como escreve o poeta romano Ovídio, os deuses concederam o desejo de Hirieu e urinaram em um pedaço de couro de touro, que foi então enterrado. Após a gestação de nove meses, Oríon nasceu. De acordo com o mitógrafo Apolodoro, que descreve a vida de Oríon, o deus Posídon agraciou-lhe com o dom de andar sobre as águas dos oceanos ou de poder caminhar através deles. Seu primeiro casamento foi com Side, que Hera enviou ao Mundo Inferior, já que ela acreditava rivalizar com a deusa em beleza. Mais tarde, Oríon perseguiu Mérope, filha de Enópion, rei de Quios. Enópion tentou atrasar a união, então o caçador, impaciente e embriagado, estuprou Mérope. Por causa disso, o rei o cegou enquanto ele dormia, mas Oríon procurou Hélio, que restaurou sua visão. Entre seus amores estava a deusa Eos, que o levou para a ilha de

Delos. Há vários relatos sobre como encontrou seu fim, os mais notáveis falam de um jogo fatal de quoits (arremesso de anel) com a deusa Ártemis, a tentativa de estupro de Ops e a picada de um escorpião. De acordo com esta última, tanto escorpião quanto Oríon se tornaram constelações.

(Ver Ártemis, Creta, Eos, Hélio, Hera, Hermes, Hiperbóreas, Mérope, Minos, Mundo Inferior, Posídon, Zeus)

OTO: Segundo Homero, ele e o irmão gêmeo, Efialtes, não apenas foram os homens mais belos a agraciar a terra (depois de Oríon), mas também os mais altos e, portanto, gigantes. Com apenas nove anos de idade, mediam nove antebraços de largura (cerca de 7 metros) e nove braços de altura (aproximadamente 16 metros). Os gêmeos eram chamados de alóadas, "filhos de Aloeu". Aloeu era filho de Posídon e Cânace, filha de Éolo, Senhor dos Ventos. Aloeu, no entanto, não era seu pai verdadeiro, pois sua mãe, Ifimedia, fora engravidada pelo deus Posídon, por quem estava apaixonada. O mitógrafo Apolodoro acrescenta que Ifimedia via-se tão apaixonada por Posídon que frequentava a praia e cobria o colo com água e, como consequência, o deus vinha encontrá-la. Esses gêmeos maravilhosos, lamentavelmente, eram orgulhosos demais e cometeram uma série de atos ultrajantes. Aprisionaram Ares, o deus da guerra, e mantiveram-no acorrentado em um caldeirão de bronze por treze meses. O deus tornara-se tão fraco, afirma Homero, que se a nova madrasta dos gêmeos, Eribeia, não tivesse interferido e alertado Hermes, que o libertou, Ares teria morrido. Os alóadas ainda aspiravam atacar os deuses em sua morada segura nos céus, que pretendiam alcançar empilhando os montes Olimpo, Ossa e Pélion. Como ofensa final aos deuses, cada um deles avançou sobre uma deusa: Oto escolheu Ártemis e Efialtes Hera. A punição foi rápida e definitiva. Ártemis disfarçou-se de cervo e saltou entre eles. Na ânsia por matar o cervo, acidentalmente mataram um ao outro — episódio ocorrido na ilha de Naxos. Curiosamente, Pausânias cita uma versão em que os dois gigantes foram os primeiros a adorar as Musas do monte Hélicon.

(Ver Aloeu, Ares, Ártemis, Cânace, Éolo, Hélicon, Hera, Hermes, Musas, Naxos, Olimpo, Oríon, Ossa, Pélion, Posídon)

PÉGASO: cavalo alado, filho da górgona Medusa e de Posídon. Pégaso e o irmão, o gigante Crisaor, não nasceram por meios usuais eles cresceram do pescoço decepado de Medusa depois que Perseu cortou-lhe a cabeça. O poeta Hesíodo comenta que o nome de Pégaso deriva das fontes de Oceano, *pegaí*, próximas de onde nasceu, e que viveu com Zeus entre os deuses, para quem carregava trovões e relâmpagos. A criatura ficou conhecido pelas aventuras com o herói Belerofonte. De acordo com o poeta Píndaro, Belerofonte domesticou o cavalo com uma rédea de ouro que recebera da deusa Atena, que o instruíra também a sacrificar um touro branco ao pai de Pégaso, Posídon, a fim de garantir o sucesso em domar o cavalo. Montado nele, o jovem herói atacou as amazonas, matou a Quimera cuspidora de fogo e derrotou os sólimos, tribo hostil que vivia na Lícia. Em outra obra de Píndaro, Belerofonte é apresentado como exemplo de húbris. Pégaso derrubou o herói quando ele tentou alcançar a morada dos deuses para viver ao lado de Zeus. Há episódios menos dramáticos, mas ainda notáveis, como ele bater o casco na terra e criar uma nascente. A saber, é a Fonte Hipocrene, fonte do monte Hélicon consagrada às Musas, e também a fonte de Pirena, que marcou o local onde Belerofonte domou-o e que teve importância incomensurável para a cidade de Corinto. Não por acaso, Pégaso era o símbolo da cidade e foi retratado nas moedas de Corinto e suas colônias, pois Belerofonte era filho do rei de Corinto, Glauco.

(Ver Amazonas, Atena, Corinto, Crisaor, Górgonas, Hélicon, Hipocrene, Medusa, Musas, Oceano [lugar], Perseu, Pirene, Posídon, Quimera, Sólimos, Zeus)

PÍTON: enorme dragão ou serpente que residia próxima a uma fonte, em Delfos. O poeta romano Ovídio escreve que o monstro nasceu de Gaia ("a terra") lamacenta após o Grande Dilúvio que quase extinguiu a humanidade. De acordo com o *Hino Homérico a Apolo,* Píton era fêmea e recebeu a tarefa de criar o terrível monstro Tifão. Era supostamente considerada causadora de desgraças aos humanos, a quem assassinou em grande número até que Apolo matou-a com arco e flecha. O cadáver do monstro apodreceu ao sol e, na história repetida pelo geógrafo Estrabão, entre outros, foi a putrefação de seu corpo (*pythesthai* significa "apodrecer" em grego) a fonte do nome do monstro, assim como a fonte de *Pýthōn,* o nome da área onde morreu; Pítia, um epíteto de Apolo; e também Pítia, como eram chamadas as sacerdotisas do oráculo de Apolo, em Delfos. Pausânias, entre outros, preservam a lenda de que Píton havia sido alocada em Delfos por Gaia ou Têmis para guardar o oráculo, e que, ao matar Píton, Apolo conquistou o mais famoso dos locais proféticos. Diz-se que o deus instituiu os Jogos Píticos, que aconteciam a cada quatro anos, para celebrar a morte do monstro.

(Ver Apolo, Delfos, Gaia, Hera, Têmis)

POLIFEMO: segundo a *Odisseia* de Homero, Polifemo era o mais poderoso dos ciclopes e filho do deus Posídon e da Ninfa Toosa, filha da divindade do mar, Fórcis. Assim como outros ciclopes, era gigante — Odisseu o descreve como "uma montanha de homem" — e tinha um único olho no meio da testa. Também como outros ciclopes, era ermitão, morador das cavernas. Quando o herói e seus homens chegaram à ilha dos ciclopes, ficou curioso para descobrir que tipo de gente vivia lá, então, acompanhado por doze homens, avançou da costa ao interior e chegou à caverna de Polifemo, com pátio cercado e currais para a criação de cabras e ovelhas. Enquanto o ciclope pastoreava os rebanhos, Odisseu e seus homens serviram-se de queijo na caverna do ciclope. Seus homens queriam partir, mas Odisseu desejava esperar pelos presentes que, no mundo grego, normalmente esperava-se receber de um anfintrião. A oferta de presentes era a norma, independente de as visitas serem feitas por acaso ou por conhecidos. Mas o ciclope, sem consideração pelos costumes ou cultura, aprisionou os gregos na caverna e, agarrando dois dos homens, os devorou. Depois que Polifemo fez outra "refeição", Odisseu arquitetou um plano para escapar da caverna. Ele ofereceu ao ciclope vinho forte e puro, que bebeu avidamente e em abundância. Um civilizado no mundo grego teria misturado o vinho com água. E então Odisseu deu-lhe um nome falso: "Ninguém". Logo o ciclope estava bêbado e adormecido, então o herói e seus camaradas perfuraram seu único olho com um galho de oliveira enorme e afiado, com a ponta incandescente. Polifemo gritou aos vizinhos por ajuda, mas foram embora rindo depois que ele afirmou que "Ninguém" o havia ferido. Odisseu e seus homens conseguiram escapar da caverna atrelando-se aos ventres dos maiores e mais lanosos carneiros do ciclope. Foi a cegueira de Polifemo que rendeu a Odisseu o ódio de Posídon, que passou a atormentá-lo e a atrasar ainda mais seu retorno a Ítaca. Discutivelmente, Polifemo demostrou faceta um tanto mais "mais suave" durante o cortejo a Ninfa nereida Galateia. Para ganhar a atenção dela, esforçou-se para melhorar a aparência e cantou seu amor com o acompanhamento de flauta. Galateia, no entanto, odiava o monstro tanto quanto amava o belo Ácis, filho da divindade da floresta, Fauno, com uma Ninfa do mar. Furioso por encontrar os amantes juntos, Polifemo jogou uma pedra enorme em Ácis, esmagando-o. Em resposta à oração de Galateia para que Ácis de alguma forma fosse salvo, a terra se abriu e revelou-o reencarnado na forma de um deus-rio.

(Ver Ácis, Ciclopes, Fauno, Fórcis, Galateia, Nereidas, Odisseu, Posídon)

PORFÍRIO: um gigante feroz de rabo de serpente que guerreou contra Zeus e seus irmãos. Esses monstros nasceram do sangue derramado pela castração de Úrano. Porfírio parece ter sido o mais forte de seus irmãos, e o poeta grego Píndaro menciona que era seu líder ou rei. Ele se apaixonou por Hera e tentou estuprá-la, aparentemente graças às maquinações de Zeus, que então o atingiu com um raio. Em seguida, Hércules o matou com uma flecha.

(Ver Gigantes, Hera, Hércules, Úrano, Zeus)

QUIMERA: monstro feminino híbrido que, de acordo com o poeta Hesíodo, integrava a prole do monstro metade mulher, Équidna, e de Tifão, a besta desregrada confundida ou amalgamada por escritores posteriores com o Tifão de cem corpos (também chamado Typhõeús). Os irmãos de Quimera, todos igualmente monstruosos, incluíam Ortro, o cão de Gerião; o cão infernal Cérbero; e a Hidra de muitas cabeças de Lerna. Para Hesíodo, a Quimera era temível, enorme, de pés velozes e forte, com três cabeças. A de leão ficava à frente, a de cabra, que cuspia fogo, ao meio e a de dragão, atrás. O herói Belerofonte foi enviado pelo rei lício Ióbates para matar o monstro, que devastava o campo. Voando nas costas do cavalo alado Pégaso, que Perseu havia domesticado com a ajuda dos deuses, matou o monstro com flechas.

(Ver Belerofonte, Équidna, Gerião, Hidra de Lerna, Ióbates, Lícia, Pégaso, Tifão)

QUIRÃO: centauro, tinha torso de homem e corpo de cavalo, mas diferia dos outros de sua espécie por ser sábio, gentil e culto. Dominava a arte da cura e, de acordo com o mitógrafo Higino, foi o primeiro a usar ervas na arte médica da cirurgia. Além de ser curandeiro talentoso, Quirão era bem versado em profecia, música e atletismo, pois havia sido instruído pelos gêmeos divinos Apolo e Ártemis. Por vezes, menciona-se que ele pertencia à mesma linhagem dos outros centauros, sendo, portanto, filho do pecador Íxion e de Néfele, a deusa nuvem. Era também considerado filho de Cronos e da titã de segunda geração Fílira, filha de Oceano, talvez como reflexo de seu status elevado. De acordo com os mitógrafos Apolodoro e Higino, bem como os poetas Calímaco e Apolônio, quando a relação de Cronos e Fílira foi descoberta por sua esposa, Reia, ele se transformou em garanhão, daí a forma meio-equina de seu filho. Outra versão afirma que Zeus era o pai de Quirão. Em todo caso, ele era conhecido pelas muitas habilidades e por isso recebeu a tarefa de criar e educar diversos heróis. Os mais notáveis foram Aquiles, Jasão, Asclépio, Actéon e os gêmeos Castor e Pólux. Por muito tempo, Quirão viveu em uma caverna no monte Pélion, na costa da Tessália. No entanto, ao lado dos outros centauros, foi levado por seus vizinhos, os lápitas, da Tessália para o Cabo Maleia, no Peloponeso. Foi lá que Hércules, sem querer, causou a morte de Quirão, ferindo-o com uma flecha envenenada. O sofrimento de Quirão foi tão grande que, embora fosse imortal, desejou morrer. Existem diversos relatos de seu fim. O poeta Ovídio, por exemplo, escreve que Zeus, por pena, o elevou aos céus — a constelação de Sagitário. Mas também há rumores de que Quirão tivesse optado por trocar de destino com Prometeu, que sofria tortura eterna no Mundo Inferior.

(Ver Actéon, Apolo, Aquiles, Ártemis, Asclépio, Castor, Centauros, Cromo, Hércules, Íxion, Jasão, Lápitas, Mundo Inferior, Néfele, Oceano [deus], Pélion, Prometeu, Reia, Tessália, Titãs, Zeus)

SÁTIROS: criaturas híbridas do sexo masculino, parte cavalo e parte humanas. Eles locomoviam-se de forma ereta, ao contrário dos centauros quadrúpedes, híbridos de cavalo, seus semelhantes. Em sua forma original e tradicional, eles tinham rabo de cavalo, cabelos longos, barba, orelhas de cavalo, testas bulbosas e nariz arrebitado. Por vezes, as representações artísticas também os retratavam com pernas e cascos de cavalo, bem como com grandes pênis eretos. Foi apenas no período helenístico (após 323 a.C., a morte de Alexandre, o Grande) que os sátiros, equiparados ao deus campestre Pã, assumiram a aparência de bode, com rabo e chifres mais curtos. Sátiros, que em tempos primevos eram indistinguíveis dos silenos, são espíritos da floresta, ou *daemones*, que viviam na natureza, encontrados em montanhas, florestas e cavernas na companhia de Ninfas com quem saltitavam e a quem essas criaturas lascivas perseguiam amorosamente. Eram caracterizados pela luxúria, desejo por vinho e a propensão à travessuras. Em contrapartida, os silenos passaram a ser vistos como sátiros idosos. Ao lado das Ninfas, tanto sátiros quanto silenos são a comitiva típica do deus metamorfo Dioniso. O sátiro mais conhecido da mitologia clássica também foi o mais trágico deles: Mársias, que encontrara a flauta abandonada pela deusa Atena. Ao descobrir que tinha talento para tocar o instrumento, cometeu o terrível erro de desafiar Apolo para uma competição musical. Como consequência de seu orgulho, foi esfolado vivo. Outro sátiro, inominado, perseguiu a danaide Amimone, mas foi afugentado por Posídon, que então perseguiu a donzela.

(Ver Amimone, Apolo, Atena, Centauros, Dioniso, Mársias, Ninfas, Posídon, Silenos)

SEREIAS: monstros femininos híbridos com cabeça humana e corpo de pássaro. Às vezes, elas também eram representadas com braços humanos e portavam instrumentos musicais. O perigo específico que representavam era atrair marinheiros para a morte com canções encantadoras. Para Homero, havia duas sereias, sem descrição de sua aparência, ao passo que autores (e artistas) posteriores indicam que havia três e que eram mulheres pássaros. As sereias são mais conhecidas pelo encontro com Odisseu. A deusa Circe alertou Odisseu que as canções irresistíveis das sereias faziam com que todos aqueles que as ouvissem se esquecessem de voltar para casa e, como consequência, a

VIII
As Sereias: monstros híbridos e femininos que atraem marinheiros para a morte

praia de sua ilha estava repleta dos cintilantes ossos das vítimas. Odisseu foi instruído a colocar cera nos ouvidos de seus homens quando passassem pelas sereias e a ser amarrado ao mastro do barco, para desfrutar do canto das sereias sobre a Guerra de Troia sem sucumbir à tentação fatal. Não tivesse seguido os conselhos de Circe o herói poderia encontrar sua morte, pois, emocionado pelas vozes das sereias, implorou a seus homens que o libertassem. Pedido que não ouviram ou atenderam. De acordo com o poeta épico Apolônio de Rodes, o herói Jasão e seus companheiros também encontraram as sereias. No caminho de volta da Cólquida, em posse do velocino de ouro, eles passaram pela ilha das sereias. Com o acompanhamento da lira, o bardo Orfeu cantou tão alto que abafou o canto delas, e todos os homens de Jasão foram salvos, exceto um, que saltou ao mar. Apolônio, entre outros, comenta que as sereias eram filhas do deus-rio Aqueloo e da Musa Terpsícore (ou Melpômene). As sereias teriam sido acompanhantes da filha da deusa Deméter, Perséfone, antes que ela fosse raptada por Hades. O poeta romano Ovídio acrescenta que as sereias tinham penas de ouro e foram transformadas em donzelas pássaros para que pudessem mover-se o mais rápido possível na busca por Perséfone.

(Ver Aqueloo [deus], Circe, Cólquida, Deméter, Hades [deus], Jasão, Melpômene, Musas, Odisseu, Orfeu, Perséfone, Terpsícore)

SILENO: sátiro idoso e o mais notável dos silenos, *daemones* da floresta metade cavalo, que, com o tempo, tornaram-se mais parecidos com bodes. Sileno era representado na literatura e na arte jovial, rotundo e calvo. Assim como outros silenos e sátiros, gostava de vinho, música e dança. Há vários relatos sobre seu nascimento. O poeta Nono de Panópolis comenta que era autóctone, literalmente nascido de Gaia ("a terra"). Por outro lado, de acordo com o retórico Eliano, ele era o filho imortal de uma Ninfa. Sileno integrava a comitiva do deus Dioniso, com quem tinha relação particularmente próxima. Há um relato que afirma que Zeus confiou a tarefa de criar o menino Dioniso a Sileno após a trágica morte de sua mãe, Sêmele. O historiador Diodoro Sículo observa que ele atendia, aconselhava e instruía Dioniso. Diz-se que o rei frígio Midas encontrara-se com Sileno, seja ao levá-lo cativo a um jardim mítico, onde pediu-lhe que adivinhasse o futuro, ou ao socorrê-lo depois que, bêbado, perdera-se de Dioniso. Pelo auxílio prestado a Sileno, Dioniso recompensou Midas concedendo-lhe um desejo, e Midas desejou que tudo o que tocasse se transformasse em ouro.

(Ver Dioniso, Frígia, Gaia, Midas, Ninfas, Sêmele, Silenos, Zeus)

ORIGENS DA MITOLOGIA

SILENOS: Originalmente, não havia distinção entre silenos e sátiros, espíritos da floresta que eram metade humanos e metade cavalos. No entanto, com o tempo, os silenos passaram a ser vistos como sátiros idosos. O mais proeminente de seu grupo é Sileno.

(Ver Sátiros, Sileno)

TALOS (ou Talo): gigante de bronze, descrito como estátua viva ou algo como um autômato, mas também um ser vivo e senciente. O poeta Apolônio de Rodes diz que Talos descendia da antiga Raça do Bronze e que fora dado por Zeus a Europa para vigiar a ilha de Creta, que circundava três vezes ao dia. De acordo com a mitologia, houve cinco idades ou raças sucessivas de humanos, a Raça de Ouro, a Raça de Prata, a Raça de Bronze, a Raça de Heróis e a atual e profundamente imperfeita Raça de Ferro. O corpo e os membros de Talos eram de bronze e, portanto, invulneráveis, exceto por um ponto no tornozelo, de onde o sangue flui a partir de uma única veia. Ele ficou mais conhecido pelo encontro com Jasão e os Argonautas, acompanhados pela feiticeira Medeia. No curso da viagem de retorno após apanhar o velocino de ouro, os Argonautas buscaram abrigo em um porto na ilha de Creta, então Talos os apedrejou. Medeia, no entanto, lançou um feitiço sobre ele que, enquanto içava mais pedras, lanceou o tornozelo e foi mortalmente ferido. O mitógrafo Apolodoro oferece relato ligeiramente diferente de suas origens e sua fisionomia. Depois de criar Talos, o deus Hefesto presenteou-o ao rei de Creta, Minos. A criação de Hefesto tinha uma única veia que se estendia do pescoço até os tornozelos, selada na extremidade por um cravo de bronze. Medeia o enlouqueceu ou, enganando-o, convenceu-o de que poderia torná-lo imortal e arrancou o cravo que selava sua veia. Assim, Talos morreu.

(Ver Argonautas, Creta, Europa, Hefesto, Jasão, Medeia, Minos, Zeus)

TÍCIO: gigante, filho de Zeus e de Elara, filha do herói beócio Orcômeno. De acordo com o mitógrafo Apolodoro, o deus quis manter a indiscrição escondida da esposa, Hera, então ocultou Elara sob a terra depois de engravidá-la. Após o período de gestação, Tício emergiu da terra e, por isso, foi chamado de "nascido na terra". Com o tempo, porém, ele cometeria o pecado que o faria retornar ao subterrâneo, dessa vez, porém, para morar no Tártaro, a parte do Mundo Inferior

MONSTROS, PRODÍGIOS E CRIATURAS HÍBRIDAS

reservada aos pecadores. Seu pecado foi tentar estuprar Leto, mãe dos gêmeos divinos Apolo e Ártemis, que o mataram a flechadas. Foi no Mundo Inferior que Odisseu, e mais tarde Eneias, o viram, seu corpo enorme espalhado por quase quatro hectares, seu fígado sendo comido eternamente por abutres.

(Ver Apolo, Ártemis, Beócia, Eneias, Leto, Mundo Inferior, Odisseu, Tártaro, Zeus)

TIFÃO (ou Typhōeús): desde o princípio, esse monstro foi confundido e amalgamado com Typhōeús. De acordo com o poeta grego Hesíodo, Gaia ("a terra") gerou Tifão/Typhōeús com Tártaro, personificação dos abismos úmidos do Hades, nas profundezas da terra. Tifão era um monstro terrível dotado de força prodigiosa. Com uma centena de cabeças de serpente, de línguas escuras e sibilantes, que reproduziam os sons de todos os tipos de animais: leão, touro, cão, serpente e muitos outros. E seus olhos soltavam fogo. Com o monstro Équidna, Tifão/Typhôn foi pai de uma série de monstros: Ortro, o cão do Gerião de três corpos; Cérbero, o cão do Hades; a Hidra de muitas cabeças de Lerna; e a Quimera cuspidora de fogo. Zeus percebeu que Tifão era uma ameaça ao seu reino, então fez os céus e os mares estremecerem com seu trovão. O deus e o monstro envolveram-se em batalha terrível que fez com que a terra, o céu e o mar fossem afligidos por terríveis ventos, terremotos e chamas. Até mesmo o Hades estremeceu sob a crosta terrestre. Por fim, Zeus derrotou o rival, atingindo-o com um raio flamejante, e o lançou nas profundezas do Tártaro. O mitógrafo Apolodoro faz descrição mais detalhada do gigante: era tão imenso que a cabeça se estendia das montanhas às estrelas. Uma centena de cabeças de serpente projetava-se dos braços e o gigante alado tinha víboras sibilantes enrodilhadas no lugar de pernas. De acordo com Apolodoro, Píndaro, Ovídio e outros, quando Zeus venceu Tifão, o lançou sob o monte Etna, na ilha da Sicília, o que explicaria a atividade vulcânica daquela montanha.

(Ver Cérbero, Équidna, Gaia, Gerião, Hades [deus e lugar], Hidra de Lerna, Quimera, Sicília, Tártaro [deus e lugar], Zeus)

TYPHOEÚS: outro nome para Tifão, enorme monstro híbrido gerado por Gaia e criado pelo Tártaro.

(Ver Gaia, Tártaro [deus e lugar], Tifão)

PARTE

IV

LUGARES E MARCOS

ÁBIDOS: cidade na parte mais estreita de Dardanelos, ou Helesponto, como era chamada na Antiguidade. Fundada no século VII a.C., situava-se no lado asiático do estreito e, como observou o historiador grego Heródoto, foi lá que o rei persa Xerxes construiu a ponte sobre o Helesponto para facilitar a passagem de seu exército para a Grécia. Ábidos era notável na mitologia clássica por ser o lar de Leandro, jovem cuja amada, Hero, sacerdotisa de Afrodite, vivia em Sesto, na margem oposta do Helesponto. À noite, Leandro nadava para encontrá-la. No entanto, a relação teve um fim trágico: Leandro se afogou, o que levou Hero ao suicídio.

(Ver Afrodite, Helesponto, Hero, Leandro)

ACRÓPOLE: afloramento maciço de pedra calcária na planície ática, onde assentava-se a antiga cidadela de Atenas e, posteriormente, seu centro religioso. Eleva-se a uma altura de aproximadamente 150 metros e possui comprimento e largura vastos, cerca de 270 metros e 156 metros, respectivamente. O termo "acrópole", que significa "cidade alta" ou "parte mais alta da cidade", pode ser empregado para designar a parte alta de qualquer cidade da Grécia. Para fins de defesa bélica, tendia-se a construir assentamentos no topo de morros, muitos fortificados, e, frente ao aumento da população, construía-se nas áreas ao redor do centro da cidade original. No caso de Atenas, que possui a acrópole mais conhecida, a cidade alta foi fortificada na Idade do Bronze (século XIII a.C.) e, nesse período, possuía um edifício palaciano. Após a destruição do palácio e o fim da Idade do Bronze, a Acrópole, que se tornara o centro simbólico da cidade, viveu diversas fases de construção de templos e monumentos, a mais ambiciosa fora empreendida pelo tirano Pisístrato, no século VI a.C., e pelo estadista e general Péricles, no século V a.C. As ruínas dos monumentos hoje visíveis na Acrópole decorrem das construções de Péricles, cujo objetivo era fazer de Atenas uma vitrine e uma "escola" para toda a Grécia. A deusa Atena era a patrona da cidade e figurava fortemente no simbolismo dos monumentos da Acrópole. O Partenón, construído nos anos 447 a 432 a.C. em honra à deusa, era dedicado ao aspecto virginal de Atena (Párteno) e possuía uma estátua de culto monumental (onze metros e meio de altura). Era feita de ouro e marfim e retratava Atena como deusa-guerreira, de elmo decorado com esfinge, grifos e Pégaso, e couraça com a cabeça de Medusa. Com a mão esquerda, a estátua de Párteno sustentava o escudo com cenas da lendária batalha dos atenienses, liderados por Teseu, contra as amazonas, e da batalha entre deuses e gigantes. Na mão direita, portava a pequena Nice alada (personificação da vitória). Nas sandálias apareciam cenas da batalha dos lápitas contra os centauros e, na base da estátua, o mito de Pandora. Aos pés jazia uma serpente enrodilhada, representação do antigo rei ateniense, Erecteu. Os mitos apresentados na estátua reaparecem na decoração escultural do próprio Partenón, em particular as batalhas dos lápitas contra os centauros, dos atenienses contra as amazonas e dos deuses contra os gigantes, que, assim como cenas da Guerra de Troia, foram interpretados como representação da vitória dos gregos sobre os persas nas Guerras Persas (492 a 449 a.C.) e, como consequência, a vitória sancionada pelos deuses da Grécia civilizada sobre "os bárbaros". Os frontões do templo, por sua vez, apresentavam o nascimento espetacular de Atena da cabeça de Zeus e seu triunfo sobre Posídon na disputa para ser patrona de Atenas. Outra estátua da deusa, de bronze e supostamente visível para marinheiros que se encontravam em um ponto tão distante quanto Súnio (*Sunium*), ficava na parte externa do Partenón, na entrada convencional do recinto superior da Acrópole, e representava Atena, novamente armada, como Prômaco, defensora da cidade e líder de tropas. A Acrópole também abrigava o templo conhecido como Erecteion, que se distinguia pelo pórtico cariátide, consagrado à Atena Polias (guardiã da cidade) e aos lendários reis atenienses Erecteu e Cécrops, assim como para Posídon — a marca onde seu tridente atingira a rocha da Acrópole podia ser visto no templo. Perto do Erecteion localizava-se a oliveira que Atena gerara na disputa com Posídon. O local também abrigava o pequeno templo a Atena representada como a personificação da vitória, Nice, e santuário de Ártemis. Em sua base ficava o teatro de Dioniso, que, além de deus do vinho, era patrono do teatro.

(Ver Amazonas, Ártemis, Atena, Atenas, Ática, Cécrops, Centauros, Dioniso, Erecteu, Esfinge, Gigantes, Górgonas, Grifos, Lápitas, Medusa, Nice, Pandora, Partenón, Pégaso, Posídon, Teseu, Troia, Zeus)

ALBA LONGA: na região do Lácio, no monte Albano, o atual monte Cavo, a sudeste de Roma. Segundo a lenda, foi fundada por Ascânio, filho de Eneias, que trouxera um grupo de refugiados troianos para a Itália após a derrota para os gregos na Guerra de Troia. Alba Longa permaneceria a capital do Lácio até a fundação de Roma, realizada por Rômulo e, supõe-se, foi destruída em meados do século VII a.C. pelo rei romano Túlio Hostílio.

(Ver Ascânio, Eneias, Lácio, Roma, Rômulo, Troia)

ALFEU (Alfios em grego moderno): o maior rio do Peloponeso e um dos maiores da Grécia. Nasce no sul da Arcádia e flui por Olímpia até o mar Jônico. Seu curso tem cerca de 110 quilômetros de comprimento. Alfeu tem destaque nos trabalhos de Hércules, que desviou seu curso para limpar os estábulos de Augias e, como no caso de todos os rios, foi concebido não apenas como lugar, mas também como divindade, o deus-rio Alfeu, sua personificação. O deus Alfeu é um dos muitos filhos de Oceano e apaixonou-se pela Ninfa Aretusa, a quem perseguiu até a Sicília, onde ela se tornou uma fonte e suas águas se encontraram.

(Ver Alfeu [deus], Arcádia, Aretusa, Augias, Hércules, Oceano [deus], Sicília)

AQUELOO (Akheloos Potamos em grego moderno): um dos maiores rios da Grécia (aproximadamente 220 quilômetros). Nasce na cordilheira do Pindo, deságua no mar Jônico e, na Antiguidade, era a fronteira natural entre as regiões da Etólia e da Acarnânia, na Grécia Central. O rio possuía tal importância que sua personificação divinizada, o deus-rio Aqueloo, podia ser invocado como a divindade de todos os rios, e tanto o rio quanto seu deus figuravam em vários mitos. Por exemplo, Aqueloo seria o pai de Castália, homônimo da Fonte de Castália, consagrada às Musas. Alcméon, filho de um dos Sete Contra Tebas, purificou-se nas suas águas depois de matar a mãe, Erifila, pela repetida traição. Hércules lutou com Aqueloo para ganhar a mão da última esposa, Dejanira. No decorrer da luta contra o herói, Aqueloo teria assumido a forma de serpente e depois de touro. O geógrafo Estrabão explica esses mitos relacionando-os às características geográficas do próprio rio: o curso serpentino e o rugido de touro da correnteza.

(Ver Alcméon, Dejanira, Fonte de Castália, Hércules, Musas, Sete Contra Tebas)

AQUERONTE: considerado um dos principais rios do Mundo Inferior, sua geografia mudou com o tempo. Na verdade, empregava-se o nome do rio, por vezes, para se referir ao Mundo Inferior em sua totalidade. De acordo com Homero, a primeira fonte de informações sobre a localização e a natureza do rio, ele ficava além do rio Oceano, que circundava o mundo dos vivos, e perto do Bosque de Perséfone. Foi lá, no ponto onde os rios Flegetonte e Cocito (um braço do rio Estige) fluíam para o Aqueronte, que Odisseu cavou um fosso e conjurou as almas dos mortos. Em contraste, na *Eneida* de Virgílio, Aqueronte é identificado como o Estige, o rio em que Caronte transporta as almas dos mortos.

(Ver Caronte, Cocito, Eneias, Flegetonte, Mundo Inferior, Oceano [deus e lugar], Odisseu, Perséfone, Estige [lugar])

ARCÁDIA: região montanhosa e acidentada no centro de Peloponeso, mais adequada à caça e à criação de animais do que à agricultura. Seus limites eram amplamente definidos por montanhas (em sentido horário, a partir do nordeste, pelo monte Erimanto, monte Cilene, monte Aroania, monte Oligyrtus, monte Partênion, o sopé das cordilheiras Parnão e Taígeto, monte Nômia e monte Elaeum), e sua área era pouco menor do que a região atual homônima. O rio mais importante de Arcádia, o Alfeu, é também o principal rio do Peloponeso. Outros corpos d'água de Arcádia conhecidos na mitologia são o lago Estinfalo, lar de aves perigosas, e até mesmo o rio Estige, do Mundo Inferior, fazia uma pequena aparição na superfície da região. Os arcadianos afirmavam ser descendentes dos mais antigos habitantes da Grécia, os pelasgos, que receberam o nome de Pelasgo, o herói civilizador responsável por ensiná-los a construir cabanas e a fazer roupas com peles de animais. Dizia-se que o homônimo de Arcádia era Arcas, filho de Zeus e de Calisto, a mulher-urso. Por causa do caráter campestre da região, Arcádia foi considerada a casa do deus Pã, o local de nascimento de Hermes e um dos locais de caça favoritos da deusa Ártemis.

(Ver Arcas, Ártemis, Calisto, Erimanto, Estige [lugar], Estinfalo, Hermes, Pã, Pelasgo, Alfeu [lugar], Zeus)

ARETUSA (ou Fonte Aretusa em italiano): nascente na ilha siciliana de Ortígia, no centro histórico de Siracusa. Diz-se que a fonte recebeu o nome da Ninfa do Peloponeso, que, fugindo da perseguição amorosa do deus-rio Alfeu, chegou a Ortígia, onde se transformou em fonte. A Ninfa Aretusa, que personificava a fonte, aparecia como o emblema de Siracusa nas moedas emitidas pela cidade na Antiguidade.

(Ver Alfeu [deus e lugar], Ortígia e Sicília)

ARGOS: a cerca de cinco quilômetros da costa, era a principal cidade da região de Argólida, no leste do Peloponeso, onde atualmente existe uma cidade homônima. De acordo com o geógrafo grego Estrabão (64 a.C. a 19 a.C.), a maior parte da cidade estava situada em uma planície e havia uma cidadela chamada Larissa, uma colina moderadamente fortificada onde havia um templo de Júpiter. Argos, talvez a cidade mais antiga da Grécia, possui mitologia considerada complicada e confusa mesmo para a Antiguidade. Segundo alguns relatos, teria sido originalmente habitada pelos ancestrais de Pelasgo, homônimo dos habitantes aborígenes pré-gregos da Grécia, chamados de pelasgos, e um descendente de Ínaco, deus do rio local, chamado Argiva. Como escreve o mitógrafo Apolodoro, Argos, que deu nome à cidade homônima, era irmão de Pelasgo. Existem vestígios materiais de um assentamento da Idade do Bronze e de fortificações que indicam a importância da cidade naquele período, especialmente do final do século XIV ao XIII a.C. No entanto, seu auge de poder e influência veio mais tarde, entre meados do século VIII a.C. e do século VI a.C., no chamado Período Arcaico, quando seu território se estendia ao longo da costa oriental da península de Párnon, até a ilha de Citera. Embora tenha perdido território e poder para a vizinha Esparta, ela controlou as regiões de Micenas, Tirinto e Lerna, todos que, incluindo Argos, desempenham papel significativo na mitologia. Entre as figuras lendárias de Argos estão Io, filha de Ínaco, transformada em vaca; os altruístas e heroicos Cleobeia e Biton; Dânae, cuja prisão Zeus acessou ao transformar-se em chuva de ouro, gerando assim o matador de górgonas, Perseu; Adrasto, líder dos Sete Contra Tebas; e Euristeu, o rei para quem Hércules realizou seus trabalhos. Entre os deuses, Argos era mais sagrada para Hera.

(Ver Adrasto, Cleobeia, Dânae, Esparta, Euristeu, Górgonas, Hera, Hercules, Ínaco, Io, Lerna, Micenas, Pelasgo, Perseu, Sete Contra Tebas, Tirinto, Zeus)

ATENAS: segundo a lenda, recebeu o nome de sua deusa patrona Atena. Foi e ainda é a principal cidade da região da Ática. A cidade localiza-se em uma planície cercada pelas montanhas Egaleu, Parnita, Pentélico e Himeto. Pireu, o porto da cidade, fica na extremidade nordeste do golfo Sarônico e era conectado por um sistema de longas muralhas ("corredor" murado de acesso de aproximadamente seis quilômetros às muralhas de Atenas propriamente ditas), paralelas aos rios Ilisos e Erídano. Atenas é dominada pela Acrópole, a antiga cidadela e centro religioso da cidade, que abriga o templo mais importante de Atenas, o Partenón. Já na Antiguidade, a Acrópole se tornou uma espécie de museu da história mitológica ateniense, com estruturas que aludiam aos muitos papéis assumidos por Atena, bem como pelos lendários fundadores da cidade e primeiros reis, entre eles o "nascido da terra" Cécrops, o homem-cobra Erecteu e o herói Teseu, notável por matar o Minotauro de Creta, unindo os vários assentamentos na Ática e repelindo um ataque das amazonas à sua cidade.

(Ver Acrópole, Amazonas, Atena, Ática, Cécrops,
Creta, Erecteu, Ilisos, Minotauro, Teseu)

ÁTICA: atual Attiki, é o território de Atenas. Na Antiguidade, a Ática era definida como a península triangular na extremidade oriental da Grécia central. Ao norte, os montes Parnita e Citerão demarcavam a fronteira com a Beócia. A oeste, o monte Cerata limitava a fronteira com Mégara. A Ática atual é um pouco maior, incluindo Mégara, as ilhas Sarônicas, a ilha de Citera e parte do Peloponeso. Antes da ascensão de Atenas, Ática contava com várias comunidades separadas. Segundo as fontes mais comuns, eram doze na época do lendário rei Cécrops. Por fim, todas foram unificadas para formar um único estado ateniense, empreitada atribuída a Teseu. O santuário de Elêusis (atual Elefsína), consagrado à Deméter e a sua filha, Perséfone, e o santuário de Ártemis, em Brauron (atual Vraona), localizavam-se na Ática, o primeiro a noroeste do centro de Atenas e o último a sudeste. Havia outros locais mitologicamente significativos na Ática. Um era Colono, fora das muralhas de Atenas, local da morte e heroicização de Édipo e onde se encontrava o bosque sagrado das Eumênides.

(Ver Ártemis, Atenas, Cécrops, Citerão, Colono, Deméter, Édipo,
Elêusis, Eumênides, Mégara [lugar], Perséfone, Teseu)

ÁULIS: cidade na costa leste da Beócia, ao sul do canal de Euripo, que separava a ilha Eubeia do continente grego. Pausânias informa que Áulis recebeu seu nome da filha de Ógigo, lendário rei da Beócia. Também havia um templo de Ártemis que continha duas estátuas de mármore da deusa, uma portando tochas e a outra com o arco. O templo também retinha um plátano, que, na época da Guerra de Troia, tornara-se o símbolo de importante presságio: uma serpente surgiu antes que os gregos ali se reunissem, subiu pelo tronco da árvore e devorou oito filhotes de pardal e a própria mãe dos pássaros. De acordo com Homero, o vidente grego Calcas interpretou o presságio como sinal de que os gregos seriam vitoriosos em Troia, mas que a guerra duraria mais de nove anos, e que Troia cairia no décimo ano. Na verdade, Áulis ficou conhecida como o ponto de encontro das forças gregas que rumavam para Troia, e como o local onde Ifigênia, filha do rei micênico Agamêmnon, foi sacrificada a pedido de Ártemis.

(Ver Agamêmnon, Ártemis, Beócia, Calcas, Eubeia, Ifigênia, Troia)

BABILÔNIA: localizava-se às margens do rio Eufrates, onde hoje é o sul do Iraque. Situada no Crescente Fértil (região que abrange os atuais estados da Palestina, Israel, Jordânia, Kuwait, Líbano e Chipre, além de partes da Síria, do Iraque, do Egito, do sudeste da Turquia e sudoeste do Irã), a Babilônia era colonizada pelo menos desde o terceiro milênio a.C., ganhando destaque durante o reinado de Hamurabi (1792 a 1750 a.C.). Famoso pelo código de leis, durante seu reinado a cidade serviu como centro religioso, político e cultural do antigo Oriente Próximo (abrange a região da Ásia próxima ao mar Mediterrâneo, a oeste do rio Eufrates, como Síria, Líbano, Israel, Palestina e Iraque). Os Jardins Suspensos da Babilônia, considerados uma das Sete Maravilhas do Mundo Antigo, que jamais foram encontrados pelos arqueólogos, teriam sido construídos mais de mil anos depois pelo rei Nabucodonosor II (que reinou entre 604 a 562 a.C.). Sob seu reinado a cidade floresceu novamente e, de acordo com o historiador grego Heródoto, tornou-se a cidade mais esplêndida do mundo conhecido. Os extensivos projetos de construção de Nabucodonosor também renderam a reconstrução do templo Esagila, dedicado a Marduque, e o zigurate Etemenanqui, que servia como eixo de conexão entre o céu e a terra e que ficou conhecido como a Torre de Babilônia. Na narrativa do poeta romano Ovídio sobre os infelizes amantes da Babilônia, Píramo e Tisbe, o mito clássico mais conhecido do tema, a lendária rainha assíria Semíramis é creditada com a construção da cidade e suas notáveis fortalezas.

(Ver Píramo, Semíramis, Tisbe)

BEÓCIA: região da Grécia central, cuja região atual (Viotia) é um pouco maior do que na Antiguidade. A antiga Beócia ficava a noroeste de Atenas e era separada do território dela e de Mégara pelo monte Citerão e pelo monte Parnita. Fazia fronteira ocidental com a Fócida, apartadas pelo monte Hélicon. Além disso, era delimitada geologicamente pelo golfo de Corinto a sudoeste e pelo golfo de Eubeia a nordeste. A região já era colonizada desde o Paleolítico (Idade da Pedra Lascada) e destacou-se na Idade do Bronze (segundo milênio a.C.), pois ali havia dois conhecidos palácios micênicos, um em Orcômeno e outro em Tebas. Dentre as duas, Tebas tornou-se a mais poderosa da região e, por isso, a cidade tem tradição mitológica muito rica. Por exemplo, ela foi povoada por guerreiros nascidos de dentes de dragão semeados por Cadmo e era também o lar de Édipo. No que diz respeito à região, a Beócia foi o local de nascimento de Narciso, que não amava ninguém além de si mesmo, e era onde estava o monte Hélicon, consagrado às Musas.

(Ver Cadmo, Citerão, Édipo, Hélicon, Mégara [lugar], Musas, Narciso, Tebas, Zeus)

BÓSFORO (ou Bosporus): estreito que conecta o mar Negro, chamado de Ponto Euxino na Antiguidade, ao mar de Mármara, o antigo Propôntida. O Bósforo e o Helesponto limitam os continentes europeu e asiático e permitem a passagem de navios entre o Mediterrâneo e o mar Negro. De acordo com o dramaturgo grego Ésquilo, o local recebeu o nome da heroína Io que, transformada em vaca devido aos ciúmes de Hera, foi afugentada por um moscardo da Grécia para o Egito, e o Bósforo foi o ponto de passagem.

(Ver Helesponto, Hera, Io, Zeus)

CÁLIDON: ficava nas margens do rio Eveno, na antiga região da Etólia, no centro-oeste da Grécia. De acordo com a lenda, teria recebido o nome de seu fundador, Cálidon, filho de Etolo, que deu nome à região da Etólia, e neto de Endímion, rei de Elis, que se tornou amante da deusa da lua, Selene. Eneu, um governante posterior de Cálidon, negligenciou sacrifícios à deusa Ártemis, que enviou um javali para devastar a terra. Isso resultou na famosa caça ao javali de Cálidon, que causou a morte prematura de Meléagro, pois sua mãe jogou no fogo a acha de lenha que representava seu tempo de vida.

(Ver Ártemis, Endímion, Eneu, Etólia, Etolo, Meléagro, Selene)

CAMPOS DO LUTO (*Campi Lugentes* em latim): região do Mundo Inferior, que parecem criação do poeta romano Virgílio. Depois que o herói Eneias e sua guia, Sibila, passaram pela fronteira do Reino de Hades, guardada pelo Cérbero de três cabeças, chegaram a essa extensa região do Mundo Inferior, que abrigava aqueles que morreram de coração partido. Foi nos Campos do Luto que Eneias encontrou a ex-amante, a rainha cartaginesa Dido, a quem havia rejeitado cruelmente. Como escreve Virgílio, os habitantes da região incluíam as heroínas trágicas Fedra, Prócris e Pasífae, entre muitas outras.

(Ver Cartago, Cérbero, Dido, Eneias, Fedra, Hades [deus e lugar],
Mundo Inferior, Pasífae, Prócris, Sibila de Cumas)

CAMPOS ELÍSIOS (Ver Elísio)

CAPITOLINO: uma das Sete Colinas de Roma e, embora seja a menor, foi a mais importante, evoluindo da cidadela do assentamento original para o posterior centro político-religioso da cidade. Seu cume nordeste era chamado de Arx, onde se localizava a cidadela propriamente dita. Já o cume sudoeste, que dava para o Fórum Romano, era chamado de Capitólio (*Capitolium*). De acordo com o historiador romano Tito Lívio, o Templo de Júpiter Ferétrio foi o primeiro templo a ser construído no Capitólio, e foi o próprio Rômulo, o fundador de Roma, o responsável por encomendar o templo para comemorar uma vitória militar que atribuiu à ajuda de Júpiter. O templo mais importante do Capitolino era o do Capitólio, dedicado a Júpiter Optimus Maximus, Juno e Minerva, a chamada tríade de divindades Capitolinas. Era nesse templo que generais vitoriosos celebrando o triunfo e magistrados assumindo o cargo realizavam sacrifícios. O templo e toda a colina passaram a ser chamados de "Capitolium", nome que, de acordo com o historiador romano Tito Lívio, derivava da descoberta de enorme crânio humano durante a construção do templo. Isso foi interpretado como sinal da futura grandeza de Roma: a cidadela estava destinada a tornar-se a "cabeça" (*caput* em latim) de um império mundial. Além de outros santuários e monumentos, a rocha Tarpeia se localizava lá. Nesse local, um precipício recebeu o nome da traiçoeira Tarpeia, de onde os traidores eram lançados para a morte. Ao pé do Capitolino, no Fórum, localizava-se o majestoso templo de Saturno, a quem toda a colina pertencia.

(Ver Juno, Júpiter, Minerva, Roma, Rômulo, Saturno, Tarpeia)

CARTAGO: de acordo com a maioria das fontes, foi fundada no final do século IX a.C. por colonos fenícios onde hoje é a costa tunisiana do Norte da África. Devido a sua posição estratégica, tornou-se rival de Roma e, inevitavelmente, as duas potências entraram em confronto, o que resultou nas Guerras Púnicas (264 a 146 a.C.). No decorrer do conflito, o general cartaginês Aníbal marchou sobre os Alpes até a Itália, para o horror de Roma. Cartago foi aniquilada pelos romanos em 146 a.C., apenas para se reerguer um século depois, agora sob o domínio romano, servindo como capital da província romana da África. A rivalidade romana com essa cidade recebeu grande destaque na história da rainha fenícia Dido, lendária fundadora de Cartago, que perdeu a dignidade e a vida como consequência de seu fatídico caso de amor com o troiano Eneias, destinado a viajar à Itália, onde se tornaria o ancestral dos romanos. Aníbal, de acordo com o poeta romano Virgílio, seria o vingador de Dido.

(Ver Dido, Eneias, Roma, Troia)

CÁUCASO: com extensão de 1.100 quilômetros de comprimento e sessenta quilômetros de largura, essas montanhas estendem-se do mar Negro (Euxino) até o mar Cáspio, formando o que foi considerada uma fronteira natural entre a Europa e a Ásia. Elas constituíam o que os gregos compreendiam como o extremo norte do mundo civilizado, acreditava-se que a região do Cáucaso era o lar de uma variedade de criaturas mitológicas e tribos "bárbaras" e lendárias, como grifos, híbrido de pássaro e leão; amazonas guerreiras; o misterioso Arimaspos; e os hiperbóreos, que tiveram existência feliz. Foi nessas montanhas que acorrentaram o titã Prometeu, e seu fígado em regeneração contínua era devorado por um abutre, para puni-lo por auxiliar a humanidade.

(Ver Amazonas, Arimaspos, Grifos, Hiperbóreos, Ponto Euxino, Prometeu, Titãs)

CEFISO: havia vários rios com este nome na Grécia, um na Beócia, dois no território de Atenas e um no território de Argos. Dizia-se que a divindade que personificava o beócio Cefiso era o pai do belo jovem Narciso, que morreu por amor a si mesmo. A divindade do Cefiso de Argos, por sua vez, supõe-se ter sido um dos juízes na disputa entre Hera e Posídon pelo apadrinhamento de Argos, disputa em que a deusa venceu.

(Ver Argos, Atenas, Beócia, Hera, Narciso, Posídon)

CHIPRE: atualmente República de Chipre. É a terceira maior ilha do Mediterrâneo, conta com área de 9.251 quilômetros quadrados e fica na borda oriental do Mediterrâneo, ao sul da Turquia, a oeste da Síria e do Líbano, a noroeste de Israel e da Palestina e ao norte do Egito. Como consequência pela posição estratégica, unindo Oriente e Ocidente, o Chipre viu um influxo de colonos da Anatólia, Grécia e Fenícia, entre outros, e foi absorvido pelos impérios da Assíria, Egito, Pérsia, Macedônia (sob Alexandre, o Grande) e Roma. Na mitologia, a ilha destaca-se pela ligação com Afrodite, cujo santuário mais importante localizava-se em Pafos, seu território e onde, acredita-se, a deusa tenha pisado a terra pela primeira vez após seu nascimento aquático. Adônis, o amado de Afrodite, era o filho de Mirra, princesa do Chipre, com o próprio pai, o rei cipriota Cíniras. Pigmalião, outro rei do Chipre, apaixonou-se por sua estátua, que foi animada pelos poderes de Afrodite. A deusa era chamada de "Cípris", em razão de sua relação com o Chipre.

(Ver Adônis, Afrodite, Cíniras, Mirra, Pafos, Pigmalião, Roma)

CINTO: montanha na ilha de Delos. No seu sopé, havia um templo sagrado a Hera, e, no pico, um santuário de Zeus e Atenas. Segundo a lenda, Cinto foi o local de nascimento de Apolo e de sua irmã, Ártemis. Por isso, os dois poderiam ser referidos como "Cintios" ("do monte Cinto").

(Ver Apolo, Ártemis, Atena, Cíntia, Delos, Hera, Zeus)

CIRENE: cidade fundada por colonos gregos de Tera em 61 a.C., na costa leste da Líbia, próxima a fonte de Kyre, considerada sagrada a Apolo. Havia um mito que ditava que a cidade recebera o nome de Cirene, a neta do deus-rio Peneu raptada por Apolo, que naquele local dera à luz o filho do deus, Aristeu, que ensinara as artes agrícolas aos humanos. A região ao redor de Cirene, rica em grãos, azeite de oliva e sílfio, planta usada como tempero, perfume e medicamento, era chamada de "cirenaica" e tornou-se parte dos impérios romano e bizantino.

(Ver Apolo, Aristeu, Cirene [heroína], Peneu [deus])

CIROS (ou Scyrus): fica no mar Egeu e faz parte do grupo de ilhas Espórades, a leste de Eubeia. A ilha tinha ligações importantes com os heróis Aquiles e Teseu. Foi para esta ilha que o jovem Aquiles fora enviado pela mãe, a deusa Tétis, para que não fosse lutar em Troia, onde sabia que o filho morreria. Aquiles, disfarçado de menina, viveu entre as filhas do rei da ilha, Licomedes, até que Odisseu aparecesse para buscá-lo, induzindo-o a se revelar. Na ilha, Aquiles engravidou uma filha de Licomedes e, com ela, teve Neoptólemo, que também lutou em Troia, onde demonstrou tanta habilidade como guerreiro quanto extraordinária crueldade. Quanto ao herói ateniense Teseu, suspeita-se que tenha fugido para essa ilha porque, depois de tentar sequestrar Helena e Perséfone, os atenienses revoltaram-se e não o aceitaram mais como rei. De acordo com o mitógrafo Apolodoro, o rei Licomedes acabou matando Teseu, jogando-o do penhasco. Em tempos históricos (476/5 a.C.), segundo o historiador e biógrafo grego Plutarco, os atenienses transferiram de Ciro para Atenas o que seriam os ossos de Teseu, empreitada realizada depois que o fantasma de Teseu apareceu para ajudar os gregos enquanto travavam a Batalha de Maratona (490 a.C.) contra os persas.

(Ver Aquiles, Atenas, Egeu [lugar], Helena, Licomedes, Neoptólemo, Odisseu, Perséfone, Teseu, Tétis, Troia)

CITERA (ou Kythira): ilha grega situada ao largo da ponta sudeste do Peloponeso, entre a Grécia continental e Creta. Com bons portos e posição estratégica para o comércio, a ilha foi cobiçada por Argos, Esparta, Atenas e Roma, tornando-se sucessivamente parte do território de todas. Na mitologia, é conhecida pela associação com a deusa Afrodite, uma vez que Citera, o local de um importante santuário, afirmava ser o lugar onde a deusa pisara pela primeira vez após seu nascimento no mar, um fato reivindicado também pela ilha de Chipre.

(Ver Afrodite, Argos, Atenas, Chipre, Esparta, Roma)

CITERÃO (ou Citeron): montanha ou, mais propriamente dito, cordilheira ao norte do istmo de Corinto, que separa o território de Atenas (Ática) e Mégara da Beócia. Local sagrado para uma série de divindades, entre elas Zeus, Dioniso, Hera e Pã, onde havia diversos mitos associados a essas e outras divindades. Foi em uma caverna em Citerão que Dioniso foi criado; o infante Édipo foi deixado para morrer nas encostas dessa montanha. Ele sobreviveu, mas Actéon, um de seus ancestrais, encontrou seu terrível fim enquanto caçava na montanha, assim como Penteu, primo de Dioniso. Quanto ao nome, Pausânias observa que a montanha recebeu o nome de lendário rei da Beócia, que, rápido de raciocínio, auxiliou Zeus quando o deus viu-se confrontado, como sempre acontecia, pelo ciúme da esposa, Hera. Citerão aconselhou o mulherengo Zeus a colocar uma efígie de madeira de seu novo interesse amoroso em uma carroça, garantindo que Hera a descobrisse. Puxando o véu da cabeça, Hera ficou aliviada ao descobrir uma estátua e não uma mulher acompanhando o marido.

(Ver Actéon, Dioniso, Hera, Mégara [lugar], Édipo, Pã, Penteu e Zeus)

CNOSSO (ou Knossos): local do famoso palácio do rei Minos, localizava-se em um vale fértil a sudeste da atual cidade de Heraclião, na ilha de Creta. O local em si era ocupado já em 7000 a.C. (Período Neolítico), e o amplo palácio de múltiplos níveis, reformado repetidas vezes até sua destruição por volta de 1300 a.C., começou a ser construído no início do segundo milênio a.C. As primeiras escavações arqueológicas do palácio foram conduzidas por Sir Arthur Evans, no início do século XX, e os resultados foram publicados na obra de vários volumes, *O Palácio de Minos em Cnossos*. Os esforços de Evans e seus sucessores estabeleceram o local como centro político, religioso e artístico da chamada civilização minoica de Creta. Na mitologia, o palácio de Cnosso não era apenas a sede do poder do rei Minos, mas também a localização do labirinto que o soberano obrigou o artesão grego Dédalo a construir. O labirinto servia como prisão para o Minotauro, filho monstruoso de Pasífae, esposa de Minos, com um touro que ela se apaixonou de modo insaciável.

(Ver Creta, Dédalo, Minos, Minotauro, Pasífae)

COCITO: rio do Mundo Inferior. Seu nome deriva do termo em grego antigo *kokyeín*, "lamentar", o que o torna o Rio das Lamentações. Segundo Homero, esse rio era um braço do rio Estige e, assim como o rio Flegetonte, alimentava o rio Aqueronte. O poeta romano Virgílio acrescenta detalhes que intensificam o horror da descida do herói Eneias ao Mundo Inferior. Na antecâmara do Mundo Inferior, a Sibila guia Eneias por um caminho que conduz ao rio Aqueronte e a um ponto onde os afluentes do Aqueronte convergem em vasto redemoinho fervilhante que expele lama espessa carregada pelas águas escuras de Cocito.

(Ver Aqueronte [lugar], Eneias, Flegetonte [lugar], Mundo Inferior, Sibila)

COLONO: nomeada a partir de termo grego que significa "pequena colina" (*kolonos*), era região que fazia parte do território de Atenas e ficava logo ao norte da cidade, nas proximidades da famosa Academia, o local da escola de filosofia de Platão. Colono foi o local de nascimento do dramaturgo Sófocles, e foi lá que o cego Édipo, acompanhado pela filha Antígona, adentrou o bosque consagrado às Eumênides e finalmente encontrou seu misterioso fim. Édipo foi posteriormente honrado em culto pelos atenienses, considerado seu protetor e benfeitor.

(Ver Antígona, Atenas, Eumênides, Édipo)

CÓLQUIDA: região fértil e rica em recursos naturais localizada na extremidade oriental do mar Negro (ou Euxino), cercada pelo Cáucaso Maior e pelo Cáucaso Menor. Já havia assentamentos por lá desde o terceiro milênio a.C., e os gregos enviaram colonos à região durante o século VI a.C. Para os gregos, aquela era uma terra misteriosa e bárbara e, na mitologia, era conhecida como o destino do jovem Frixo, que, diante da possibilidade de se tornar vítima de sacrifício humano, escapou nas costas de um carneiro de ouro. Nesse período, quem reinava era o rei Eetes, filho do deus Hélio e pai da feiticeira Medeia. Foi para o reino de Eetes que o herói tessálico Jasão viajou a fim de recuperar o velocino de ouro, que, depois que o carneiro foi sacrificado, acabou pendurado no santuário do deus Ares.

(Ver Ares, Eetes, Frixo, Hera, Jasão, Medeia, Ponto Euxino, Tessália)

COLUNAS DE HÉRCULES: promontórios rochosos de ambos os lados do estreito de Gibraltar, teriam sido moldadas ou colocadas naquela localização pelo próprio herói. Uma das colunas é o Rochedo de Gibraltar, ou monte Calpe, próximo ao extremo sul da Península Ibérica; a outra, o atual Jebel Muça, fica em Abila, no Marrocos, situada no continente africano, diante do Rochedo de Gibraltar. O historiador grego Diodoro Sículo narra diversos relatos sobre a criação das Colunas, e, em todos, o herói sempre encontrava-se no extremo-oeste completando seu décimo trabalho — capturar o famoso gado de Gerião, o gigante de três corpos. De acordo com Diodoro, talvez as Colunas tenham sido colocadas no lugar para comemorar a jornada ao extremo-oeste, o limite do mundo conhecido pelos gregos, ou para tornar a passagem mais estreita, no intuito de evitar que monstros marinhos passassem do Atlântico para o Mediterrâneo. Diodoro também menciona que as rochas podem ter sido o resultado de Hércules ter clivado o que antes era massa contínua de terra, criando assim a separação entre a Europa e a África e um estreito para a passagem de navios. Diodoro não oferece opinião de qual das versões estaria correta. Em vez disso, convida os leitores a decidir.

(Ver Gerião, Hércules)

ORIGENS DA MITOLOGIA

CORINTO: localizava-se na extremidade oeste da pequena faixa de terra que separa o Peloponeso da Beócia, a cerca de três quilômetros da atual Corinto. A cidade, que possuía uma imponente e elevada cidadela, o Acrocorinto, tinha posição estratégica e importante, pois localizava-se no ponto por onde passavam as estradas do norte que levavam ao Peloponeso e os navios que navegavam de leste a oeste, e vice-versa, através do istmo. A história mitológica de Corinto é complicada e seus detalhes variam de autor para autor. Segundo o mitógrafo Apolodoro, Sísifo, filho de Éolo, fundou Corinto, que antes era chamada de Éfira (ou Efíraia). Pausânias acrescenta que a cidade recebeu seu primeiro nome, Éfira, de uma filha de Oceano que vivia naquele lugar, mas que, tempos depois, foi rebatizada de Corinto em honra a um descendente do deus sol, Hélio. No que diz respeito à ampla mitologia do local, dizia-se que fora lá que Sísifo se casara com Mérope, filha de Atlas, e com ela tivera Glauco, que se tornaria pai do herói Belerofonte, matador da monstruosa Quimera. Para realizar a façanha, Belerofonte precisou domar o cavalo alado Pégaso, que com o casco criou a nascente coríntia de Pirena. Corinto também tinha forte conexão com o mito de Édipo, pois foram o rei coríntio, Pólibo, e a esposa, Mérope, que o adotaram depois que seus pais biológicos o deixaram para morrer. Ela própria descendente de Hélio, a feiticeira Medeia também tinha laços com Corinto e levou Jasão até a cidade apenas para que ele firmasse aliança com o rei Creonte por meio do casamento com sua filha Creúsa (ou Glauce, como também era conhecida).

(Ver Atlas, Belerofonte, Creonte, Creúsa, Édipo, Éolo, Glauce, Glauco [herói], Hélio, Jasão, Medeia, Mérope [Ninfa e heroína], Oceano [deus], Pégaso, Pirena, Pólibo, Quimera, Sísifo)

CRETA: com área total de 8.336 quilômetros quadrados, é a maior das ilhas gregas e localiza-se aproximadamente 160 quilômetros ao sul do continente grego. O terreno da ilha é variado e montanhoso, e sua localização estratégica nas rotas comerciais mediterrâneas entre Egito, Chipre e Ásia Menor foi fator determinante para que ganahsse posição de proeminência cultural e política na Idade do Bronze (cerca de 3000 a 1150 a.C.). Durante a Idade do Bronze, a civilização de Creta, chamada minoica em homenagem a Minos, rei de Creta, floresceu, e inúmeros palácios foram construídos na ilha por volta de 2000 a.C., nas regiões Festo, Mália, Zakro e Cnosso. Supostamente, Cnosso era o centro do reinado de Minos e foi lá que o famoso artesão Dédalo construiu o labirinto que abrigava o temido Minotauro. As montanhas da ilha Ida e Díctis, por sua vez, são consideradas o local de nascimento de Zeus.

(Ver Cnosso, Dédalo, Ida [lugar], Minos, Minotauro, Zeus)

LUGARES E MARCOS

CUMAS: cidade na costa da Campânia, na Itália. Fundada em meados do século VIII a.C., foi a primeira colônia grega a se estabelecer no continente italiano. Na mitologia, era o local onde se encontrava uma caverna montanhosa que abrigava a profetisa Sibila, que levou o herói troiano Eneias ao Mundo Inferior. A caverna da Sibila ficava nas proximidades do profundo e sulfuroso lago Averno, que servia como entrada para as profundezas do Hades.

(Ver Eneias, Hades [lugar], Mundo Inferior, Sibila de Cumas, Troia)

DELFOS: mais importante santuário e oráculo do deus Apolo, um dos lugares mais sagrados da Grécia antiga. Com características topográficas impressionantes, Delfos ficava na parte inferior da íngreme encosta sudoeste do monte Parnasso, na região da antiga Fócida, na Grécia central. O santuário tem vista para o vale de Pleistos, nas montanhas Círfis, que jazem diante do próprio vale. O golfo de Corinto, a apenas dez quilômetros de distância, também é visível do local. Os primeiros assentamentos da região remontam à Idade do Bronze (século XV a.C.), e a presença ativa do culto a Apolo é atestada por dedicatórias do século VIII a.C. A área sagrada retangular do santuário em si, o temenos, era cercada por muralha. Dentro dela, havia uma série de monumentos e pequenos tesouros semelhantes aos templos erguidos pelas várias cidades-estados da Grécia; um teatro; a chamada rocha sibilina, sobre a qual se diz que a primeira sacerdotisa de Apolo entoava profecias; e o Templo de Apolo, ponto de chegada do Caminho Sagrado que serpenteava pela encosta. O oráculo ficava dentro do templo, onde a Pítia, a sacerdotisa de Apolo, sentava sobre um tripé acima da fissura de onde subiam vapores, causando a "inspiração" extática ou o transe característico da possessão pelo deus. Os peregrinos viajavam a Delfos para fazer perguntas a Apolo por meio da Pítia, sua porta-voz. As respostas da Pítia eram pronunciadas em verso e interpretadas por sacerdotes. É notório que as respostas do oráculo eram mal interpretadas, como no caso de Édipo. A região de Delfos era repleta de lendas: supunha-se que o oráculo ficava no centro do mundo, pois sua localização foi escolhida por Zeus, que soltou uma águia de cada canto da terra e suas rotas de voo convergiram em Delfos. Como o centro do mundo, era considerado o ônfalo do mundo, palavra grega para "umbigo", e havia uma grande escultura de ônfalo no templo do deus. Segundo a lenda, o oráculo pertencera primeiro à deusa Gaia e fora guardado por uma serpente, a Píton (ou Pytho), que Apolo matou. Píton deu nome ao local, chamado Pítio antes, e a sacerdotisa de Apolo era chamada de Pítia. De acordo com o *Hino Homérico a Apolo*, o nome de Delfos deriva da palavra grega para golfinho, *delphoí*, uma vez que o deus assumiu a forma de golfinho para embarcar no navio de dada tripulação da Creta, que se tornariam seus sacerdotes. Dizem que houvera seis estruturas distintas do Templo de Apolo, a primeira feita dos ramos de louro do vale de Tempe; a segunda de penas e cera; a terceira de bronze, obra de Hefesto; a quarta de pedra, desenhada por Trofônio e Agamedes; a quinta, a construção de pedra erguida após a destruição da quarta em 548 a.C.; e a sexta (completada em 320 a.C.), novamente de pedra, substituindo a quinta, que fora danificada. O último templo durou até 390 d.C., até ser destruído por ordem do imperador romano Teodósio I, que desejava erradicar essa forte ameaça pagã ao cristianismo.

(Ver Apolo, Creta, Gaia, Édipo, Parnasso, Pito, Tempe, Zeus)

DELOS: hoje desabitada, esta pequena ilha, com superfície de apenas 3,4 quilômetros quadrados, fica no mar Egeu, no centro do círculo de ilhas chamadas Cícladas. Na Antiguidade, foi um dos lugares mais sagrados do mundo grego, pois era considerada o local de nascimento do deus Apolo e, segundo muitos relatos, também o de sua irmã gêmea, Ártemis. Havia a lenda que Delos era anteriormente conhecida como Astéria e/ou Ortígia ("codorniz"), em homenagem à deusa titânide de segunda geração Astéria, perseguida por Zeus e, para escapar dele, mergulhou no mar transformada em codorna. Depois disso, ela transformara-se na ilha. Diz-se que Delos não possuía fundações e que flutuava no mar. A irmã de Astéria, Leto, foi até lá para dar à luz os gêmeos divinos Apolo e Ártemis. Embora Hera, Zeus e Atenas tivessem locais de culto identificáveis na ilha, as atividades religiosas concentravam-se em Leto, Ártemis e, em particular, Apolo. Em termos de história política, a ilha ficou conhecida por ter se tornado o centro de depósito público das riquezas da confederação defensiva das cidades-estados gregas, organizada após as Guerras Persas, a chamada Liga de Delos (formada em 478 a.C.). Os atenienses, sob o comando do estadista e general Péricles, moveram o tesouro de Delos para Atenas e transformaram a confederação em império, o que provocou a Guerra do Peloponeso (431 a 404 a.C.) e o fim político de Atenas.

(Ver Apolo, Ártemis, Astéria, Atena, Atenas, Hera, Leto, Ortígia, Titãs, Zeus)

DODONA: local do oráculo mais famoso de Zeus. O santuário continha o mais antigo dos oráculos gregos, ficava na antiga região de Epiro, que agora pertence à Grécia e à Albânia. Dizem que em Dodona as respostas oraculares emitidas por Zeus eram proferidas pelo tremular das folhas do carvalho sagrado e pelo voo ou arrulho das pombas que pousavam nos galhos da árvore. O historiador grego Heródoto narra dois mitos diferentes sobre o estabelecimento do oráculo e o papel das pombas: duas pombas pretas partiram de Tebas, no Egito, e que uma assentara-se no carvalho de Dodona e adotara voz humana; e a outra rumara para a Líbia, futuro local do oráculo de Zeus Amon. Em contraste, continua Heródoto, os sacerdotes tebanos afirmavam que os fenícios haviam fugido com duas sacerdotisas tebanas. Uma fora levada para a Líbia e outra para a Grécia. Posteriormente, cada uma delas fundara um local de adivinhação no novo lar. Como as mulheres falavam uma língua ininteligível para as pessoas onde se estabeleceram, eram chamadas de "pombas".

(Ver Amon, Zeus)

EEIA: a ilha mítica habitada pela deusa feiticeira Circe, que detêve Odisseu por um ano inteiro na jornada do herói de retorno para casa, uma viagem de dez anos. De acordo com a *Odisseia* de Homero, ela vivia na ilha acompanhada por um grupo de Ninfas e uma comitiva de lobos e leões domesticados. O herói Jasão, acompanhado da princesa bárbara Medeia, também visitou a ilha à procura de Circe, tia de Medeia, de quem buscavam a absolvição pela mácula do assassinato. Na Antiguidade, acreditava-se que a ilha ficasse no Extremo Oriente, no limite do mundo conhecido. Por outro lado, segundo o poeta romano Virgílio, localizava-se no Ocidente, em algum ponto da costa italiana entre Cumas, onde residia a Sibila, e Lácio, onde o herói troiano Eneias e seu grupo de refugiados acabariam se estabelecendo.

(Ver Circe, Cumas, Eneias, Jasão, Lácio, Medeia, Odisseu, Sibila de Cumas, Troia)

EGEU: este mar fica entre a costa da Grécia e da Turquia, estendendo-se do Helesponto a Creta, conforme definido pelo historiador grego Heródoto. Entre suas raízes etimológicas lendárias, destaca-se a derivação do nome do rei ateniense Egeu, que mergulhou para a morte no mar Egeu porque pensava que o filho, Teseu, morrera ao tentar matar o Minotauro.

(Ver Atenas, Egeu, Minotauro, Teseu)

EGINA: localiza-se no golfo Sarônico, aproximadamente vinte quilômetros a sudoeste de Atenas. A ilha, colonizada no quarto milênio a.C., é notável, entre outras coisas, pelas imponentes ruínas do templo da deusa da fertilidade, Afaia, cuja decoração escultural retratava cenas da primeira e segunda guerras de Troia, ambas relacionadas à mitologia da ilha. Segundo a lenda, a ilha recebeu o nome da Ninfa Egina, raptada por Zeus na ilha Enone, posteriormente renomeada em homenagem a ela. Com Zeus, Egina teve Éaco, que se tornaria rei da ilha e repovoaria o local, então dizimado pela peste, com formigas transformadas em homens. Éaco, por sua vez, foi pai de Peleu, mais tarde pai de Aquiles e de Télamon, que se tornaria o pai de Ájax, o Grande. Aquiles e Ájax lutaram na segunda e mais conhecida Guerra de Troia, ao passo que Télamon auxiliou Hércules na batalha, uma guerra de Troia anterior, contra o rei de Troia, Laomedonte.

(Ver Ájax Telamônio, Aquiles, Éaco, Hércules,
Laomedonte, Peleu, Télamon, Troia, Zeus)

ELÊUSIS

(Elefsína em grego moderno): era parte do território de Atenas (Ática), cerca de vinte quilômetros a oeste da cidade de Atenas, situada na estrada da cidade para o istmo de Corinto, em uma colina baixa próxima ao mar. Tornou-se famosa em grande parte pelo santuário de Deméter e Perséfone, em cuja honra os famosos Mistérios de Elêusis eram celebrados, atraindo iniciados de todo o mundo grego. A tradição literária destaca os vínculos profundos desse local com Deméter. Céleo, o rei de Elêusis, que acolhera Deméter quando ela vagava pela terra em busca de Perséfone, foi o suposto responsável tanto pela construção do santuário da deusa em seu reino quanto pela instituição dos Mistérios. Pausânias registra a lenda segundo a qual Elêusis recebeu o nome do herói homônimo, filho do deus Hermes e de Deira, filha de Oceano. Segundo algumas fontes, como o mitógrafo Apolodoro, Elêusis foi pai de Triptólemo, um herói civilizador intimamente associado a Deméter. Por outro lado, outra versão afirma que Triptólemo, responsável por semear grãos sobre toda a terra a partir de uma carruagem alada, um presente de Deméter, era filho do rei de Elêusis, Céleo.

(Ver Atenas, Ática, Céleo, Corinto, Deméter, Hermes,
Oceano [deus], Perséfone, Triptólemo)

ELÍSIO

(ou Campos Elísios): sua concepção mudou ao longo do tempo. De início, tratava-se da terra paradisíaca habitada por heróis, que ali viviam como alternativa a adentrar no Reino de Hades (em outras palavras, morrer). A noção evoluiu, passando a referir-se à região do Mundo Inferior reservada àqueles que levaram vidas nobres e virtuosas. O Elísio é descrito pela primeira vez por Homero, na *Odisseia*. Foi profetizado que o herói Menelau não morreria, e sim que, com o passar do tempo, seria transportado pelos deuses aos Campos Elíseos, localizados nos confins da terra, na margem ocidental do rio Oceano. O Elísio era livre da neve e do frio do inverno, refrescado pela brisa dos riachos de Oceano e pelo vento oeste, Bóreas. Nessa terra, onde a vida era fácil para os mortais, Radamanto presidia. A visão de Homero sobre os Campos Elísios coincidia e confundia-se com a crença em uma região chamada Ilhas Afortunadas, que também se acreditava estarem localizadas nos confins da terra. De acordo com o poeta grego Píndaro, as Ilhas (ou Ilha) Afortunadas eram inundadas pela luz do sol e os que ali residiam viviam livres do trabalho. Ela era refrescada pela brisa e agraciada por uma profusão de flores e bosques. Os habitantes, que usavam grinaldas

IX
Os Campos Elísios: o paraíso da vida após a morte

e guirlandas, incluíam os heróis Peleu, Cadmo e Aquiles. Essas lendas anteriores do Elísio foram mescladas e transformadas por Virgílio, que, na epopeia *Eneida*, oferece uma imagem mais desenvolvida do local. Nela, Elísio era uma região isolada do Mundo Inferior, longe da região úmida e assustadora do Tártaro, reservada aos pecadores. Os Campos Elísios de Virgílio são uma região banhada por luz rosada, com seu próprio sol e estrelas. Seus residentes praticam esportes, cantam, dançam e festejam, passeiam com liberdade pelos bosques frescos e prados gramados, ensolarados e bem irrigados da região. Foi no Elísio que Eneias, ancestral dos romanos, reencontrou o pai, Anquises, que morrera na viagem de Troia para a Itália.

(Ver Aquiles, Anquises, Bóreas, Cadmo, Eneias, Hades [deus e lugar], Menelau, Mundo Inferior, Oceano, Odisseu, Peleu, Radamanto, Roma, Troia)

ÉREBO: tornou-se sinônimo de Mundo Inferior, mas originalmente conotava a escuridão nas profundezas da terra, como no relato do poeta grego Hesíodo sobre as origens do mundo. Nessa obra, Érebo é representado, de forma quase personificada, como pai, ao lado de Nix ("noite"), de Hêmera ("dia") e Éter ("céu superior").

(Ver Mundo Inferior)

ERÍDANO: rio mencionado no mito de Featonte, o filho de Apolo (Hélio) que conduzira a carruagem solar do pai de forma tão errática que ameaçara a própria existência da terra e das constelações do céu. Featonte mergulhou para a morte no rio Erídano e, nas margens do rio, suas irmãs, as helíades, foram transformadas em álamos que, em eterno luto, derramavam lágrimas de âmbar. O herói Hércules também foi ao Erídano e pediu orientação ao deus do rio na busca pelo Jardim das Hespérides. Apesar de todo o seu renome mitológico, o Erídano e sua localização eram polêmicos até na Antiguidade. Alguns autores duvidavam de sua existência, entre eles o geógrafo Estrabão e o historiador Heródoto. O fato de o rio ser uma suposta fonte de âmbar foi decisivo na tentativa de identificação, por isso, o rio Pó foi apontado como provável candidato. No entanto, até mesmo o Granico, o Ebro, o Reno, o Nilo e o mitológico rio mundial Oceano já foram considerados o Erídano do mito.

(Ver Apolo, Featonte, Helíades, Hélio, Hércules, Hespérides, Oceano [lugar])

ERIMANTO: cordilheira localizada onde, na Antiguidade, era o sudoeste de Arcádia, mas que atualmente pertence às regiões de Acaia e Elis. Em suas densas florestas, a deusa Ártemis caçava e também foi lá que o gigante javali de Erimanto causou destruição aos residentes da região. Capturar o javali vivo foi o quarto trabalho de Hércules, tarefa que o herói realizou jogando o animal nas profundezas da neve.

(Ver Arcádia, Ártemis, Hércules, Javali de Erimanto)

LUGARES E MARCOS

ERITIA (ou Erythea): a "Ilha Vermelha" era conhecida como o reino de Gerião, o gigante de três corpos. Acreditava-se que ficasse no extremo Ocidente, onde o sol se põe nos riachos do rio Oceano, o que causaria o "avermelhamento" da ilha. Também considerava-se que a ilha tivesse sido nomeada devido a uma das filhas de Héspero, a estrela vespertina, ou ainda por causa de Gerião. Hércules visitou-a a fim de capturar o gado do gigante, seu décimo trabalho, atravessando o Oceano no enorme cálice que recebera do deus sol Hélio. De acordo com o geógrafo grego Estrabão, Eritia poderia ser identificada com Gades (hoje conhecida como Cádiz) e com ilhas próximas no sudoeste da Espanha.

(Ver Gerião, Hélio, Hércules, Héspero, Oceano [lugar])

ESCAMANDRO: atual Karamenderes, nasce no monte Ida, atual Turquia, e deságua no Helesponto (Dardanelos). Ele desempenhou um papel significativo nas lendas a respeito da cidade de Troia. Dizia-se que o deus-rio de mesmo nome, a personificação do rio, foi pai de Teucro, primeiro rei da Tróada, região controlada por Troia após sua fundação. Os filhos de Escamandro supostamente incluíam Calírroe, avó de Ilo, fundador de Troia, que a chamou originalmente de "Ilium" em honra a si mesmo. A importância do rio para a cidade foi enfatizada por Astíanax, filho do príncipe troiano Heitor, também ser chamado de Escamandro.

(Ver Astíanax, Heitor, Helesponto, Ida, Ilo, Teucro, Troia)

ESPARTA: principal cidade da Lacônia, no sul do Peloponeso. A região fazia fronteira com a Messênia a oeste, Arcádia e Argos ao norte e com o mar ao sul e a leste. Esparta estava localizada no vale do rio Eurotas, entre o monte Taígeto e o monte Párnon. Embora tenha se tornado uma potência terrestre dominante na Grécia durante o século VII a.C., o historiador Tucídides (século V a.C.) destacou que se Esparta, também chamada de Lacedemônia, fosse despovoada e restassem apenas os templos e as fundações dos edifícios públicos, a posteridade duvidaria de seu renomado poder. No entanto, afirma que os espartanos ocuparam dois quintos do Peloponeso, lideraram o restante dele e tinham numerosos aliados. Como Esparta não possuía grande densidade urbana nem era adornada por magníficos templos e edifícios públicos, sendo composta, em vez disso, por uma série de aldeias, seus vestígios não geram grande impressão. Por outro lado, se Atenas sofresse o mesmo infortúnio, aquela cidade, por causa da grandiosidade de seus edifícios, pareceria duas vezes mais poderosa do que realmente era. O mitógrafo Apolodoro oferece um breve resumo da mitologia geográfica de Esparta: Taígeto, filha de Atlas, foi engravidada por Zeus e deu à luz Lacedemônia, que se tornou o rei homônimo do território que Esparta controlaria. Ele casou-se com Esparta, que deu nome à capital. Ela, por sua vez, era filha do herói Eurotas e neta de Lélex, nascido da terra e um dos primeiros habitantes da Lacônia. Lacedemônia e Esparta tiveram Amiclas e Eurídice, com quem o rei Acrísio de Argos se casou. Amiclas, por sua vez, foi pai do belo Jacinto, amado por Apolo e morto acidentalmente pelo deus devido a um malfadado lançamento de disco. Entre seus lendários reis incluem-se Tíndaro, pai dos Dióscuros Castor e Pólux e de Clitemnestra, a esposa assassina de Agamêmnon, e padrasto da bela Helena, futura rainha de Esparta. Foi em virtude do casamento com Helena que Menelau, irmão de Agamêmnon, tornou-se rei de Esparta. Enquanto era rei, o príncipe troiano Páris fugiu com Helena, o que deu início à Guerra de Troia.

(Ver Acrísio, Agamêmnon, Apolo, Argos, Castor, Clitemnestra, Dióscuros, Eurídice [Ninfa], Helena, Jacinto, Menelau, Páris, Pólux, Troia, Tíndaro)

ESQUÉRIA (ou Scherie): mítico reino insular dos feaces, que, segundo a *Odisseia* de Homero, foram conduzidos ao local por seu ex-rei Nausítoo, para escapar do ataque contínuo dos ciclopes. Quando Odisseu chegou a Esquéria, deparou-se com uma sociedade bem organizada e foi recebido com hospitalidade pelo rei Alcínoo, sua família e o povo. Esse foi o último lugar estrangeiro que Odisseu visitou na jornada de dez anos de volta para casa. A partir dali, retornou a Ítaca. Autores clássicos posteriores identificaram a Esquéria de Homero como Corcira (Corfu).

(Ver Alcínoo, Ciclopes, Feaces, Ítaca, Odisseu)

ESTIGE: de acordo com a mitologia clássica, o Estige ou, como Homero o chama, Água do Horror (*Stygos Hydor*), era o principal rio do Mundo Inferior. Para o poeta grego Hesíodo, o quase personificado Estige era o rio mais importante (e/ou o mais velho) da geração mais velha das filhas de Oceano, que teve três mil filhas aquáticas. Hesíodo também observa que ela foi mãe de Zelo ("rivalidade"), Nice ("vitória"), Cratos ("poder") e Bia ("força"). Pela assistência na batalha contra os deuses titãs, Zeus fez de Estige a deusa patrona, e, portanto, garantidora dos juramentos, que daí em diante passaram a ser feitos em nome de suas águas. Na visão do Mundo Inferior do poeta romano Virgílio, o Estige não personificado dá nove voltas ao redor do reino dos mortos, e é por esse rio (ou por vezes pelo Aqueronte) que o barqueiro Caronte transporta as almas dos mortos do mundo dos vivos. Segundo os autores antigos Estrabão e Plínio, o Velho, acreditava-se que o Estige, fluindo como córrego de águas venenosas, emergia do solo durante curto trecho na Arcádia. Na Antiguidade, especulava-se que foi com essas águas — carregadas em casco oco, o único material capaz de suportar o frio e a corrosão — que mataram Alexandre, o Grande, aos 32 anos, na Babilônia, no ano 323 a.C.

(Ver Aqueronte, Arcádia, Babilônia, Caronte, Nice, Oceano [deus e lugar], Titãs, Zeus)

ESTINFALO: nome da cidade e também do lago em suas proximidades. Pausânias visitou o local no século ii d.C., observando que a antiga cidade de Sinfalo havia sido substituída por uma nova, que fazia parte, em sua época, de uma liga de cidades no território de Argos. O escritor acrescenta que estava claro que essa cidade havia sido originalmente parte de Arcádia, já que seu fundador, Estinfalo, era neto de Arcas, o lendário homônimo de Arcádia, filho de Calisto, um dos malfadados interesses amorosos de Zeus. Pausânias destaca a geografia da cidade, onde havia a nascente que formava um pequeno lago durante o inverno. De acordo com a lenda, o lago Estinfalo era o lar dos pássaros disparadores de penas (ou, segundo algumas versões, comedores de carne) que, em seu sexto trabalho, coube a Hércules afugentar.

(Ver Arcádia, Arcas, Argos, Aves do Lago Estinfalo, Calisto, Hércules)

ETA (Iti em grego moderno): ramo da cordilheira de Pindo, no sul da Tessália, na Grécia central. Foi nesta montanha que Hércules encontrou seu fim. Desejando acabar com a agonia induzida pelo veneno, subiu em sua pira funerária.

(Ver Hércules, Tessália)

ETIÓPIA (ou Aethiopia): na antiguidade, a região "cintilante" ou "calcinada", era uma terra ao sul do Egito que se estendia aproximadamente da primeira catarata do Nilo até o território da antiga Méroe, ao norte da atual Cartum, no Sudão. Uma visão diferente da Etiópia emerge da mitologia. Na *Odisseia*, Homero comenta de dois grupos de etíopes, ambos dos confins do mundo: um grupo residia onde o sol se põe e outro onde nasce. A Etiópia figura com mais destaque na história do herói Perseu e da princesa etíope Andrômeda, a quem seu pai acorrentara como sacrifício a um terrível monstro marinho.

(Ver Andrômeda, Perseu)

ETRÚRIA: região da Itália habitada pelos etruscos, povo pré-romano cujas origens não são de entendimento sedimentado. Eram considerados tanto os italianos originários quanto imigrantes da Lídia, no Oriente Próximo. De acordo com o estadista romano Marco Pórcio Catão, os etruscos controlaram quase toda a Itália e foram indiscutivelmente grande potência, de influência cultural significativa para Roma. Sua presença fora verificada arqueologicamente na área que se estendia dos alpes italianos do norte (o Vale do Pó) a Salerno, embora o centro de seu poder ficasse no noroeste da Itália, entre os rios Arno e Tibre. Os romanos devem aos etruscos certas práticas político-religiosas e estilos arquitetônicos. Além disso, foram governados por uma série de reis de origem etrusca até a eliminação da monarquia e a fundação da República em 510 a.C. Roma e Etrúria também foram rivais políticas ou imperiais, mas as frequentes hostilidades tiveram fim devido à absorção da Etrúria pelo estado romano no fim da Guerra Social, ocorridas entre 91 a 87 a.C. Em questão de mitologia, a cultura de conflito entre romanos e etruscos foi preservada até mesmo no mito de fundação de Roma, que se iniciara com a aliança entre o rei etrusco, Mezêncio, e o príncipe rutuliano, Turno, contra Eneias, ancestral dos romanos, e seu grupo de refugiados de Troia, com quem o rei Latino do Lácio uniu forças.

(Ver Eneias, Lácio, Latim, Mezêncio, Roma, Rútulos, Troia, Turno)

FERAS: segundo o mitógrafo Apolodoro, cidade da Tessália fundada por Feres, filho de Creteu, rei de Iolco. Foi sucedido como rei pelo filho, Admeto, e a cidade é mais conhecida nos mitos pela associação com ele. Por um tempo, Admeto serviu como mestre de Apolo e, como consequência do tratamento gentil que recebera, o deus lhe permitiu que encontrasse um substituto quando confrontado com a morte prematura. De forma trágica, Admeto não previu que a esposa, Alceste, se ofereceria para morrer em seu lugar.

(Ver Admeto, Alceste, Apolo, Feres, Iolco, Tessália)

FLEGETONTE ("rio flamejante"): também conhecido como Piriflegetonte, o "rio de chamas ardentes", era um dos rios do Mundo Inferior. Segundo Homero, um dos afluentes do Aqueronte. No entanto, na concepção do poeta romano Virgílio, que escreveu séculos depois, o Flegetonte circundava a região do Mundo Inferior chamada Tártaro, delimitada por muralhas triplas e reservada aos maiores pecadores.

(Ver Aqueronte [lugar], Mundo Inferior, Tártaro)

FONTE DE CASTÁLIA: localizada nas encostas do monte Parnasso, próxima ao santuário de Apolo, em Delfos, teria recebido seu nome devido ao espírito que a habitava, ou seja, a Ninfa Castália, filha do deus-rio Aqueloo. Castália havia saltado nas águas da nascente para escapar da perseguição do deus Apolo. Tida como sagrada para as Musas, era considerada fonte de inspiração musical e poética para quem bebesse as suas águas. Pausânias descreve a fonte como doce para beber e agradável para tomar banho. Aqueles que desejavam consultar o oráculo de Delfos purificavam-se na água da fonte.

(Ver Apolo, Aqueloo [deus], Delfos, Musas, Parnasso)

FONTE HIPOCRENE: ficava no monte Hélicon, na Beócia, montanha considerada sagrada para as Musas, inspirava os empenhos poéticos daqueles que bebiam de sua água. De acordo com a mitologia, Hipocrene, que significa "fonte do cavalo", foi criada pelo cavalo alado Pégaso quando ele bateu o casco no solo.

(Ver Beócia, Hélicon, Musas, Pégaso)

FRÍGIA: nome grego da antiga região no centro-oeste da Anatólia (atual Turquia) habitada pelos frígios, povo que falava uma língua indo-europeia e que supõe-se imigrou para a região vindo dos Bálcãs, na Europa, talvez no século IX a.C. Para gregos e romanos, a Frígia fazia parte do Oriente exótico e "bárbaro", mas sedutor. Embora as fronteiras da Frígia sejam difíceis de definir, o povo que habitava essas terras possuía religião e cultura mais ou menos coesas. A rica cidade de Górdio, fundada pelo rei Górdias, emergiu como o centro do reino da Frígia, e o rei Midas do "toque de ouro" parece tê-la governado durante o século VIII a.C. Diz-se que Górdio foi destruída por uma tribo nômade chamada cimérios, por volta de 800 (ou 700) a.C. A própria Frígia foi, em momento posterior, conquistada pelos lídios do oeste e, logo após, incorporada pelo império Persa, por Alexandre, o Grande, e por Roma. A deusa-mãe frígia, Cíbele, foi introduzida tanto em Atenas quanto em Roma, e a Frígia teve presença significativa na mitologia clássica, uma vez que era o lar não apenas de Górdio e Midas, mas também do sátiro Mársias e dos devotos Báucis e Filêmon, por exemplo.

(Ver Atenas, Báucis, Cíbele, Górdias, Lídia, Mársias, Midas, Roma, Sátiros)

HADES ("invisível"): nome grego do Mundo Inferior e do deus que o governava, embora seja mais preciso afirmar que Hades era o nome da Terra dos Mortos, onde quer que estivesse localizada, assim como de seu rei. No épico de Homero, *Odisseia*, uma das obras literárias mais antigas que chegou até nós, a geografia do Mundo Inferior não é clara. Odisseu é informado que deve viajar para o "Reino de Hades" a fim de consultar o advinho Tirésias. O acesso ao local parece estar logo além das águas do rio Oceano, que circunda a terra. Os espíritos dos mortos ressuscitam de um fosso na terra, vindos das profundezas do Érebo, para falar com o herói. O Reino de Hades aparentou, em um primeiro momento, assentar-se nas bordas da terra e, em outro, abaixo dela, onde Odisseu vê Minos, o Juiz dos Mortos; o gigante Oríon, que percorre os Campos de Asfódelos; Tício, que tinha o fígado despedaçado por abutres; Tântalo, que tentava em vão alcançar a água abaixo de si e as frutas acima; Sísifo, rolando uma pedra colina acima; e a sombra de Hércules. No entanto, nas obras de autores posteriores, Hades é um reino subterrâneo e a geografia do Mundo Inferior é mais desenvolvida.

(Ver Érebo, Minos, Mundo Inferior, Oceano [lugar],
Odisseu, Oríon, Tântalo, Tirésias, Tício)

HEBRO: hoje chamado Maritsa (ou Evros em grego moderno), era o principal rio da Trácia, originando-se nas montanhas de Ródope e desembocando no mar Egeu. O Hebro, cujo nome deriva do grego "largo" (Euro), destaca-se na mitologia como o rio que carregara a cabeça cantante de Orfeu depois que fora desmembrado por celebrantes trácias do deus Dioniso.

(Ver Egeu [lugar], Dioniso, Orfeu, Trácia)

HELESPONTO: estreita faixa d'água hoje conhecida como Dardanelos. De importância estratégica ao longo da história, o Helesponto divide os continentes europeu e asiático, liga o mar Egeu ao mar de Mármara e permite passagem, pelo Bósforo, ao mar Negro. O estreito recebeu o nome da pequena Hele, que se afogou em suas profundezas. A madrasta dela, Ino, conspirou para que Hele e seu irmão, Frixo, fossem mortos, mas a mãe das crianças, Néfele, tentou salvá-los, cuidando para que fossem carregados para longe do perigo por um carneiro alado de ouro. Enquanto o carneiro atravessava os céus rumo a Cólquida, na costa oriental do mar Negro, Hele perdeu o equilíbrio e caiu nas águas do estreito. Em termos de mitologia, o lugar também figurou de forma significativa na trágica história dos amantes infelizes, Hero e Leandro, que perderam a vida nas correntezas do Helesponto.

(Ver Cólquida, Frixo, Hele, Hero, Ino, Leandro, Néfele)

HÉLICON: cordilheira no sudoeste da Beócia, na Grécia central. Foi o principal local de adoração das Musas. Como escreve o poeta grego Hesíodo, era ali que as Musas dançavam e onde, enquanto pastoreavam seus rebanhos, o presentearam com um ramo de louro, fonte de inspiração poética. Havia duas fontes consagradas às Musas em Hélicon: Hipocrene, gerada pelo cavalo alado Pégaso, e Aganipe. Pausânias afirma que ambas ficavam próximas ao bosque das Musas.

(Ver Beócia, Fonte de Hipocrene, Musas, Pégaso, Zeus)

IDA: duas montanhas com este nome têm destaque na mitologia clássica. Uma é o monte Ida (*Idí* em grego moderno), na ilha de Creta, a outra, o atual Kazdağı, onde hoje é o noroeste da Turquia. O monte Ida de Creta possui o pico mais alto da cordilheira que cruza a ilha de leste a oeste, com 2.456 metros de altura, e é conhecido como local de nascimento de Zeus. O historiador grego Diodoro Sículo observa que a veracidade dessa história pode ser comprovada por vestígios materiais. Uma das evidências seria uma caverna substancial nas encostas de Ida que continuava sagrada a Zeus. Dizia-se que foi em uma caverna que a deusa Reia dera à luz Zeus e onde o deixara para ser criado por Ninfas e pelos Curetes. Quanto ao monte Ida asiático, a montanha também tinha ligações com Zeus, além de muitas outras associações. Seu cume atinge a altura de 1.770 metros, e o Ida asiático era o local da antiga cidade de Dardânia, que dominara a região antes da fundação de Troia por um dos descendentes de Dárdano, seu fundador. O monte Ida está profundamente arraigado na história de Troia. Foi dessas montanhas que Zeus arrebatou o príncipe Ganimedes para que fosse seu servo. Também foi lá que o príncipe troiano Páris julgou as deusas Hera, Atenas e Afrodite, atribuindo à deusa do amor o título de "mais bela" e colocando em movimento os eventos que levariam à Guerra de Troia. Foi também nas encostas de Ida que Afrodite seduziu Anquises, gerando Eneias, ancestral dos fundadores de Roma, Rômulo e Remo. O monte Ida parece ter dado nome a uma Ninfa da montanha, Ida, que vivia lá e que, de acordo com Diodoro Sículo, foi fecundada pelo deus do rio Escamandro, e deu à luz Teucro, o primeiro a governar como rei a terra de Troia.

(Ver Anquises, Afrodite, Atena, Curetes, Dárdano, Eneias, Escamandro, Ganimedes, Hera, Páris, Reia, Rômulo, Teucro, Troia, Zeus)

ÍLION (ou Ilium e Ilios): outro nome para Troia, cujo fundador era considerado Ilo.

(Ver Ilo, Troia)

ILISSO (ou Ilisos em grego moderno): pequeno rio que nasce no monte Himeto, na Ática, território de Atenas. O rio, canalizado para o subsolo na primeira metade do século XX, flui para sudeste e sul da antiga área central e fortificada de Atenas e, antes do desvio de seu curso, era afluente do Cefiso (atual Kifisos). Como um dos dois maiores rios de Atenas, Ilisso é mencionado em histórias do passado mitológico da cidade. Foi às suas margens que ocorreu o sequestro de Oritia, filha do rei ateniense Erecteu, por Bóreas, deus do vento norte, que a levou para a Trácia. Segundo o historiador Heródoto, os atenienses foram instruídos por um oráculo a invocar Bóreas para ajudá-los nas Guerras Persas. Como o deus do vento norte os auxiliou, enviando uma tempestade para dizimar a frota bárbara, os atenienses fundaram um santuário em honra ao deus junto ao rio Ilisso.

(Ver Atenas, Bóreas, Erecteu, Oritia, Trácia)

IOLCO (ou Iolcus — atualmente Volos): cidade da Tessália próxima ao rio Anaurus (Anavros), cujas águas fluem do monte Pélion para o golfo Pagasético. Iolco teve grande destaque nos mitos que cercam o herói Jasão, que, com sua tripulação de Argonautas, navegou até as terras bárbaras da Cólquida para reclamar o velocino de ouro, tarefa que completou com a ajuda da princesa Medeia. Iolco era legitimamente o reino do pai de Jasão, mas fora deposto pelo meio-irmão, Pélias. Vendo Jasão como ameaça, o rei enviou-o à Cólquida. Foi do golfo Pagasético que os Argonautas zarparam no navio Argo. E foi o rio Anaurus que Jasão ajudou a deusa Hera a cruzar, ganhando assim sua proteção contínua.

(Ver Argonautas, Cólquida, Hera, Jasão, Medeia, Pélias, Tessália)

ÍTACA (atual Ithaki): uma das sete ilhas jônicas na costa oeste da Grécia. Esta pequena ilha, com área total de apenas 96 quilômetros quadrados, foi e ainda é identificada como o reino insular de Odisseu. Na *Odisseia*, Homero descreve que Ítaca é ensolarada, cercada por ilhas próximas, de terreno acidentado e adequada à educação de jovens. Foi de lá que Odisseu partiu para Troia, liderando doze navios. Desses homens, somente ele retornou, depois de dez anos lutando em Troia e de mais dez anos de viagens marítimas repletas de aventuras.

(Ver Odisseu, Troia)

JÔNIA: parte central da costa ocidental da Ásia Menor tornou-se conhecida como Jônia, pois as cidades dessa região foram fundadas por gregos da tribo jônica que, segundo a lenda, eram descendentes do rei ateniense Íon. A Jônia estendia-se para o sul de Esmirna, a atual Ismir, até Mileto, próxima da foz do rio Meandro (*Buyuk Menderes*, em turco) e próxima da atual vila de Balat, na Turquia.

(Ver Atenas, Íon, Jônios)

LÁCIO: território da Itália habitado pelas tribos itálicas conhecidas como latinas (*latíni* em latim), que deram nome à língua latina. Ao passo que o Lácio onde habitavam os antigos latinos históricos era limitado pelo monte Apeninos ao leste e pelos rios Ânio e Tibre ao norte, o Lácio mitológico parece ter tido fronteiras indeterminadas. Segundo o poeta romano Virgílio, o território havia sido governado pelo deus Saturno, o que proporcionara a Idade de Ouro da Itália, e posteriormente pelas divindades campestres Pico e Fauno, seguidas pelo rei Latino, cuja filha casou com o troiano Eneias, que, em consequência da união, tornou-se o ancestral comum da futura nação dos romanos. A origem do nome "Latium" é incerta, derivado do verbo "esconder", *latere* em latim, em referência ao esconderijo de Saturno na região. O nome também deriva do latim *latus*, "amplo", possível referência a largura da planície localizada ao sopé das colinas de Alba.

(Ver Eneias, Fauno, Latino, Latinos, Pico, Roma, Saturno, Troia, Turno)

LARISSA: uma das cidades mais importantes da Tessália, distrito no nordeste da Grécia. Estava localizada na margem sul do rio Peneu e, na mitologia, foi o local da morte acidental do rei Acrísio pelas mãos do neto, Perseu, o matador da górgona.

(Ver Acrísio, Argos, Górgonas, Peneu [lugar], Perseu, Tessália)

LEMNOS: ilha no norte do mar Egeu. Tem ligação especial com Hefesto, deus da forja. Ele caíra e fora bem cuidado na ilha depois que Zeus o expulsou do Olimpo por ajudar sua mãe, Hera. Na mitologia, Lemnos também era notória por ser o lar das mulheres lemníades, que mataram seus parentes do sexo masculino, exceto a princesa Hipsípile, que poupou o pai. Além disso, esta é a ilha onde os gregos abandonaram Filoctetes, pois o herói fora picado por uma cobra, no caminho da Guerra de Troia.

(Ver Filoctetes, Hefesto, Hera, Hipsípile, Mulheres Lemníades, Olimpo, Troia, Zeus)

LERNA: assentamento importante na Idade do Bronze (cerca de 3.000 a 1.200 a.C.), ficava ao sul de Argos, no Peloponeso. De acordo com a mitologia grega, Lerna era o local da fonte que Posídon criara quando o território de Argos sofria de seca e a bela Amimone, a quem o deus perseguia, buscava por água. A fonte se tornaria o lar da Hidra de Lerna, serpente de muitas cabeças que Hércules matou como o segundo de seus doze trabalhos.

(Ver Amimone, Argos, Hércules, Hidra de Lerna, Posídon)

LÍCIA: região no sudoeste da Ásia Menor, onde hoje é a costa sudoeste da Turquia. Segundo o historiador grego Heródoto, que nesse caso traça relação entre mito e história, a Lícia foi colonizada por imigrantes cretenses liderados por Sarpédon, irmão do rei cretense Minos. Ambos, escreve Heródoto, eram filhos de Europa e Zeus, que a raptara da Fenícia, na forma de um belo touro branco. Heródoto acrescenta que Lico, filho do rei ateniense Pandíon, viajou à Lícia e uniu forças com Sarpédon depois de ser banido de Atenas pelo irmão, Egeu, e que os habitantes da região foram posteriormente chamados de lícios em homenagem a ele. Os lícios lutaram com os troianos na Guerra de Troia e, embora Zeus tenha considerado interferir, Sarpédon perdeu a vida no conflito. Além de Sarpédon, outro herói notável que viajou para a Lícia foi Belerofonte, matador da Quimera, monstro que aterrorizava o interior da região.

(Ver Atenas, Belerofonte, Creta, Egeu, Europa, Quimera, Sarpédon, Troia, Zeus)

LÍDIA: região no oeste da Ásia Menor. Fazia fronteira com a Mísia ao norte, Frígia ao leste e Caria ao sul. Suas fronteiras com a Frígia e a Caria mudaram ao longo do tempo e, no auge de seu poder, Lídia controlava toda a Ásia Menor a oeste do rio Hális, exceto a Lícia. A região não apenas era rica em recursos naturais, como atestam as lendas sobre Creso, rei histórico rico (reinou por volta de 560 a 547 a.C.), mas também contava com importantes rotas comerciais entre o mar e o restante da Anatólia, fatores que contribuíram significativamente para sua riqueza e influência na cultura grega e romana. O cobiçado território foi anexado sucessivamente pelos persas (546 a 334 a.C.), por Alexandre, o Grande, e pelos romanos, sob o domínio dos quais se tornou parte da Província da Ásia, em 129 a.C. A Lídia teve grande destaque na mitologia clássica. Por exemplo, na tragédia do dramaturgo Eurípides, *As Bacantes*, o deus Dioniso afirma ter vindo para a Grécia da Lídia, trazendo consigo sua religião e um bando de adoradores lídios. Diz-se que Tântalo, que sofre tortura eterna no Mundo Inferior, foi rei da Lídia. Um de seus filhos, Pélops, foi quem deu nome ao Peloponeso, e outra foi Níobe, que tragicamente gabou-se de ser mais afortunada do que a deusa Leto, pois tinha mais filhos. Essa ostentação, afronta à deusa, levou à morte de todos os filhos de Níobe nas mãos de Apolo e Ártemis, os dois filhos de

Leto. Em sua dor, ela tornou-se uma pedra que chorava. Lídia também foi a casa de Aracne, a hábil tecelã que cometeu o erro de desafiar Atenas e, como consequência, viveu o resto da vida como aranha.

(Ver Apolo, Aracne, Ártemis, Atena, Creso, Dioniso, Frígia,
Leto, Lícia, Mundo Inferior, Níobe, Pélops, Tântalo)

MACEDÔNIA: território das tribos macedônias, que, de acordo com o poeta grego Hesíodo, habitavam Piéria e o monte Olimpo, região ao norte da Tessália, a oeste do rio Áxio (atual Vardar) e ao sul da Trácia. Historicamente, os macedônios tornaram-se relevantes pela primeira vez sob o governo de Filipe II (reinou de 359 a 336 a.C.), pai de Alexandre, o Grande, que unificou a área politicamente. Há várias derivações mitológicas do nome Macedônia, que poderia advir do filho do rei arcadiano Licáon, do filho de Zeus ou do filho de Éolo. Entre os reis da Macedônia estava Píero, pai das piérides, que rivalizavam com as Musas no canto.

(Ver Arcádia, Éolo, Licáon, Musas, Olimpo, Piérides, Píero, Tessália, Trácia, Zeus)

MÉGARA: a menos de 1,5 km do golfo Sarônico, ainda é habitada, localizada no istmo de Corinto, entre as cidades de Corinto e Atenas. O território de Mégara era conhecido como Megaris e delimitado ao sul pelo mar, a oeste pelas montanhas Gerania e a nordeste pelas montanhas Cerata, Patera e Citerão. O mito mais pitoresco associado a Mégara é a história da princesa Cila, que se apaixonou pelo rei cretense, Minos, e sacrificou a família, a honra e a existência na forma humana por causa de uma paixão equivocada. Há várias lendas de como a cidade recebeu seu nome. Segundo Pausânias, "Mégara" é referência a dois templos construídos por um rei lendário em honra a Deméter, e eram um *Megaron* (templo ou salão) cada. Em outra versão, conforme os beócios acreditavam, Megareu, filho de Posídon, liderou um exército de beócios para auxiliar Niso, pai de Cila, na guerra contra Minos. Megareu perdeu a vida naquela guerra e a cidade, antes chamada Nisa, foi rebatizada Mégara em sua homenagem. O lugar Mégara, é claro, não deve ser confundido com a heroína homônima.

(Ver Atenas, Beócia, Cila, Corinto, Creta, Deméter, Mégara [heroína], Minos, Niso)

MESSÊNIA: referia-se a parte sudoeste do Peloponeso, limitada ao norte por Elis e Arcádia e a leste por Esparta. Messênia era fértil, pois tinha tanto solo rico quanto suprimento de água proveniente de nascentes, rios e precipitações. Foi o local de importantes povoações já na Idade do Bronze. O chamado Palácio de Nestor, em Pilos, era especialmente notável, cuja última fase de construção data de aproximadamente 1400 a 1150 a.C. Grande parte da história posterior da Messênia foi ditada pelas relações com Esparta, que absorveu grande parte da região e reduziu seus habitantes a hilotas, servos contratados ou "escravos públicos", como o geógrafo Estrabão os chama. Em questão de mitologia, a associação da região com o sábio rei Nestor, de Pilos, aparece de forma significativa nos poemas épicos de Homero. Messênia também tinha laços com Hércules, já que se dizia ter sido governado por Cresfontes, um dos numerosos descendentes do herói e, em seguida, por Épito, filho de Cresfontes.

(Ver Arcádia, Cresfontes, Esparta, Hércules, Nestor, Pilos)

MICENAS: tem ampla ressonância na mitologia clássica, pois era lá que ficava o palácio de Agamêmnon, líder das forças gregas que navegaram para Troia com mil navios. As imponentes ruínas do palácio da Idade do Bronze, construído por volta de 1400 a.C. e destruído por volta de 1200 a.C., estão em uma colina rochosa na extremidade nordeste da planície de Argos, no Peloponeso, e ficam cerca de treze quilômetros do mar. Sua localização era estratégica, já que o território circundante era facilmente visível do topo da colina e, como se deduz de modo inequívoco pelas maciças fortalezas — pedras tão grandes que dizem terem sido assentadas por ciclopes —, o aparato de defesa era prioridade. Embora existam vestígios de colonização em Micenas datando do início da Idade do Bronze (terceiro milênio a.C.), foi no final da Idade do Bronze (início de 1600 a.C.) que Micenas testemunhou o que parece ter sido explosão repentina de riqueza e poder. Sepulturas descobertas na região, datando do período, estavam repletas de objetos preciosos, confirmando a descrição da Micenas de Homero como "rica em ouro". Heinrich Schliemann, escavador do século XIX, chamou um dos elaborados tolos (tumbas circulares), encontrados fora das muralhas da cidade, de Tumba de Atreu (pai de Agamêmnon), outra de Tumba de Clitemnestra (esposa de Agamêmnon) e uma terceira de Tumba de Egisto (Amante de Clitemnestra). Em um desses tolos, Schliemann encontrou o que acreditava ser a máscara mortuária de ouro do próprio Agamêmnon, embora todas essas identificações sejam especulativas. Os achados de Micenas eram tão ricos que toda a cultura da Grécia da Idade do Bronze foi chamada de Micênica.

(Ver Agamêmnon, Argos, Atreu, Clitemnestra, Ciclopes, Egisto, Troia)

MUNDO INFERIOR: na mitologia clássica era conhecido como Hades, Reino de Hades, Aqueronte e Tártaro. Assim como as crenças sobre a morte e a vida após a morte mudaram com o tempo, as concepções da geografia do Mundo Inferior sofreram alterações. A geografia que emerge da visita do herói Eneias ao Mundo Inferior, narrada na epopeia do poeta romano Virgílio, *Eneida*, é a mais completa e pitoresca, embora também seja ambígua. Próximo a caverna da profética Sibila de Cumas localizava-se o lago estagnado, sombrio e vaporoso de Averno, a entrada para o Aqueronte. A passagem para o Reino de Hades se dava através de uma caverna e, em sua antecâmara, reuniam-se uma série de horrores: Preocupações, Doença, Velhice, Medo, Fome e Sono, o irmão da Morte.

Depois deles, havia um enorme olmo fervilhando de falsos sonhos, assim como a Guerra, as câmaras de ferro das Eumênides, a Discórdia enlouquecida, centauros, Cila, górgonas, harpias, um hecatonquiro ("aquele de cem mãos") e a Hidra, monstros tão aterrorizantes que, assustado, Eneias empunhou a espada. Um pouco mais adiante, as águas de Cocito e Aqueronte convergiam em vórtice lamacento e as almas dos mortos, ansiosas para fazer a travessia do rio Estige, aglomeravam-se às margens. O esquálido barqueiro de olhos flamejantes, Caronte, podia levar apenas as almas dos mortos enterrados, ao passo que os insepultos eram condenados a vagar por cem anos. Para além do Estige, havia o cão de guarda, Cérbero, dotado de serpentes eriçadas no pescoço, que, da caverna, guardava o Mundo Inferior. Não muito distante de Cérbero, era possível ouvir o choro dos bebês mortos antes que suas vidas começassem, dos condenados injustamente à morte e dos suicidas. Minos julgava todas as almas a fim de determinar seu lugar na vida após a morte: o Tártaro ou os Campos Elísios. Em uma zona neutra, ficavam os Campos do Luto, onde residiam aqueles que morreram de coração partido, entre eles a rainha cartaginesa Dido, e também quem morreu de maneira prematura. Além dessas regiões, a estrada conduzia em duas direções, ao Tártaro e aos Campos Elísios. O temido Tártaro localizava-se na base de um penhasco, delimitado por muralha tripla e cercado pelas correntezas de fogo do rio Flegetonte. A fúria Tisífone o guardava com o chicote em riste, pronta para açoitar os ímpios assim que as punições fossem determinadas pelo juiz Radamanto. No interior das muralhas, o Tártaro era escuro e profundo e mantinha na boca pessoas como Sísifo, Tício e Íxion. Já os Campos Elíseos eram o paraíso do pós-vida, destinado àqueles que viveram vidas boas e virtuosas. Essa região era tão ampla, exuberante, reluzente e florida quanto o Tártaro era escuro e triste.

(Ver Aqueronte [lugar], Campos Elísios, Caronte, Cartago, Centauros, Cérbero, Cila, Cocito, Dido, Eneias, Estige [lugar], Eumênides, Flegetonte, Fúrias, Górgonas, Harpias, Hecatonquiros, Hidra de Lerna, Íxion, Minos, Radamanto, Sísifo, Tártaro, Tício, Tisífone)

NAXOS: uma das maiores (430 quilômetros quadrados) e mais férteis do grupo de ilhas Cícladas no mar Egeu. Mesmo na Antiguidade, ela era famosa pelas uvas e vinho, por isso não surpreende que tivesse ligação particular com o deus Dioniso. Era, segundo o historiador Diodoro Sículo, um dos diversos lugares que afirmava ser o local de nascimento ou criação do deus. Foi nessa ilha que Dioniso encontrou sua noiva, Ariadne, filha do rei Minos, de Creta, abandonada pelo herói ateniense Teseu de forma ignóbil, depois de ter recebido ajuda dela para matar o Minotauro. Foi também em Naxos que os gigantes arrogantes Oto e Efialtes teriam encontrado seu fim por meio de um plano da deusa Ártemis.

(Ver Ariadne, Ártemis, Creta, Dioniso, Egeu [lugar], Gigantes, Minos, Minotauro, Oto, Teseu)

NEMEIA: santuário consagrado a Zeus no nordeste do Peloponeso, a leste da atual cidade homônima. O local teria sido batizado com o mesmo nome de uma Ninfa, filha do deus local do rio Asopo. Nesse santuário ocorreram os Jogos Pan-Helênicos da Nemeia, que, de acordo com a lenda, foram criadas pelo herói Adrasto. Foi ali que se deu o primeiro trabalho de Hércules: matar o invencível Leão da Nemeia, cuja pele o herói usou como troféu.

(Ver Adrasto, Hércules, Leão da Nemeia, Zeus)

NISA: conhecida na mitologia por ser o lugar onde as Híades, também chamadas de Ninfas de Nisa, criaram o bebê Dioniso depois que seu pai, Zeus, o resgatou dos restos mortais incinerados de sua mãe, Sêmele. Sua localização exata, e até mesmo sua natureza precisa — montanha, cidade, planície ou vale — era motivo de debate na Antiguidade. Na *Ilíada* de Homero, não é uma montanha, e nos *Hinos Homéricos* é uma planície. O historiador Heródoto situa a cidade de Nisa na Etiópia, Arriano na Índia e Diodoro Sículo propõe a Arábia e a Fenícia. O enciclopedista romano Plínio, por sua vez, refere-se a ela como cidade na região da Transjordânia, onde hoje é o sul da Síria e o norte da Palestina. Estéfano de Bizâncio, do século VI d.C., acrescenta a esses locais o monte Hélicon, Naxos, Trácia e as montanhas do Cáucaso. Essas várias cidades mitológicas de Nisa distinguem-se da vila de mesmo nome em Caria, que prosperou devido à proximidade do santuário de Plutão e Core (Kore), bem como da fonte de enxofre medicinal e de uma caverna terapêutica.

(Ver Cáucaso, Core, Dioniso, Etiópia, Hélicon, Híades, Plutão, Sêmele, Trácia)

OCEANO (ou rio Oceano): rio cósmico que se acreditava fluir ao redor do disco da terra, separando a terra dos céus. De acordo com o relato do poeta grego Hesíodo sobre a origem do mundo, Oceano é filho de Gaia ("a terra") e de Úrano ("o céu"). Homero menciona que ele possuía águas profundas e que era a nascente de todos os rios, fontes e mares. Conforme foi personificado, esses rios e corpos d'água tornaram-se seus filhos. Pensava-se que o deus Sol, Hélio, surgisse das águas de Oceano, no Oriente, e, em um ponto oposto, também se pusesse nelas, posteriormente transportado de volta ao Oriente à noite, em sua taça de ouro flutuante. Uma vez que era ele quem definia os limites da terra, uma série de monstros e povos míticos residiam em suas margens, como os etíopes, as vorazes harpias, Gerião, o gigante de três corpos, e o pomo de ouro — guardado pelas Hespérides, de acordo com os poetas Homero e Hesíodo. Em período remoto, acreditava-se que até mesmo os Campos Elísios e o Mundo Inferior se localizassem em seus limites. Com o tempo, o conhecimento geográfico se desenvolveu e Oceano passou a ser concebido como um oceano mundial, ou mar exterior, situado além do Estreito de Gibraltar.

(Ver Campos Elísios, Etiópia, Gaia, Gerião, Harpias, Hélio,
Hespérides, Mundo Inferior, Oceano [deus], Úrano)

ORIGENS DA MITOLOGIA

OLÍMPIA: santuário Pan-Helênico, que ao lado de Delfos era o centro religioso mais importante da Grécia Antiga. Localizava-se no noroeste do Peloponeso, na região de Elis. Olímpia, principalmente dedicada a Zeus, líder dos deuses que viviam no Olimpo, fica no vale regado pelos rios Cladeu e Alfeu, e está situada na margem norte deste último. O sagrado recinto fortificado de Olímpia, chamado Áltis, continha uma série de estruturas que incluíam o Templo de Zeus (erguido em 470 a 456 a.C.), um templo de Hera, altares e estátuas. Esse templo continha uma estátua monumental (11—12 metros) de Zeus sentado em seu trono, criada pelo famoso escultor Fídias, em ouro e marfim, considerada uma das Sete Maravilhas do Mundo Antigo. Estrabão, geógrafo grego, observava que, caso a escultura se levantasse, romperia o telhado do templo. Sua decoração incluía uma série de cenas míticas, todas relacionadas a Olímpia. O frontão leste (principal) do templo representava o tenso momento antes da corrida da bigas de Pélops contra o Rei Enômao, de Pisa; disputa que, segundo a lenda, foi o evento fundador dos Jogos Olímpicos, realizados a cada quatro anos após seu estabelecimento, em 776 a.C. O frontão ocidental representava a batalha entre os lápitas e os centauros, vista como símbolo da derrota dos persas pelos gregos nas Guerras Persas. Os doze trabalhos de Hércules eram retratados nos pórticos frontais e traseiros do Templo. Segundo o poeta grego Píndaro, Hércules mediu o Áltis para seu pai, a quem consagrou o santuário, e deu início aos Jogos Olímpicos.

(Ver Centauros, Enômao, Hera, Hércules, Lápitas, Pélops, Zeus)

OLIMPO: montanha mais alta da Grécia, com de 2.917 metros. Visto que a montanha eleva-se entre as planícies da Tessália e da Macedônia, o Olimpo, em momentos distintos, foi considerado parte da Tessália, para o historiador grego Heródoto, e da Macedônia, segundo o geógrafo Estrabão. O poeta grego Homero menciona inúmeras vezes que o Olimpo era alto, robusto, possuía muitas reentrâncias e, no topo, era livre das perturbações da chuva, vento e neve. Dada a altura imponente, o Olimpo foi considerado a morada da terceira e "última" geração de deuses, governados por Zeus, o deus do clima. Embora houvesse um mito de que existiam doze deuses do Olimpo, o número de divindades variava e podia incluir todos, exceto os deuses do Mundo Inferior. O grupo típico de deuses olímpicos incluía os irmãos Zeus, Hera, Héstia e Posídon; também os filhos de Zeus: Atena, Hebe, Ártemis, Afrodite, Hermes, Ares, Apolo e Hefesto. No entanto, Deméter e Dioniso também poderiam ser incluídos e até mesmo as Musas e Hércules, entre outros, passaram um tempo no Olimpo. Dizia-se que cada um dos deuses do Olimpo tinha o próprio palácio, decorado com móveis criados pelo habilidoso Hefesto. Como o cume da montanha era elevado, acreditava-se que era inacessível para os humanos e, portanto, por vezes mitologicamente indistinguível dos céus.

(Ver Afrodite, Apolo, Ares, Ártemis, Atenas, Deméter, Dioniso, Hebe, Hefesto, Hera, Hércules, Hermes, Héstia, Macedônia, Mundo Inferior, Musas, Posídon, Tessália, Zeus)

ORTÍGIA: muitos lugares do mundo grego tinham este nome, a "Terra das Codornizes", e todos tinham ligação com a deusa Ártemis. Entre eles, estava a ilha de Delos, cujos nomes anteriores, Astéria e Ortígia, eram explicados por um mito: Astéria, irmã da deusa titânide Leto, foi perseguida por Zeus e, para escapar, transformou-se em codorna e mergulhou (ou foi lançada pelo deus) no mar. De acordo com o mitógrafo Higino, uma ilha flutuante foi criada com o corpo de Astéria. Foi nessa ilha, mais tarde chamada de Delos, que Leto deu à luz Apolo e Ártemis. De acordo com lenda alternativa sobre o nascimento de Ártemis, seu irmão Apolo nasceu em Delos, mas ela em Ortígia, identificado como um bosque sagrado perto da cidade de Éfeso. Uma terceira Ortígia da mitologia é a ilha homônima na costa de Siracusa, na Sicília. Foi ali que Aretusa, transformada em fonte, emergiu em sua fuga subterrânea do deus-rio Alfeu. Ártemis a auxiliou na fuga.

(Ver Alfeu [deus e lugar], Apolo, Aretusa, Ártemis, Astéria, Delos, Leto, Sicília, Zeus)

OSSA (atual Kissavos): montanha da Tessália localizada entre o monte Pélion, a sudoeste, e o monte Olimpo, ao norte, separados pelo famoso vale de Tempe. Segundo a lenda, os gigantes Oto e Efialtes ameaçaram empilhar o monte Ossa no Olimpo e o monte Pélion em Ossa, a fim de alcançar os céus para atacar os deuses do Olimpo.

(Ver Gigantes, Olimpo, Oto, Pélion, Tempe, Tessália)

PACTOLO (atual Sart Çayi — nome turco): afluente do rio Hermo (o atual Gediz), onde hoje é o oeste da Turquia. O rio nasce nas montanhas Tmolo, agora chamadas de Bozdag, e flui ao longo das ruínas da antiga cidade de Sardes. O Pactolo era famoso na Antiguidade por ser fonte de ouro, pois, segundo diziam, o lendário rei Midas lavara as mãos nessas águas.

(Ver Lídia, Midas)

PAFOS: próxima a atual cidade de Kouklia, na ilha de Chipre, era o local do santuário mais importante da deusa Afrodite e, na mitologia, está fortemente associada a ela. Foi no Chipre que a deusa, nascida da espuma do mar, teria pisado em terra firme pela primeira vez, nas proximidades de Pafos. Havia vários mitos relacionados, embora conflitantes, a respeito da fundação da cidade. Por exemplo, o mitógrafo Apolodoro escreve que o príncipe estrangeiro Cíniras foi ao Chipre, fundou Pafos, conquistou a mão da filha do rei da ilha, Pigmalião, e gerou o belo Adônis, que mais tarde conquistaria o coração da deusa. Pigmalião, por sua vez, é conhecido pelos leitores das *Metamorfoses* de Ovídio como o criador da estátua de marfim feminina tão bela que, embora publicamente evitasse os prazeres da carne, viu-se totalmente apaixonado por ela. Afrodite ouviu suas orações fervorosas pedindo a animação da estátua, e uma filha, que receberia o nome Pafos, finalmente nasceu da união. Para o mitógrafo Higino, o mencionado Cíniras era filho de Pafos.

(Ver Adônis, Afrodite, Chipre, Cíniras, Pigmalião)

PARNASSO: cordilheira no território da antiga Fócida que separa o norte e o centro da Grécia. A porção de Parnasso mais conhecida na mitologia clássica é o pico mais alto da cordilheira, encosta sudoeste onde localizava-se Delfos, o famoso santuário e lar do oráculo de Apolo, além da Fonte de Castália, consagrada às Musas. Foi no pico do Parnasso que o barco de Deucalião e Pirra aportou depois que Zeus enviara um Grande Dilúvio no intuito de erradicar a perversa humanidade. Embora o Parnasso tivesse relação especial com Apolo, o deus compartilhava a montanha com Dioniso, que, como deus da desordem, obscuridade e transgressão, era o oposto de Apolo, o deus da clareza, ordem e luz.

(Ver Apolo, Delfos, Deucalião, Dioniso, Fonte de Castália, Musas, Pirra, Zeus)

PARTENÓN: erigido entre os anos 447 e 432 a.C. na Acrópole ateniense, com mármore do monte local, Pentélico, foi dedicado ao aspecto virginal de Atena (Párteno). Os arquitetos do templo foram Ictino e Calícrates, e o famoso escultor Fídias supervisionou a extensa decoração escultural do Partenón, todas retratando cenas míticas: o nascimento e a vitória de Atena sobre Posídon pelo patronato de Atenas e as batalhas entre os lápitas e centauros; gregos e amazonas; deuses e gigantes; e gregos e troianos. Fídias também foi responsável pela monumental estátua (11,5 metros de altura) de culto de ouro e marfim que representava Atena como guerreira, obra alocada no templo, visto como a morada terrena da deusa. O Partenón era parte do abrangente simbolismo representado pelas estruturas da Acrópole, que mesmo na Antiguidade tornou-se espécie de museu da história mitificada da cidade.

(Ver Acrópole, Amazonas, Atena, Atenas, Centauros, Gigantes, Lápitas, Párteno, Posídon, Troia)

PÉLION (Pilio em grego moderno): fica no sudeste da Tessália, próximo ao monte Ossa, localizado entre o Pélion e o monte Olimpo. Como conta Homero, os gigantes Oto e Efialtes planejaram empilhar o monte Ossa no Olimpo e o monte Pélion no topo de ambos para atacar os deuses em suas moradas celestiais. Também segundo Homero, Pélion era densamente arborizado e forneceu matéria-prima para a lança de carvalho que o centauro Quirão deu a Peleu, e seu filho Aquiles usou na Guerra de Troia. O poeta épico grego Quinto de Esmirna acrescenta que foi no monte Pélion que Peleu e Tétis, pais de Aquiles, se casaram. Além disso o local ficou conhecido pelo nascimento dos centauros, e por ser a localização da caverna de Quirão, que criou o bebê Aquiles e, segundo algumas versões, também herói Jasão.

(Ver Aquiles, Centauros, Gigantes, Jasão, Olimpo, Ossa,
Oto, Peleu, Quirão, Tessália, Tétis, Troia)

PENEU: havia dois rios com este nome na Grécia (também chamados de Peneius e Pineios, *Pínios* em grego moderno). Um ficava na Tessália, região no norte da Grécia. Esse grande rio, que nasce no monte Pindo e flui para o golfo Termaico através do pitoresco vale de Tempe, entre o monte Olimpo e o monte Ossa, irriga a maior parte da região. Na mitologia, Peneu, o deus-rio, era pai da caçadora Dafne, que, desejada por Apolo, escapou da perseguição agressiva do deus ao ser transformada em loureiro. O outro rio Peneu está localizado no Peloponeso, nasce nas montanhas da Arcádia e flui para o oeste, na direção do Mediterrâneo, diante da ilha de Zacinto. Esse rio fornecia água para a cidade de Elis, que tinha instalações esportivas como ginásios, palestras (campos de luta), pistas de corrida, instalações de banho e outras construções para atletas que iam ao santuário vizinho de Olímpia para competir nos Jogos Olímpicos.

(Ver Apolo, Arcádia, Dafne, Olímpia, Olimpo, Ossa, Peneu [deus], Tempe)

PIÉRIA: região da Grécia que ficava entre o monte Olimpo e o que agora é chamado de golfo Termaico ou golfo da Macedônia. Segundo o poeta grego Hesíodo, foi em Piéria que nasceram as Musas, deusas patronas das artes. Também foi ali que nasceu Orfeu e onde, após morte violenta, a maior parte de seu corpo esquartejado foi deixada para repousar. O lendário rei macedônio, Píero, cujas nove filhas supostamente rivalizavam com as Musas no canto, é um homônimo. Tanto as Musas quanto as filhas do rei macedônio poderiam ser chamadas de piérides — no caso das Musas, indicação do local de nascimento; no caso das filhas de Píero, um reconhecimento de sua ascendência. No entanto, Piéria geralmente era usado para as Musas.

(Ver Musas, Olimpo, Orfeu, Piérides, Píero)

PILOS: de acordo com Homero, o reino do velho e sábio rei Nestor, mencionado na *Ilíada* como conselheiro de confiança dos gregos que lutavam em Troia. Na *Odisseia*, o filho de Odisseu, Telêmaco, visita Nestor em Pilos a fim de coletar informações sobre o destino do pai, longe de casa há vinte anos. Homero descreve o palácio de Nestor como "bem construído" e o reino como "arenoso", próximo ao rio Alfeu. Juntas, essas descrições causaram confusão em relação à localização real da Pilos de Nestor, mesmo na Antiguidade. Por consequência, o geógrafo Estrabão observa

X
O Partenón: templo grego dedicado à deusa Atena

que, em sua época, havia três candidatas, todas no Peloponeso e todas alegavam ser a Pilos de Nestor. Uma ficava na área de Trifilia, próxima da atual Kakovatos; outra na Messênia (próxima a atual Ano Englianos), onde as ruínas ricamente decoradas de um palácio micênico da Idade do Bronze (destruído por volta de 1200 a.C.) foram encontrados; e a terceira no território de Elis. Segundo a lenda, Pilos foi fundada por Neleu, que ao lado de onze de seus doze filhos, foi morto por Hércules, e seu décimo segundo filho, Nestor, tornou-se rei.

(Ver Alfeu [lugar], Micenas, Neleu, Nestor, Odisseu, Telêmaco, Troia)

PIRENE (ou Peirene): importante nascente que, segundo o geógrafo Estrabão, abastecia a antiga cidade de Corinto. Estrabão também observa que a água era límpida e boa para beber. Portanto, não surpreende que a fonte fosse considerada o local favorito do cavalo alado Pégaso, e onde Belerofonte foi capaz de capturá-lo. Quanto às origens do manancial, Pausânias observa que lhe foi dado o nome da Ninfa que, em luto pela morte acidental do filho nas mãos da deusa Ártemis, dissolveu-se nas próprias lágrimas.

(Ver Ártemis, Belerofonte, Corinto, Pégaso)

PONTO EUXINO: como o mar Negro era conhecido na Antiguidade. O nome "Euxino", significa "hospitaleiro" ou "amigável a estranhos" em grego, e foi interpretado como eufemismo, já que o corpo de água estava sujeito a fortes tempestades e era rodeado por tribos bárbaras. O historiador Estrabão explica de forma reveladora que este mar já foi chamado de Áxeno, "inóspito", e observa a ameaça representada especialmente pelos citas, que sacrificavam estrangeiros, comiam sua carne e faziam copo dos crânios. Ele acrescenta que, em período posterior, depois que os gregos jônicos estabeleceram assentamentos ao longo das costas, o mar foi chamado de Euxino. De acordo com a lenda, foi o herói Jasão e a tripulação de Argonautas que primeiro acessaram o Ponto Euxino de navio, e foram os primeiros a passar pelas Simplégades ("rochas colidentes").

(Ver Argonautas, Jasão, Simplégades)

QUIOS: ilha grega no mar Egeu, relativamente próxima à costa da Ásia Menor (7 quilômetros). Havia uma lenda que Quios foi colonizada pelos gregos da ilha Eubeia no século IX a.C. A ilha tinha a reputação de ser terra rica e fértil, além de boa fonte de pinheiros. O historiador grego Tucídides comenta sobre sua prosperidade, pois os habitantes da ilha eram as pessoas mais ricas da Grécia. Dizem que foi Enópion, lendário rei da ilha, que cegou o gigante Oríon por violar ou cortejar sua filha, Mérope.

(Ver Egeu, Mérope, Oríon)

ROCHA TARPEIA: precipício no lado sudeste do monte Capitolino de Roma. Dessa rocha, assassinos e traidores eram supostamente lançados para a morte. O rochedo recebeu o nome da traiçoeira Tarpeia, filha do comandante romano Espúrio Tarpeius, que, por ganância, traiu Roma com os sabinos e foi a primeira a ser arremessada da rocha.

(Ver Capitolino, Sabinos, Tarpeia, Roma)

ROCHAS COLIDENTES: seria a tradução do grego de Simplégades, nome das grandes formações rochosas que se acreditava localizarem-se em ambos os lados do extremo norte do Bósforo. As rochas moviam-se rapidamente uma em direção a outra, então colidiam, esmagando navios.

(Ver Bósforo, Simplégades)

ROMA: a antiga cidade de Roma localizava-se na margem esquerda (leste) do rio Tibre, cerca de trinta quilômetros do mar. Na monumental história de Roma, o historiador romano Lívio exalta o local escolhido para a fundação da cidade, pelo ar saudável, pelo grande rio e distância do mar, próximo o suficiente para garantir o fácil comércio de mercadorias, mas distante o bastante para assegurar que a cidade fosse defensável. Além disso, havia terreno suficiente para permitir expansão. Segundo a tradição romana, Roma era colônia da cidade latina de Alba Longa, fundada por Ascânio (Iulo), filho do troiano Eneias. A própria Roma foi fundada por Rômulo e Remo, príncipes de Alba Longa que, ainda recém-nascidos, foram abandonados para morrer no Tibre, e foram salvos por uma loba. Quando a nova cidade começou a ser erguida no monte Palatino, Rômulo matou o irmão e tornou-se o primeiro rei, além de dar o nome a Roma. A população se expandiu, em parte como resultado de recrutamentos forçados, como no episódio em que os romanos "roubaram" as mulheres dos vizinhos, os sabinos. Também segundo a tradição, Roma passou a incluir os assentamentos localizados nos outros sete montes (Capitolino, Aventino, Esquilino, Quirinal, Viminal e Célio), que formariam o centro da antiga cidade, unificação que exigiu a drenagem do pântano no centro da região, onde o Fórum Romano viria a ser erigido. Em linhas gerais, essas lendas foram ratificadas pela arqueologia. Vestígios de habitações ou ao menos da presença humana foram encontrados no Palatino, Capitolino e Esquilino, datando da Idade do Bronze (há cerca de 1400 a.C.). Resquícios de cabanas, claro indicador de povoamento, encontrados no monte Palatino, datam do final do século X a.C. ou início do século IX a.C. O século VIII a.C., 753 a.C. de acordo com a data mítica, testemunhou a expansão e a fortificação do monte Palatino. O Capitolino, que se tornaria a colina mais sagrada de Roma, também parece ter sido habitado nesses períodos. Conforme o assentamento do Palatino se expandia, os cemitérios foram transferidos para o Esquilino e para o Quirinal, e a área pantanosa na base do Palatino foi parcialmente drenada para acomodar o Fórum. De início humilde, Roma evoluiria de uma cidade na Itália para cidade global e para o centro de um aparentemente "império sem limites", segundo o poeta romano Virgílio. Esse império em constante expansão entraria em declínio a partir do século IV d.C. e cairia no fim do século V d.C.

(Ver Alba Longa, Capitolino, Rômulo, Sabinos, Tibre)

SALAMINA: mais conhecida por ser o local da batalha naval decisiva (480 a.C.) em que os gregos derrotaram Xerxes, o rei persa, e suas forças. Fica no golfo Sarônico, na costa da Ática, no território da cidade de Atenas. Agora conhecida como Salamina, a ilha foi supostamente nomeada em homenagem a homônima filha do deus-rio Asopo, do Peloponeso. Com o deus Posídon, Salamina teve Cicreu, que, segundo Pausânias, colonizou a ilha pela primeira vez depois de livrá-la da ameaça de uma serpente, tornando-a habitável e dando-lhe o nome da mãe. Cicreu, o primeiro rei, não tinha filhos e fez de Télamon, da ilha de Egina, seu sucessor, dando-lhe a filha, Glauce, em casamento. Télamon e Glauce tiveram Ájax, o Grande, um dos principais guerreiros gregos da Guerra de Troia. Pausânias acrescenta que Fileu, neto de Ájax, entregou a ilha aos atenienses após obter a cidadania ateniense. Quanto a Cicreu, havia de fato um santuário dedicado a ele na ilha, onde era adorado na forma híbrida de homem-serpente. Conta-se que uma serpente, manifestação do herói Cicreu, apareceu para ajudar as forças atenienses na Batalha de Salamina.

(Ver Ájax Telamônio, Atenas, Ática, Télamon)

SÉRIFO: parte do grupo de ilhas do Egeu conhecidas como Cícladas ("circulares") que circundavam a ilha sagrada de Apolo, Delos. Foi na praia dessa ilha onde Dânae, engravidada por Zeus na forma de chuva de ouro, e o filho, Perseu, chegaram, escapando assim da morte no mar. Quando Polidectes, o rei da ilha, desejou casar com Dânae, enviou Perseu para buscar a cabeça da górgona Medusa na expectativa de que Perseu morresse, deixando de ser obstáculo ao casamento.

(Ver Apolo, Dânae, Delos, Egeu, Medusa, Perseu, Polidectes, Zeus)

SICÍLIA: com superfície de 25.711 quilômetros quadrados, é a maior ilha do Mediterrâneo e desempenhou papel significativo na geografia da mitologia. Seu nome deriva dos sículos, que provavelmente vieram do continente italiano no final do segundo milênio a.C. Trinácria, a ilha mítica que abrigava o gado de Hélio, equivale à Sicília e, segundo o poeta romano Virgílio, o troiano Eneias parou na Sicília a caminho da Itália, deixando ali alguns dos que o haviam seguido de Troia para viver com o rei Acestes. Dizem que o artesão Dédalo fugiu de Creta, onde era prisioneiro do rei Minos, para a Sicília, e que a Ninfa Aretusa fugiu para a ilha de Ortígia, na costa de Siracusa, para escapar da perseguição amorosa do deus-rio Alfeu. Acreditava-se que Encélado, um gigante que atacara os deuses no monte Olimpo, estivesse enterrado sob o monte Etna, até hoje arfando fogo pela cratera da montanha. A forja dos ciclopes, que, nas profundezas da terra, criavam os raios de Zeus, era outra fonte das chamas do Etna.

(Ver Acestes, Alfeu [deus e lugar], Aretusa [Ninfa e lugar], Ciclopes, Creta, Dédalo, Encélado, Eneias, Gigantes, Hélio, Minos, Olimpo, Ortígia, Trinácria, Troia, Zeus)

SÍDON: cidade mais importante da Fenícia, atual Líbano, até ser ofuscada política e economicamente pela cidade fenícia de Tiro no início do primeiro milênio a.C. Na verdade, o termo Sídon poderia ser usado para se referir a toda a Fenícia. Entre os personagens mitológicos mais conhecidos originários da Fenícia estão Agenor, rei de Tiro ou de Sídon, Europa e Cadmo. Agenor foi pai de Europa, que Zeus, disfarçado de touro branco, manso e belo, raptou, e de Cadmo, o fundador de Tebas, cidade que povoou semeando dentes de dragão.

(Ver Agenor, Cadmo, Europa, Tebas, Zeus)

SIMPLÉGADES (ou "Rochas Colidentes"): duas formações rochosas comparadas ainda na Antiguidade às Rochas Ciâneas, duas ilhas rochosas localizadas a oeste de onde o Bósforo encontra o Ponto Euxino (mar Negro). De acordo com o poeta grego Apolônio de Rodes, o Argo, que pertenceu ao herói tessálico Jasão, foi o primeiro e único navio que passou com sucesso por essas rochas. Como o advinho Fineu disse a Jasão e sua tripulação, as rochas não estavam enraizadas no fundo do mar e frequentemente colidiam. Como era necessário que o Argo passasse por entre as rochas no caminho para Cólquida, a localização do velocino de ouro, o vidente aconselhou Jasão e os Argonautas a deixar que uma pomba passasse primeiro pelas rochas. Caso o pássaro conseguisse passar, deveriam realizar a travessia o mais rápido possível, remando com toda a força. A pomba teve sucesso, perdendo apenas as pontas das penas da cauda, e assim o Argo também foi capaz de realizar a travessia segura, perdendo apenas parte da popa. Em consequência da passagem do Argo, com a ajuda da deusa Atena, as Simplégades foram fixadas e permaneceriam separadas para sempre.

(Ver Argonautas, Atenas, Bósforo, Cólquida, Fineu, Jasão, Ponto Euxino, Tessália)

LUGARES E MARCOS

TÁRTARO: parte mais profunda, escura e assustadora do Mundo Inferior. Segundo o poeta grego Hesíodo, o Tártaro surgiu logo na criação do universo, emergindo do grande vácuo primordial do Caos, assim como a própria Gaia ("a terra"). Foi lá que Zeus aprisionou os deuses titãs que desafiaram sua autoridade, e a prisão deles era tão profunda quanto os céus eram elevados. De acordo com Hesíodo, se uma bigorna de bronze fosse lançada dos céus, cairia por nove dias e nove noites, atingiria a terra somente no décimo; caso a bigorna fosse lançada da superfície às profundezas da terra, seriam necessários outros nove dias e nove noites para que chegasse ao Tártaro. Para Hesíodo, o lugar seria delimitado por uma muralha de bronze, e a noite escura o envolvia em três camadas, como se fosse um colar. O Reino de Hades, guardado pelo cão infernal Cérbero, encontrava-se no Tártaro, e lá também residiam Hipno ("sono"), Tânatos ("morte") e o rio Estige. Acima dele cresciam as raízes da terra e do mar infrutífero. O poeta romano Virgílio expande essa visão do Tártaro, tornando-o região distinta e definida do Mundo Inferior, a contraparte dos Campos Elíseos. Para o poeta, o Tártaro ficava na base de um alto rochedo, era cercado por três muralhas e pelo rio flamejante Flegetonte. As muralhas tinham portões impenetráveis de adamantino e uma torre de ferro onde a fúria Tisífone vigiava. Era possível ouvir os lamentos dos pecadores ou o tilintar e o arrastar das correntes que os prendiam. Os portais da região eram guardados pela monstruosa Hidra. O Tártaro era profundo, duas vezes mais profundo do que a distância da terra ao céu. No Tártaro residiam os titãs, os gigantes Oto e Efialtes e os pecadores Tântalo, Sísifo e Íxion. Era o lugar reservado para assassinos, trapaceiros, mentirosos, avarentos, adúlteros, fomentadores de guerra e todo tipo de malfeitores.

(Ver Caos, Cérbero, Elísio, Estige [lugar], Flegetonte, Fúrias, Gaia, Gigantes, Hades [deus e lugar], Hipno, Íxion, Oto, Sísifo, Somno, Tânatos, Tântalo, Tisífone, Titãs, Zeus)

TEBAS (local da atual vila de Thiva): ficava nas planícies do sul da Beócia, na Grécia central, separada do território de Atenas, sua rival, pela cordilheira Citerão. Os escassos vestígios da antiga cidade seriam indício da precária importância retida pela cidade desde a Idade do Bronze (meados do século XIV a.C.). Entretanto, a rica mitologia de Tebas sugere o contrário. O lendário fundador da cidade, Cadmo, povoou Tebas semeando dentes de dragão. Era irmão de Europa, a princesa fenícia raptada por Zeus, que se transformara em belo touro para atraí-la. Com Harmonia, foi pai de Sêmele, a mãe de Dioniso, filho de Zeus. Cadmo também era o avô de Penteu, que teve uma morte horrível no monte Citerão por ter depreciado seu primo divino. Em Tebas, Dirce, a esposa maléfica do rei tebano Lico, também teve um fim terrível, arrastada para a morte por um touro. Segundo o mitógrafo Apolodoro, a punição foi planejada em parte por Zeto, cuja esposa, Tebe, dá nome a cidade. O inteligente Édipo governou Tebas antes de sua trágica morte, ocasionada pelo assassinato inconsciente do próprio pai e pelo casamento com a própria mãe. Então o reino de Édipo tornou-se motivo de conflito entre seus filhos, Polinice e Etéocles, o que outra vez teve consequência trágicas, estendidas a seus descendentes. Tebas também foi o local de nascimento de Hércules.

(Ver Atenas, Beócia, Cadmo, Citerão, Dioniso, Dirce, Édipo, Europa, Harmonia, Hércules, Lico, Penteu, Polinice, Sêmele, Zeto, Zeus)

TEMPE (Tembi em grego moderno): desfiladeiro com dez quilômetros de comprimento e 27 a 50 metros de largura, na Tessália, situado entre o monte Olimpo e o monte Ossa. O rio Peneu flui de Tempe para o mar Egeu. A história da filha do deus-rio Peneu, Dafne, talvez seja o mito mais conhecido associado a esse vale estreito e exuberante. Enquanto era perseguida por Apolo, a princesa clamou ao pai por ajuda e foi transformada no loureiro, que se tornaria a árvore sagrada desse deus. O vale também tinha outras associações a Apolo, pois foi nas águas de Peneu que o deus supostamente se purificou após matar Píton, a serpente ou dragão que guardava o sítio oracular de Delfos.

(Ver Apolo, Dafne, Delfos, Egeu, Olimpo, Ossa, Peneu [deus e lugar], Píton, Tessália)

TESSÁLIA: atual região administrativa, no norte da Grécia, possui em grande parte os mesmos limites da antiga cidade, delimitada por uma série de montanhas: Ossa e Pélion a leste, Olimpo ao norte, Pindo a oeste e Ótris ao sul. Olimpo, Ossa e Pélion se destacavam na mitologia. O Olimpo era o lar dos deuses; os gigantes Oto e Efialtes planejaram empilhar o Olimpo, o Ossa e o Pélion um sobre o outro para atacar os deuses; e Pélion era o lar do centauro Quirão. Outras características geográficas importantes da Tessália são o belo vale de Tempe e o rio Peneu, cujo deus é o pai da infeliz Dafne. Essa região é conhecida por ter sido habitada por caçadores-coletores já no Paleolítico (cerca de 9.000 a.C.) e por ter sido densamente povoada por agricultores, especialmente nas férteis planícies orientais, no período Neolítico (cerca de 4.000 a 2000 a.C.). De uma perspectiva mitológica, não é nenhuma surpresa que Iolco, lar de Jasão e os Argonautas, tenha emergido como importante palácio que ocupou papel central na subsequente Idade do Bronze. Tessália também foi casa de Aquiles, o melhor dos gregos que lutaram em Troia; de Admeto, gentil mestre do deus Apolo; e dos híbridos centauros.

(Ver Apolo, Aquiles, Argonautas, Centauros, Dafne, Iolco, Olimpo, Ossa, Oto, Pélion, Peneu [deus e lugar], Quirão, Tempe, Troia, Zeus)

TIBRE: rio mais importante do centro da Itália. Suas águas nascem nos Apeninos e fluem por cerca de quatrocentos quilômetros para o mar Tirreno, carregando ao longo do caminho quantidade significativa de lodo, o que lhe concede o tom amarronzado que o poeta romano Virgílio descreveu como amarelo (*flavus*). Apesar de não possuir água potável, o rio era navegável desde a foz, em Ostia, até a cidade de Roma, foi erigida ao longo das margens desse rio, estendendo-se em ambas as direções. Por isso, o Tibre desempenha papel significativo na mitologia da cidade. Rômulo e Remo, fundadores de Roma, foram postos em um cesto e jogados nas correntes do Tibre logo após o nascimento, produto da relação de Reia Silvia com o deus Marte. Os gêmeos foram resgatados do rio por uma loba, escapando da morte. Embora a origem do nome do rio seja incerta, o gramático romano Festo observa que o Tibre já fora chamado de Albula devido à cor branca de suas águas. Posteriormente, o rio recebeu o nome de Tibre em honra a Tiberino Sílvio, rei de Alba Longa, que morreu ali.

(Ver Alba Longa, Marte, Remo, Reia Silvia, Roma, Rômulo)

TIRINTO: centro da antiga cidade de Tirinto estava localizado em uma colina baixa e rochosa na Argólida, região no nordeste do Peloponeso que abrangia Argos, que se tornou a cidade dominante, Tirinto, Micenas, Epidauro e Náuplia (atual Nafplion). A apenas 1,5 quilômetros do mar, Tirinto destacou-se na Idade do Bronze ao tornar-se sede de um notável palácio fortificado decorado por afrescos (1400 a 1200 a.C.). Ao lado do de Micenas, era certamente um dos mais poderosos palácios continentais daquele período. Tirinto perdeu muito poder no final da Idade do Bronze, caindo cada vez mais sob o domínio da cidade vizinha, Argos, que a destruiu por volta de 470 a.C. Na mitologia, estava relacionada aos heróis mais importantes da Grécia, entre eles Belerofonte, Perseu e Hércules. Preto, rei e fundador de Tirinto, enviou Belerofonte à Lícia, onde seria incumbido de matar a Quimera; Perseu tornou-se rei de Tirinto antes de fundar Micenas; e Hércules realizou seus trabalhos por ordens de Euristeu, outro rei de Tirinto.

(Ver Belerofonte, Euristeu, Hércules, Lícia, Micenas, Perseu, Quimera)

TRÁCIA: considerada contígua ao limite norte do mundo conhecido, tinha fronteiras indeterminadas, compreendendo quase toda a Europa ao norte e a leste da Macedônia, até as margens do Egeu e do mar Negro. Embora grande parte da mitologia clássica seja marcada pela violência, parece que essa suposta terra estranha e bárbara acumulou algumas das lendas mais violentas. Entre os reis míticos da Trácia estavam Tereu, que estuprou e mutilou a cunhada, Diomedes, e que alimentava seus cavalos com carne humana; Polimnestor, que assassinou o jovem príncipe troiano Polidoro por dinheiro; e Licurgo, que atacou o deus Dioniso e suas amas. Foi um grupo de mulheres trácias que desmembrou o talentoso cantor Orfeu, que, em luto pela morte da esposa, recusou suas atenções.

(Ver Diomedes, Dioniso, Egeu, Licurgo, Macedônia, Orfeu, Polidoro, Tereu, Troia)

TRINÁCRIA (ou Thrinacria): "três pontos" é a ilha mítica próxima a Cila e Caribdis que, segundo Homero, abrigava o gado e as ovelhas, 350 de cada, do deus sol Hélio. Foi profetizado que caso Odisseu e seus homens se abstivessem de matar qualquer um deles, voltariam para casa depois de muito sofrimento. Incapazes de evitar a profecia, todos, exceto Odisseu, morreram. Na Antiguidade, a Trinácria foi associada a ilha de três pontas da Sicília, e as pontas estariam localizadas nas cidades conhecidas como Lilibeia, Passero e Peloro.

(Ver Caríbdis, Cila, Hélio, Odisseu, Sicília)

TROIA: suas ruínas estão no monte Hissarlik, que se ergue sobre a planície ao longo da costa turca do mar Egeu, na antiga Anatólia. O local fica a cerca de 6,5 quilômetros da costa, a 4,8 quilômetros da entrada sul de Dardanelos (o antigo Helesponto) e próxima da cidade contemporânea de Canakkale, na Turquia. A cidade ficava em uma baía que, ao longo dos séculos, foi tomada pelo lodo dos rios Escamandro e Símoïs, o que obscurece a realidade do que deve ter sido a enorme importância de Troia como ponte cultural entre os Balcãs, a Anatólia, o Egeu e as regiões do mar Negro. Troia era local cobiçado e, como foi constatado, provavelmente esteve sujeito à guerra e à destruição não apenas uma, mas várias vezes. Hissarlik foi identificada pela primeira vez como a localização de Troia em 1820, por Charles Maclaren. Frank Calvert, entre 1863 e 1865, deu sequência à pesquisa e, com mais destaque, Heinrich Schliemann, que escavou o local em uma série de explorações entre 1870 e 1890. Notadamente, o sítio passou por exploração arqueológica que segue em curso até hoje. Nove camadas principais de assentamentos foram descobertas em Hissarlik, cada uma construída sobre a anterior. Troia I, o estágio de construção mais antigo, data do início da Idade do Bronze (cerca de 3000 a 2500 a.C.). Troia II (cerca de 2550 a 2300 a.C.) rendeu achados que levaram Schliemann a concluir que era a Troia de Homero: restos de diversas casas ou estruturas imensas, assim como abundância de artefatos de ouro, eletro, prata, cornalina e lápis-lazúli. Considerando-se que a Guerra de Troia narrada por Homero teria sido um evento tardio, Troia VI, que contava com boas fortificações (datando de 1750 a 1300 a.C.), tornou-se candidata plausível à Troia de Homero, ainda que a datação da cidade tenha sido considerada anterior aos eventos da guerra. Embora mais humilde, Troia VII (por volta de 1300 a 1180 a.C.) parece ser a escolha mais provável, a menos que a Troia de Homero seja a fusão de várias Troias, o que é uma possibilidade. Em fontes literárias antigas, Troia, batizada em honra ao herói Trós (filho de Erictônio), era chamada de Ilios e Ílion (ou Ilium) em homenagem a seu fundador, Ilo. Os troianos, por sua vez, eram chamados de dardânios e teucros em honra a Dárdano e a Teucro (filho do deus-rio Escamandro e de uma Ninfa do monte Ida), primeiros reis lendários da Tróada (região ao redor de Troia). Diz-se que a cidade de Ilo foi governada mais tarde por Laomedonte e, depois, por Príamo. Durante seu reinado ocorreu a Guerra de Troia, causada por seu filho, Páris, que sequestrou a bela Helena de Esparta. Entre os heróis mais conhecidos que lutaram em Troia encontravam-se Aquiles, Agamêmnon, Menelau, Ájax e Odisseu do lado grego, e o príncipe Heitor do lado dos troianos. Depois de dez anos de luta, foi por meio de uma armadilha concebida por Odisseu — um cavalo de madeira, oco e cheio de guerreiros, deixado como oferenda a Atena — que a cidade caiu.

(Ver Agamêmnon, Ájax Telamônio, Aquiles, Atena, Dárdano, Erictônio, Esparta, Heitor, Helena, Ida [Ninfa e lugar], Ilo, Laomedonte, Menelau, Odisseu, Páris, Príamo, Teucro, Trós)

CORRESPONDÊNCIAS DOS DEUSES

PRINCIPAIS DEUSES GREGOS / EQUIVALENTES ROMANOS

Zeus / Júpiter
Hera / Juno
Posídon / Netuno
Deméter / Ceres
Atena / Minerva
Apolo / Febo
Ártemis / Diana
Ares / Marte
Afrodite / Vênus
Hefesto / Vulcano
Hermes / Mercúrio
Héstia / Vesta
Dioniso / Baco
Hades ou Plutão / Dis ou Plutão

DEUSES PRIMORDIAIS

Caos (o vácuo)
Gaia (a terra)
Úrano (o céu)
Óreas (as montanhas)
Ponto (o mar)
Tártaro (o Mundo Inferior)
Érebo (a escuridão)
Nix (a noite)
Éter (a luz)
Hêmera (o dia)
Eos (a aurora)
Hélio (o sol)
Selene (a lua)
Éolo (o vento)

DEUSES DOS VENTOS

Bóreas (o vento do norte)
Noto (o vento do sul)
Zéfiro (o vento do oeste)
Euro (o vento do leste)

MUSAS

Calíope (poesia épica)
Clio (história)
Érato (poesia romântica)
Euterpe (música)
Melpômene (tragédia)
Polímnia (poesia sagrada)
Terpsícore (dança)
Talia (comédia)
Urânia (astronomia)

GRAÇAS (CÁRITES)

Aglaia (aquela que resplandece)
Talia (aquela que floresce)
Eufrosina (bom ânimo)

PARCAS (MOIRAS)

Cloto (a fiandeira)
Láquesis (aquela que lança a sorte)
Átropos (a inevitável)

FÚRIAS (AS ERÍNIAS)

Tisífone (a vingadora de assassinatos)
Megera (a rancorosa)
Aleto (a implacável)

OS TITÃS

Astéria, 2ª geração
Astreu, 2ª geração
Atlas, 2ª geração
Clímene, 2ª geração
Ceos, 1ª geração
Crio, 1ª geração
Cronos, 1ª geração
Dione, 2ª geração?
Eos, 2ª geração
Epimeteu, 2ª geração
Eurínome, 2ª geração
Hécate, 3ª geração
Hiperíon, 1ª geração
Jápeto, 1ª geração
Leto, 2ª geração
Menécio, 2ª geração
Métis, 2ª geração
Mnemósina, 1ª geração
Oceano, 1ª geração
Perses, 2ª geração
Febe, 1ª geração
Prometeu, 2ª geração
Reia, 1ª geração
Selene, 2ª geração
Estige, 2ª geração
Tétis, 1ª geração
Teia, 1ª geração
Têmis, 1ª geração

ORIGENS DA MITOLOGIA

GLOSSÁRIO DE FONTES ANTIGAS

ÁLCMAN (de meados ao final do século VII a.C.) — poeta lírico grego que atuou em Esparta, mas que possivelmente nasceu na Lídia, a Turquia moderna. De suas obras, poemas curtos executados com o acompanhamento da lira (ou outro instrumento), restaram apenas fragmentos.

ANTONINO LIBERAL (século II ou III d.C.) — gramático e autor de coleção de mitos escritos em grego conhecida como *Metamorfoses*. Os detalhes de sua vida não foram preservados e a coleção é sua única obra sobrevivente.

APOLODORO (século I ou II a.C.) — nome que, provavelmente por engano, foi associado a um sumário enciclopédico em grego de mitos e lendas greco-romanas. Tal obra intitula-se *Biblioteca*.

APOLÔNIO DE RODES (primeira metade do século III a.C.) — autor do poema épico grego *As Argonáuticas*, centrado na jornada do herói Jasão em busca do velocino de ouro.

APULEIO [Lúcio Apuleio] (há cerca de 125–? d.C.) — autor e retórico romano nascido em Madaura, uma cidade romano-berbere onde hoje localiza-se a Argélia. Sua obra mais conhecida é o único romance completo em latim que sobreviveu desde a Antiguidade. A obra, conhecida pelos títulos *O Asno de Ouro* e *Metamorfoses*, apresenta um relato em primeira pessoa das aventuras do herói, chamado Lúcio, que é transformado em burro.

ARATO (315?–240 a.C.) — poeta grego nascido na Cilícia, na costa sul da Ásia Menor (atual Turquia). Sua única obra sobrevivente é um poema de 1.154 versos, em hexâmetro, intitulado *Fenômenos*. A obra trata sobre as posições, ascendência, descendência e mitologia das estrelas e constelações mais importantes.

ARRIANO [Lúcio Flávio Arriano Xenofonte] (por volta de 86–160 d.C.) — historiador grego, além de comandante militar e funcionário público do Império Romano. Nascido na Bitínia, centro-norte da Turquia, sua obra *Anábase de Alexandre* é fonte importante sobre as expedições militares de Alexandre, o Grande.

ATENEU (ativo por volta de 200 d.C.) — autor de narrativa fictícia em grego sobre um ou mais jantares em Roma. O título foi traduzido de diversas maneiras, como *Dipnosofistas* ou *O Banquete dos Eruditos*. A obra narra as conversas dos convidados sobre comida e variedade de outros assuntos.

BAQUÍLIDES (520?–450? a.C.) — poeta lírico grego da ilha de Ceos, hoje Gia ou Tzia. De acordo com a tradição grega, foi um dos nove principais compositores de poesia lírica, poemas curtos executados com o acompanhamento da lira ou de outro instrumento.

CALÍMACO (por volta de 310/305–240 a.C.) — notável poeta e estudioso grego que nasceu em Cirene, hoje o nordeste da Líbia, e tornou-se importante figura literária em Alexandria, Egito. Embora fosse considerado prolífico, a maioria de suas obras, que incluíam poemas sobre temas mitológicos, se perdeu. Restaram apenas fragmentos.

CATÃO, MARCO PÓRCIO (218–202 a.C.) — estadista romano e figura militar que ganhou destaque nas guerras de Roma contra Aníbal e Cartago. Defensor ferrenho do estilo de vida tradicional, da moralidade e do governo, seus escritos incluem o ensaio *Sobre a Agricultura*, que cobre tópicos como o cultivo de azeitonas, uvas e outras frutas, assim como o cultivo de pastagens para animais domésticos. A obra histórica de Catão, *Origens*, iniciada em 168 a.C. e incompleta na época de sua morte, descreve o início da história de Roma, até o ano 149 a.C.

CATULO [Caio Valério Catulo] (84?–55? a.C.) — poeta romano da cidade italiana de Verona, cujo breve livro de poemas, o *libellus* (livrinho), como o chama, revela que era membro da "alta sociedade" da República Romana. A obra também inclui referências ao orador e estadista Cícero, a Júlio César e ao rival de César, o general Pompeu, o Grande, entre outros.

DIODORO (ativo por volta de 60–20 a.C.) — conhecido como Diodoro Sículo, "o siciliano", foi o autor de *Biblioteca Histórica*, extensa narrativa sobre a história do mundo conhecido, desde os tempos míticos até a conquista da Gália por César. Sua obra, escrita em grego, inclui discussões sobre Egito, Mesopotâmia, Índia, Cítia, Arábia, Norte da África, Grécia e Europa.

DIONÍSIO DE HALICARNASSO (há cerca de 60 a.C.-7? d.C.) — historiador e retórico grego que foi de Halicarnasso para Roma em algum momento depois de 30 a.C., onde viveu e trabalhou durante o reinado do imperador Augusto. A principal obra de Dionísio foram os vinte livros (ou capítulos) intitulados *Antiguidades Romanas*, a narrativa da história de Roma desde a origem mítica da cidade até a primeira Guerra Púnica (264 a.C.).

ELIANO [Claudio Eliano] (há cerca de 170–235 d.C.) — retórico e autor romano de obra histórico-cultural em grego repleta de anedotas moralizantes e biografias curtas de personagens ilustres, assim como de descrições de maravilhas naturais e culturas diversas do mundo.

ÉSQUILO (há cerca de 525/4?–456/5 a.C.) — ao lado de Sófocles e Eurípides, um dos mais famosos dramaturgos gregos. Acredita-se que tenha escrito entre setenta e noventa peças, das quais apenas sete sobreviveram: *Agamêmnon, As Coéforas, As Eumênides*, a trilogia conhecida como *Orestia; As Suplicantes; Os Persas; Sete Contra Tebas;* e *Prometeu Acorrentado*.

ESTÁCIO [Públio Papínio Estácio] (segunda metade do século I d.C.) — poeta romano cujas obras sobreviventes são a epopeia intitulada *Tebaida*, com foco na campanha dos Sete Contra Tebas; épico inacabado intitulado *Aquileida*, centrado na vida de Aquiles; e *Silvae*, coleção de poemas sobre diversos assuntos.

ESTESÍCORO (ativo por volta de 600-550 a.C.) — poeta lírico grego contemporâneo da poeta Safo, de Lesbos. Sobreviveram apenas trechos dos poemas de Estesícoro, que na Antiguidade eram conhecidos por serem numerosos. De considerável fama na Antiguidade, acredita-se que ele tenha nascido na Sicília ou no sul da Itália.

ESTRABÃO (há cerca de 65–25 d.C.) — historiador e geógrafo. É conhecido principalmente pela ampla obra em grego sobre geografia, tratando de locais como Espanha, Gália, Itália, Bálcãs, Ásia Menor, Índia, Egito, norte da África e muito mais. Sua obra de dezessete partes é conhecida simplesmente como *Geographia* (*Geografia*).

EURÍPIDES (485?–406 a.C.) — assim como Ésquilo e Sófocles, um dos mais famosos dramaturgos gregos. Escreveu cerca de noventa peças sobre temas mitológicos, dezoito das quais sobreviveram: *Alceste, Medeia, Hipólito, Andrômaca, Hécuba, As Troianas, As Fenícias, Orestes, As Bacantes, Helena, Electra, Os Heráclidas, Héracles, As Suplicantes, Ifigênia em Áulis, Ifigênia em Táuris*.

FESTO [Sexto Pompeu Festo] (final do século II d.C.) — acadêmico e autor da versão resumida da obra *De Verborum Significatu* (*Sobre o significado das palavras*), do gramático Vérrio Flaco (55 a.C.?–20? d.C.).

GLOSSÁRIO DE FONTES ANTIGAS

HELÂNICO DE LESBOS (480?–395? a.C.) — cronista, mitógrafo e etnógrafo da ilha grega de Lesbos. Entre suas obras, das quais restam apenas fragmentos, havia a história completa de Atenas, *Atthís*, assim como a *Troíca*, a mito-história de Troia. Seus escritos etnográficos cobrem ampla faixa geográfica, da Grécia ao Egito, Chipre, Cítia e Pérsia.

HERÓDOTO (480?–425 a.C.) — conhecido como "pai da história", foi o primeiro a fazer dos eventos do passado assunto de investigação. Seu relato em grego das Guerras Greco-Persas (490–479 a.C.), *Histórias*, é rico em informações geográficas, mitológicas, políticas e etnográficas.

HESÍODO (ativo por volta de 725 a.C.) — de acordo com a tradição grega, Hesíodo é autor de dois poemas épicos de cunho pedagógico altamente influentes: *Teogonia*, que trata das origens do universo e dos deuses, e *Os Trabalhos e os Dias*, que inclui reflexões sobre convenções religiosas e sociais, além de um calendário para fazendeiros.

HIGINO (século II d.C.?) — ficou conhecido, provavelmente de modo errôneo, como autor de um guia de mitologia, compilado a partir de várias fontes gregas, e de um manual de astronomia, também de conteúdo mitológico: *Fábulas* e *Da Astronomia*, respectivamente.

HOMERO (século VIII a.C.) — segundo a tradição grega, é o autor da *Ilíada* e da *Odisseia*, algumas das ibras literárias mais antigas do mundo ocidental. Os chamados *Hinos Homéricos*, coleção de poemas que celebram os deuses gregos, de autoria desconhecida, lhe são atribuídos de forma errônea.

JUVENAL [Décimo Júnio Juvenal] (ativo no final do primeiro e no início do segundo século d.C.) — notável satirista romano sobre o qual pouco se sabe. Seus dezesseis poemas satíricos estão reunidos sob o título *Sátiras*.

LÍVIO [Tito Lívio] (59 a.C.–17 d.C.) — autor da narrativa sobre a história de Roma desde as origens da cidade até a época de Augusto. Publicada em volumes, sua obra de 142 capítulos, *Ab Urbe Condita* (*Desde a fundação da cidade*), foi aclamada de imediato.

NONO DE PANÓPOLIS (ativo durante as primeiras duas décadas do século V d.C.) — poeta grego da cidade de Panópolis (Akhim), no Egito. Seu poema épico, *Dionisíacas*, centra-se na vida e nas façanhas do deus Dioniso.

OVÍDIO [Públio Ovídio Naso] (43 a.C.–18 d.C.) — entre os mais conhecidos e aclamados poetas latinos. Sua obra inclui as *Metamorfoses*, poema épico que por séculos foi a fonte primária dos mitos e lendas gregos e romanos. Suas outras obras incluem o polêmico *Ars Amatoria* (*A Arte de Amar*), manual sobre as artes da sedução; *Heroides*, série de cartas fictícias em verso de heroínas da mitologia a seus amantes; e *Fastos* (Calendário), uma obra poética que percorre o calendário romano oficial de mês a mês, indicando os dias dos festivais, assim como suas origens e mitologia.

PARTÊNIO (primeiro século a.C.) — erudito e poeta grego de Nicéia, cidade grega no noroeste da Anatólia, na Turquia moderna. Prisioneiro de guerra levado à Itália e posteriormente libertado, teve grande influência sobre importantes poetas romanos, como Virgílio. Apenas trechos de suas obras são conhecidas, exceto por *Erotika Pathemata* (*Sofrimentos de Amor*), obra em prosa que reúne histórias narradas por poetas gregos.

PAUSÂNIAS (há cerca de 115–180 d.C.) — autor da descrição em grego da Grécia continental baseada em suas próprias viagens. Estruturado como guia de viagem, *Descrição da Grécia* fornece informações ricas em detalhes sobre diversos locais, monumentos e obras de arte perdidas, assim como sobre os costumes e crenças das regiões visitadas pelo autor.

PÍNDARO (ativo por volta de 498–446 a.C.) — poeta lírico grego conhecido principalmente pela ode aos vencedores dos Jogos Olímpicos e dos Jogos Píticos, realizados em contexto religioso nos santuários de Olímpia (sagrados a Zeus) e Delfos (sagrado para Apolo), respectivamente.

PLATÃO (428/7–348/7 a.C.) — filósofo ateniense e fundador da comunidade ou escola filosófica que veio a ser chamada de Academia. Entre os muitos escritos de Platão encontra-se *A República*, discurso sobre o estado ideal, que apresenta Sócrates (por quem Platão foi profundamente influenciado) como personagem.

PLÍNIO, O VELHO [Caio Plínio Segundo] (23/24–79 d.C.) — estadista, almirante e estudioso romano que se encontrava entre as vítimas da erupção do monte Vesúvio. Foi escritor prolífico em tópicos que incluíam gramática, oratória, ciência militar e biografia. É lembrado principalmente pela extensa obra enciclopédica intitulada *História Natural*, que abrange tópicos como astronomia, botânica, geologia, horticultura, medicina, mineralogia e zoologia.

PLUTARCO [Lúcio? Méstrio Plutarco] (45?–125 d.C.) — biógrafo e filósofo moral. Foi escritor prolífico, lembrado principalmente pela obra sobre moralidade e pelas biografias de eminentes figuras políticas e militares gregas e romanas. Sua obra *Vidas Paralelas*, incluía cinquenta biografias de figuras proeminentes, incluindo Alexandre, O Grande, o lendário rei ateniense Teseu, e Numa, lendário rei de Roma, famoso sucessor de Rômulo.

GLOSSÁRIO DE FONTES ANTIGAS

PROPÉRCIO [Sexto Aulo] (segunda metade do primeiro século a.C.) — poeta elegíaco romano nascido na cidade italiana de Assinium (atualmente Assis). Recebeu o patronato do imperador Augusto e ficou conhecido como autor de poesia, tratando do tema do amor. Suas obras sobreviventes consistem em quatro livros de Elegias.

QUINTO DE ESMIRNA (século III ou IV d.C.) — autor do poema épico em grego intitulado *O que Aconteceu entre a Ilíada e a Odisseia*, em grego *Ta meth' Homeron*.

SAFO (final do século VII a.C.) — poeta lírica de tanto renome que chegou a ser chamada de "a décima Musa" na Antiguidade. Safo nasceu e viveu na Grécia, na Ilha de Lesbos. Fora isso, os detalhes de sua vida são incertos. É conhecida pela lírica de natureza apaixonada e centrada na figura da mulher. De seus poemas, em grande parte restam apenas fragmentos.

SÊNECA [Lúcio Aneu Sêneca] (4?a.C.–65 d.C.) — estadista, filósofo e dramaturgo romano. Nascido em Córdoba, Espanha, Sêneca foi educado em Roma e tornou-se tutor e posterior conselheiro político do imperador Nero. Entre suas obras estão um grupo de tragédias sobre temas mitológicos: *Hercules furens* (*Hércules furioso*), *Troades* (*As Troianas*), *Phoenissae* (*As Fenícias*), *Medea* (*Medeia*), *Phaedra* (*Fedra*), *Oedipus* (*Édipo*), *Agamemnon* (*Agamemnon*) e *Thyestes* (*Tiestes*).

SÉRVIO [Mário Sérvio Honorato] (ativo por volta de 400 d.C.) — gramático e comentarista romano conhecido por seus extensos comentários sobre as obras de Virgílio.

SÓFOCLES (495/495?–406/405 a.C.) — o mais popular dramaturgo ateniense de sua época. Foi autor de 120 peças, entre elas *Antígona*, *Édipo Rei*, *Édipo em Colono*, *Filoctetes*, *Ájax*, *As Traquínias* e *Electra*.

TÁCITO [Públio? Cornélio Tácito] (55?–117 d.C.) — historiador e estadista romano. Nasceu na Gália, mas foi para Roma por volta de 75 d.C. Suas obras sobreviventes são *Agricola*, *Germânia*, *Dialogus de oratoribus* (*Diálogos dos Oradores*), *Historiae* (*Histórias*), que foca no reinado dos imperadores romanos, de Galba a Domiciano, e os *Analles* (*Anais*), história que cobre a ascensão de imperadores, de Tibério à Nero.

TEÓCRITO (início do século III a.C.) — autor grego de poemas pastorais intitulados *Idílios*. Teócrito, considerado o criador do gênero poético bucólico, provavelmente nasceu em Siracusa e, posteriormente, passou uma temporada na ilha de Cos e também em Alexandria, no Egito. Ainda que trinta dos *Idílios* sobreviventes lhe sejam atribuídos, não são todos realmente de sua autoria. Além disso, nem todos os poemas têm conteúdo pastoral (que tratam dos encantos da vida no campo).

TUCÍDIDES (460?–400 a.C.) — general e historiador ateniense conhecido como o autor da primeira obra histórica baseada em fatos, *História da Guerra do Peloponeso*.

VIRGÍLIO [Públio Virgílio Maro] (70?–19 a.C.) — autor ilustre da *Eneida*, o poema épico que narra a fundação de Roma e as origens do povo romano. Virgílio, que gozava do patronato do imperador Augusto, foi também autor das Éclogas, grupo de poemas pastorais, e das *Geórgicas*, um poema didático tanto sobre agricultura quanto sobre as preocupações sociais e políticas da época.

VITRÚVIO [Marcos Vitrúvio Polião] (há cerca de 80/70–15 a.C.) — arquiteto e engenheiro romano que viveu e trabalhou durante os regimes de Júlio César e do imperador Augusto. É conhecido principalmente pelo *De Architectura* (tratado sobre arquitetura), a obra mais antiga conhecida e amplamente influente na arquitetura e na arte da construção.

ÍNDICE REMISSIVO

A

Abas 106
Ábidos 286
Acates 106
Acestes 106
Acetes 106
Ácis 107
Acrísio 151
Acrópole 167, 286
Actéon 23, 108
Admeto 20, 108
Adônis 109
Adrasto 86, 110, 115, 157, 166, 168
Aepytus 166
Aero 110
Aérope 110
Africus 79
Afrodite 14, 32, 33, 34, 35, 61, 63, 157, 199
Agamêmnon 25, 111, 146, 149, 162, 244
Agave 112
Agdístis 32
Agenor 112, 134, 135, 171, 326
Aglaia 16, 112
Aglauro 112
Ágrio 34
Aidós 16
Ájax Menor 112, 138
Ájax Telamônio 113, 244, 249
Alba Longa 287
Alceste 75, 108, 114
Alceu 114
Alcides 114
Alcínoo 114
Alcíone 75, 115, 143
Álcman 334

Alcmena 162, 170
Alcméon 115, 166, 168
Aleto 16
Alexandre, o Grande 18
Alfeu (deus) 18, 21
Alfeu (rio) 21, 287
Áloe 117
Alteia 117, 154
Amalteia 20
Amata 16, 117
Amazonas 118
Amimone 118, 152
Amon 18
Anaxárete 85, 118
Anceu 119
Androgeu 119
Andrômaca 119, 177, 211
Andrômeda 18, 78, 114, 115, 119, 142, 162
Anfião 41, 120, 157, 196
Anfiarau 120, 166, 168
Anfíloco 168
Anfisso 158
Anfitrião 114, 121, 162
Anfitrite 18
Aníbal 157
Anquínoe 152
Anquises 69, 72, 121, 310
Anteia 122
Ânteros 19, 21
Anteu 258
Anticleia 196
Antígona 122, 168, 170, 179, 222
Antíloco 123
Antínoo 123
Antíope 124, 157
Antonino Liberal 158, 334
Apáte 77

Apolo 19, 23, 29, 31, 35, 62, 75, 108, 138, 145, 147, 149, 150, 158, 171, 175, 194, 245
Apolodoro 334
Apolônio de Rodes 334
Apsirto 34, 124
Apuleio 334
Apuleio (Lúcio Apuleio) 234
Aqueloo 20, 154
Aqueloo (rio) 288
Aqueronte (rio) 30, 288
Aqueus 125
Aquilão 28. *Consulte* Bóreas
Aquiles 125, 149, 154, 222, 224, 229, 244
Aracne 26, 126
Arato 25, 334
Arcádia 18, 59, 288
Arcas 72, 127
Areópago (Atenas) 45
Ares 21, 25, 143, 157, 224, 245
Areté 127
Aretusa 18
Aretusa (fonte) 289
Aretusa (Ninfa) 21
Argeifonte 258
Arges 51, 258
Argo 61
Argólida 65, 289
Argonautas 28, 61, 264
Argos 289
Ariadne 39, 128
Arícia 43
Arimaspos 128
Árion (equino) 86
Aríon (poeta) 128
Aristeu 22, 108, 145
Aristodemo 148
Arriano 334

Arsínoe 23, 129
Ártemis 19, 21, 22, 31, 32, 33, 147, 162, 244
Arunte 129
Ascânio 16, 129
Asclépio 19, 23, 24, 63, 147, 273. *Consulte* Esculápio
Asopo 43
Astéria 31
Astíanax 130
Astreia 25
Astreu 25
Atalanta 32, 130
Átamas 70, 131, 174
Ate 25
Atena 25, 29, 61, 139, 143, 147, 152, 167, 245
Atenas 14, 86, 245, 290
Ateneu 335
Ática 14, 290
Átis 32
Atlas 18, 27, 29, 34, 60, 152
Atreu 110, 131
Átropos 27
Auge 245
Augias 132
Augusto 20
Áulis 290
Aurora. *Consulte* Eos
Austro. *Consulte* Noto
Autólico 142
Autônoe 108, 132
Aves do Lago Estinfalo 258

B

Babilônia 251, 291
Bacantes 28, 132, 225, 249
Baco. *Consulte* Dioniso
Bálio 99
Baquílides 9, 335
Batia 152
Bato 133
Báucis 60, 133

Belerofonte 133, 175, 243
Belo 134, 152
Bélona 28, 44
Beócia 291
Bia 79
Biton 135, 144, 145
Boréades 28
Bóreas 21, 28
Bósforo 292
Briaréu 51, 259, 270
Briseida 25, 135
Brómio. *Consulte* Dioniso
Brontes 51, 259

C

Caco 171, 259
Cadmo 108, 135, 171, 225, 240, 251
Calais 28, 136
Calcas 111, 136, 146, 149
Cálidon 292
Calímaco 335
Calíope 29
Calipso 29
Calisto 23, 137
Camenas. *Consulte* Musas
Camila 137
Campos Elísios 80, 317. *Consulte* Elísio
Cânace 138
Caos 30
Capaneu 138, 168
Capitolino (monte) 68, 94, 244, 293
Caríbdis 260
Cáris 52
Cárites 16, 30
Caronte 30
Cartago 293
Cassandra 138, 147, 177, 220
Cassiopeia 139, 142, 226
Castor 31, 68
Catão, Marco Pórcio 335

Catulo 335
Cáucaso (montanhas) 294
Caverna Ideana 14
Cecropia 139
Cécrops 139, 166, 260
Céfalo 142
Cefeu 18, 142
Cefiso 31
Cefiso (rio) 294
Cêix 62, 75, 115, 142
Celeno 260
Céleo 143, 155
Centauro, os 171
Centauros 77, 260
Céos 31
Cérbero 154, 261
Ceres 31, 167
Ceto 60
Chipre 33, 294
Cíbele 31, 35
Ciclopes 20, 35, 262
Cicno 143
Cidipe 144, 146
Cila 18, 34, 49, 52, 144, 262
Cíniras 144
Cíntia. *Consulte* Ártemis
Cinto (monte) 33, 294
Ciparisso 19
Cípris. *Consulte* Afrodite
Circe 33, 34, 245, 262
Circo Máximo de Roma 68, 72
Cirene 145, 295
Círon 145
Ciros 295
Citera 33
Citera (ilha) 14
Citerão (monte) 39
Citereia. *Consulte* Afrodite
Cleobeia 144, 145
Cleópatra 28
Clície 146
Clímene 27, 34

ÍNDICE REMISSIVO

Clio 34
Clitemnestra 25, 111, 139, 146, 149, 150, 162, 178, 215
Cloto 34
Cnosso 296
Cócalo 154
Cócito (rio) 296
Colono 297
Colosso de Rodes 57
Cólquida 244, 297
Colunas de Hércules 297
Conso 80
Constelação de Aquário 175
Constelação de Touro 63
Constelação de Virgem 25
Cora 35. *Consulte* Perséfone
Corça de Cerineia 264
Coribantes 32, 35
Corinto 158, 298
Corínto 14
Corônis 23, 147
Coto 264
Creonte 147, 149, 168, 170, 251
Cresfontes 148
Creso, rei da Lídia 145
Creta 298
Creta (ilha) 14
Creteu 194
Creúsa 148, 149
Crisaor 226, 265
Criseida 111, 149
Crises 149
Crisótemis 150
Cronos 14, 35, 62
Cumas 299
Cupido 19, 156. *Consulte* Eros
Curetes 14, 35, 36, 165

D

Dafne 150
Dáfnis 151
Dânae 151, 156
Danaides 151
Dânao 151, 152
Dardânia 163
Dárdano 152, 249
Dédalo 154
Deidamia 154
Deífobo 220
Dejanira 20, 154, 171
Delfos 170, 299
Delos 19, 22, 33, 300
Deméter 31, 32, 35, 36, 64, 68, 143, 155, 223, 243
Demofonte 143, 155
Deucalião 155, 177, 229
Dia 30
Diana. *Consulte* Ártemis
Dice 25, 37
Díctis 151, 156, 225
Dido 156, 242
Diodoro 335
Diomedes 157
Dione 14, 38, 223
Dionísio de Halicarnasso 335
Dioniso 31, 32, 35, 38, 205, 249, 251
Dióscuros 31, 41, 146
Dirce 157
Dis Pater 42
Dodona 300
Dóris 42
Doro 158
Dríades 42
Dríades, as 168
Dríope 158

E

Éaco 43, 159, 209, 222
Eagro 29
Ébalo, rei 76
Eco 42
Édipo 122, 148, 159, 168, 251
Eeia (ilha) 33, 301

Eetes, rei de Cólquida 33, 124, 160
Efialtes 265
Egéon 265
Egéria 43
Egeu 161, 169
Egeu (mar) 301
Egina (ilha) 43, 209, 222, 301, 325
Egina (local) 244
Egina (Ninfa) 43
Egisto 147, 161, 162
Egito 152, 161, 165
Egle 60, 62
Electra 25, 43, 54, 66, 146, 152, 162
Eléctrion 162
Elêusis 155, 166, 302
Eliano (Claudio Eliano) 336
Elísio 302
Elissa. *Consulte* Dido
Encélado 265
Endímion 162
Eneias 16, 30, 32, 68, 156, 157, 163
Eneu 20, 154, 157, 164
Enio 28, 44
Enipeu (rio) 223
Enômao 150, 164, 186, 209
Enone (ilha) 43
Eólia (ilha) 44
Éolo 21, 44, 156, 158, 165
Eos 25, 44, 80
Épafo 165
Epeu 165
Epimeteu 27, 34, 155, 229
Équidna 265
Equionte 112
Érato 45
Érebo 30. *Consulte* Mundo Inferior
Erecteu 28, 149, 154, 166
Eresícton 139

Erictônio 26, 28, 152, 166, 167
Erídano (rio) 61, 304
Erifila 166, 168
Erimanto (monte) 304
Erínias 16, 35, 45, 168, 218
Éris 25, 45, 220, 222
Erisícton 167
Erítia (ilha) 305
Eros 30, 46, 63
Ésão 194
Escamandro, o rio 190
Escamandro (rio) 152
Esculápio. *Consulte* Asclépio
Esfinge de Tebas 266
Esparta 305
Esqueneu 168
Esquéria (ilha) 306
Ésquilo 336
Estácio 336
Ésteno 266
Estérope 51, 142, 186, 266
Estesícoro 336
Estige (rio) 30, 306
Estinfalo 307
Estrabão 336
Estrófio 228
Eta (monte) 307
Etéocles 138, 148, 168
Éter 30
Etiópia 307
Etolo 168
Etra 63, 169
Etrúria 307
Eufrosina 47
Eumênides 47, 218
Eumeu 169
Euríale 267
Euríalo 169
Euricleia 170
Eurídice 47, 170
Euríhnome 47
Eurípides 336
Euristenes 148

Euristeu 27, 157, 170
Êurito 155, 158, 170
Euro 47
Europa 171
Euterpe 48
Evandro 171
Eveno 172

F

Faetonte 172
Faunos 267
Favônio. *Consulte* Zéfiro
feaces 114
Feaces 172
Featonte 143
Febe 31, 48
Febo. *Consulte* Apolo
Fedra 172
Feras 308
Festo 336
Filâmon 142
Filêmon 173
Filoctetes 155, 173
Filomela 173, 246
Fineu 173
Flora 49
Fonte de Castália 20, 308
Fonte Hipocrene 308
Fórcis 49, 60, 78, 262, 269
Fórum Romano 66, 98, 324
Frígia 309
Frixo 70, 131, 160, 174
Fúrias 16, 50

G

Gaea. *Consulte* Gaia
Gaia 14, 26, 30, 31, 35, 50, 61, 74, 80, 156, 276
Galateia 51
Ganimedes 175
Ge. *Consulte* Gaia
Gêmeos (constelação) 52
Gerião 267

Gigantes 267
Giges 268
Glauco 34, 52, 157, 175, 262
Górdias 176
Górgonas 268
Graças 14, 16, 30, 52
Greias 226, 269
Grifos 269

H

Hades 32, 53, 68, 80, 86
Hades (local) 162, 243, 309
Hamadríades, as 158
Harmonia 53
Harpias 269
Hebe 55, 68
Hecabe. *Consulte* Hécuba
Hécate 31, 55
Hecatônquiros 35, 270
Hécuba 176, 220
Hefesto 16, 26, 56, 167
Heitor 177, 220, 224
Helânico de Lesbos 337
Hele 70, 177
Hélen 158, 177, 229
Helena 61, 178
Heleno 179, 220
Helesponto 199, 286, 310
Hélicon (monte) 310
Hélio 33, 35, 57, 80, 146
Hêmon 147, 148, 170, 179
Hera 22, 26, 31, 32, 33, 58, 61, 75, 143, 170, 194, 282
Héracles. *Consulte* Hércules
Hércules 20, 27, 29, 30, 143, 162, 170, 180, 244, 245
Hermes 24, 29, 30, 33, 59, 149, 151, 152, 171, 226
Hero 199, 286
Heródoto 337
Hesíodo 337
Hesíona 182, 244
Hespérides 27, 62

ÍNDICE REMISSIVO

Hespérides, jardim das 27
Héspero 62
Héspero (estrela) 142
Héstia 32, 62
Hidra de Lerna 155, 270
Higino 337
Hilas 183
Himeneu 63
Hímero 63
Hino Homérico a Apolo 19, 84
Hino Homérico a Hélio 57
Hino Homérico ao deus Apolo 276
Hípaso 142
Hiperbóreos 183
Hiperíon 64
Hipermnestra 152, 183
Hipno 64
Hipodamia 186
Hipólita 186
Hipólito 187
Hipômenes 32, 61, 187
Hipseu 145
Hipsípile 187
Homero 337

I

Iaco. *Consulte* Dioniso
Íaso 188
Ícaro 154, 188
Ida (monte) 32, 152, 220, 249, 310
Idas 172, 188
Íficles 189
Ifigênia 146, 150, 162, 189, 244
Ífis 190
Ílion (Troia) 311
Ilisso (rio) 28, 311
Ilithyia. *Consulte* Ilítia
Ilítia 65
Ilo 152, 190
Ínaco 65, 165
Ino 65, 174, 190
Io 165, 191
Ióbates 192, 243
Iolau 143, 175
Iolcos 311
Íole 170, 192
Íon 149, 192
Íris 66, 157
Ismene 168
Ísquis 147
Ítaca 170, 245
Ítaca (ilha) 311
Ítis 246
Iulo 193
Íxion 193, 243

J

Jacinto 19, 34, 193, 243
Jano 66
Jápeto 27, 66
Jasão 28, 34, 61, 142, 148, 149, 174, 194, 203, 244
Javali de Cálidon 142, 222
Javali de Erimanto 271
Jocasta 147, 168, 195
Jônia 312
Jônios 195
Jove. *Consulte* Júpiter
Juno 16, 21, 67, 157
Júpiter 67, 68
Juturna 67
Juvenal 337
Juventus 68

K

Kora. *Consulte* Cora
Kronus. *Consulte* Cronos

L

Lábdaco 196
Lácio 312
Ládon 60, 271
Laerte 169, 196
Laio 148, 196
Laocoonte 196
Laomedonte 20, 175, 197, 244, 249
Lápitas 197
Láquesis 68
Larissa 312
Latino 16, 198
Latinos 198
Latona. *Consulte* Leto
Lauso 198
Lavínia 16, 68, 198
Leandro 199, 286
Leão da Nemeia 271
Leão de Citerão 272
Leda 199
Lemnos 312
Lerna 313
Lestrigões 272
Leto 22, 31, 69
Leucipo 150, 199
Leucoteia. *Consulte* Ino
Leucótoe 146
Liber 31. *Consulte* Dioniso
Licáon 200
Lícia 243, 313
Lico 157, 200
Licomedes 154, 200
Licurgo 201
Lídia 313
Linceu 162, 183, 201
Lino 19, 29
Lívio 337
Lótis 158
Lotófagos 202
Lúcifer (estrela) 62, 71
Lucina 65, 71
Luna. *Consulte* Selene
Lyaeus. *Consulte* Dioniso

M

Macedônia 314
Magna Mater. *Consulte* Cíbele
Maia 72

Manes 72
Marpessa 172, 202
Mársias 19
Marte 237. *Consulte* Ares
Medeia 34, 148, 202, 223
Medusa 142, 151, 156, 226
Megara 170
Mégara 147, 204
Mégara (cidade) 314
Mégara (lugar) 158
Megera 73
Melânion 204
Meléagro 75, 142, 154, 204
Melpômene 73
Mênades 205, 225, 249
Meneceu 147, 205
Menécio 27
Menelau 61, 206
Mercúrio. *Consulte* Hermes
Mérope 73, 206
Mérope (heroína) 149
Messênia 314
Metanira 155
Métis 26, 74
Mezêncio 207
Micenas 315
Midas 32, 207
Minerva 27
Mínias 208
Minos 171, 208
Minotauro 154, 273
Mirra 209
Mírtilo 186, 209
Mistérios de Elêusis 143
Mnemósine 74
Moiras 27, 34, 74
Morfeu 75, 143
Mors. *Consulte* Tânatos
Mulheres Lemníades 210
Mundo Inferior 16, 30, 36, 42, 47, 50, 53, 59, 60, 72, 73, 81, 83, 85, 86, 90, 93, 95, 122, 134, 154, 157, 163, 181, 193, 209, 218, 219, 235, 242, 243, 248, 282, 288, 292, 296, 302, 304, 306, 308, 309, 315, 317, 327
Mundo Inferior, o 170, 235, 242
Musas 34, 35, 74, 85, 227, 243

N

Náiades 20, 158
Narciso 31, 210
Nausícaa 210
Naxos (ilha) 316
Néfele 77, 211
Neleu 211
Nemeia 317
Nêmesis 16, 178
Neoptólemo 154, 177, 211
Nereidas 226
Nereu 61, 78
Nesso 171, 274
Nestor 212
Netuno. *Consulte* Posídon
Nice 79
Ninfas 14, 20, 81
Ninfas de Nisa 63
Níobe 212, 243
Nisa 63, 317
Niso 169, 212
Nix 30
Nono de Panópolis 337
Noto 79
Numa 29, 213

O

Oceânides 18, 34, 80
Oceano 18, 20, 27, 34, 80
Oceano (rio) 27, 317
Odisseu 26, 33, 44, 70, 202, 210, 214, 224, 245, 251
Ogígia 29
Oileu 113, 138
Olímpia 318
Olimpo (monte) 14, 27, 62, 157, 175, 318
Ônfale 215
Oniros 77
Ops 80
Órcamo 146
Orco 81
Oréadas 79
Óreas 30
Orestes 26, 147, 162, 215, 244
Orfeu 19, 29, 47, 218
Oríon 23, 218
Oritia 21, 28, 219
Orseis 158
Ortígia 319
Ossa (monte) 319
Oto 275
Ovídio 337

P

Pã 19, 81
Pactolo (rio) 319
Pafos (cidade) 319
Palante 171, 219
Palas. *Consulte* Atena
Palatino (monte) 171
Pales 82
Palinuro 219
Pândaro 219
Pandora 155, 220, 229
Parcas 27, 34
Páris 26, 61, 177, 220
Parnasso (monte) 143, 155, 158, 229, 320
Partênio 338
Partenón 320
Partenopeu 168, 221
Pasífae 154
Pátroclo 177, 221
Pausânias 338
Pégaso 20, 226, 243, 275
Peias 222

ÍNDICE REMISSIVO

Pelasgo 222
Peleu 222, 244
Pélias 175, 223
Pélion (monte) 320
Pélops 186, 209, 223, 243
Penélope 169, 170, 171, 224, 245
Peneu 145, 150
Peneu (rio) 321
Pentesileia 224
Penteu 108, 112, 225
Pérdix 154, 225
Perséfone 35, 64, 68, 83, 155, 223, 243
Perseu 26, 27, 139, 142, 151, 156, 162, 225
Piéria 321
Piérides 84, 227
Píero 34, 227
Pigmalião 156, 227, 242
Pílades 162, 228
Pilos 321
Píndaro 338
Píramo 228, 251
Pirene 20, 323
Pirítoo 30, 229
Pirra 155, 177, 229
Pirro. *Consulte* Neoptólemo
Piteu 169, 230
Píton 19, 150, 276
Platão 338
Plêiades 63
Plêione 27, 84
Plínio, o Velho 338
Plutão 16, 85
Plutarco 338
Podarge 99
Pólibo 230
Polidectes 151, 156, 230
Polidoro 196, 231
Polifemo 276
Polifontes 149, 166, 231
Poliído 231

Polímnia 85
Polinice 148, 166, 168, 179, 251
Políxena 177, 220, 232
Pólux 68
Pomona 85
Ponto Euxino 323
Porfírio 277
Posídon 18, 31, 32, 62, 70, 86, 139, 144, 152, 154, 166, 175, 223, 264
Praxíteia 149, 166
Preto 106, 107, 329
Príamo, rei de Troia 44, 126, 220, 331
Priapo 15, 77, 85, 87
Procles 148
Procne 232, 245
Prócris 44, 232
Procrusto 233
Promakhos 26
Prometeu 16, 27, 34, 61, 88, 155, 229
Propércio 339
Prosérpina. *Consulte* Perséfone
Protesilau 234
Proteu 90
Psiqué 234

Q

Quer da escuridão 77
Quimera 277
Quinto de Esmirna 339
Quíone 28, 142
Quios (ilha) 323
Quirão 24, 278
Quirino 91

R

Radamanto 171, 235
Reco 235
Reia 14, 35, 62, 91

Reia Silvia 235, 237
Remo 237
Rochas Colidentes. *Consulte* Simplégades
Rocha Tarpeia 324
Rode 42
Roma 28, 163, 238, 324
Rômulo 237
Rútulos 238
Rútulos, os 253

S

Sabinos 238, 244
Safo 339
Salamina (ilha) 325
Salmoneu 239
Sarpédon 171, 239
Sátiros 19, 279
Saturno 92
Selene 92, 162
Sêmele 63, 108, 240
Semíramis 240
Sêneca 339
Sereias 20, 279
Sérifo 325
Sérvio 339
Sete Contra Tebas 21, 54, 110, 121, 123, 166, 168, 240
Sicília 325
Sidero 241
Sídon 326
Sileno 281
Silenos 282
Silvano. *Consulte* Marte
Simplégades 326
Sínis 241
Sínon 242
Siqueu 156, 242
Siracusa 21
Sísifo 242, 243
Sófocles 339
Somno 93

T

Tácito 339
Públio Cornélio Tácito ou Caio Cornélio Tácito 22
Talia 35, 93
Talos 154, 282
Tâmiris 194, 243
Tânatos 64, 77
Tântalo 223, 243
Tarpeia 244
Tártaro 30, 35, 93, 327
Tebas 14, 157, 166, 327
Télamon 222, 244
Telefassa 112, 171
Télefo 245
Telégono 34
Telêmaco 170, 245
Telo. *Consulte* Gaia
Témeno 148
Têmis 19, 25, 60, 94, 155, 229, 276
Temosfórias 37
Tempe (vale) 328
Templo de Castor e Pólux (Roma) 68
Templo de Júpiter (Roma) 293
Teócrito (339
Teogonia 30
Tereu 173, 245
Término 94
Terpsícore 95
Tersandro 166, 246
Teseu 30, 148, 246
Tesmofórias 83
Tessália 158, 222, 223, 328
Téstio 248
Tétis 20, 80, 95, 222
Teucro 152, 249
Tíades 249
Tibre (rio) 171, 329
Tício 23, 282
Tideu 154, 157, 168, 249
Tiestes 249
Tifão 94, 283
Tíndaro 15, 31, 41, 250
Tirésias 34, 251
Tirinto 329
Tiro 223, 251
Tisbe 228, 251
Tisífone 95
Titãs 31, 35, 95
Titono 252
Toas 252
Trácia 157, 330
Trinácria 330
Triptólemo 252
Tritão 96
Trivia 55
Troia 175, 245, 249, 330
Troilo 252
Trós 175, 253
Tucídides 340
Turno 16, 68, 253
Typhõeús 283
Tzetzes, John 18

U

Ulisses 245. *Consulte* Odisseu
Urânia (Musa) 63, 76, 95, 97
Úrano 14, 26, 30, 31, 35, 74, 80, 97
Uranus. *Consulte* Úrano

V

Velocino de Ouro 244
Vênus 14, 73, 156
Vertumno 85
Vesta 29, 98
Virgens Vestais 29, 73, 98, 235, 237
Virgílio 9, 16, 47, 48, 67, 72, 79, 92, 95, 106, 122, 129, 151, 156, 165, 169, 178, 179, 193, 196, 198, 207, 211, 213, 219, 227, 231, 340
Vitrúvio 47, 340
Vulcano 56, 72, 98

X

Xanto 99
Xuto 158, 166, 253

Z

Zéfiro 28, 44, 47, 48, 49, 66, 79, 98, 99, 165, 194
Zelo 79
Zetes 28, 253
Zeto 41, 157, 196, 254
Zeus 14, 18, 20, 22, 25, 26, 27, 29, 31, 35, 43, 58, 60, 62, 74, 86, 99, 143, 151, 152, 155, 165, 170, 175, 180, 209, 243
Zeus Amon 18

ANNETTE GIESECKE, PhD, é professora de clássicos e cátedra de estudos gregos e romanos antigos na Universidade de Delaware. Ela também é autora de *The Mythology of Plants: Botanical Lore from Ancient Greece and Rome*.

JIM TIERNEY é ilustrador e designer gráfico que mora no sudeste da Pensilvânia. Estudou ilustração na Universidade das Artes, na Filadélfia, e trabalhou como designer de livros em Nova York por nove anos. Ele também ilustrou a edição de 75 anos do best-seller *Mitologia*, de Edith Hamilton. Saiba mais em jim-tierney.com.

"Quando perdemos nossos mitos,
perdemos nosso lugar no universo."
— **MADELEINE L'ENGLE** —

DARKSIDEBOOKS.COM